普通高等教育"十四五"教育学系列教材

教师智慧教学能力提升教程

兰国帅 钟 琦◎编著

中国铁道出版社有限公司
CHINA RAILWAY PUBLISHING HOUSE CO., LTD.

内 容 简 介

本书为普通高等教育"十四五"教育学系列教材之一，从信息化教学和信息化教研两个维度出发，遵循智慧教研系统化思维，按照信息化教学资源检索能力提升、信息化教学资源整合能力提升、信息化教学设计能力提升的逻辑架构进行撰写，旨在提升教师信息化教学资源检索能力、信息化教学资源整合能力、信息化教学设计能力，促使教师智慧教学与教研能力的全面迭代升级和更新，从而实现智能技术与传统教学方式的深度融合。

本书适合作为普通高等学校教育技术学专业学生与师范类学生教材，也可供中小学教师、学前教育教师与信息技术教育培训者参考。

图书在版编目（CIP）数据

教师智慧教学能力提升教程 / 兰国帅，钟琦编著.
北京 ： 中国铁道出版社有限公司，2024. 8.（普通
高等教育"十四五"教育学系列教材）. ISBN 978-7
-113-31381-4
Ⅰ. G451. 2
中国国家版本馆CIP数据核字第2024775P77号

书　　名：教师智慧教学能力提升教程
作　　者：兰国帅　钟　琦

策　　划：曹莉群		编辑部电话：（010）51873090
责任编辑：潘星泉　闫钇汛		
封面设计：刘　颖		
责任校对：安海燕		
责任印制：樊启鹏		

出版发行：中国铁道出版社有限公司（100054，北京市西城区右安门西街 8 号）
网　　址：https://www.tdpress.com/51eds/
印　　刷：天津嘉恒印务有限公司
版　　次：2024 年 8 月第 1 版　2024 年 8 月第 1 次印刷
开　　本：787 mm×1 092 mm 1/16　印张：16　字数：398 千
书　　号：ISBN 978-7-113-31381-4
定　　价：49.80 元

前　言

　　人工智能时代，信息技术尤其是智能技术，在教育领域已得到广泛应用，以物联网、云计算、大数据处理、无线宽带网络等新兴技术为基础，通过智能设备和互联网构建的智能化、数字化、个性化的现代教育体系，即智慧教学应运而生。智慧教学以各种先进信息化技术和丰富的教学资源为支撑，以提升教师教学智慧、促进教师专业发展、培养创新人才为目的，可以有效改善传统课堂教学存在的机械、低效、参与不足等现象，具有高效、开放、多元、互通、深度交互等基本特征[1]。教师智慧教学能力是指支撑智慧教学实践领域，将智能技术融入课堂教学的一系列能力，主要包括教师智慧教学资源检索能力、教师智慧教学资源整合能力、教师智慧教学设计应用能力。在基础教育领域，人工智能技术赋能教学可以改变传统教学方式，提升教学效果。人工智能技术赋能教师，可以提升教师的智慧教学能力。然而，目前智能技术与中小学教育教学实践融合度不高，中小学教师未能在教学和科研过程中充分应用智能技术，智能技术赋能教学和赋权教师的作用尚未充分发挥。因此，如何有效提升教师的信息化教学资源检索能力、信息化教学资源整合能力和信息化教学设计应用能力，进而促进其持续的专业发展和专业学习，成为当前教师有效实施智慧教学亟待解决的关键问题。

　　本书是 2020 年河南省教育科学"十三五"规划一般项目（项目编号：2020YB0020）、2021 年度河南省哲学社会科学规划项目（项目编号：2021BJY007）、2023 年度河南省高校哲学社会科学创新人才支持计划（项目编号：2023-CXRC-12）、2023 年河南省软科学研究计划项目（项目编号：232400410019）、2023 年度河南大学研究生教育教学改革研究与实践项目（项目编号：YJSJG2023XJ061）、2024 年度河南省高等学校重点科研项目资助计划（项目编号：24A880003）、河南省教育政策研究院（软科学研究基地）、教育部产

1　杨现民，余胜泉. 智慧教育体系架构与关键支撑技术 [J]. 中国电化教育，2015，（1）：77-84，130.

学合作协同育人项目（项目编号：220603701232301）、教育部共建教育评价改革研究基地（河南大学）和河南大学教育学部教育学筑峰学科建设项目的阶段性研究成果，并受到以上项目的资助。

本书以操作步骤的形式探究知识内容，以操作精讲的形式呈现核心要点，以创新案例的形式展示精品范例，力求突出实践操作，力求展示全新的内容架构、全新的思维观点、全新的精品案例和全新的教学资源。

本书的创新和特色为：聚焦教师智慧教学能力提升，瞄准教师智慧教学资源检索；覆盖教师智慧教学资源整合，提升教师智慧教学设计能力；汇聚前沿教师智慧教学案例，分享实用教师智慧教学资源。

本书由兰国帅博士负责策划、设计、撰写和统稿。参与初稿撰写和校订的有：兰国帅、杜水莲、钟琦、黄春雨、郭天雯、丁琳琳、赵怀亮、宋欣蓉、蔡帆帆（第一章），兰国帅、宋帆、肖琪、李晴文、宋梦琪、吴迪、张欢、孙攀瑞、王妮娜、方艳梅、牛淑丽（第二章），兰国帅、杜水莲、钟琦、黄春雨、刘娅、辛婉如、杨欢爱、陶祥凤、程芹芹、孙艳、孙永刚、赵金霞（第三章）。

本书参考并引用了国内外文献与网站资料，其中的主要资源以脚注的方式列出，如有遗漏，恳请谅解。在此谨对资料及案例作者表示感谢。

由于编者水平有限，书中不当和疏漏之处，敬请各位专家、读者不吝批评指正。

编　者

2024 年 4 月

目 录

绪　　论

一、教师智慧教学能力提出的背景

以生成式人工智能为代表的新一代智能技术的创新发展正以前所未有的力量驱动着教育领域的深刻变革。智能技术赋能教学能够打破地域限制，弥合教育数字鸿沟，解决教育公平问题，降低师资匮乏、教师素养不高、教师精力不足的影响，但也对教师的数字素养、信息化教学能力提出新的要求。智慧教育是经济全球化、技术变革和知识爆炸的产物，也是教育信息化发展的必然阶段。智慧教育要落地生根、开花结果，需要以智慧学习环境为技术支撑、以智慧教学法为催化促导、以智慧学习为根本基石[1]。在这一背景下，智慧教学逐渐成为了教育发展的必然趋势，它强调利用先进的信息技术手段，优化和重构教学过程，以实现更高效、更个性化的教学效果。

教师作为基础课堂教学的组织者和引导者，在推动智能技术与教育教学深度融合的过程中扮演着至关重要的角色。他们的专业素养、教学能力，以及对于新技术的接纳和应用程度，直接影响着智慧教学的实施效果和学生的学习体验。近年来，为了应对新时代教育发展的挑战，国务院和教育部相继出台了《关于全面深化新时代教师队伍建设改革的意见》《新时代基础教育强师计划》等重要文件。这些文件明确提出，要以培养培训为关键点，提升教师队伍治理水平，推进教师队伍数字化建设，并积极探索智能教育的新形态，以推动课堂教学的革命。党的二十大报告更是明确提出要"推进教育数字化"，强调了数字化在教育领域的重要地位和作用。为了响应这一号召，2022 年 11 月，教育部发布了《教师数字素养》标准，旨在引导教师与时俱进地学习新技能，提升其数字素养，以更好地适应智慧教学的需求。在这一背景下，提升教师智慧教学能力显得尤为重要，这不仅有助于提升教师的专业素养，还能推动整个教育体系的创新和发展。

当前，随着智能技术和教育教学的深度融合，教师的数字技能在教育领域中的作用日益凸显。在智慧教育建设中，教师除了必须掌握信息化教学能力外，还必须掌握教学资源检索能力、教学资源整合能力和教学设计应用能力等一系列新技能，以持续促进教师专业能力的发展。提高教师相关智慧教学能力对于推动智慧教学的发展、促进智慧教学的实施具有重要意义。然而，尽管智能技术在基础教育领域的应用前景广阔，但目前智能技术与教育教学实践融合度不高，教师未能在教学和科研过程中充分应用智能技术，智能技术赋能教学和赋能教师的作用仍未充分发挥。一方面，部分教师受应试教育的影响，对智能技术持排斥态度。他们认为智能技术只是一种表面功夫，难以帮助学生更扎实、更深入地把握理论知识、丰富自身的知识结构，因此不愿意转变传统教育理念。这种观念的存在，严重阻碍了智能技术在基础教育领域的推广和应

1　祝智庭，贺斌．智慧教育：教育信息化的新境界 [J]．电化教育研究，2012，33(12)：5-13.

用。另一方面，即使大部分教师愿意在教学中融合智能技术，但由于缺乏必要的技术培训和支持，他们在实际操作中往往感到力不从心。从基础的信息技术操作到高级的智能教学工具应用，技能缺口的存在成为阻碍智能技术与基础教育课堂融合的重要因素。这也使得教师在推进智慧教学的过程中面临诸多困难和挑战。

教师作为教学的主体力量，在推进智慧教学的过程中发挥重要作用。智慧教学是对传统教学的优化和重构，它涉及教学方法、教学手段、教学评价等多个方面的数字化。然而，目前大多数学校在智能化教学设备的配备方面虽已近乎完备，但在实际教学过程中的利用率却存在不足。部分教师在教学过程中仍拘泥于传统的教学思维，信息化设备并未得到充分利用甚至被闲置，课堂教学模式仍为原有模式。同时，有些教师在推进智慧教学过程中，未能利用智能技术对教材内容进行重构和挖掘，导致教学内容与智慧教学的匹配不足。诸如上述问题的存在，不仅浪费了智慧教学资源，还可能对学生的学习产生负面影响。因此，针对当前教师在智慧教学能力方面存在的问题和不足，我们迫切需要从多方面提升教师的智慧教学能力。通过系统的培训和学习，教师可以逐渐掌握这些新技能和方法，并将其应用到实际教学中。同时，我们还应注重培养教师的创新意识和实践能力。鼓励教师在实际教学中大胆尝试新的教学方法和手段，不断探索智慧教学的新模式和新路径。通过实践经验的积累和总结，教师可以逐渐形成自己独特的教学风格和方法论，为智慧教学的发展贡献自己的力量。

为帮助教师克服在推进智慧教学过程中遇到的种种困难和挑战，本书以任务步骤的形式，循序渐进地引导读者探究智慧教学的核心知识内容，确保每一步都紧扣实际教学需求，使理论与实践紧密结合。在呈现方式上，本书注重操作精讲，通过深入浅出的讲解，将智慧教学的核心要点和关键技术娓娓道来，使读者能够轻松掌握并灵活应用于实际教学中。为了增强本书的实用性和指导性，本书收集并整理了一系列创新案例，这些案例均来自于智慧教学的实践前沿，展示了智慧教学在实际应用中的精品范例和成功经验。通过这些案例的学习，读者可以更加直观地了解智慧教学的实施过程和效果，从中汲取灵感和智慧，为自己的教学实践提供有益的参考和借鉴。本书注重展示最新的研究成果和教学理念，使读者能够站在时代的前沿，把握智慧教学的最新动态和发展趋势。此外，本书以聚焦教师智慧教学能力提升为特色与创新点，旨在通过系统学习，帮助教师全面掌握智慧教学的核心技能和方法，系统帮助教师掌握智慧教学资源检索技能、智慧教学资源整合技能，并提升教师智慧教学设计应用能力。

总之，本书是一本集理论与实践、创新与实用为一体的智慧教学指南。它不仅为教师提供了全面系统的智慧教学知识和技能培养方案，还为教师在实际教学中遇到的问题和挑战提供了切实可行的解决方案。相信通过本书的学习和实践，教师将能够更加顺利地推进智慧教学的发展和应用，为学生的成长和发展创造更加美好的未来。

二、教师智慧教学资源检索能力提升

智能化时代，随着人工智能等技术的飞速发展，教育领域正在经历一场前所未有的变革。智慧教学作为这一变革的前沿理念，正逐渐改变着传统的教学模式，强调利用先进的信息技术来优化教学过程、提升教学效果，并着力培养学生的创新能力与批判性思维。在这一过程中，教师资源检索能力的提升显得尤为关键。智慧教学不仅要求教师掌握传统的教学内容和方法，还要求他们能够有效地利用现代信息技术，获取、评估和应用海量的教学资源。这需要教师具备高效的资源检索能力，能够迅速找到高质量、契合教学目标的资料。此外，智慧教学环境下的教师还必须具备将检索到的资源进行有效整合、创新应用到教学实践中的能力，以激发学生的学习兴趣，满足他们的个性化学习需求。因此，提升教师的资源检索能力对于实现智慧教学至关重要。通过系统化的培训和实践，提升教师的智慧教学资源检索能力，可以极大地丰富教学内容，提高教学质量，进而促进学生的全面发展。

教师智慧教学资源检索能力是指教师在现代化的教学环境中，能够有效地利用各种信息技术工具和资源，包括互联网、数字图书馆、教育数据库等，查找、评估、整合和应用教学资源的能力。随着信息技术的飞速发展，传统的以教科书为核心的单一的教学模式已无法满足当前学生的个性化学习需求。为了适应这一变化，教师需要具备高效检索和利用数字化教学资源的能力，包括了解和掌握各种在线数据库、搜索引擎、社交媒体和学科专业网站的使用方法，能够根据教学目的和学生的需求，快速找到高质量的教学资源，以便于为学生提供更加丰富、多元的学习材料，实现教学内容的及时更新和教学方法的多样化。同时，教师还需要具备评估资源可靠性和适用性的能力，以确保所选材料对学生的学习真正有益。然而，当前许多教师在智慧教学资源检索方面仍面临一些挑战。一些教师在新兴技术的接受和应用上存在困难。由于缺乏必要的信息技术知识，他们对各种现代信息技术工具感到陌生和困惑，不知道如何有效利用这些工具来检索教学资源。同时，面对互联网上海量的教学资源，部分教师缺乏高效的筛选和评估能力，难以判断资源的准确性、时效性和适用性，导致所选资源可能不符合教学需求或质量不高，这不仅浪费了宝贵的备课时间，也可能影响教学质量和学生的学习效果。此外，版权问题也是教师在检索和应用教学资源过程中不可忽视的问题。一些教师可能缺乏版权意识和知识产权的相关知识，不经意间使用了受版权保护的资源，从而侵犯了原作者的合法权益，这种状况不仅可能给教师个人带来法律风险，也可能对学生产生不良的示范效应，影响他们对知识产权的尊重和保护意识。为了解决以上问题，笔者根据自己多年的教学经验，从数据库类教学资源及其检索、搜索引擎类教学资源及其检索、社交媒体类教学资源及其检索以及学科网页类教学资源及其检索四个方面详细论述了各类教学资源检索的方式，助力提升中小学教师的智慧教学资源检索能力。

三、教师智慧教学资源整合能力提升

智慧教学依托互联网和智能设备，打破时空限制，实现了教育资源的广泛共享和灵活获取，并通过智能分析学生的学习数据，为学生提供量身定制的学习内容和路径，实现个性化教学。此外，智慧教学与教师数字资源整合能力紧密联系且相互促进。智慧教学资源整合不仅是教育信息化的重要体现，也是提升教学质量、促进教育公平、培养创新人才的关键途径。随着信息技术的快速发展，智慧教育已成为未来教育的重要趋势，教师具备智慧教学资源整合能力，能够更好地适应这一趋势，推动信息技术与教育教学的深度融合。因此，在智慧教学背景下，教师应不断提升数字资源整合能力，以适应信息技术的发展和教育改革的需要；同时智慧教学也应充分利用现代信息技术手段，为教师提供更好的资源整合支持和教学创新平台。

本章从数字文本类教学资源及其整合、数字图像类教学资源及其整合、数字音频类教学资

源及其整合、数字视频类教学资源及其整合以及智慧教学资源整合案例剖析这五个方面，具体讲述了数字教学资源的类型、数字教学资源的获取、常用的数字教学资源整合软件以及数字教学资源管理软件等，以期为教师提供多种资源获取方式，以及适合其所在学科领域和教学内容的资源整合与管理软件，最终帮助教师提高智慧教学资源整合能力，提高教师的数字素养和数字教学能力，促进教师专业发展，提高教学效果。第二章第一节为教师详细介绍了介绍五种常用的数字化文本资源编辑软件及其操作步骤，包括：文字转语音工具——讯飞配音、文档阅读工具——福昕 PDF 阅读器、文献整合工具——知网研学、质性研究数据分析工具——NVIVO以及混合研究数据分析工具——MAXQDA。此外，数字教育资源管理的软件十分丰富，文中为教师举例介绍了数字教育资源管理类软件的功能与操作步骤，可借助的技术工具主要有：教育资源管理工具——百度网盘、教育协作文档工具——腾讯文档、数字学习批注工具——微信读书、教育数字笔记工具——OneNote 以及教育大纲笔记工具——幕布。第二节首先介绍教师数字图像类教学资源的类型，接着讲述教师数字图像类教学资源应该如何获取、可以借助哪些工具或网站及其操作步骤，最后讲述获取到的数字教学资源如何存储和管理。第三节主要讲述了教师数字音频类教学资源检索的软件、操作步骤以及教师数字音频类教学资源整合工具。第四节中介绍了视频类教学资源的类型、检索、管理及整合的相关内容，以帮助中小学教师提高运用视频类教学资源的能力，优化教学效果，提高学生的学习效率。第五节的内容通过精析中小学语文、数学和英语学科的教学资料整合案例，帮助中小学教师提高信息化教学资源整合能力。

四、教师智慧教学设计应用能力提升

随着信息技术的深度融合与广泛应用，传统教学模式已难以满足新时代对教育质量、效率及个性化学习的需求。教师作为教育变革的关键力量，其智慧教学设计应用能力的提升成为了推动教育现代化、促进学生全面发展不可或缺的一环。智慧教学通过集成先进的信息技术，如大数据、人工智能、互联网等，为教师提供了全新的教学工具和方法。在智慧教学环境下，教师不再是知识的唯一传递者，而是学习引导者、策略设计者和问题解决的合作者。他们需要利用智慧教学平台进行高效课堂管理，使用丰富的数字资源和交互式工具激发学生的学习兴趣，以及通过数据分析来了解每个学生的学习状况，提供针对性的教学支持。因此，教师的智慧教学设计应用能力就显得尤为重要。这要求教师不仅要掌握信息技术的使用，还要能够结合教学实际，设计出适合 21 世纪技能要求的教学活动，帮助学生培养批判性思维、创新能力和解决问题的能力。教师的这一能力提升，是实现教育现代化，促进学生全面发展的关键。只有教师能够有效地运用智慧教学的理念和工具，才能真正实现教育模式的转型，培养出适应未来社会的全面发展人才。总之，智慧教学是一个宏观的概念，涵盖了教育技术的应用和教育模式的创新，而教师智慧教学设计应用能力的提升则是实现这一概念的具体实践，两者相辅相成，共同推动教育的现代化进程。

教师信息化教学设计是现代教育不可或缺的一部分，它对提升教学质量、促进学生全面发展具有深远的影响。第三章第一节将深入探讨教师信息化教学设计理论模型的构建原则、核心要素及其实践应用。通过案例分析、理论阐述等方式，帮助教师理解并掌握如何根据教学目标、学生特点、资源条件等因素，设计出既符合教育规律又富有创新性的教学方案。第二节将系统梳理教师信息化教学设计的基本流程，其中一般流程包括学习者分析、目标设定、方式选择、环境设计、资源设计、策略设计、评价设计等环节，又基于不同教育理念及教学模型阐述了中小学教师信息教学设计的特殊流程。通过流程化的操作指南，引导教师逐步掌握信息化教学设计的全过程，使教学设计更加科学、系统、高效。课件作为教学信息的重要载体，其设计与制作质量直接影响教学效果。第三节将聚焦于教师精品课件的设计与制作能力，介绍如何运用多媒体技术和设计思维，创作出内容丰富、形式多样、互动性强的课件作品。通过案例分析、技术演示等方式，帮助教师掌握课件设计的原则、技巧及制作工具的使用方法，提升课件的吸引力和实用性。微课作为一种新兴的教学资源形式，以其短小精悍、主题突出、便于传播等特点受到广泛欢迎。第四节将深入探讨教师精品微课的设计与制作，包括选题策划、脚本编写、视频录制、后期制作等环节。通过实例分析、技巧分享等方式，引导教师掌握微课制作的精髓，创作出既符合教学要求又具有创新性的微课作品，为学生提供更加丰富、灵活的学习资源。理论学习最终要落实到实践中。本章第五节将以小学和中学两个阶段的语文、数学学科为例，整合了教师信息化教学设计在具体学科中的应用案例，从理论、模型、基本流程、课件、微课五个方面设计信息化教学实践全过程，呈现教师信息化教学设计基本应用，体现教师信息化教学的研究与思考，为其在教学实践中的广泛应用提供借鉴。

第一章
教师智慧教学资源检索能力提升

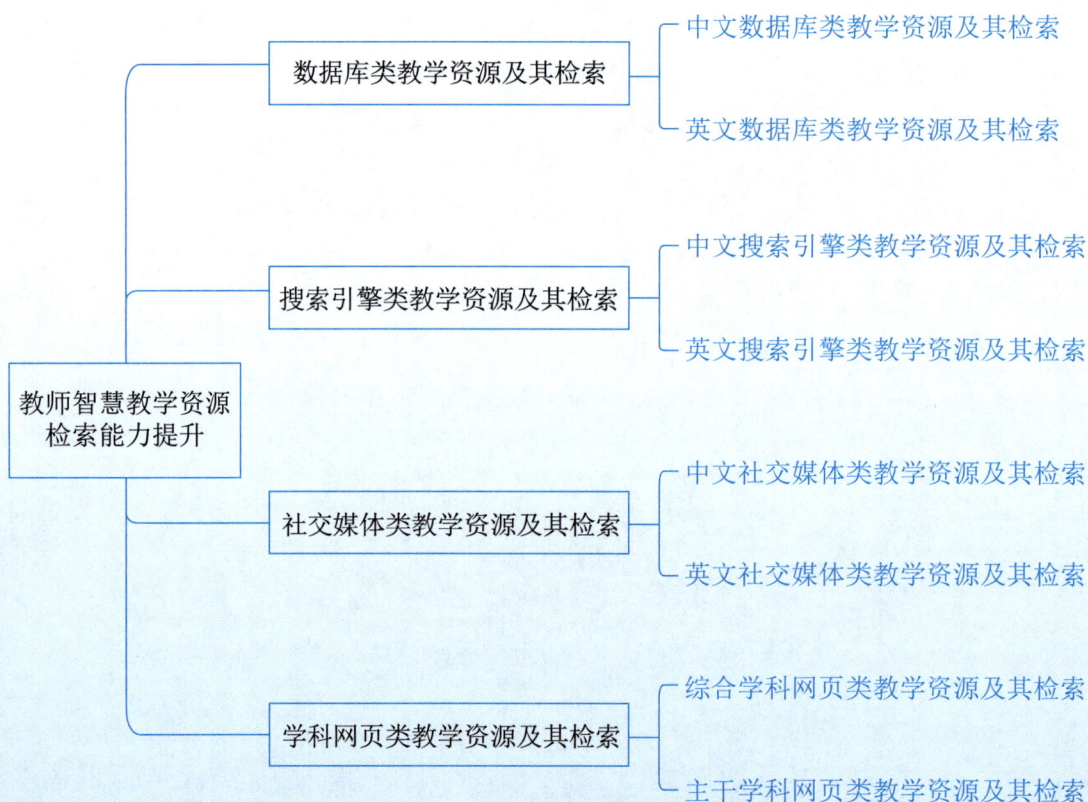

数据库类教学资源及其检索 ——— 中文数据库类教学资源及其检索

———英文数据库类教学资源及其检索

搜索引擎类教学资源及其检索 ——— 中文搜索引擎类教学资源及其检索

———英文搜索引擎类教学资源及其检索

教师智慧教学资源检索能力提升

社交媒体类教学资源及其检索 ——— 中文社交媒体类教学资源及其检索

———英文社交媒体类教学资源及其检索

学科网页类教学资源及其检索 ——— 综合学科网页类教学资源及其检索

———主干学科网页类教学资源及其检索

第一节　数据库类教学资源及其检索

一、中文数据库类教学资源及其检索

结合清华大学、北京大学等高校图书馆内的数据库使用排行榜，查阅了比较常用的中文数据库类中小学教学资源。通过对比分析，介绍如下三种比较好用的中文数据库。

（一）知网

"中国知网"英文简称为 CNKI，是全球领先的数字出版平台，是一家致力于为海内外各行各业提供知识与情报服务的专业网站，是全球备受推崇的知识服务品牌。中国知网包含一框式检索、高级检索、专业检索、作者发文检索、句子检索、结果中检索和出版物检索等。其中，一框式检索是最常见，也是最方便快捷的一种检索方式；高级检索可以借助检索条件帮助检索者实现精准检索；专业检索用于图书情报专业人员查新、信息分析等工作，使用运算符和检索词构造检索式进行检索；作者发文检索是通过输入作者姓名及其单位信息，来检索某作者发表的文献；结果中检索是在上一次检索结果的范围内按新输入的检索条件进行检索；出版物检索是针对期刊、论文、会议、报纸、年鉴和工具书等出版物的导航系统。用户可根据已知条件选择相应的检索方式，并设置检索条件。

下面以一框式检索为例来简述检索过程。

① 确定检索范围。在高级页面下方进行数据库的切换，进入对应单个数据库的高级检索。

② 明确文献分类。在高级检索页面左侧，进入文献分类导航，文献分类导航保持传统的 168 专题分类，默认是收起状态，可展开勾选学科分类。

③ 输入检索条件。高级检索页面中间部分是检索区域，检索者可以通过多个检索条件的限制进行更加精准的检索（见图 1-1-1）。

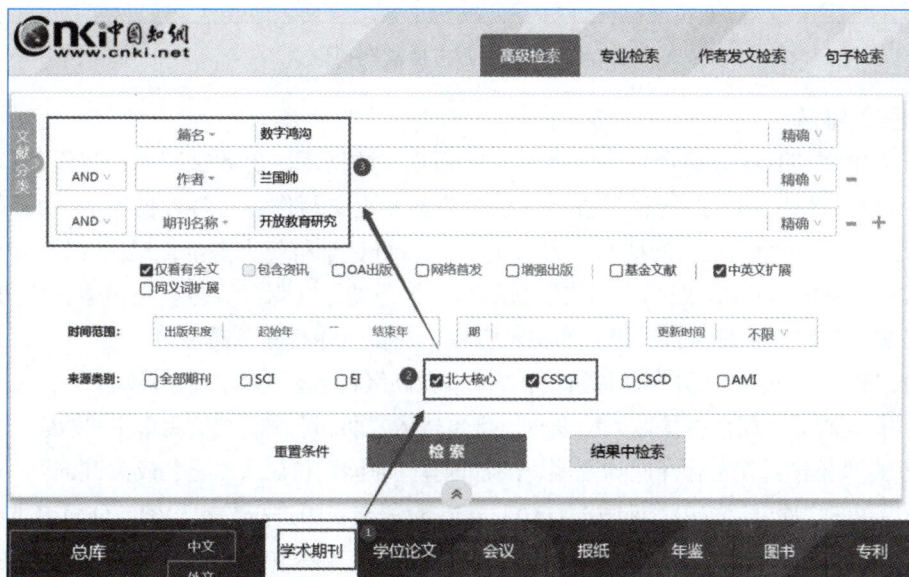

图 1-1-1　使用知网高级检索功能检索资源

（二）万方

万方数据知识服务平台整合数亿条全球优质知识资源，集成期刊、学位、会议、科技报告、专利、标准、科技成果、法规、地方志、视频等十余种知识资源类型，覆盖自然科学、工程技术、医药卫生、农业科学、哲学政法、社会科学、科教文艺等全学科领域，实现学术文献统一发现及分析，支持多维度组合检索，适合不同用户群研究。

单击检索框后面的"高级检索"按钮，进入高级检索页面。在高级检索页面，能够对多个检索条件同时检索，检索条目之间可以用"与""或""非"进行连接，从而确定各个检索条件之间的逻辑关系，实现相对复杂的高级检索。此外，在这里还可以对文献发表时间、是否进行扩展、精确 / 模糊搜索进行设置。

万方的检索步骤：单击"高级检索"→选择"文献类型"→选择"主题""期刊 - 刊名"→输入"主题""期刊 - 刊名"进行检索（见图 1-1-2）。

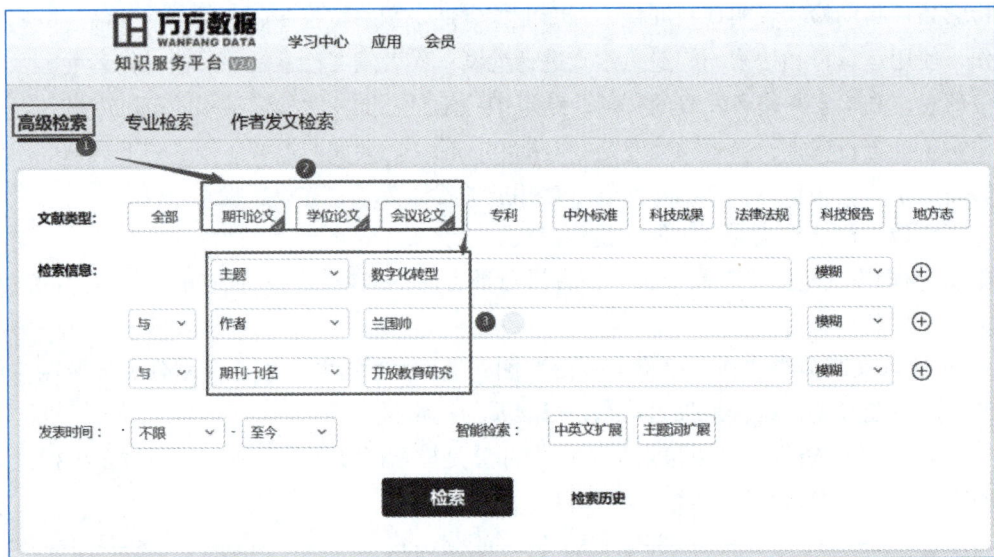

图 1-1-2　使用万方检索期刊论文

（三）维普

维普中文期刊服务平台是我国最大的期刊全文数据库，是数字图书馆建设的核心资源之一，是科研工作者进行科技查证、科技查新、论文写作的必备数据库。该数据库收录了从 1989 年开始到现在的期刊，累计 15 000 余种，学科门类齐全，提供在线阅读、全文下载、文献传递、OA 期刊、网络链接等多种渠道的原文保障服务。在搜索框中可以直接检索文献关键词，找到自己想要的文献资料，提供全库搜索下载。

登录维普首页后，用户可以进行普通检索和高级检索。

①普通检索：用户直接输入检索词，接着输入"期刊名称"，最后单击"检索"按钮。

②高级检索：首先选择期刊范围，接着选择"时间"和输入"题名或关键词""作者"等，最后单击"检索"按钮（见图 1-1-3）。可在检索结果中进行二次检索、分面聚类筛选、多种排序方式，在已有的检索结果的基础上，通过"在结果中检索"选定特定检索内容，或者通过"在结果中去除"摒弃特定检索内容，缩小检索范围，进一步精简检索结果。

图 1-1-3　使用维普高级检索

二、英文数据库类教学资源及其检索

结合清华大学、北京大学等高校图书馆内的数据库使用排行榜，查阅了比较常用的英文数据库类中小学教学资源。通过对比分析，介绍如下五种比较好用的英文数据库。

（一）ProQuest ERIC PlusText

ERIC（educational resources information center）PlusText 教育学期刊全文数据库是世界上使用最广泛的教育相关文献的索引，收录了自 1988 年以来 1 000 多种学术期刊（包括 771 种全文刊，其中 303 种有影响因子），大多数出版物同时被美国教育研究信息中心 ERIC 数据库所收录，除了期刊，还收录了教育学相关的 7 950 多个博硕论文全文，内容涵盖了教育学方面的所有学科，如教育研究、儿童研究、师资教育、教育心理学、教育发展、青少年教育、语言学与英语、教育方法、高等教育、专业教育、社会学、教育技术、职业教育、特殊教育等。

进入网站，选择高级检索，在第一行的框中，输入一个或多个单词；在该框下面，有一个检索字段下拉列表，从列表中选择"作者""文档标题"或"主题词"等，或者接受默认值任何位置；再单击"检索"按钮。ProQuest 将在所选检索字段中检索你的单词；选择任何位置后，ProQuest 将在所选数据库的所有文档的所有字段（包括任何可用的摘要或全文文献）中查找你的检索词。

检索步骤：单击"高级检索"→输入"检索词"→选择"来源类型"→单击"检索"按钮查看检索结果→单击"文章标题"→单击"下载 PDF"按钮（见图 1-1-4）。

（二）ScienceDirect

ScienceDirect 全文数据库是世界上公认的高品位学术期刊数据库，该数据库涉及众多学科：计算机科学、工程技术、能源科学、环境科学、材料科学、数学、物理、化学、天文学、医学、生命科学、商业、经济管理、社会科学等。

在简单检索的界面或检索结果的界面中，单击右侧的 Advanced search 进入高级检索界面。对于高级搜索查询，所有可用字段都不是必填字段。检索者只需使用可搜索的信息填写至少一个字段。

检索步骤：登录账号→单击 Advanced Search 进行高级检索→输入检索词→单击"检索"按钮查看检索结果→选择文章类型→单击 Download PDF 按钮下载 PDF 全文（见图 1-1-5）。

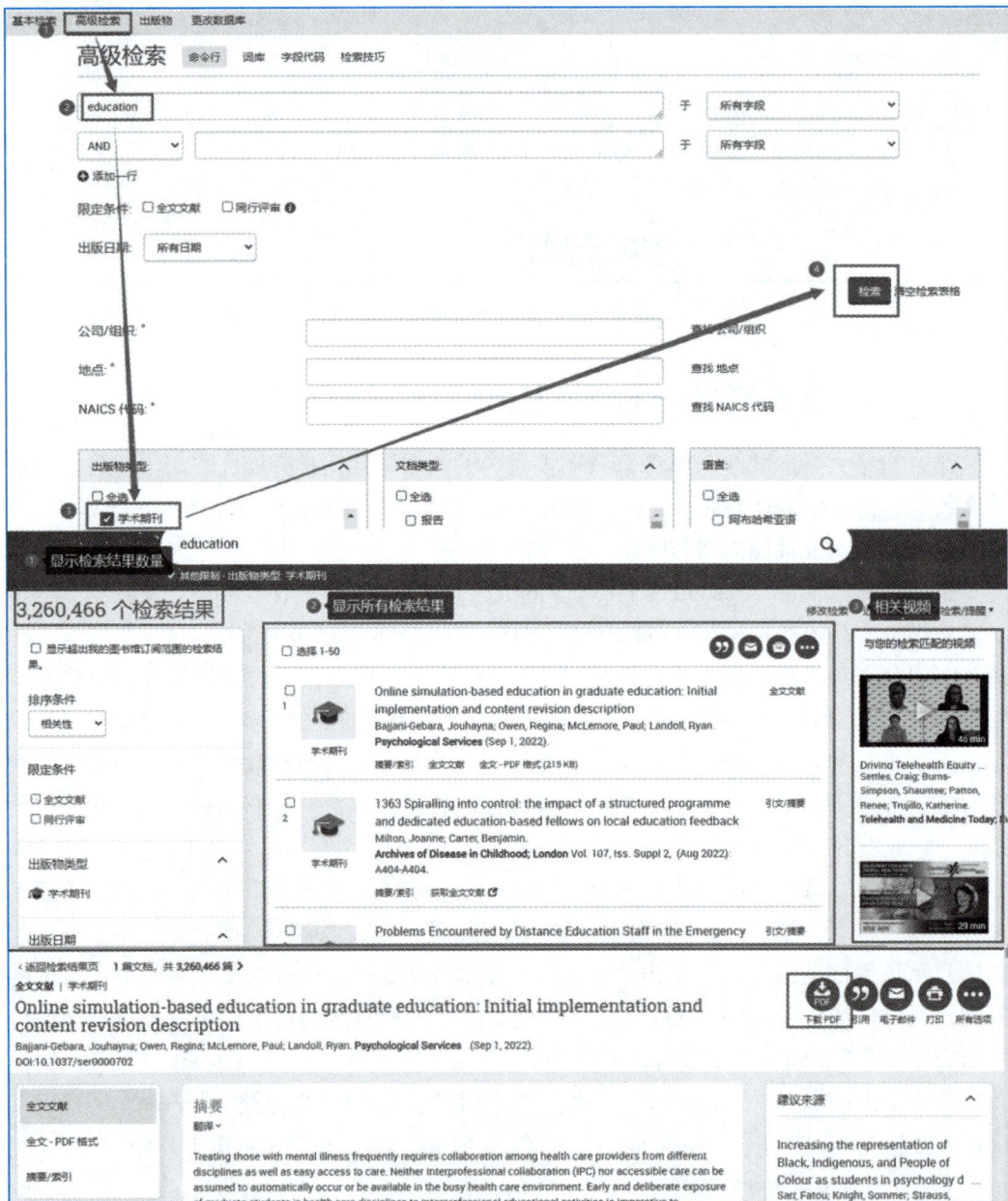

图 1-1-4　基于 ProQuest ERIC PlusText 检索期刊论文

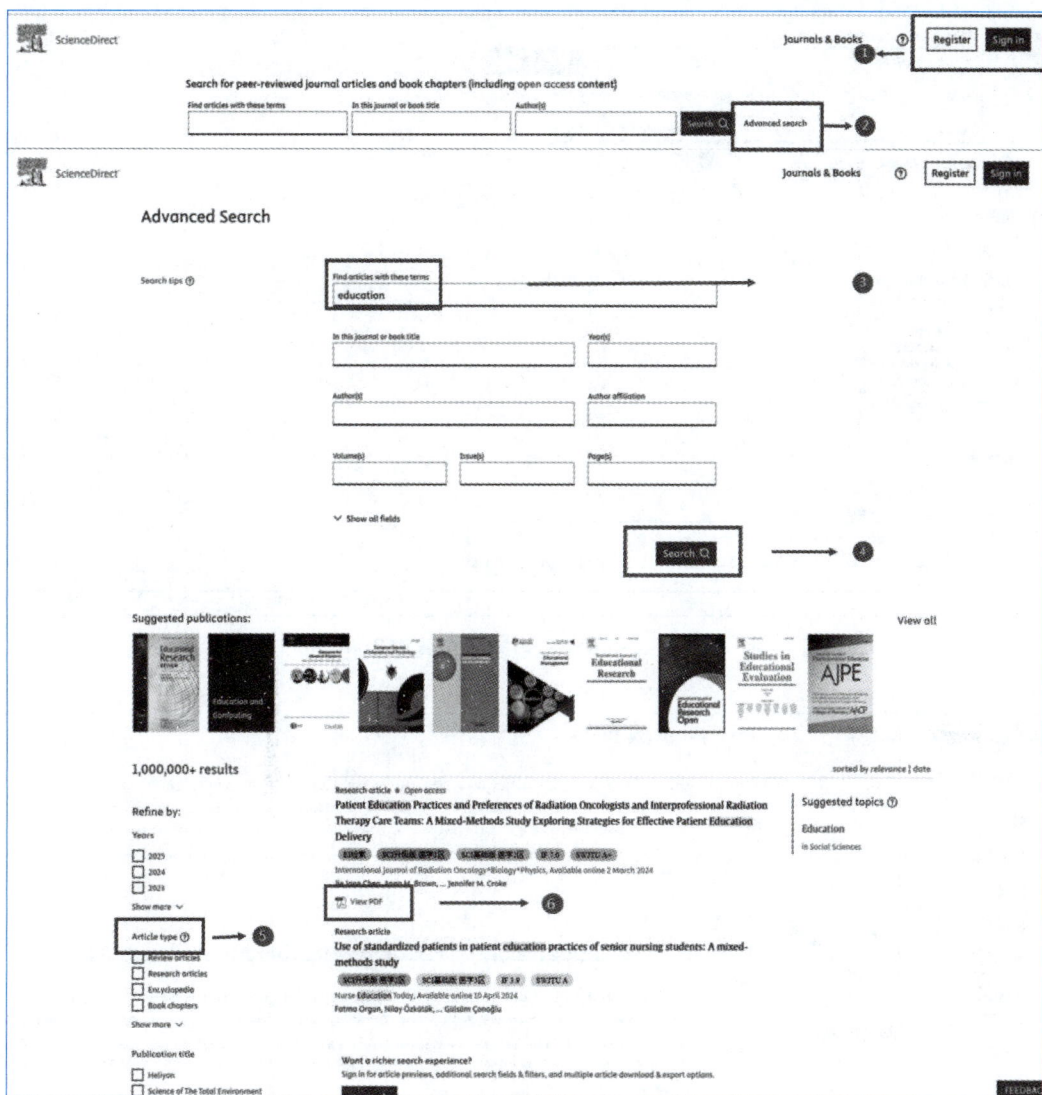

图 1-1-5　基于 ScienceDirect 检索论文

（三）EBSCO

EBSCO 是研究数据库、电子期刊和电子报订阅管理、图书收藏开发和采购管理的领先提供商，也是图书馆技术、电子书和临床决策解决方案的主要提供商，为大学、医院、公司、政府、K12 学校和全球公共图书馆提供 100 多种全文数据库和二次文献数据库，涉及自然科学、社会科学、人文和艺术等多种学术领域。

EBSCO 研究界面允许用户使用引导式查找字段进行高级搜索，引导式查找字段可帮助检索者创建更具针对性的搜索。

检索步骤：单击"高级检索"→输入"期刊名称"→选中"布尔逻辑 / 词组"→选择搜索字段中的"TI 标题"→输入检索词→单击"搜索"按钮查看检索结果（见图 1-1-6 和图 1-1-7）。

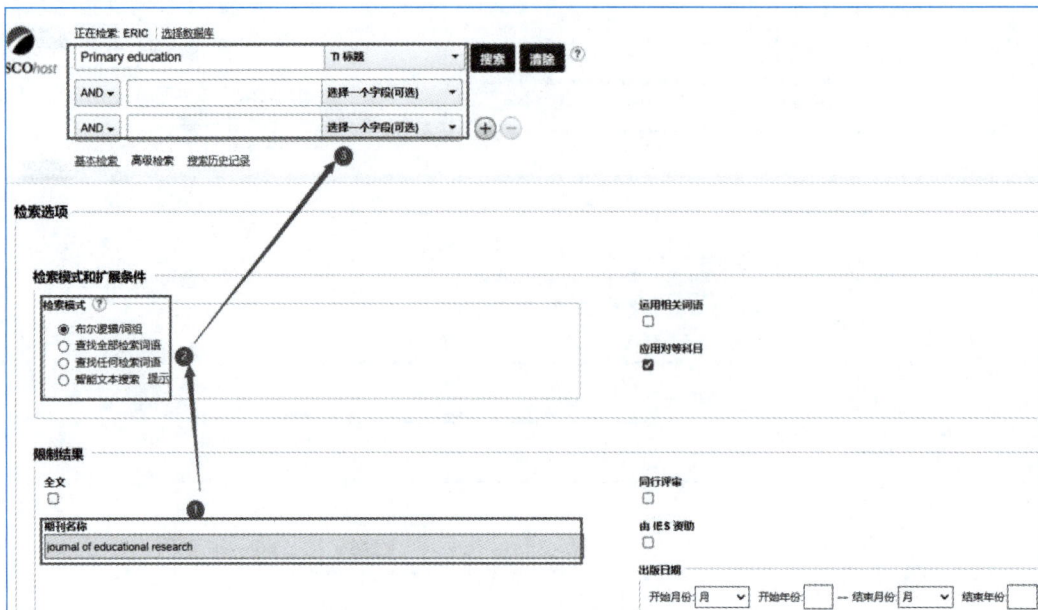

图 1-1-6　基于 EBSCO 数据库检索期刊论文

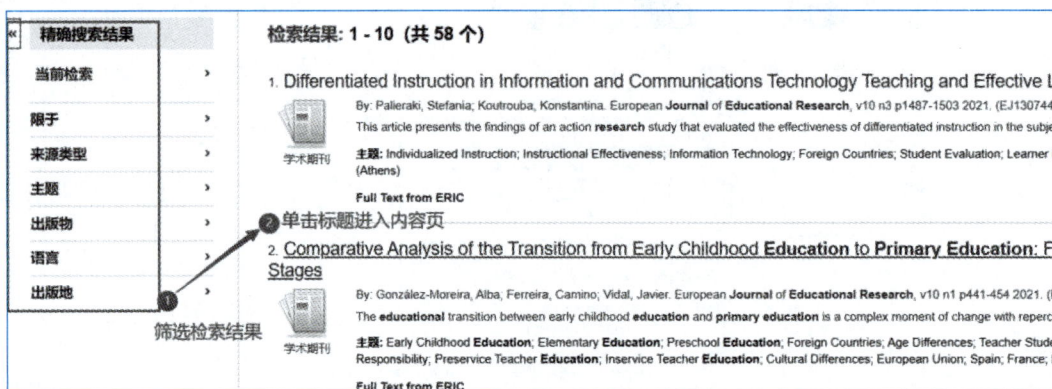

图 1-1-7　查看检索结果

（四）Web of Science

Web of Science 核心合集是获取全球学术信息的重要数据库，它收录了全球两万多种权威的、高影响力的学术期刊，超过 20 万份会议记录及十万多种科技图书的题录摘要，内容涵盖自然科学、工程技术、生物医学、社会科学、艺术与人文等领域。Web of Science 核心合集收录了引用的参考文献，通过引文索引，用户可用文章、专利号、会议文献、期刊或图书作为检索词，检索它们被引用的情况，回溯研究文献的起源与历史，或追踪最新进展。

在高级检索中可通过关键词、标题、作者、出版物名称、DOI 号等进行检索，检索特定的研究主题，检索某个作者 / 机构发表的论文，检索特定期刊 / 年代发表的文献等。写完检索式后还可以进行多个检索式的组合，以便创建具有所需精度的检索。

检索步骤：单击 Register 注册账户→单击"高级检索"→选择数据库→选择"搜

索字段"→填写相应内容→单击 Add to query 按钮添加到检索框→单击 Search 按钮搜索（见图 1-1-8）。

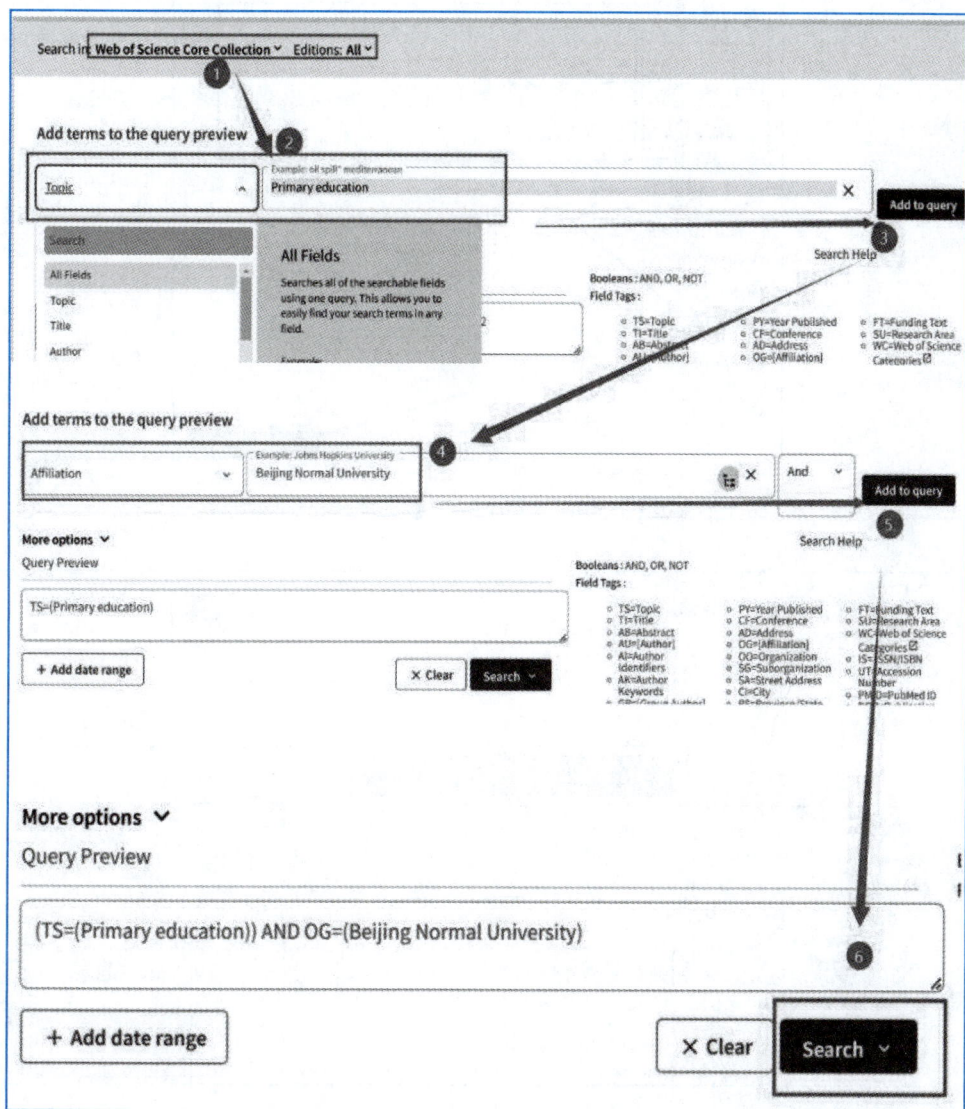

图 1-1-8　基于 Web of Science 检索期刊论文

（五）WILEY

WILEY Online Library 是使用最广泛的多学科在线资源平台之一，包括生命科学、健康科学、理工科学、社会科学和人文科学等领域最具影响力的论文和研究。该平台采纳了来自全球各地用户、出版合作伙伴和客户的宝贵意见，能够确保满足当今研究人员、作者、专业学协会及信息专家的复杂需求。

高级检索页面可执行更复杂的检索条件。检索步骤：单击 ADVANCED SEARCH（高级检索）→输入检索词→选择来源类型→选择日期范围→单击 Search 按钮查看检索结果（见图 1-1-9 和图 1-1-10）。

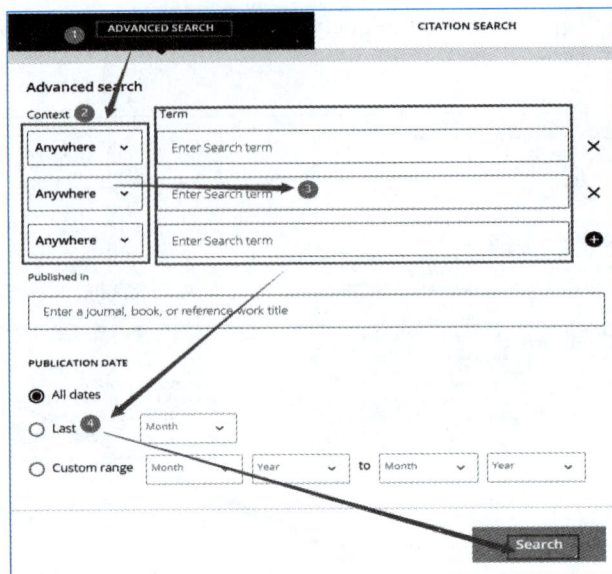

图 1-1-9　基于 WILEY 期刊全文数据库进行高级检索

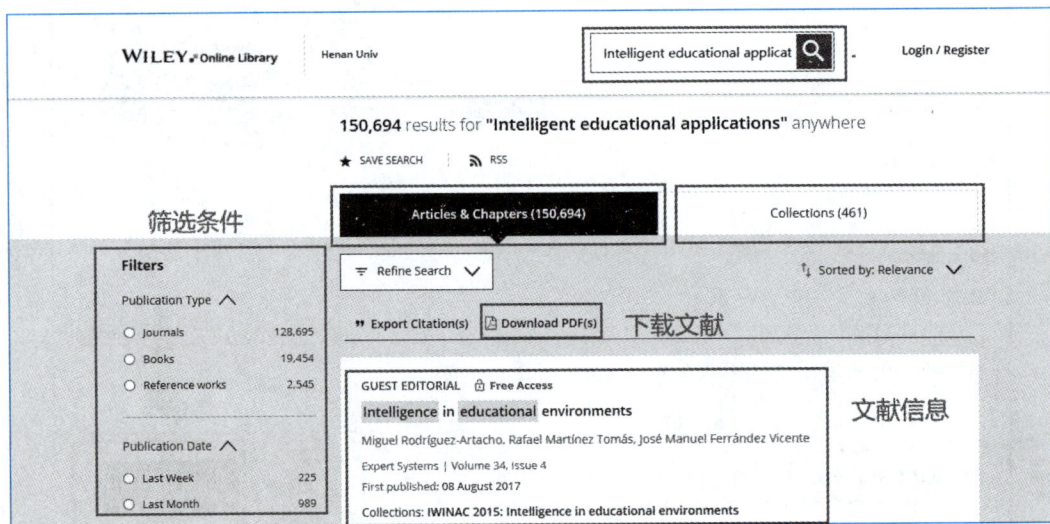

图 1-1-10　查看检索结果

第二节　搜索引擎类教学资源及其检索

一、中文搜索引擎类教学资源及其检索

随着教育信息化 2.0 时代的到来，社会对于教师的要求越来越高。教师不仅需要具备教育学的基本知识和学科的基本知识，还需要具备一定的信息素养，学会查找和使用电子资源来提高自身的教育能力和教育水平。学会查找和使用电子资源首先要学会使用搜索引擎。下面介绍中文搜索引擎类教学资源及其检索。

（一）百度学术

百度学术搜索引擎是国内免费使用提供海量中英文文献检索的学术资源搜索平台。它收录了包括知网、维普、万方、Elsevier、Springer、WILEY、NCBI 等上百万个国内外学术站点，收纳了包括学术期刊、会议论文、学位论文、专利、图书等类型在内的 6.8 亿多篇学术文献，还包含四百多万个中国学者主页的学者库和包含近两万种外文期刊主页的期刊库。

下面简要介绍百度学术普通检索与高级检索的检索步骤：

基于百度学术的普通检索：输入"检索词"→在界面左侧设置"时间、领域、核心"等条件→单击"百度一下"按钮（见图 1-2-1）。

图 1-2-1 基于百度学术的普通检索

基于百度学术的高级检索：单击"高级检索"→输入"检索词"→设置检索条件→选择"期刊"→单击"搜索"按钮（见图 1-2-2）。

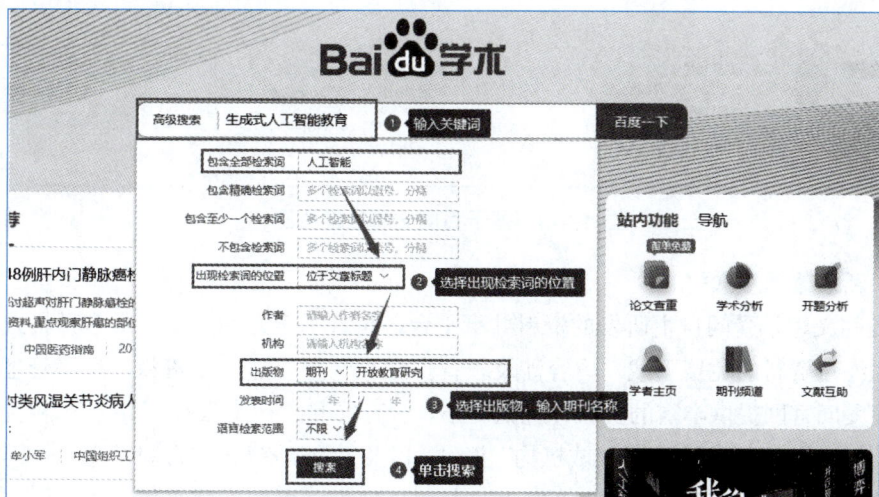

图 1-2-2 基于百度学术的高级检索

（二）百度文库

百度文库是由百度于 2009 年发布供网友在线分享文档的平台。百度文库的文档由百度用户上传，需要经过百度的审核才能发布，百度自身不编辑或修改用户上传的文档内容。用户可以在线阅读和下载这些文档。百度文库的文档包括教学资料、考试题库、专业资料、公文写作、法律文件等多个领域的资料。百度用户上传文档可以得到一定的积分，下载有标价的文档则需要消耗积分。当前平台支持主流的 DOCX、PPT 和 PDF 等资源的上传和下载。

百度文库中可以检索文献也可以直接查看网站推荐的资源。单击"我的资源库"，可选择"近期浏览""我的收藏""我的下载"等内容。在"精选"栏中可以选择"热门推荐"和"课程"。在"文档"栏中可以查看推荐类型的文档。在"权威发布"栏中可以查看官方或权威机构发布的内容。在右侧功能栏中可以进行文档格式的转换，查看"热门文档分类"和"品牌内容"。

进入百度文库官网，在官网主界面的搜索引擎栏中输入想要检索的关键词，单击"搜索文档"按钮后跳转到检索结果窗口，下方会出现检索结果，在检索结果的右侧会出现与检索内容相关的内容，供用户参考。百度文库支持用户在线免费预览。部分内容需要用户进行充值或以积分兑换的方式下载。百度文库新增文档助手功能，可实现智能辅助办公。

百度文库的检索步骤：输入"检索内容"→单击"搜索文档"按钮→选择"格式"→选择"类型"→单击"内容"→单击"下载"按钮（见图 1-2-3）。

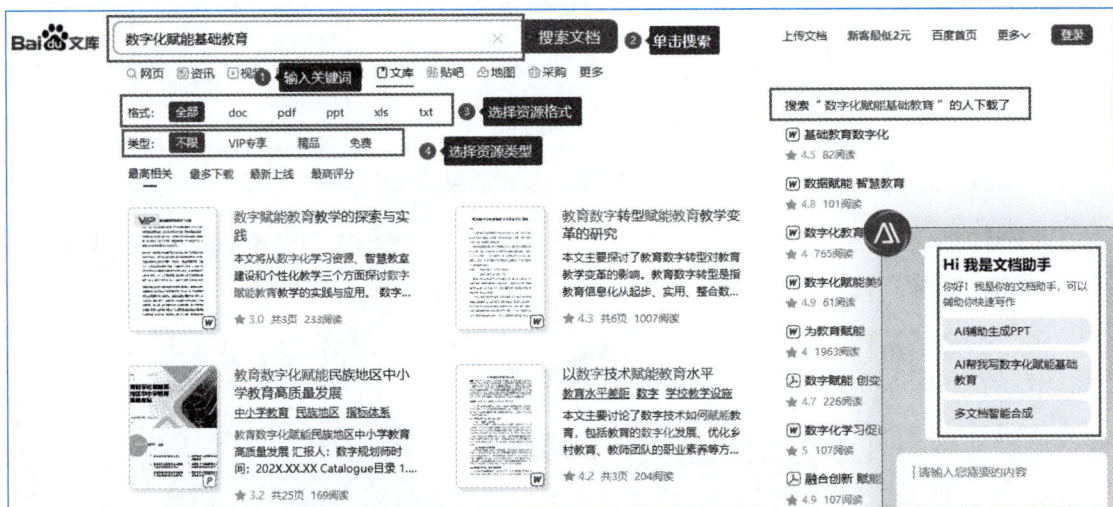

图 1-2-3　基于百度文库检索资源

（三）新浪爱问文库

新浪爱问文库是爱问自主研发的资料共享平台，包含了千万网友上传的多种格式的文档，同时也提供海量资料的免费下载，内容涉及教育资源、专业资料、IT 资料、经济管理、办公文书等。新浪爱问官网提供丰富的资料，包括"小学教育"和"初中教育"等分类、"优质专题"和"VIP 专区"、"实用资料"和"权威机构"报告，以及"最新资料""资料动态""专题动态"。在界面右侧功能区中可查看"我看过的"和文档格式转换。可搜索感兴趣的内容，选择格式和范围，单击相关搜索词查看相关内容。

检索步骤：输入"关键词"→选择"格式"→选择"范围"→单击"搜索资料"按钮（见图 1-2-4）。

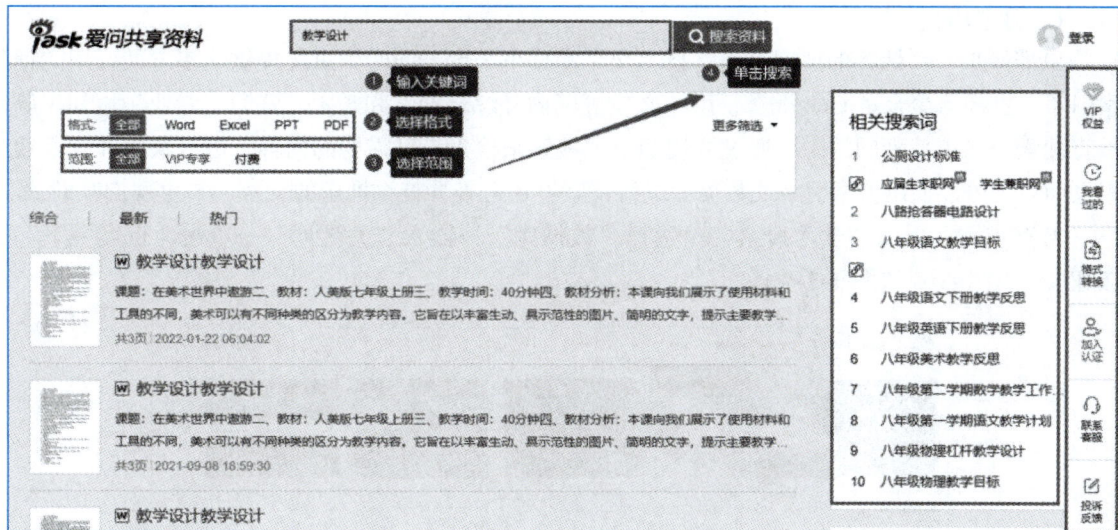

图 1-2-4　基于新浪爱问的学术检索

（四）大木虫

大木虫学术导航网站涵盖 Google 学术镜像入口、国内外免费文献下载入口、科研工具、专利标准、基金申请、期刊信息、科研成果等科研人员必备网站，为广大科研人员提供最简单便捷的科研学术上网导航服务。

大木虫学术导航网站支持关键词和 DOI 号检索，提供多个 SCI-HUB 和 Google 学术镜像入口及国内外学术网站查询下载文献。该网站含有免费学术资源下载网站，如 Libgen、冰点文库等，可链接至 OAlib、IEEI、ACS 等国外数据库，以及知网、万方、维普、CSCD 等国内数据库。此外，还提供论文实用工具、国家级标准网站和公众号等资源，方便用户按需使用。

检索步骤：选择"搜索类型"→输入"关键词"→选择"数据库"→单击"知网搜索"按钮（见图 1-2-5）。

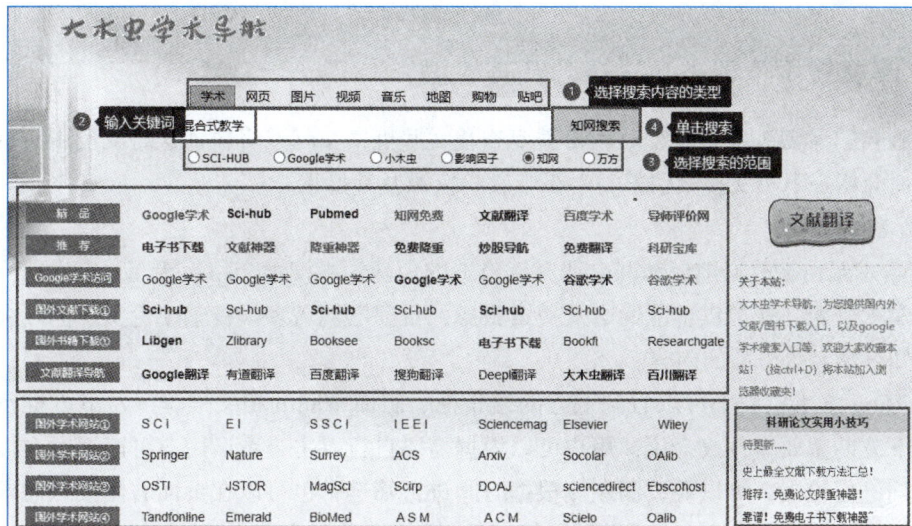

图 1-2-5　基于大木虫学术导航的学术检索

（五）虫部落

虫部落是一个纯粹的搜索经验、技术交流和分享平台，同时为虫友提供众多方便好用的搜索引擎。虫部落聚合了 Google、百度、必应等国内外综合搜索和学术、资源、专业领域知识等垂直搜索。在虫部落网站中可通过快搜和学术搜索来检索自己需要的内容，进入快搜和学术搜索页面后，可以使用搜索引擎或数据库进行检索，还可查看首页推送的文章，与虫友们互动。

检索步骤：单击"学术搜索"→选择"数据库"→输入"关键词"→单击"百度一下"按钮（见图 1-2-6 和图 1-2-7）。

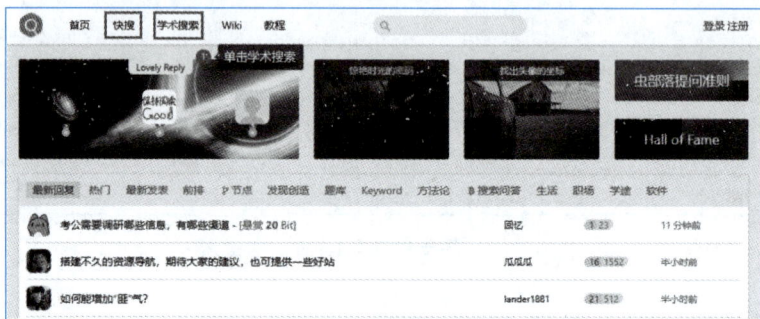

图 1-2-6　虫部落官网首页

图 1-2-7　虫部落的快搜界面

二、英文搜索引擎类教学资源及其检索

教师在自己学习和准备课程时通常需要查找一些英文文献或资料，这时就要用到英文搜索引擎，下面介绍一下英文搜索引擎类中小学教学资源及其检索。

（一）Bing 学术

Bing 学术是由微软必应团队联合研究院打造的免费学术搜索产品，旨在为广大研究人员提供海量的学术资源，并提供智能的语义搜索服务，目前已涵盖多学科学术论文、国际会议、权威期刊、知名学者等方面的内容。

进入 Bing 学术首页，可以看到上方的搜索框、版面中间的相关推荐、左下方推荐的最新文献和右下方的重要事件或会议，用户可以根据需要自行点击查看。用户可以通过在搜索框中输入关键词进行检索，可以在页面左侧根据时间进行筛选，也可以在页面右侧按照需求对检索内容进行排序，单击相应的文章即可跳转至相应网站查看。在 Bing 学术查找内容也可以通过在 Bing 网站中进行搜索，单击"学术"查看所需内容。

检索步骤：输入"关键词"→单击"检索"→单击"内容"（见图1-2-8）。

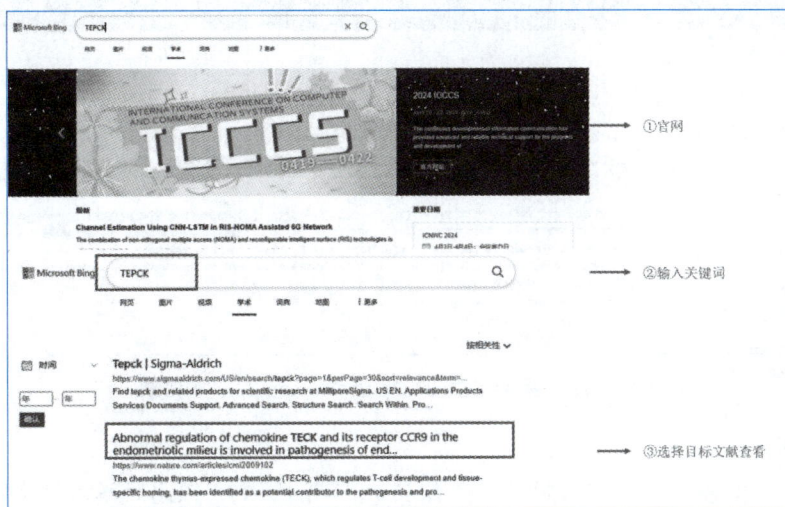

图 1-2-8 基于 Bing 学术的内容检索

（二）SCIRP

Scientific Research Publishing（简称 SCIRP 或 SRP）是在美国注册的国际出版社，旗下期刊均为国际刊。作为开放读取的先行者之一，该出版社拥有 180 多种期刊及电子版本，内容涉及物理、化学、医学、生物、数学、经济、通信、计算机、电力、能源、工程等领域。已出版文章超过 10 000 篇，多个期刊被 CAS、EBSCO、CAB Abstracts、Pro Quest、Index Copernicus、Library of Congress、Gale、CSP 等数据库全文或摘要收录。

打开 SCIRP 官网，可以在搜索栏中输入文章标题、关键词、作者等，单击"搜索"按钮后，再单击文章标题，可以进行文章的下载，在标题下侧可以查看文章的 DOI 号、下载量、查看引用次数等。该网站还会在首页推荐近期发表的论文，热点议题及相关图书等，在页面左侧可以看到按主题分类的期刊，单击主题可按照期刊的类型进行检索。

检索步骤：单击"检索"→输入"检索词"→单击"下载"（见图 1-2-9 和图 1-2-10）。

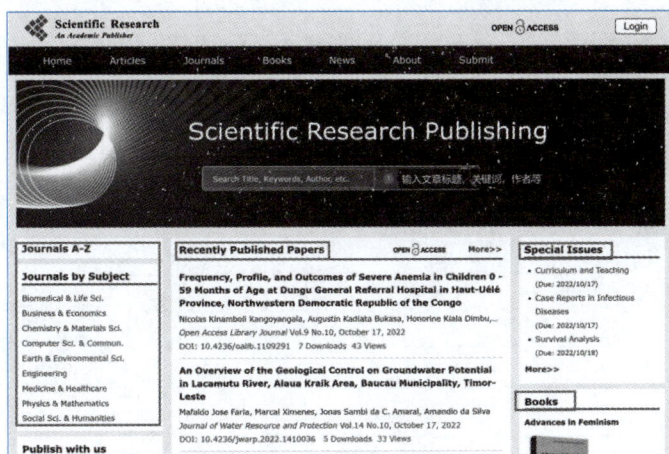

图 1-2-9 基于 SCIRP Open Access 的学术检索

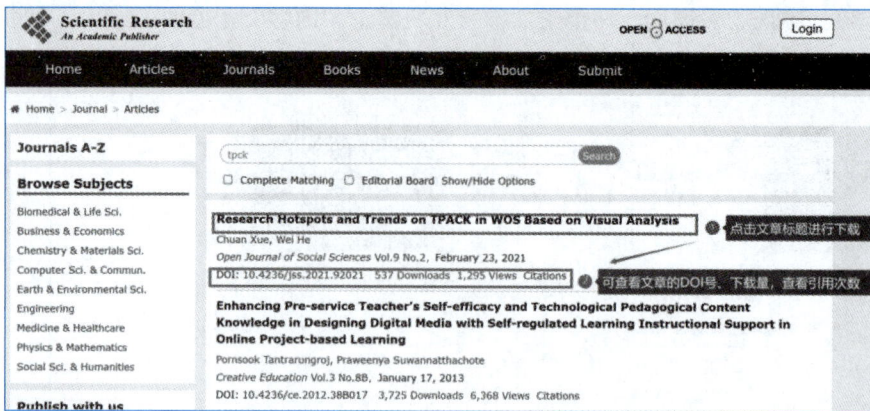

图 1-2-10　基于 SCIRP Open Access 的学术检索

（三）Springer

Springer 是德国领先的科技出版社，拥有 170 多年的历史，以出版学术性出版物著称。该出版社是纸本期刊电子化发行的先驱。通过 Springer Link 系统，Springer 提供在线学术期刊和电子图书服务，数据库涵盖各类期刊、丛书、图书、参考工具书及回溯文档。

打开 Springer 官网，可以在搜索栏输入关键词，单击"搜索"按钮后，在页面左侧可以缩小检索范围，选择不同的内容类型，再依次选择主要的相关学科及其他分支学科，单击文章标题下的"下载"即可下载文章。该网站还会在首页按学科推荐相关论文、特色期刊及精选书籍等，在页面左侧可以看到不同的学科分类，单击分类可按照学科的类型进行检索。

检索步骤：单击"检索"→输入"检索词"→选择"内容类型"→选择"学科"→选择"分支学科"→单击"下载"按钮（见图 1-2-11）。

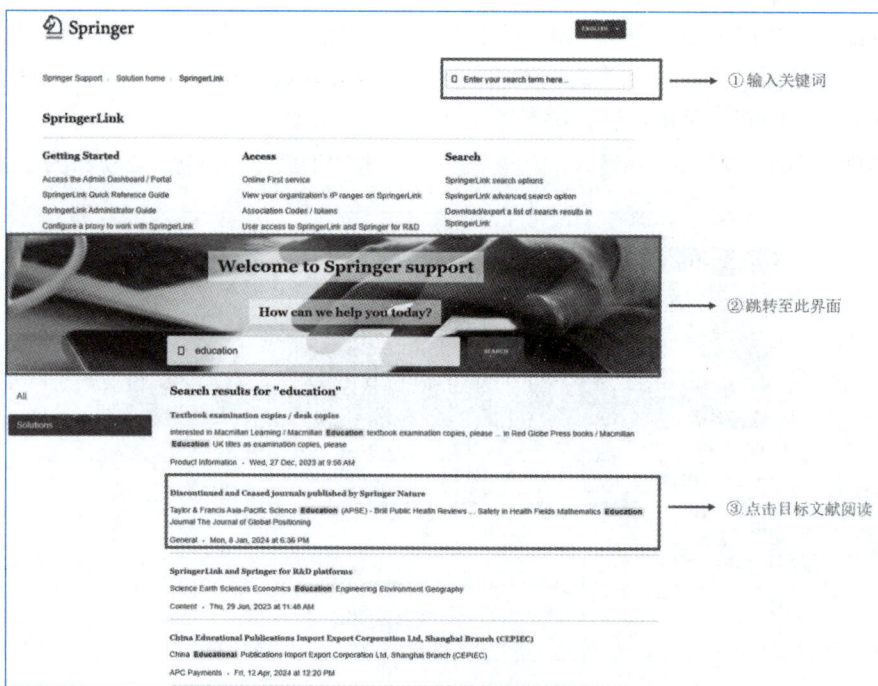

图 1-2-11　基于 Springer 的学术检索

（四）Semantic Scholar

Semantic Scholar 由微软联合创始人 Paul Allen 创建的 AI2 研发，并于 2015 年上线。其目标是利用 AI 技术从海量学术文献中筛选有用的信息，解决信息超载的问题。通过机器学习技术，Semantic Scholar 能挑选出文献的关键词或短语，确定研究主题，提取图表，并呈现在检索页面，帮助用户快速理解文献内容。从最初收录的 300 万篇计算机科学文献，发展到 2020 年 5 月已收录 1.87 亿篇文献，内容涵盖经济、管理等 19 个领域。

在 Semantic Scholar 官网首页单击右上角按钮进行注册登录。在搜索框中检索关键词，同一关键词可以检索到不同数据库的文献，单击 PDF 按钮即可将该文献的 PDF 下载到本地计算机，在检索复选框内可以限制文献作者、发表年份等相关条件进行进一步检索。

检索步骤：单击"注册登录"→输入"关键词"限定"条件"→单击 PDF 按钮下载（见图 1-2-12）。

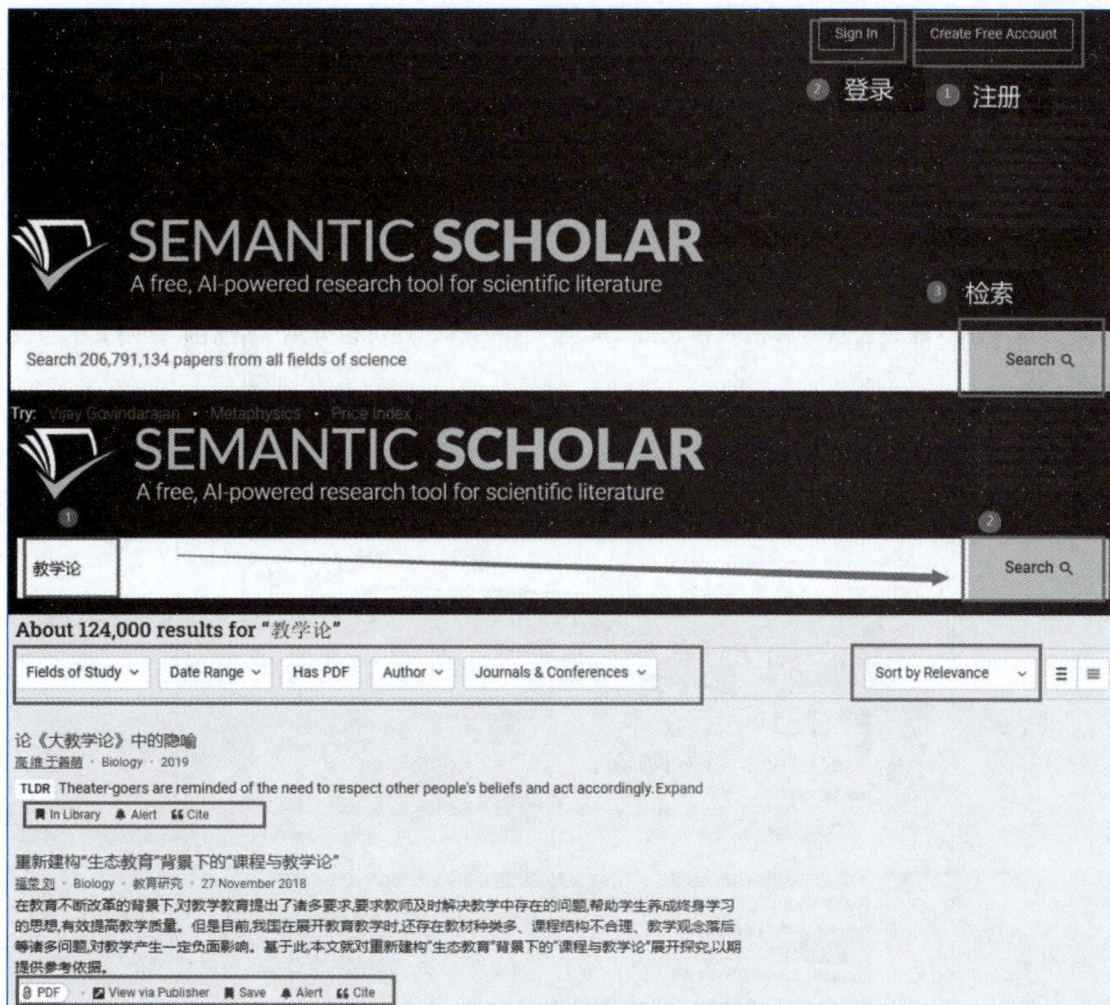

图 1-2-12　基于 Semantic Scholar 文献检索

第三节　社交媒体类教学资源及其检索

一、中文社交媒体类教学资源及其检索

社交媒体在日常、学习、教学、研究中广泛应用，按形式可分为五大类：通信类（如微信、QQ 等）、微博博客类（如新浪微博、花瓣等）、学术论坛 / 社区类（如小木虫、科学网等）、视频类（如抖音、快手等）和新闻资讯类（如今日头条、澎湃新闻等）（见图 1-3-1）。

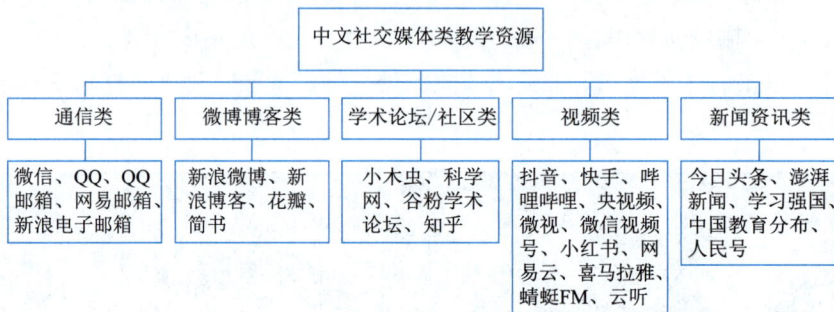

图 1-3-1　中文社交媒体类教学资源

（一）微信

微信是一个提供即时通信服务的免费应用程序，可以通过音视频通话、群聊、朋友圈与朋友们分享生活，通过公众号和视频号获得文章与视频内容，还可以开启关怀模式，使文字与按钮更大更清晰。

微信的检索步骤：单击主页搜索框→输入要查询的内容→单击"搜索"按钮→选择感兴趣的内容进行观看（见图 1-3-2）。

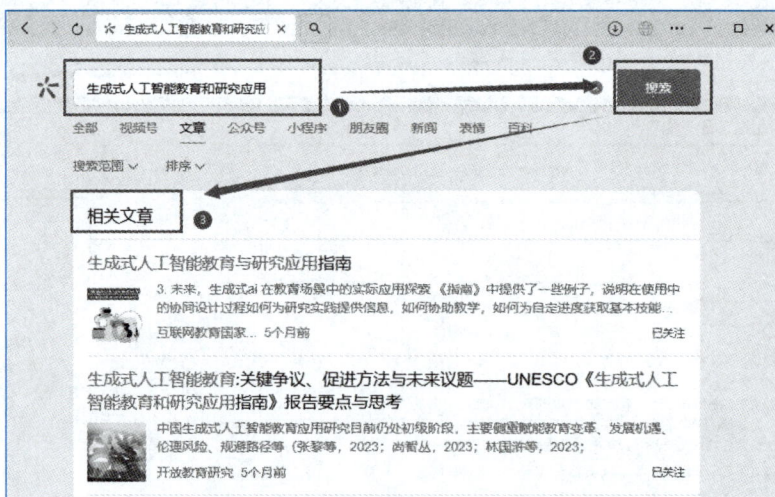

图 1-3-2　微信的检索技巧

（二）小木虫

小木虫网站是一个学术信息交流性质的综合科研服务个人网站。该网站秉承"为中国学术

科研免费提供动力"的宗旨，为众多科研工作者提供一个学术资源、交流经验的平台，已成为国内最有人气的学术科研网站。内容涵盖化学化工、生物医药、物理、材料、地理、食品、理工、信息、经管等学科，除此之外，还有基金申请、专利标准、留学出国、考研考博、论文投稿、学术求助等实用内容。

小木虫网站检索步骤：单击注册填写注册信息→单击搜索框并输入内容→选择板块搜索和发帖时间→单击"木虫搜索"按钮即可查看或下载内容（见图1-3-3）。

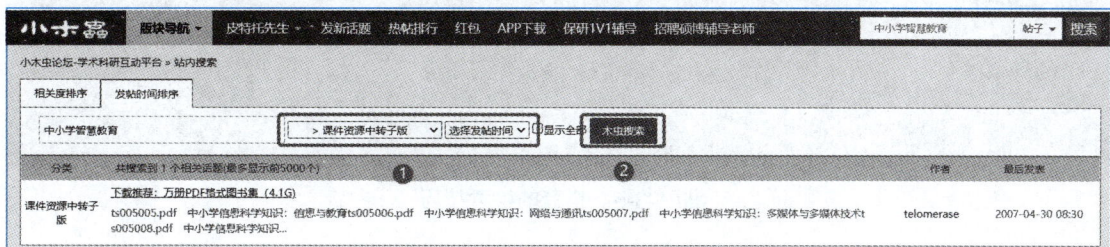

图 1-3-3　小木虫网站检索步骤

（三）哔哩哔哩

哔哩哔哩是一个文化社区和视频平台，内容多元，拥有动画、音乐、舞蹈、游戏、知识、生活、娱乐、时尚、放映厅等15个内容分区，其中，学习区有大批专业科研机构、高校官方、教育工作者分享专业知识，可以搜索所需信息。

哔哩哔哩检索步骤：注册登录网页版哔哩哔哩→输入搜索内容→单击"搜索"按钮→选择需要观看的视频进行观看和分享（见图1-3-4）。

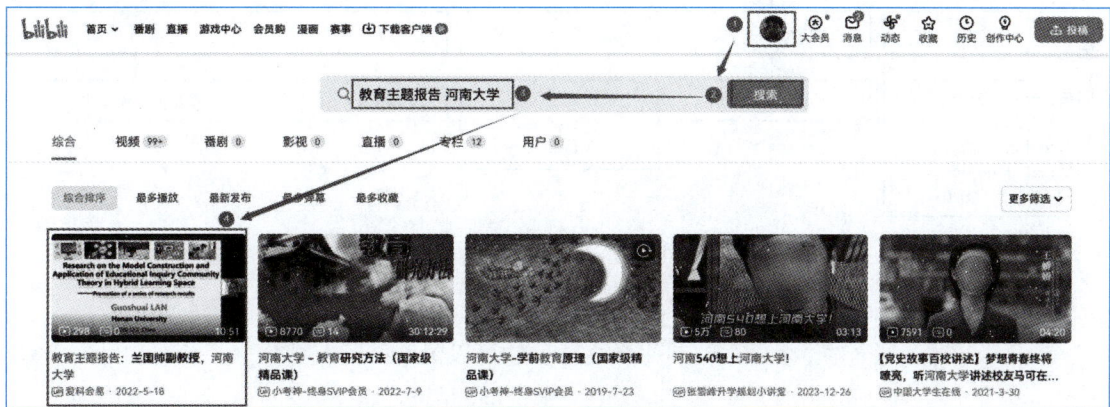

图 1-3-4　哔哩哔哩的检索步骤

（四）抖音

抖音是一个帮助用户表达自我和记录美好生活的视频平台。生活妙招、美食做法、旅行攻略、科技知识、新闻时事、同城资讯等实用内容都可以在抖音中搜索。

抖音的检索步骤：登录抖音网页版→在搜索框内输入需要的资源→单击"搜索"按钮进行选择观看（见图1-3-5）。

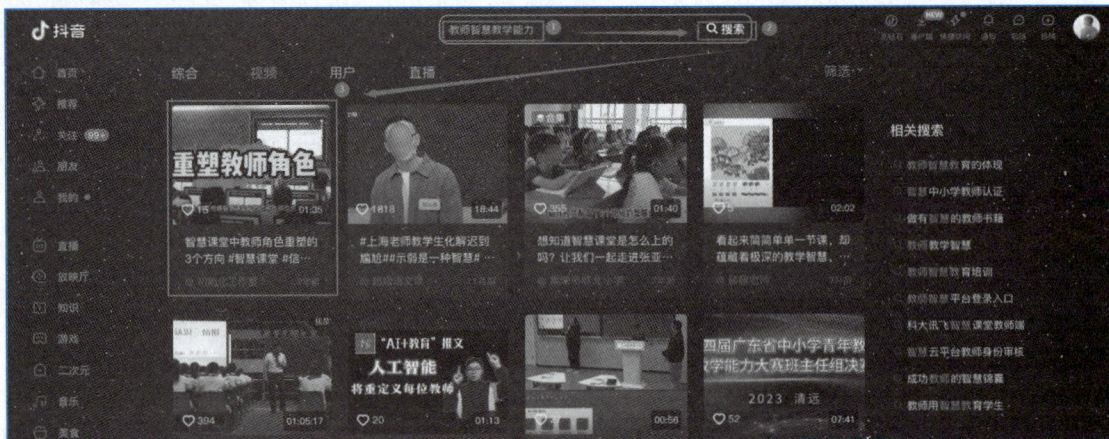

图 1-3-5　抖音的检索技巧

二、英文社交媒体类教学资源及其检索

英文社交媒体类的中小学教学资源有多重类型。其中，通信类社交媒体包括 MessageMe、MSN、WhatsApp 等，微博博客类有 Twitter、Tumblr 等，学术论坛 / 社区类有 ResearchGate、Academia 等，视频类有 YouTube、TikTok 等，新闻资讯类有 Digg、Reddit 等，这些都是各类别中常见的社交媒体平台（见图 1-3-6）。

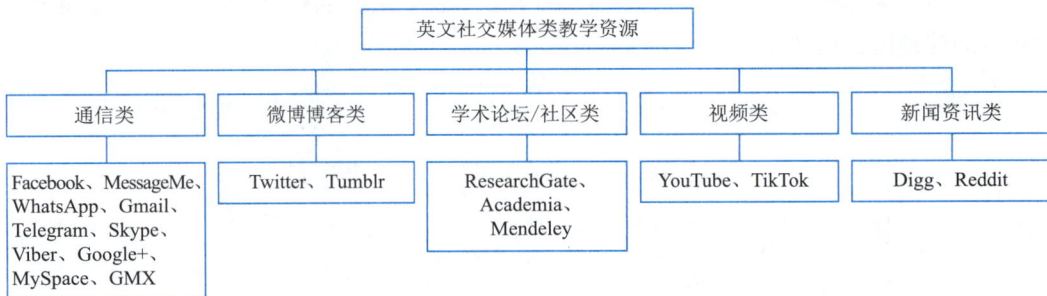

图 1-3-6　英文社交媒体类教学资源

（一）ResearchGate

ResearchGate 是全球学术圈的交流平台之一，它可以帮助科研人员分享、发现和讨论研究，它是学者们进行科研互动互助的一个工具。ResearchGate 是连接科学家和研究人员的专业网络，来自世界各地的 1 500 多万会员使用它来分享、发现和讨论研究。

ResearchGate 的检索步骤：进入 ResearchGate 首页注册并登录账号→在搜索框输入搜索内容并搜索→设置检索条件→选择目标结果进行查看（见图 1-3-7）。

（二）Academia

Academia 是学术界共享研究论文的平台。学术界使用 Academia 分享他们的研究，追踪研究成果的引用并做相关深入分析。超过 7 900 万学者注册了 Academia。

Academia 的检索步骤：进入 Academia 首页注册并登录账号→在搜索框输入搜索内容并搜索→选择结果类型→设置检索条件→选择目标结果进行查看或下载（见图 1-3-8）。

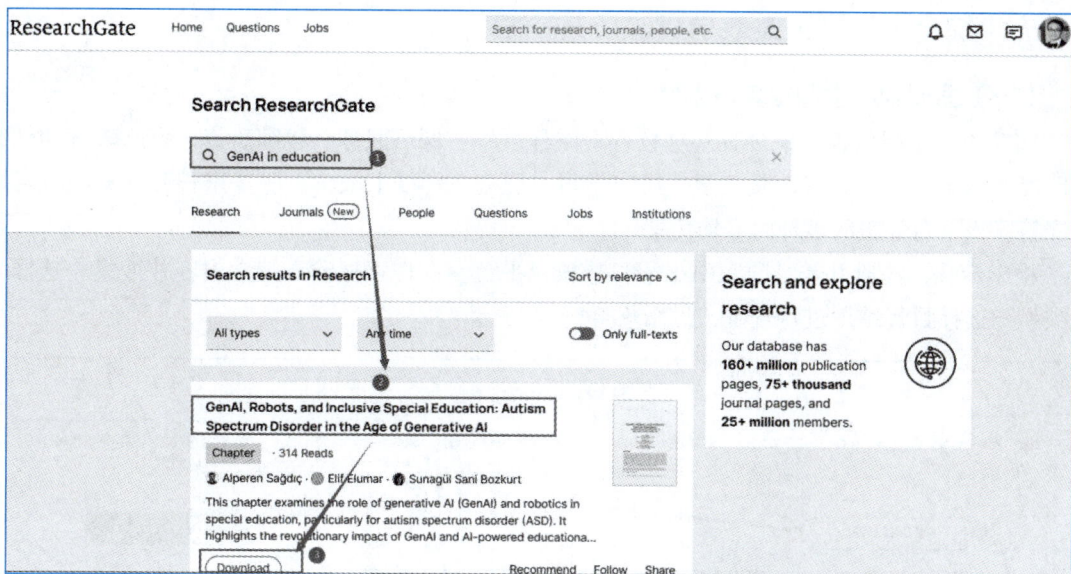

图 1-3-7　ResearchGate 的检索技巧

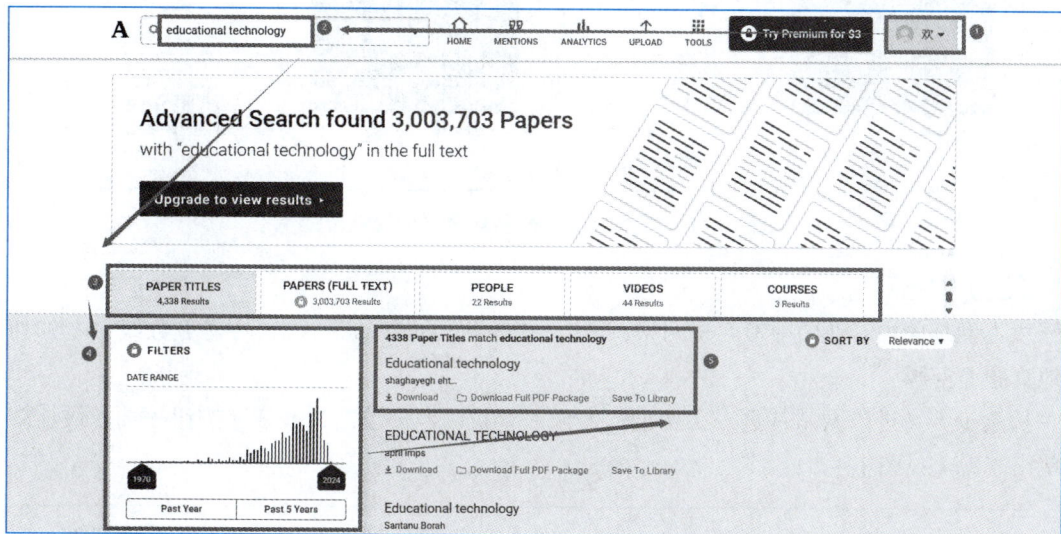

图 1-3-8　Academia 的检索技巧

第四节　学科网页类教学资源及其检索

信息时代背景下，中小学教师应不断提高信息化素养，获取教学资源的方式也应随着时代发展不断变革。为解决中小学教师在学科网页类资源检索方面存在困难的问题，本节将详细介绍一些学科网页类教学资源及其使用方法。网页是构成网站的基本元素，用户可以在网页中获取和体验文字、图片、动画、音乐等元素。Internet 上存在各式各样的网页，下面以学科网页为主，介绍一系列学科网页及部分常用网页的检索步骤。

一、综合学科网页类教学资源及其检索

（一）国家中小学智慧教育平台

国家中小学智慧教育平台有专题教育、课程教学、课后服务、教师研修、家庭教育和教改实践经验六个板块。为有效服务学生居家学习、服务教师线上教学、服务家长开展家庭教育提供支持。该平台涵盖的多种内容均免费。

检索步骤：注册并登录国家中小学智慧教育平台→在搜索框输入搜索内容并搜索→选择结果类型→选择目标结果进行查看（见图 1-4-1）。

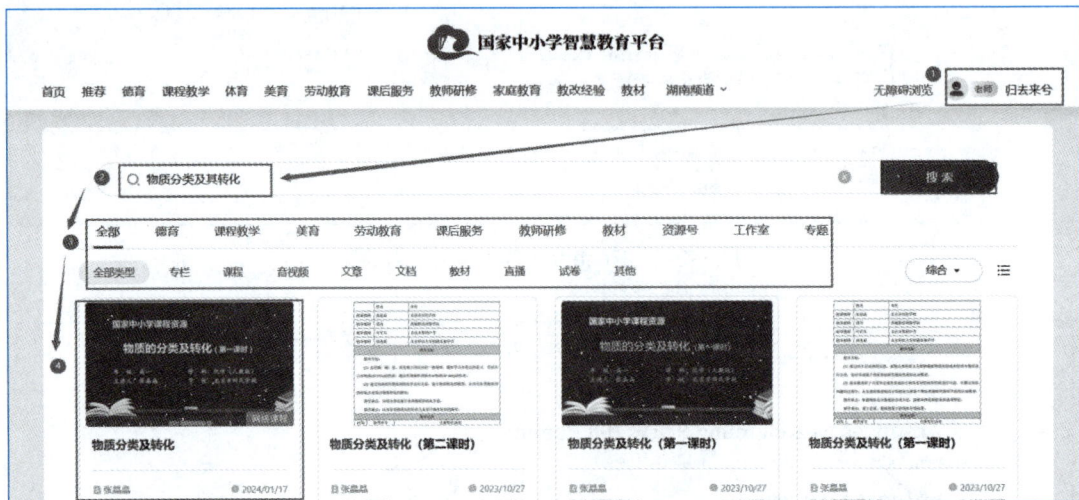

图 1-4-1　国家中小学智慧教育平台检索步骤

（二）中考网

中考网是国内专业的中考门户网站，为广大考生提供成绩查询入口、中考分数线、中考时间、各地真题等资源。

检索步骤：进入网站首页→在搜索框内输入查找内容→单击"搜索"按钮→选择最佳结果并单击查看（见图 1-4-2）。

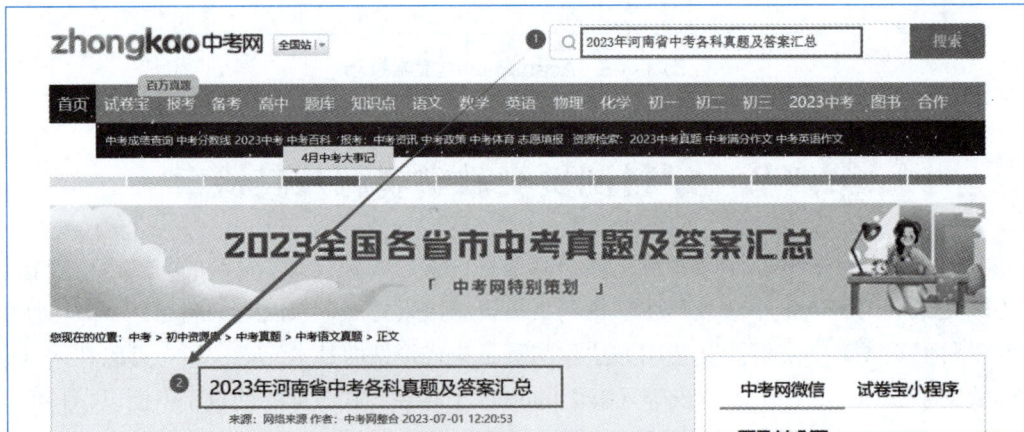

图 1-4-2　中考网检索步骤

（三）学科网

学科网是一个全学科、全学段的学习网站，也是国内权威中小学教育资源门户网站之一。是国内最大的 k12 教学内容提供商与服务商。拥有十门学科的单独学科网，还分为小学、初中、高中三个年级段，每个年级段都有学习网站。

检索步骤：进入网站首页→在搜索框内输入查找内容并搜索→选择限制条件→选择最佳结果并单击查看（见图 1-4-3）。

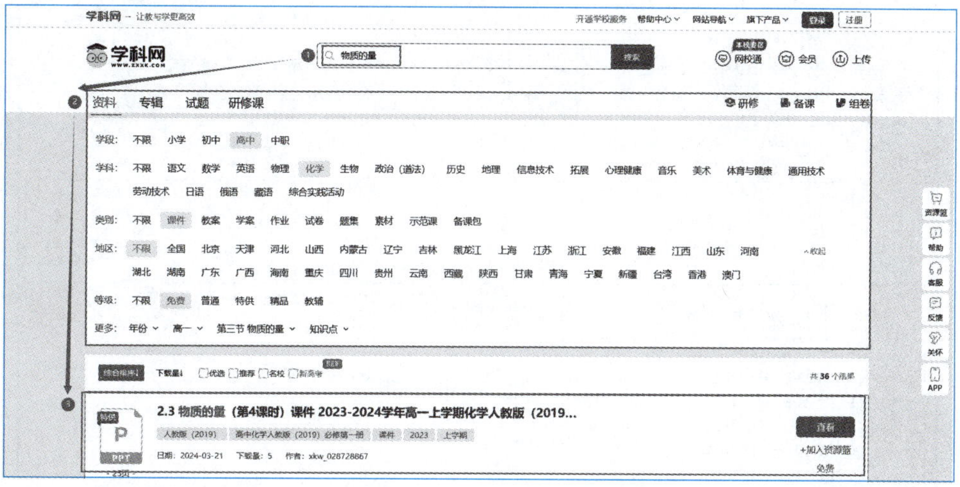

图 1-4-3　学科网检索步骤

（四）21 世纪教育网

21 世纪教育网课件中心是深圳世纪精英网络科技有限公司全力打造的教育资源交流平台，是国内专业大型的中小学教育资源门户网站，网站通过开放交流、以一换十的方式，向全国教师收集了从小学到高中各科目、各年级、各种版本的教育资源几十万件，是全国教师最大的备课中心。

检索步骤：进入网站首页→在搜索框内输入查找内容→选择学段学科→选择资源类型并搜索（见图 1-4-4）。

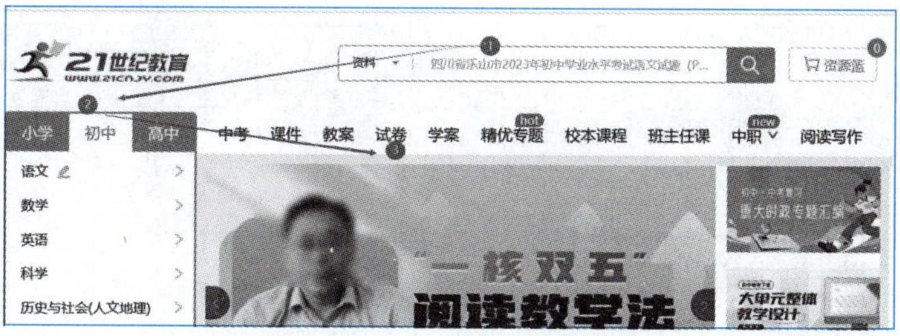

图 1-4-4　21 世纪教育网检索步骤

二、主干学科网页类教学资源及其检索

（一）无忧无虑中学语文网

无忧无虑中学语文网侧重于初高中语文教学资源，课程资源丰富，版本类型齐全。可供下

载的教学资源类型多样，如视频、音频、图片、flash 素材。并且大多数为免费资源，较为实用。无忧无虑中学语文网是一家专业为中考语文、高考语文提供教学资源服务的网站。免费提供中学语文教育阶段语文学科的海量教学资源，包括试题、试卷、教案、课件、素材、作文、范文、微课和教学视频等。

检索步骤：进入网站首页在搜索栏中输入内容→选择资源类型→单击"搜索"按钮→单击搜索结果进行查看或下载（见图 1-4-5）。

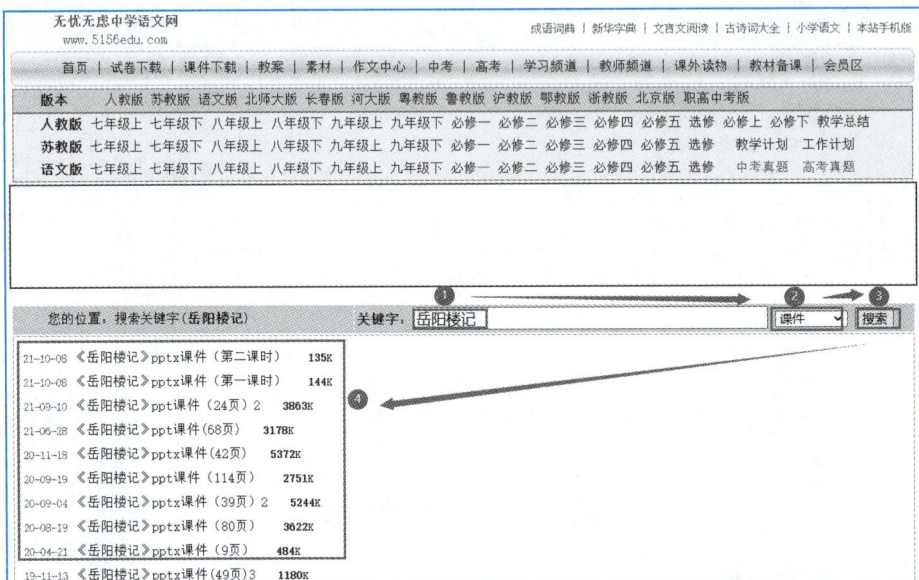

图 1-4-5　无忧无虑中学语文网检索步骤

（二）初中数学网

初中数学网由资深国家高级数学教师于 2003 年创办，是国内最早最丰富的初中数学试题、初中数学教案、初中数学课件、初中数学导学案、初中数学说课和初中数学论文等资源下载网站。

检索步骤：进入网站首页→选择资源类型→输入搜索内容并搜索→单击所需结果进行下载（见图 1-4-6）。

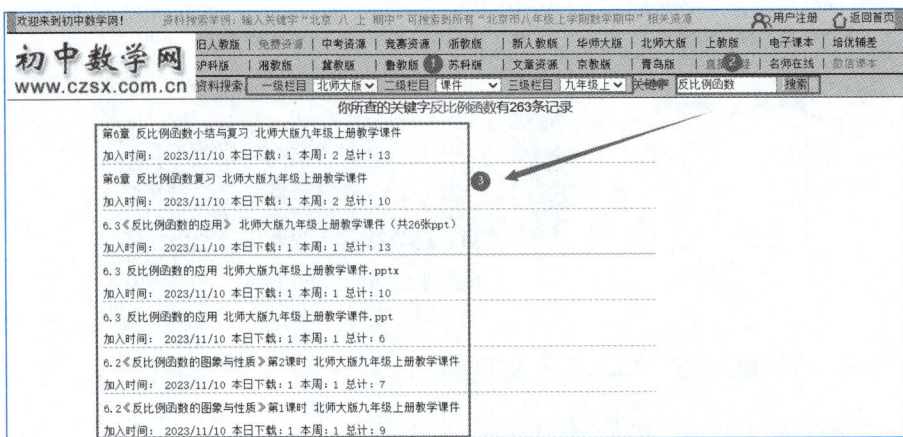

图 1-4-6　初中数学网检索步骤

（三）华南英语名师网

华南英语名师网由华南师范大学网络中心开发研制，主要提供初中和高中英语教学素材，有教材教法、同步微课、特色视频和特色课件四个板块。牛津版、人教版和外研版等不同版本的教材资源都可以找到。此网站中的"一课一曲"板块非常适合初、高中英语课堂。初中还细分为"初中语法词汇"和"初中课标话题"，尤其是"课标话题"栏目，可以匹配初中所有的现行教材版本。里面大部分都是经典英文歌曲，并且有对应的歌曲 PPT，方便教师直接下载使用。

检索步骤：进入网站首页→输入搜索内容并搜索→选择资源类型→单击所需结果进行下载（见图 1-4-7）。

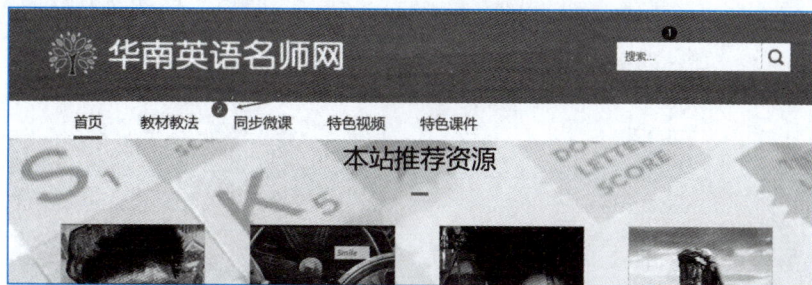

图 1-4-7　华南英语名师网检索步骤

第二章

教师智慧教学资源整合能力提升

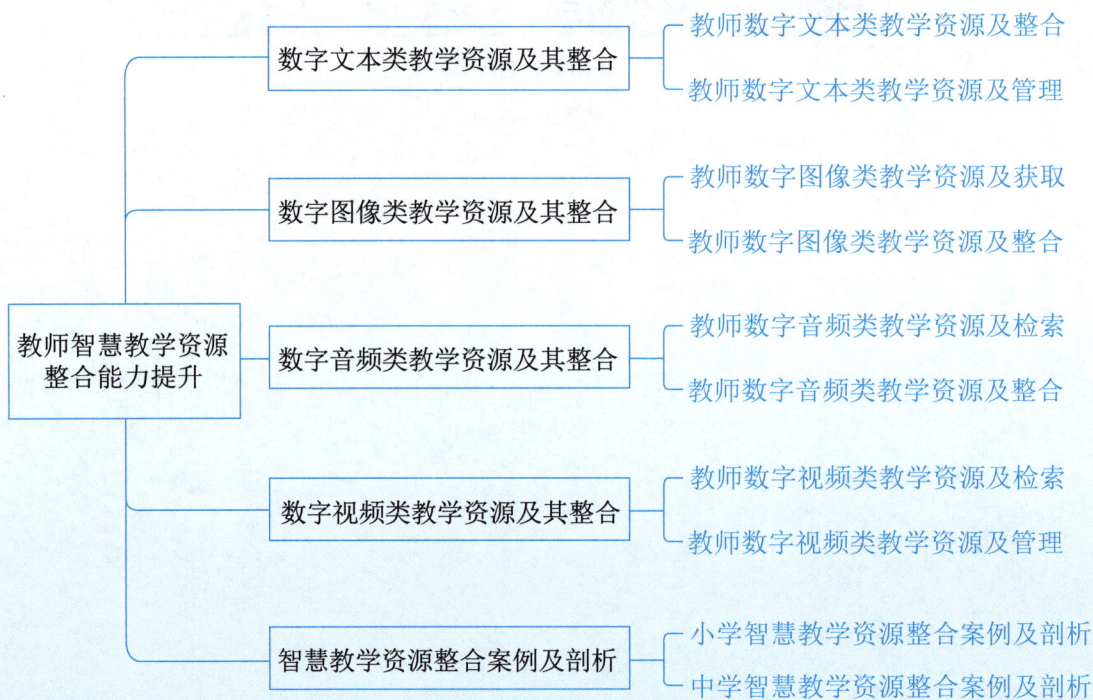

教师智慧教学资源整合能力提升

- 数字文本类教学资源及其整合
  - 教师数字文本类教学资源及整合
  - 教师数字文本类教学资源及管理
- 数字图像类教学资源及其整合
  - 教师数字图像类教学资源及获取
  - 教师数字图像类教学资源及整合
- 数字音频类教学资源及其整合
  - 教师数字音频类教学资源及检索
  - 教师数字音频类教学资源及整合
- 数字视频类教学资源及其整合
  - 教师数字视频类教学资源及检索
  - 教师数字视频类教学资源及管理
- 智慧教学资源整合案例及剖析
  - 小学智慧教学资源整合案例及剖析
  - 中学智慧教学资源整合案例及剖析

第一节　数字文本类教学资源及其整合

一、教师数字文本类教学资源及整合

（一）教师数字文本类教学资源类型

在我们的工作生活和学习过程中，经常需要获取、利用和管理多种形态的文本资源来服务自己的工作、生活和学习。"互联网+"时代的数字化文本资源呈现多种样态，如讯飞配音、福昕 PDF 阅读器、知网研学等，它们是承载教学、研究、生活与学习等方面信息的载体。下面介绍几种常用的数字化文本资源编辑软件。

1. 文字转语音工具——讯飞配音

"文字语音转换工具"可以将任意文字信息实时转换为流畅的语音，并朗诵出来。讯飞配音是以互联网为连接的专业配音服务平台，致力于为用户提供合成配音+真人配音一站式配音服务新体验。讯飞配音作为一键文字转语音平台，提供高效的合成配音服务，输入配音文字，文字立刻变声音，且音色多、效率高、价格低，随时随地都能配音。讯飞配音配置资深配音专家团，提供优质的真人配音服务，多样风格演绎。行业配音专家团音色好、品质高、服务优，各种场景都能随意切换。讯飞配音覆盖广泛行业的配音场景需求，还有多种配音种类，如：短视频配音、广告促销、专题宣传、课件配音、有声内容、方言配音和童声配音。

2. 文档阅读工具——福昕 PDF 阅读器

福昕阅读器是福昕公司推出的 Foxit Reader 首款简体中文版本，它是一款免费的 PDF 文档阅读器和打印器。福昕阅读器作为全球最流行的 PDF 阅读器，能够快速打开、浏览、审阅、注释、签署及打印任何 PDF 文件，内含官方东亚语言支持组件，解决了打开一些中文 PDF 文档时提示缺少组件的问题，同时福昕阅读器也是目前唯一带有 PDF 创建功能的阅读器。

3. 文献整合工具——知网研学

知网研学平台是在提供传统文献服务的基础上，以云服务的模式，提供集中外文献检索、阅读、笔记摘录、笔记整理（笔记导图、文献矩阵）、论文写作、个人知识管理等功能为一体的个人探究式学习平台。

知网研学可以高效管理各类文献资源，支持目前全球主要学术成果文件格式，包括：CAJ、KDH、NH、PDF、TEB 等文件的本地阅读；阅读过程中支持记笔记、标注，可随手记录自己的想法；Word 写作过程中支持通过插件一键引用参考文献及学习成果；支持 CNKI 文献的批量下载；支持 CNKI 文献的缓存及离线阅读。

4. 质性研究数据分析工具——NVIVO

NVIVO 是澳大利亚 QSR（qualitative solutions & research）公司开发的一套强大而又灵活的质性分析（qualitative analysis）软件，能够有效分析多种不同类型数据，如文字、图片、音频、视频等数据，是实现质性研究的最佳工具。使用 NVIVO 可以将你从以往的资料分析过程诸如分类、排序和整理等繁杂手工作业的劳累中解脱出来，让你有更充分的时间去探究发展趋势，建立理论模型，并最终获得研究问题的结论。

5. 混合研究数据分析工具——MAXQDA

MAXQDA 是一个用于质性、量化和混合方法数据分析的专业软件，适用于 Windows 和

Mac 两种操作平台。始创于 1989 年，具有多年为研究者们提供强大、创新和便捷的数据分析工具的经验，助力研究项目的顺利开展。MAXQDA 可以分析的数据类型包括访谈记录、报告、表格、在线调查、焦点小组、视频、音频、文献、图片等。

（二）教师数字文本类教学资源整合

1. 文字转语音工具——讯飞配音

讯飞配音的操作步骤：进入"讯飞智作"计算机网页端登录账号→单击"讯飞配音"（见图 2-1-1）→输入文字信息并选中→选择"单人播报"或"多人播报"→进行朗读设置（见图 2-1-2）→使用多种功能（插入停顿、多音字读法、数字读法、英文字母读法、使用背景音乐）（见图 2-1-3 至图 2-1-4）→导出。

图 2-1-1　讯飞配音计算机网页端

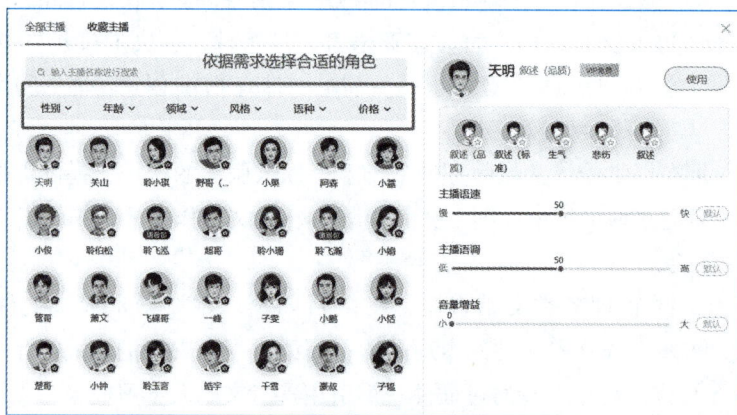

图 2-1-2　讯飞配音文字转语音界面

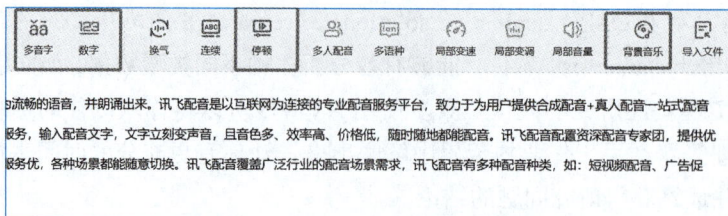

图 2-1-3　讯飞配音功能栏

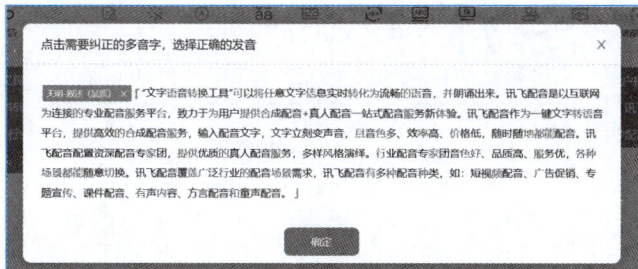

图 2-1-4   在讯飞配音中使用多音字读法

（1）插入停顿

选中文本输入框，在文本框右侧可见"插入停顿"按钮（注意请勿直接使用停顿符号断句，应使用逗号和句号断句，若想使用插入停顿也要加上标点再使用停顿符号）。

（2）多音字读法

多音字可以用同音字代替（如在"执政为民"中，"为"是第四声，主播可能会读成第二声，多音字可以用同音字代替，如"为"可以用"味"来代替，效果一模一样）；可以用官方的"多音字"设置改变读音，如可直接在多音字"为"后面标注"为 [=wei4]"（已付费的作品不能更改设置）。

（3）数字读法

数字读法可以直接转换成文字；可以用官方的数字读法设置，如"[n1]90[n0] 年"读作"九零年"，"[n2]90[n0] 年"读作"九十年"。

（4）英文字母读法

英文字母读法可以用官方字母读法设置，如"[h1]hello[h0]，大家好"读作"H，E，L，L，O，大家好"，"[h2]hello[h0]，大家好"读作"hello，大家好"；中文发音人可支持中英混读，但不保证英文发音效果，不建议作为英文发音人使用。

以多人播报为例，输入文本信息后进行朗读设置，可以选择主播，调节主播语速、主播语调和音量增益，添加背景音乐等。设置完成后，单击"生成音频"即可。

2. 文档阅读工具——福昕 PDF 阅读器

福昕阅读器部分功能及操作流程：

（1）PDF 文件转 Excel

首先打开福昕阅读器，找到"PDF 转 Excel"格式并单击选中，接着选择好转换项，单击左上方的"添加文件"按钮，准备好需要转换成 Excel 的 PDF 文件后，可以在右上角选择转换后的存储位置，选择完成后，单击"开始转换"按钮，待弹出转换完成的提示后，就说明 PDF 文件已经成功转换成 Excel 了（见图 2-1-5）。

（2）PDF 转 Word

打开福昕 PDF 阅读器软件后，首先打开一份 PDF 文件，单击"文件"→"PDF 转 Word"按钮，随后选择"Microsoft Word"中的"Word 文档"。在 PDF 编辑软件界面弹出的对话框中，确认好文件名称及保存位置，单击"保存"按钮即可。

（3）PDF 提取文字

单击"视图"→"文本查看器"按钮→复制文本（见图 2-1-6）。

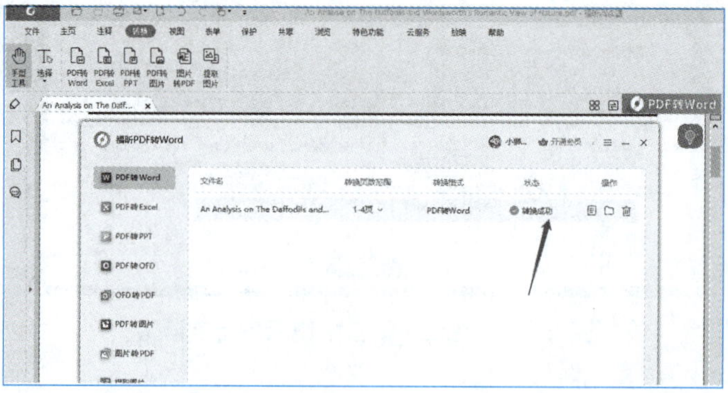

图 2-1-5　PDF 格式转 Excel 格式

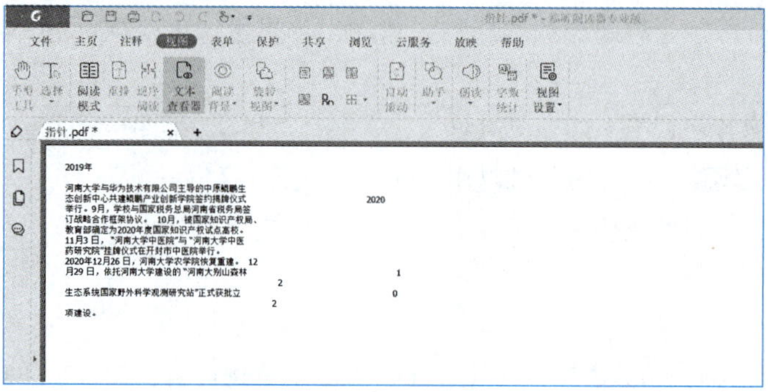

图 2-1-6　PDF 提取文字

（4）PDF 合并 / 拆分

单击左侧工具栏（查看页面缩略图）→右击页面→选择"插入页面""拆分文档""旋转页面"等命令（见图 2-1-7）。

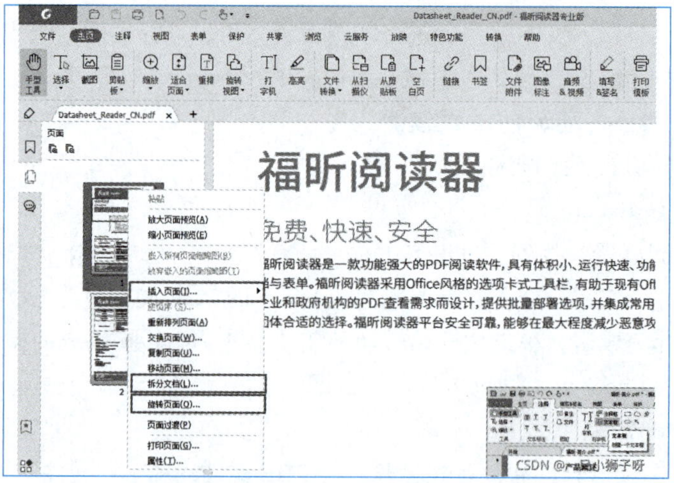

图 2-1-7　PDF 拆分步骤

（5）导出 PDF 注释

单击"注释"→"注释小结"按钮→选择注释类型为"自由文本"→对应单独导出"打字机"部分的注释（见图 2-1-8）。

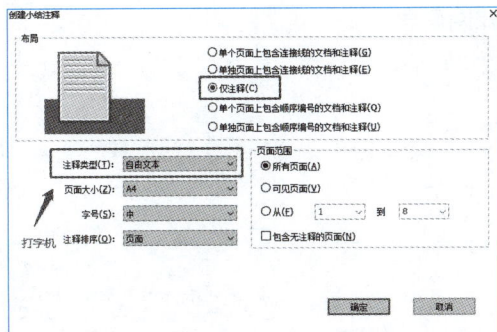

图 2-1-8　福昕 PDF 导出注释

（6）PDF 文档提取图片

单击"主页"→"选择"按钮，右击页面→选择"复制"命令并粘贴到 Word、QQ、微信或另存为图像（见图 2-1-9）。

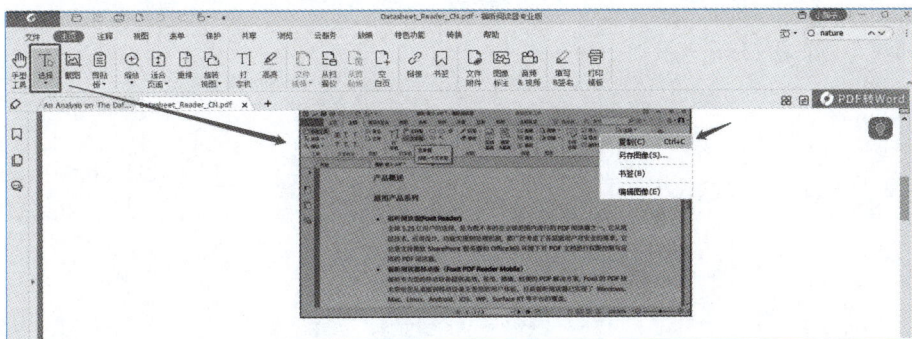

图 2-1-9　福昕 PDF 文档提取图片

（7）PDF 添加签名

单击"保护"→"PDF 签名"按钮→单击签名中"+"，添加新的签名→单击"输入签名"→选择绘制签名，可以通过操作鼠标移动输入想要添加的签名，选择合适的位置添加→设置好要添加的位置、大小，放置在 PDF 文档中即可（见图 2-1-10）。

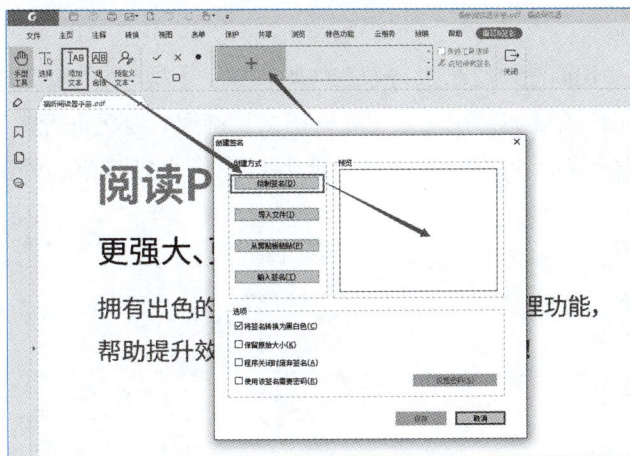

图 2-1-10　福昕 PDF 中添加签名

3．文献整合工具——知网研学

知网研学部分功能及操作流程：

（1）添加研究文献

选择"导入"→"导入专题"命令→选择计算机上的文献导入（见图 2-1-11）或从知网中导入文献（见图 2-1-12）。

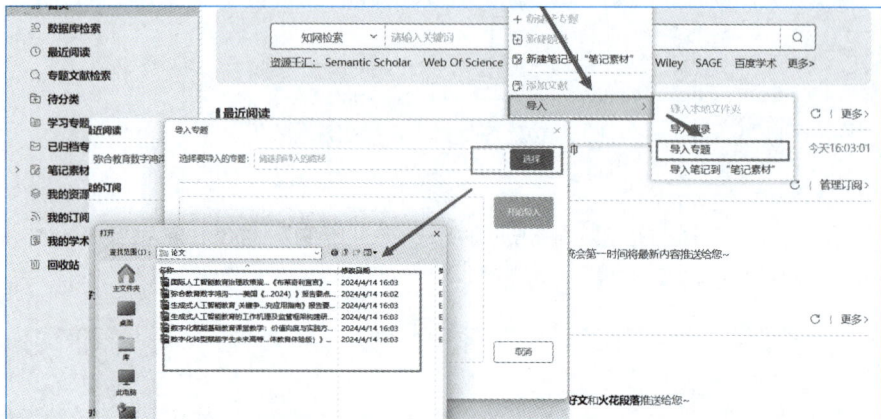

图 2-1-11　从本地导入文献

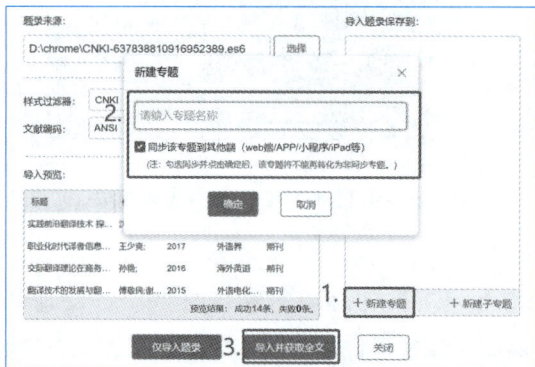

图 2-1-12　从知网批量导入文献

（2）文献管理功能

① 专题分类。在应用内能对文献进行专题分类管理，支持多级下设子专题。用户会根据自己的需求改变文献搜索的关键词，在下载文献时根据关键词对专题进行归类，有利于更好地整理思路。同时，应用还支持导入本地文件夹、单个 PDF 或 CAJ 文献，外部下载的文献也能一站管理（见图 2-1-13）。

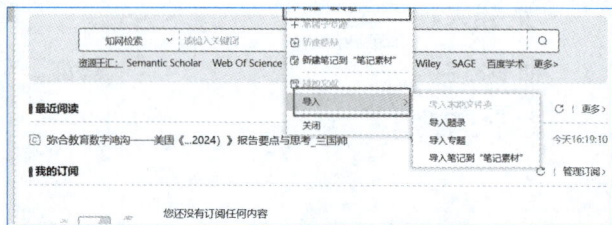

图 2-1-13　知网研学专题管理

② 支持专题内文献搜索。想要进一步筛选文献，可通过标题、作者、关键词、摘要、文献来源等来实现精准搜索（见图 2-1-14）。

图 2-1-14 专题内文献搜索

③ 文献重要度排序。同一专题的文献有已读/未读标记和阅读进度，读者可按照进度、笔记数、影响因子、下载量、被引量、学习时间等排序，还能为文献打分，方便查找所需文献。

（3）文献阅读功能

① 阅读辅助功能。读文献时选中文字，单击"翻译"便可以实现英中互译。平台支持的第三方翻译有 DeepL、谷歌翻译、百度翻译、必应和 360 翻译，可以一键切换，对比翻译结果。平台还提供在线百科和词典，选中关键词即可在页面精准查询，提高阅读效率（见图 2-1-15）。

② 参考文献自动提取。单击阅读界面右侧的"参考文献"，可快速查看所读文章的参考文献信息。单击选择所需要的文献即可快速导入题录信息或全文（见图 2-1-16）。

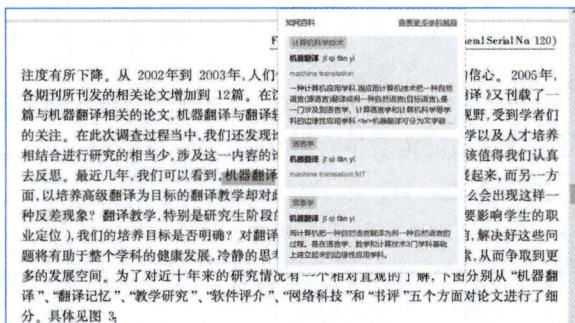

图 2-1-15 百科查询实例

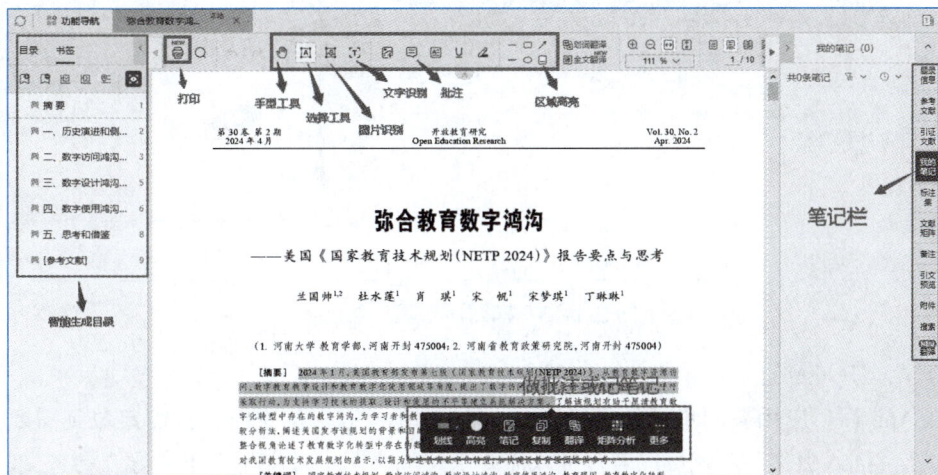

图 2-1-16 知网研学文献阅读页面

（4）文献笔记整理

① 强大的 PDF 编辑功能，具有各种笔记符号。

② 可生成专题文献矩阵，其中的分析要素包括：研究主题、研究背景、研究方法、主要内容、研究结论等，还支持读者自定义添加新的分析要素。读文献的时候可按需整理要点，能很好地帮助读者分析和归纳文献，有助于文献综述的撰写（见图 2-1-17）。

序号	文献标题	作者	来源	发表时间	研究问题	研究目的	研究背景
1	高等教育数字化转型的宏观趋势及应对策略——EDUCAUSE《2023年高等教育趋势观察》要点与思考	兰国帅;	闽江学刊	2023-05-25 08:00			
2	国际人工智能教育治理政策规划和创新路径研究——首届人工智能安全峰会《布莱奇利宣言》要点与思考	兰国帅;杜水莲;肖琪;宋帆;蔡帆帆;	中国教育信息化	2024-03-20			
3	弥合教育数字鸿沟——美国《国家教育技术规划（NETP 2024）》报告要点与思考	兰国帅;杜水莲;肖琪;宋梦琪;丁琳琳;	开放教育研究	2024-04-03			
4	数字化转型助推未来高等教育教学：宏观趋势、技术实践和未来场景——《2023年EDUCAUSE地平线报告（教学版）》要点与思考	兰国帅;杜水莲;李晴雯;黄春雨;蔡帆帆;郭天爱;	西北工业大学学报（社会科学版）	2023-06-08 13:15			
	生成式人工智能教育:关键争议、促进方法	兰国帅;杜水莲;	开放教育研究	2023-11-30			

图 2-1-17　官方文献矩阵示意图

③ 快速复制文献内容。文字复制不受字数限制，中文文献复制后不带换行符，英文复制后行末自动适配为空格；对于图片类型的文件，App 自带文字识别功能，截取需要的文字片段就可快速获取。

④ 笔记搜索和导出功能。在同一个专题内部，文献做的笔记可以实现统一搜索和导出，可以利用记忆中残留的只言片语快速找到原句（会员支持对笔记制作思维导图和创作）（见图 2-1-18）。

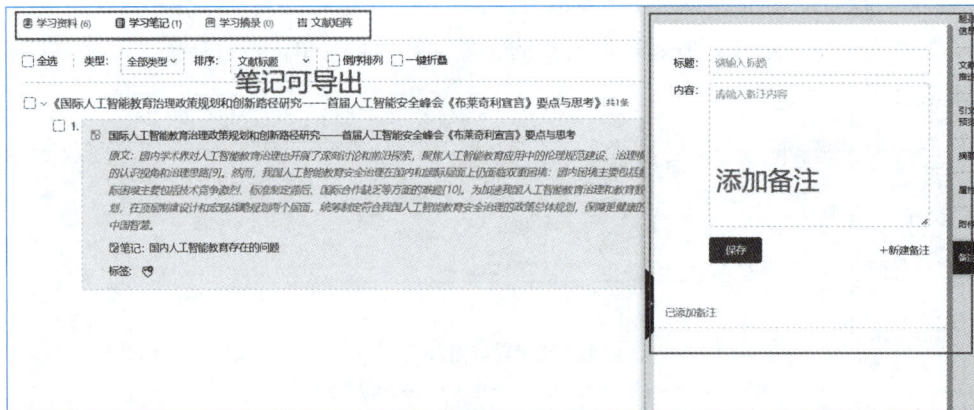

图 2-1-18　知网研学笔记功能

（5）文献引用功能

下载 App 后，应用会同步插件到 Office，在 Word 上编辑论文时，只需定位到需要引用的地方，单击"插入引文"，就可以直接插入需要引用的文献，并在论文下方导入参考文献格式，用户可以自主选择引文样式（见图 2-1-19）。

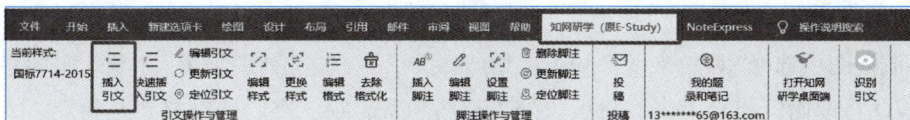

图 2-1-19　知网研学内嵌 Word 中

4．质性研究数据分析工具——NVIVO

NVIVO 部分功能及操作流程：

（1）进入操作界面

打开安装好的 NVIVO 软件，通过视图中"新增空项目"，进入软件操作界面（见图 2-1-20）。

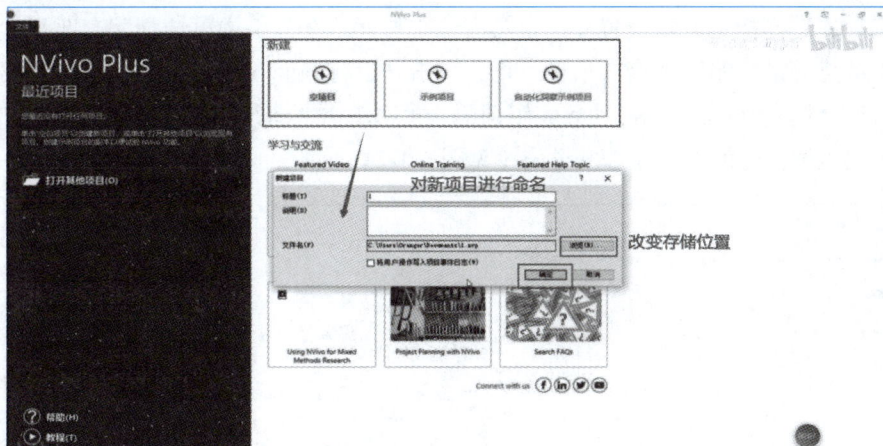

图 2-1-20　进入 NVIVO 操作界面

（2）界面功能分区

NVIVO 软件的操作界面和一般的 Windows 操作界面类似。最上方是标题栏，显示项目名称。标题栏下面是功能区，主要包括文件、首页、创建、数据、分析、查询、探索、布局、视图等九个基本项目（见图 2-1-21）。

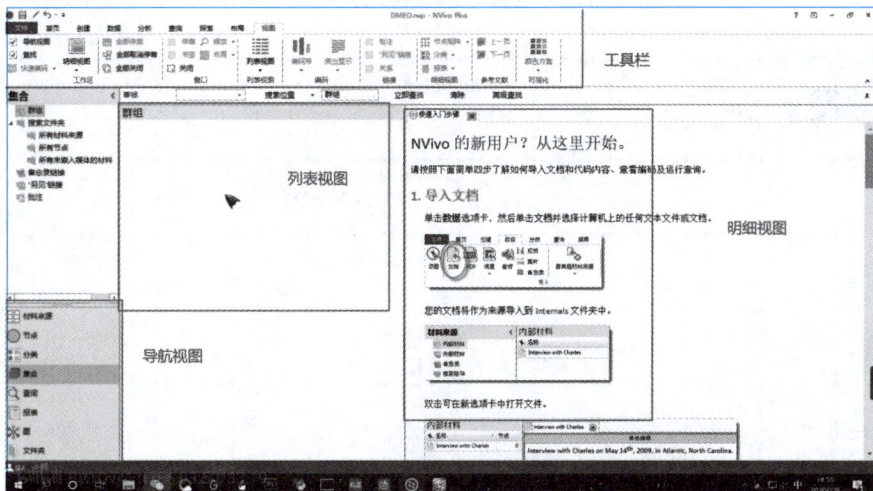

图 2-1-21　NVIVO 操作界面及功能区

（3）导入研究文档

在导航视图中选择"材料来源"→单击"内部材料"→右击"列表视图"→导入不同格式文档。

NVIVO 将原始资料分为内部材料、外部材料和备忘录三类。内部材料是指能嵌入 NVIVO 软件内部、可以跟随 NVIVO 项目在不同的设备上运行的资料。NVIVO 软件不支持过大材料的导入，NVIVO 可以通过链接外部文件的方式处理大文件或其他资料，这些外部材料不随 NVIVO 项目移动。在质性研究中，研究者可通过备忘录记录对主题、资料内容或分析过程的感想，因此，备忘录也是一种文件。

（4）高频词查询

在导航视图中选择"查询"或在工具栏中单击"查询"按钮之后，在列表视图中右击"新建词频查询"，选择指定搜索位置并调整具有最小长度，在分组中可选择完全匹配、同义词、具体化、一般化等进行精准查询或模糊查询，单击"运行查询"按钮，如发现无意义词语可过滤，按【Ctrl】键多选词语，右击加入停用词语，再次单击"运行查询"按钮（见图 2-1-22），查询结果可以以词汇云的方式显示并导出（见图 2-1-23）。

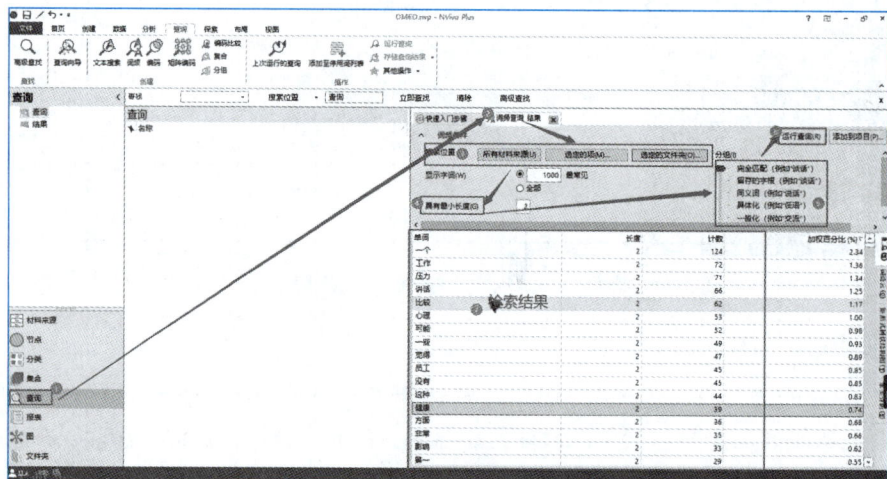

图 2-1-22　NVIVO 高频词查询步骤及结果

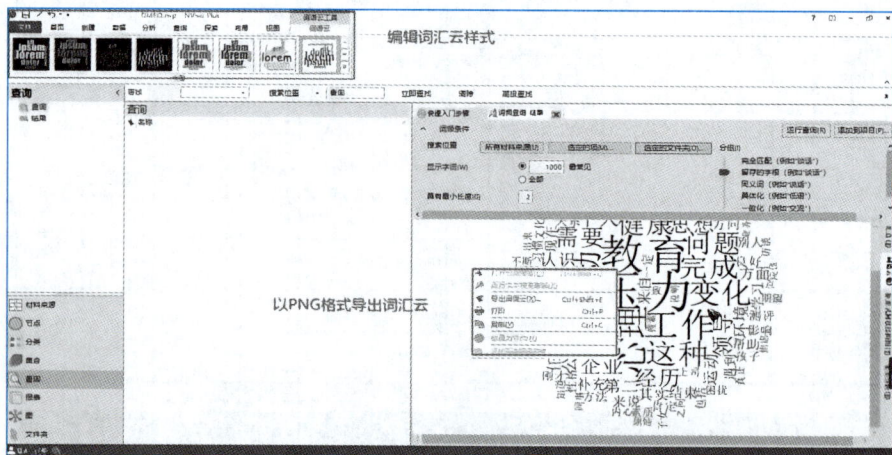

图 2-1-23　以词汇云的形式呈现高频词

（5）文本资源编码

在导航窗口中单击"节点"→右击"新建节点"→在文档中选择合适内容右击编码或直接将内容拖动到节点→在根节点下新建子节点→将子节点拖动调整到另一根节点，或者使用剪切复制也可以将子节点调整到另一根节点（见图 2-1-24）→基于做好的编码，进入"探索"模块，选择对应的功能即可生成层次图表、词云、矩阵编码→列表视图空白处右击，选择"导出节点"→列表以 Excel 表格形式保存在计算机中（见图 2-1-25）。

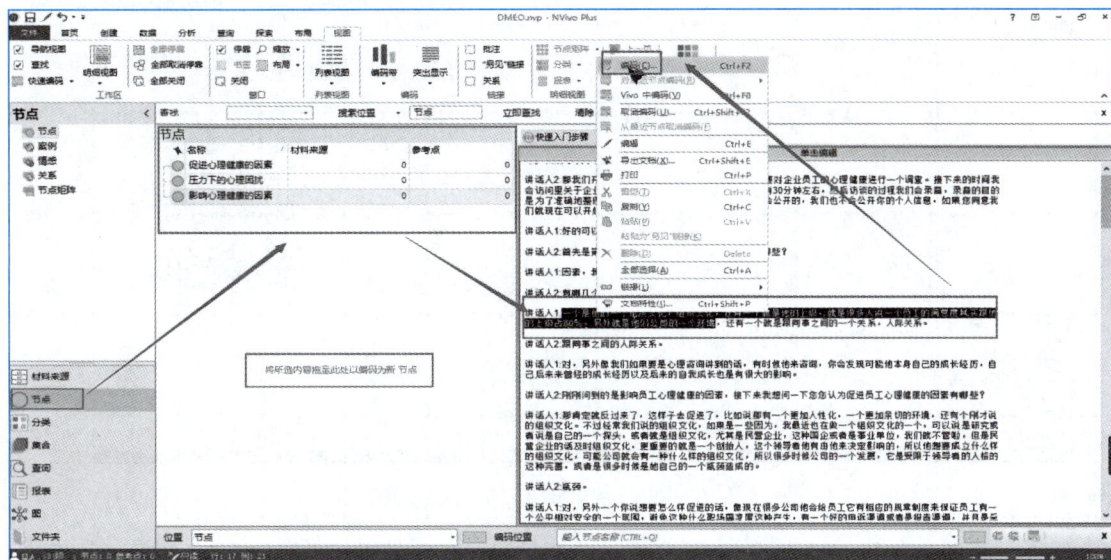

图 2-1-24 新建节点并对文本进行编码

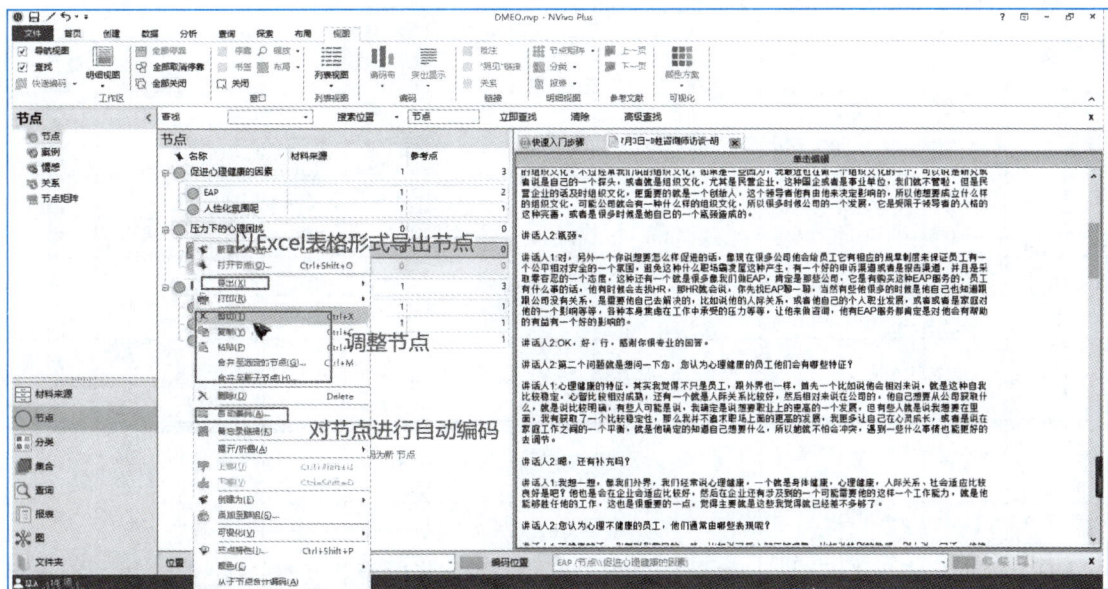

图 2-1-25 以 Excel 形式导出节点

（6）用 NVIVO 完成交叉分析

单击导航窗口的"分类"→选择案例节点分类→新建分类并编辑名称→新建属性→添加不

同属性→在内部材料当中选择所有材料，右击创建为一个案例→选择刚建好的分类→单击"确定"按钮→在节点中找到案例，右击打开分类表→给不同材料分配不同属性→单击"查询"→新建查询→新建矩阵编码→行导入节点，列导入属性（依次改变值的大小导入）→添加至列表→添加至项目并命名→以 Excel 文件导出并保存（见图 2-1-26 和图 2-1-27）。

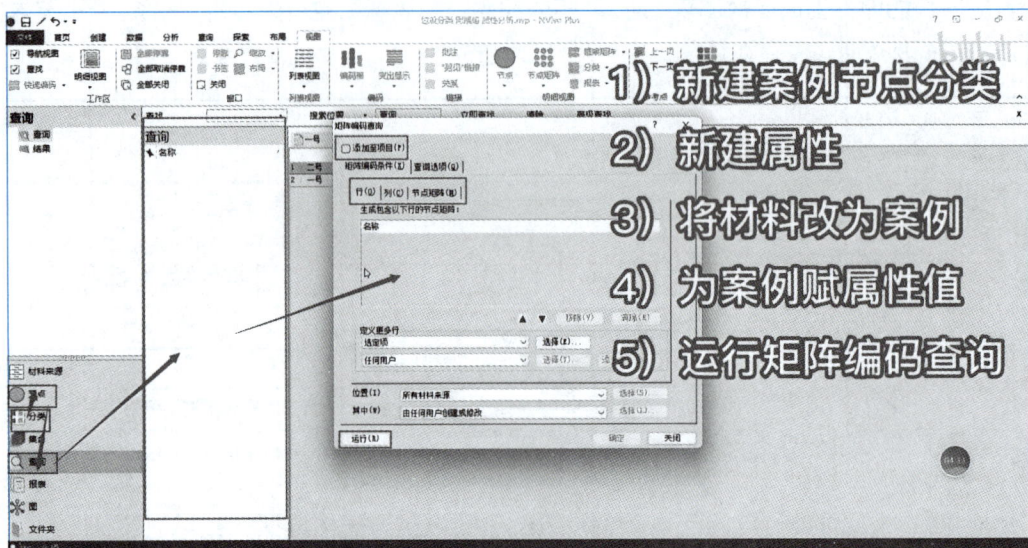

图 2-1-26　矩阵编码分析材料步骤

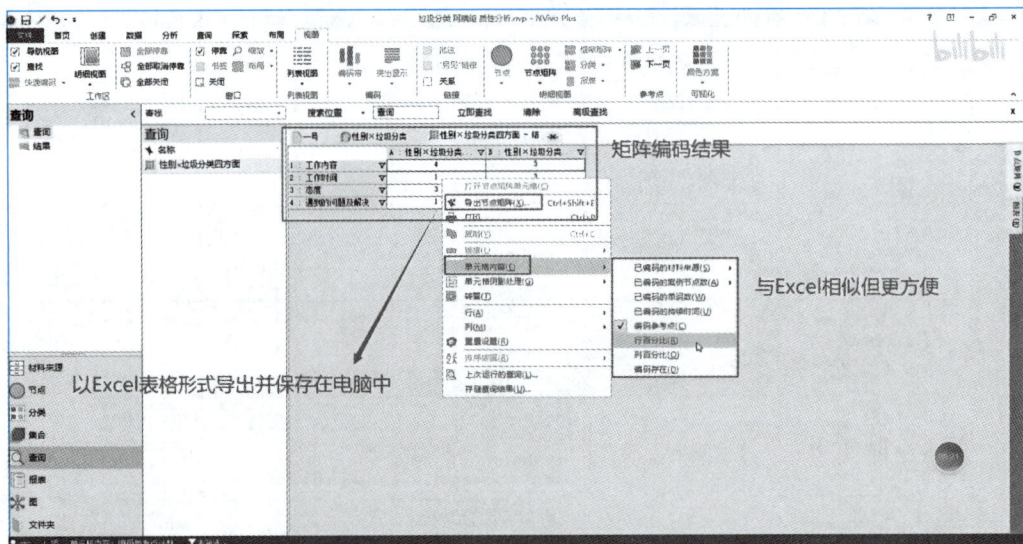

图 2-1-27　交叉分析结果及导出

（7）用 NVIVO 新建项目图

在导航窗口中单击"图"→新建项目图→打开节点，将所需节点拖动到明细视图→单击节点→单击案例，将所需属性拖动到明细视图→单击案例节点分类，将所需内容拖动到明细视图→右击查看关联项→拖动具体分类，删除多余分类→单击左上角项目模型使项目图更具体直观（见图 2-1-28 和图 2-1-29）。

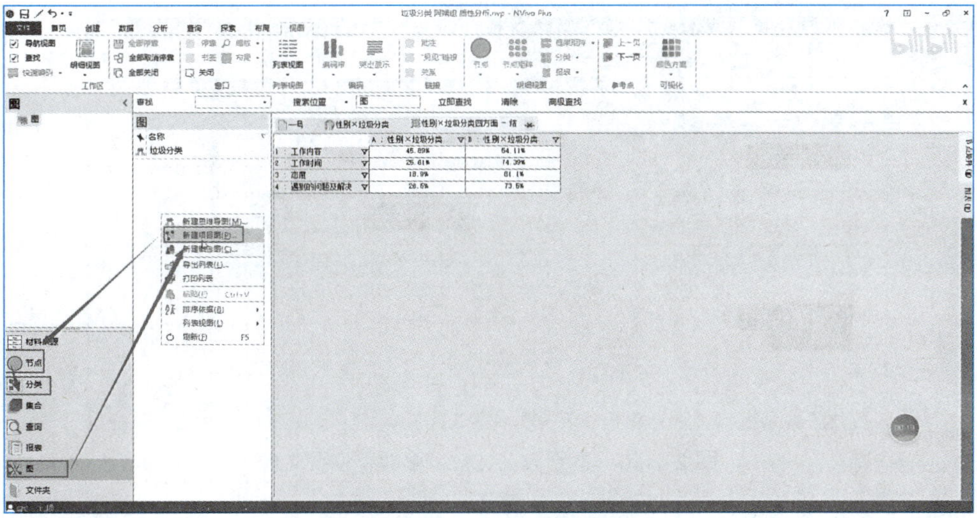

图 2-1-28　新建项目图步骤

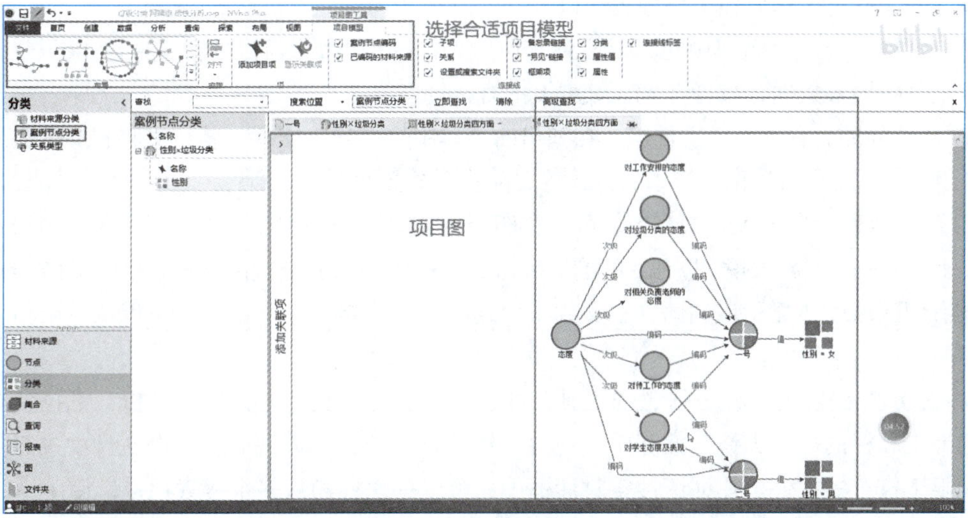

图 2-1-29　项目图页面

5．混合研究数据分析工具——MAXQDA

MAXQDA 部分功能及操作流程：

（1）新建项目

打开 MAXQDA 后，显示一个窗口，左上方要求用户输入一个完整的用户名或用户名缩写（缩写更利于用户之后的使用）。单击"新建项目"创建第一个 MAXQDA 项目，命名该项目并存储到选择的位置。

（2）操作界面

窗口 1 位于左上方，名称为文件列表；窗口 2 位于左下方，名称为代码列表；窗口 3 位于右上方，名称为文件浏览器；窗口 4 位于右下方，名称为已编码文本段列表。如果你只看到三个窗口，那是因为窗口 4 在你第一次启动 MAXQDA 时隐藏起来了，因为在数据分析初期并不需要它（见图 2-1-30）。

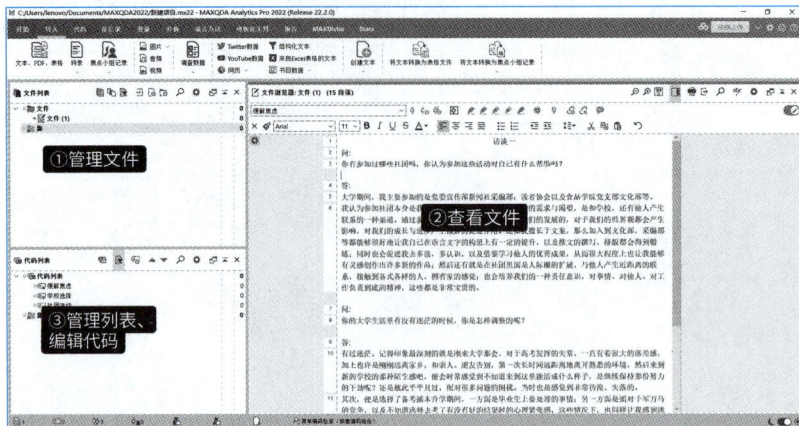

图 2-1-30　基于 MAXQDA 管理和查看文件

（3）数据输入与搜索

① 导入文件。在文件列表窗口单击第一个绿色图标。还可以右击文件→导入文件，或者将想要输入的文件直接拖放在文件列表窗口内。

从上面的"导入"菜单中还可以看到其他导入特殊类型数据的方式，包括从电子表格、焦点小组记录中导入数据，或者在 MAXQDA 中直接创建文本。

② 文件分类。右击一个文件组，在弹出的菜单中选择导入文件，就可以将相应的文件导入该文件组。另外，也可以用鼠标拖动的方式将文件从一个文件组移动到另一个文件组（见图2-1-31）。

③ 数据搜索。在 MAXQDA 中，可以在四个主窗口中分别进行本地搜索。每个窗口上方的工具栏上都有一个"放大镜"按钮，单击该按钮后就可以输入要查找的词语，然后按【Enter】键，搜索框右侧区域就会显示该词语在本文件中出现的频数，单击上下箭头，可以从一个检索结果跳到另一个检索结果。

MAXQDA 提供另一种更强大的工具，即词汇搜索（可见于主菜单"分析"下拉菜单中或单击标准工具栏的"放大镜"按钮）。通过词汇搜索功能，可以同时在多个文件中进行查找，且不局限于打开的文件。在词汇搜索对话框中，可以一次性输入多个搜索项目，使用【Enter】键来结束或添加新的检索词。如果输入多个检索词，词汇搜索的标准设置是"或者"逻辑。当单击某个检索结果时，就可以在文件浏览器中看到其在文件中的相应位置（见图2-1-32）。

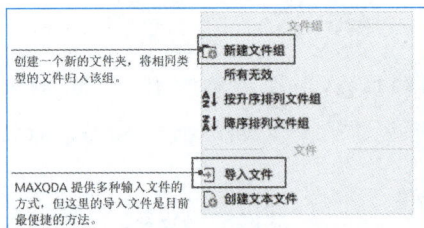

图 2-1-31　基于 MAXQDA 进行文件分类

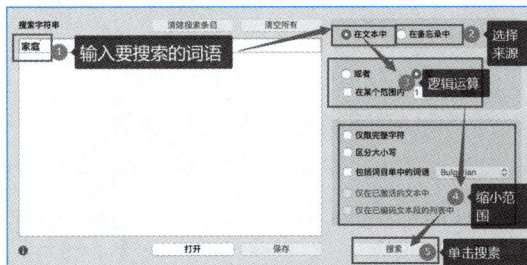

图 2-1-32　基于 MAXQDA 进行词汇搜索

（4）数据编码

方法一：双击文件→在文件浏览器中选中要编码的内容→单击文件浏览器第二个红色图

标（用新代码编码）→命名代码并为代码分配一种颜色→输入代码备忘录→单击"确定"按钮（见图 2-1-33）。

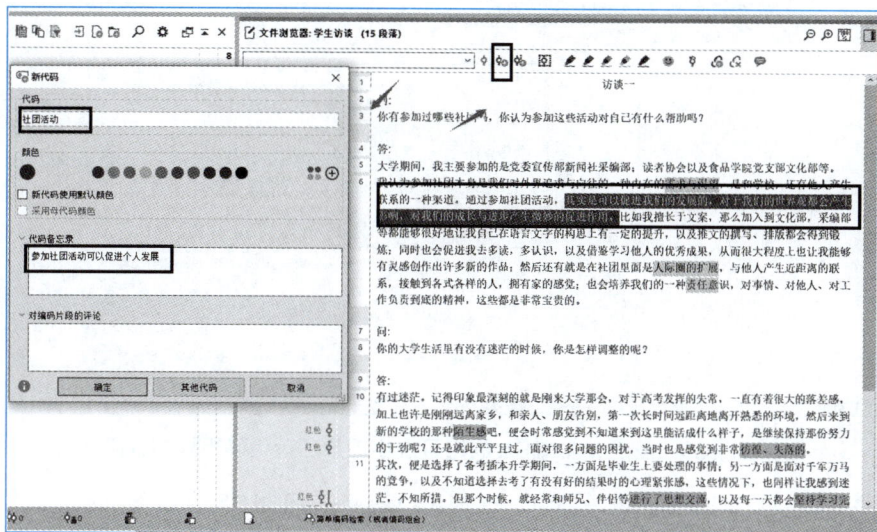

图 2-1-33　基于 MAXQDA 新建代码

方法二：使用文件浏览器上方编码工具栏中的按钮对数据进行编码。

（5）数据分析

① 汇总具有相同代码的编码部分。右击某一代码→在弹出的对话框中选择"激活"，或者在按住【Ctrl】键（Windows）或【cmd】键（Mac）的同时单击要搜索的所有代码→检索结果。搜索到的已编码文本段会出现在"已编码文本段列表"窗口中，在每个编码段落的下方，可以看到段落的来源信息（见图 2-1-34）。

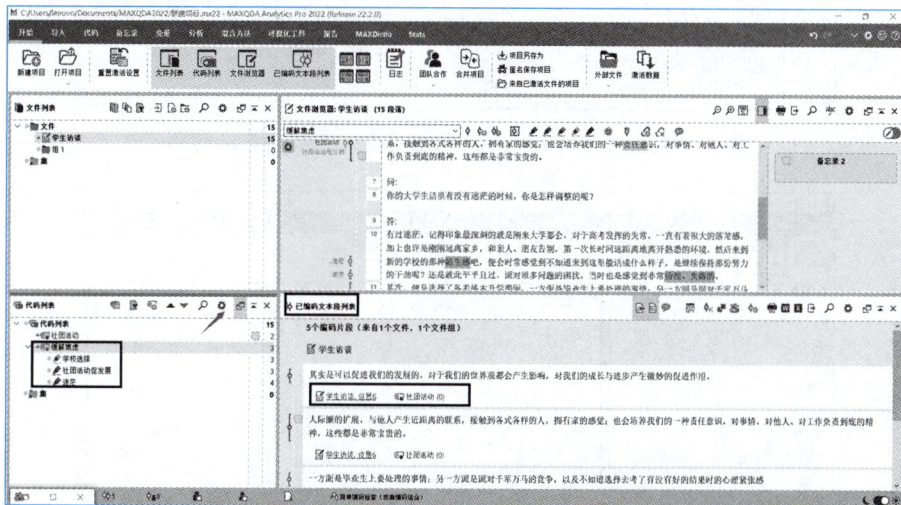

图 2-1-34　基于 MAXQDA 在已编码文本段列表查看文本

② 可视化的使用。在主菜单中单击"可视化工具"→"代码矩阵浏览器"按钮（见图 2-1-35）。

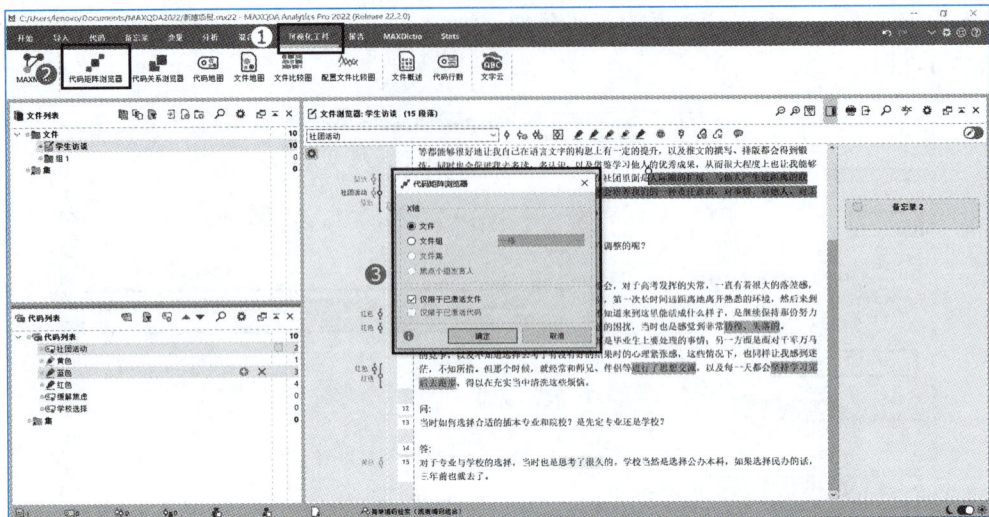

图 2-1-35　基于 MAXQDA 利用可视化工具运行代码矩阵浏览器

在主菜单中单击"可视化工具"→ MAXMaps 按钮可查看示意图（见图 2-1-36 和图 2-1-37）。

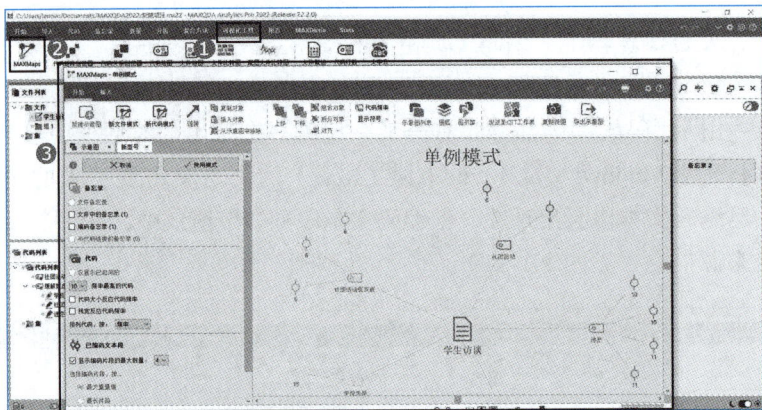

图 2-1-36　基于 MAXQDA 利用可视化工具查看示意图

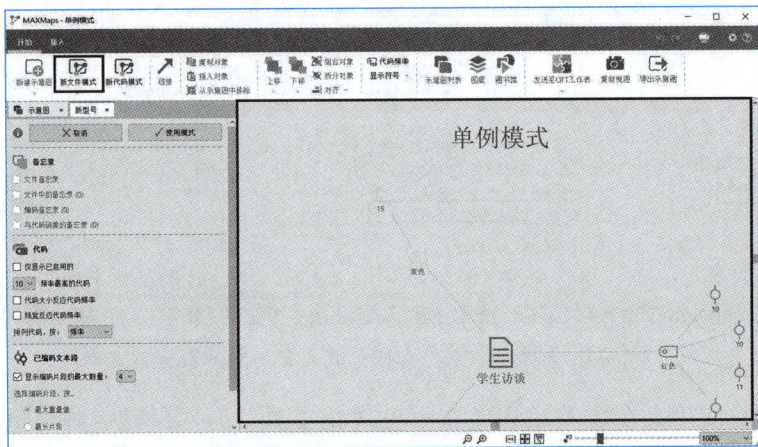

图 2-1-37　基于 MAXQDA 利用可视化工具查看新文件模式

③ 编码云。激活所有的母代码及子代码→单击"代码"按钮→单击"代码云"按钮→插入已激活文件→插入已激活代码→单击"确定"按钮→设置代码数量及最小频率→调整代码云形状及颜色（见图 2-1-38 和图 2-1-39）。

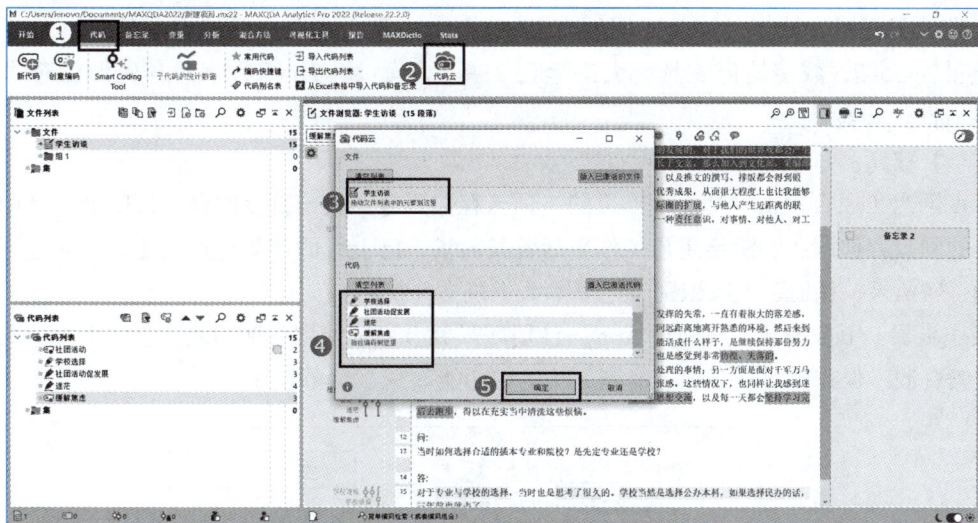

图 2-1-38　基于 MAXQDA 插入已激活文件和代码

图 2-1-39　基于 MAXQDA 形成代码云

（6）混合方法分析的实施

① 定义文件变量。在主菜单中单击"变量"按钮→单击"文件变量列表"按钮→单击"新建变量"按钮→自主定义新的变量，最常见的变量类型是"字符串"和"整数"，MAXQDA 允许用户随时定义新的变量。

② 文件变量在分析中的使用。在主菜单中单击"混合方法"→"按变量激活文件"按钮→在左侧的变量列表中选择一个变量→单击箭头后在右侧选择一个变量值→单击"启用"按钮后，所有具有相应变量值的文件都会被激活。

二、教师数字文本类教学资源及管理

数字教育资源管理的软件很丰富，可借助的技术工具主要有：系统自带的资源管理器；网盘：如百度网盘、钉盘、腾讯微云等；云笔记：如印象笔记、有道云笔记、QQ空间等；截图工具：截图工具众多，比较好用的有 FSCapture。除此之外，还有各种协作文档工具、社会化批注工具、数字笔记工具、大纲笔记工具，下面举例介绍数字教育资源管理类软件的功能与操作步骤。

（一）教育资源管理工具——百度网盘

百度网盘（原百度云）是百度推出的一项云存储服务工具，百度网盘个人版是百度面向个人用户的网盘存储服务，满足用户工作生活各类需求，已上线的产品包括网盘、个人主页、群组功能、通信录、相册、人脸识别、记事本、手机文件找回。

操作步骤：下载安装百度网盘 App →注册账号并登录→使用各项功能（上传资料、文件分类、搜索资源、保存资源、下载本地等）。更多功能如图 2-1-40 所示。

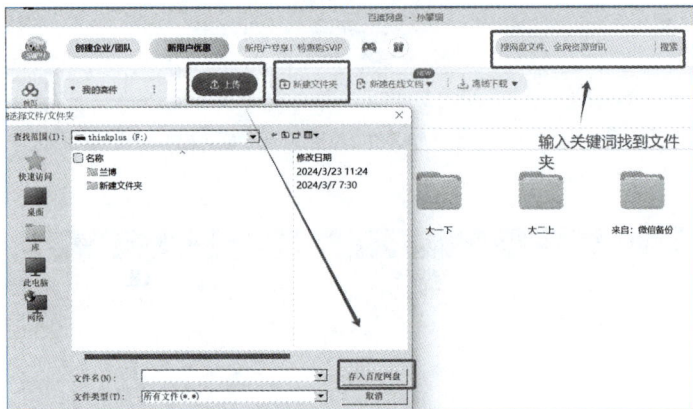

图 2-1-40　上传查找资源

① 上传资料。单击左上角的"上传"按钮，弹出"选择文件/文件夹"对话框，选中某一文件后单击"存入百度网盘"，就可以上传到百度网盘。

② 单击"新建文件夹"，可以新建并重命名一个文件夹。

③ 如果盘里的文件比较多，可以通过右上角的搜索框快速定位要找的资源。

④ 查找资料时，可以复制链接粘贴到网页上，输入提取码，通过右上角的"保存到网盘"将别人的资料存入网盘（见图 2-1-41 和图 2-1-42）。

⑤ 对于比较小的文件，可以单击"下载"按钮将文件下载到本地（见图 2-1-42）。

图 2-1-41　通过链接寻找其他资源

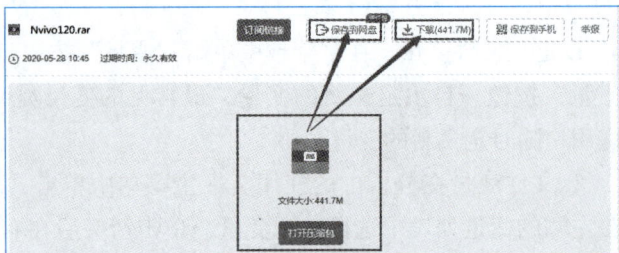

图 2-1-42　将资源保存到网盘上

（二）教育协作文档工具——腾讯文档

腾讯文档作为一款强大的在线协作工具，凭借其便捷的操作、丰富的功能和高效的协作方式，受到了广大用户的喜爱。

腾讯文档的基础功能：文档创建与编辑、格式调整与排版和文档导出与分享；高级功能：实时协作与评论、权限管理与安全、版本控制与历史记录和在线模板与素材库。

操作步骤如下：

【第一步】注册与登录。访问腾讯文档官方网站或下载并安装腾讯文档客户端；单击"注册"按钮，按照提示填写相关信息（如微信、QQ、邮箱、密码等）完成注册或登录；使用注册的账号登录腾讯文档。

【第二步】创建文档。登录后，单击"新建"按钮，选择需要创建的文档类型（如文字、表格、幻灯片等）；在新建文档页面，输入文档标题并设置相关参数（如纸张大小、边距等）（见图 2-1-43 和图 2-1-44）。

图 2-1-43　新建

图 2-1-44　编辑标题

【第三步】编辑文档。文档编辑界面可输入文字、插入图片、插入表格、插入公式等内容；支持多种格式设置，如字体、字号、颜色、对齐方式等；可以对文档进行分段、设标题、添加列表等，以提高文档的可读性。

【第四步】共享与协作。单击"共享"按钮，邀请其他用户加入文档编辑。可以设置不同用户的编辑权限（如只读、可编辑等）（见图 2-1-45）。

【第五步】保存与导出。在编辑过程中，腾讯文档会自动保存文档内容，防止数据丢失。完成后，可以单击"导出"按钮将文档保存在腾讯文档中，方便以后查看和修改。支持将文档导出为多种格式（如 Word、PDF、Excel 等），以满足不同需求（见图 2-1-46）。

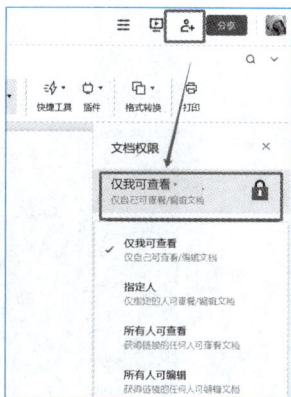

图 2-1-45　共享与协作

【第六步】安全与隐私。用户可以设置文档的访问权限（如私密、公开等）控制文档的传播范围（见图 2-1-47）。

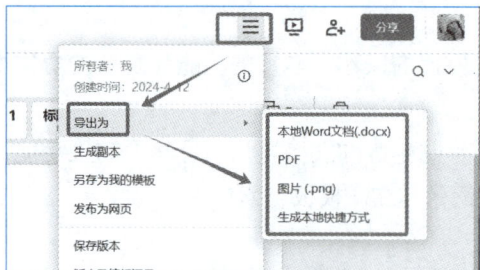

图 2-1-46　保存与导出

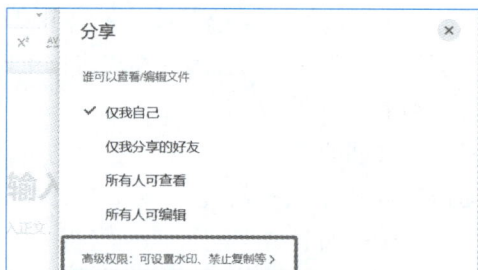

图 2-1-47　安全与隐私

（三）数字学习批注工具——微信读书

适用设备：微信小程序、Android/iOS App、计算机网页端，免费试读有限次，无限次使用需付费。

功能介绍：微信读书是基于微信关系链的官方阅读应用，同时支持 iOS 和 Android 两大终端平台。在提供极致阅读体验的同时，为用户推荐合适的书籍，并可查看微信好友的读书动态、与好友讨论正在阅读的图书等。

1. 基础功能

① 导入功能：支持从微信、网页和本地导入，支持上传 txt/epub/doc/docx/pdf/mobi/azw3 等格式的文件。上传后可在线查看、批量管理、自由分组、发送给别人（见图 2-1-48）。

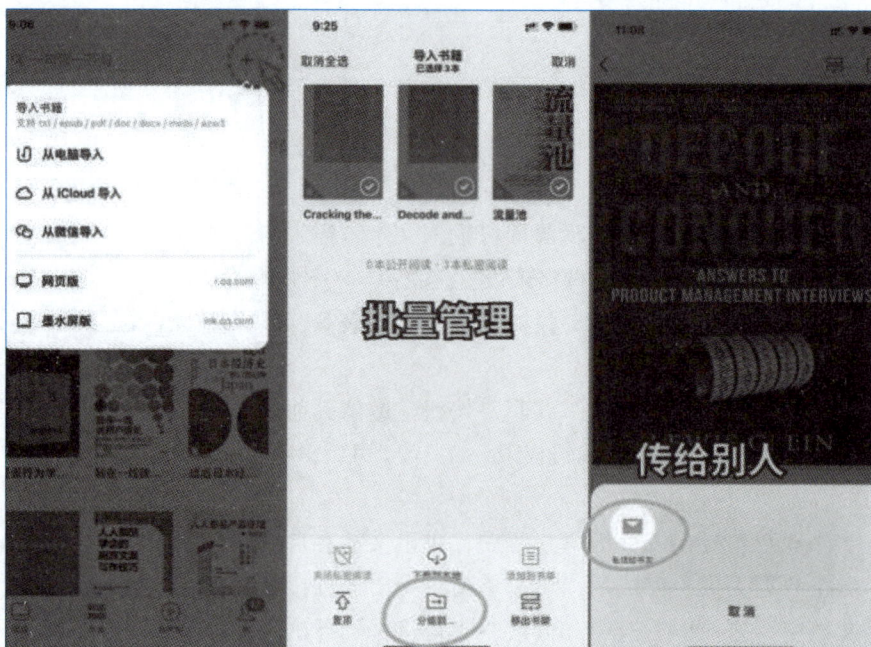

图 2-1-48　在微信读书中导入文件

② 阅读功能：在主页搜索图书并加入书架，或导入外部材料阅读。用户也可在分类及榜单中查找阅读材料。微信读书会根据个人喜好推荐六本书，不喜欢可以单击"换一批"换六本新书。用户可选在线、私密或离线阅读（见图 2-1-49 和图 2-1-50）。单击"听书"，音频与文本同步，用户可以边听边看，真正做到便利生活。

图 2-1-49 微信读书中查看图书

图 2-1-50 微信读书中寻找图书

③ 互动功能：用户可以评论他人的读书笔记，与他人交流自己的阅读想法。观看好友阅读时长及所阅读的内容。阅读完之后可以直接发朋友圈，好友扫描图片二维码即可观看本书。与好友 PK 阅读时长，让阅读不再孤单。

2. 批注功能

在微信读书中，用户可以对文章内容完成复制、划线、写想法、查询、分享书摘、分享到朋友圈、纠错等操作。支持荧光笔、直线及波浪线做记号，但缺点是不能改变颜色。做完批注后可以一键导出（见图 2-1-51）。

3. 隐藏功能

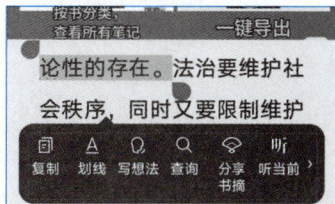

图 2-1-51 微信读书批注功能

在微信中打开任意一篇公众号内容，选择"在微信读书中打开"。打开后即可对该文章进行批注、复制、划线、语音播报等操作，与批注图书类似。此外，微信读书还会根据公众号更新内容进行同步实时更新。

（四）教育数字笔记工具——OneNote

Office OneNote 2007 是数字笔记本，是提供收集笔记和信息的场所，具有强大的搜索和共享笔记本功能。其特点包括内建搜索、可索引图形和音频仓库。图像文件可搜索内嵌文本，电子墨水注释可作为文字搜索。音频内容可通过关键字语义搜索，同时播放笔记内容。多用户功能支持脱机编辑和同步合并，适合协作项目，成员不必总在线。

具体功能：在应用程序之间无缝工作、发现组织信息的新方式、快速将信息归档到正确位置、掌握小组项目的变化、即时获取信息、在任何地方打开和使用笔记本、在共享笔记本内轻松参考页和分区、对文本快速应用样式、利用增强的用户体验完成更多工作、跨越沟通障碍。

操作步骤：下载安装 OneNote →注册账号并登录→使用各项功能（创建笔记本、创建分区、插入文字或图片、保存笔记）

【第一步】打开软件，软件对素材的管理主要分为四层：笔记本、分区、页面、子页面。每个笔记本相当于一个文件夹，分区相当于存放在文件夹下的文件，页面及子页面存放在分区文件中。

【第二步】创建笔记本，通过"文件"→"新建"，在右侧对话框中依次设置笔记本的名称和位置。

【第三步】创建分区，通过"文件"→"信息"，选择对应的笔记本打开，创建新分区，并可以给新分区重新命名（见图 2-1-52）。

图 2-1-52 利用 OneNote 新建分区

【第四步】选择分区创建页面，单击新建的分区，在新建的分区右侧边缘栏，单击"添加页"按钮，即可创建新页面（见图 2-1-53）。

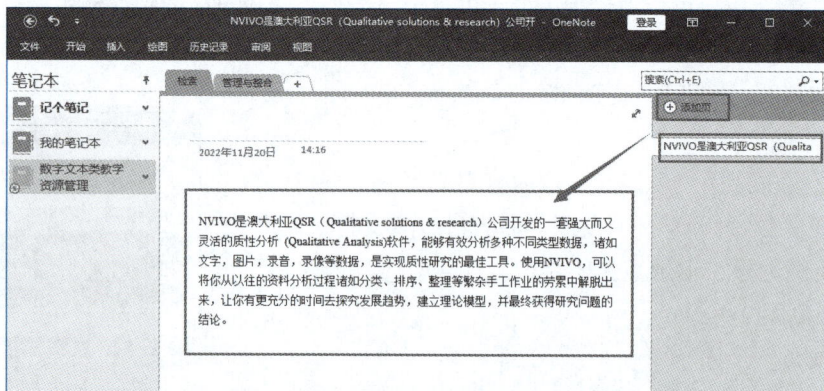

图 2-1-53 利用 OneNote 为新建的分区添加页面

【第五步】在软件主页面可以进行素材编辑，将收集到的图片、文字等插入进来（见图 2-1-54）。

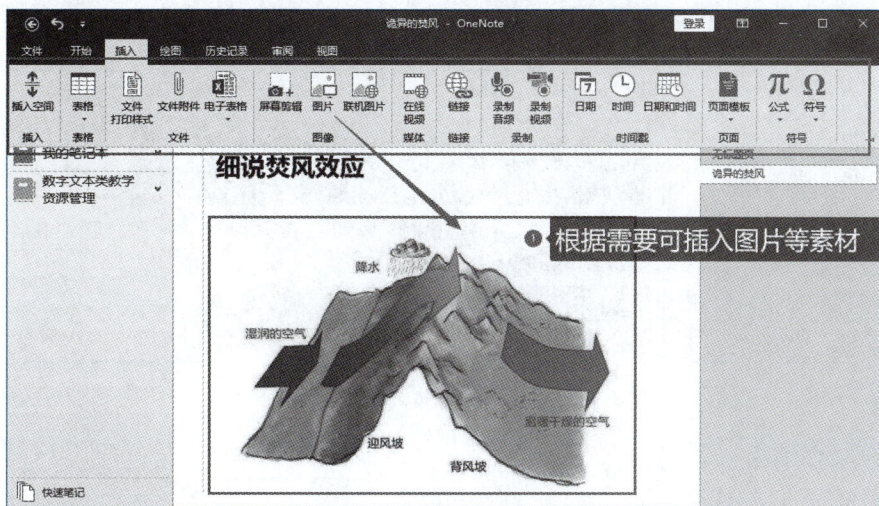

图 2-1-54　利用 OneNote 在页面上添加素材

（五）教育大纲笔记工具——幕布

适用设备：Mac/Windows 计算机客户端、Android/iOS App、计算机网页端，免费有限次使用，付费无限次使用。

功能介绍：幕布是一款在线思维概要整理工具，书写结果采用树状结构分布，整个过程操作简单，结果可直接预览或者一键转化成思维导图。

1. 新建思维导图

① 创建新主题：使用【Enter】键，或在上级主题右侧单击"+"按钮。

② 插入子主题：使用【Tab】键，或在当前主题右侧单击"+"按钮。

③ 插入父主题：使用【Shift+Tab】组合键。

④ 改变样式：选中某一主题时，单击底部的菜单栏，可以进行文字的加粗、斜体、下划线、改变颜色、完成、编辑描述、插入图片等操作。

⑤ 展开与收缩：单击父主题处的左箭头，即可将右侧的子主题收缩起来，收缩后会显示子主题数量；单击父主题右侧的数字，即可将子主题展开。

⑥ 进入子主题：右击主题，选择"仅显示当前分支"命令。

⑦ 选择"保存为模板"或"导出 / 下载"思维导图（见图 2-1-55 和图 2-1-56）。

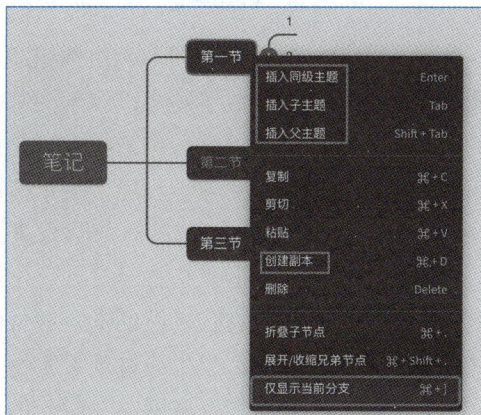

图 2-1-55　基于幕布新建思维导图

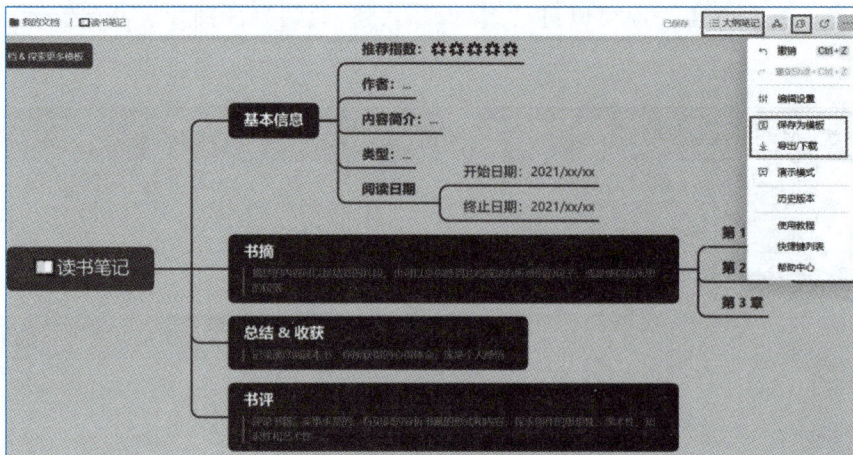

图 2-1-56　保存为模板 / 导出思维导图

2. 开展协作编辑

① 使用幕布 PC 端或网页端，新建 / 打开一篇文档，单击右上角的协作按钮，邀请协作者。

② 在邀请协作者面板中，单击"添加链接"按钮可以添加不同权限的链接。

③ 可以修改获得协作链接的用户的权限。

④ 把创建好的协作链接发给小伙伴，就能和你一起协作了（见图 2-1-57）。

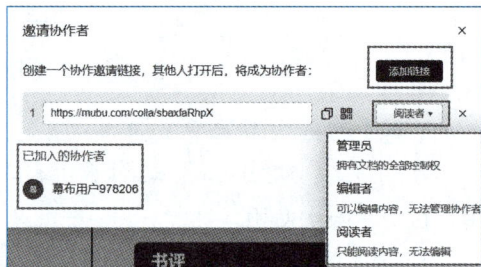

图 2-1-57　基于幕布进行共同编辑

第二节　数字图像类教学资源及其整合

一、教师数字图像类教学资源及获取

数字图像，又称数码图像，由数组或矩阵表示，其光照位置和强度都是离散的，是由模拟图像数字化得到的。数字图像以像素为基本单位，是可以被数字计算机或数字电路存储和处理的图像。数字图像类教学资源的整合，是指数字图像类教学资源有效地融合于各学科的教学过程，以营造一种数字化教学环境，变革传统教学模式，旨在实现一种既能发挥教师主导作用，又能充分体现学生主体地位的教与学方式。

数字图像教学资源是指将经过数字化处理后，以多帧的形式存储在文件夹中，供教师查阅、复习、评讲使用的具有代表性的学科教材图片。数字图像教学资源在使用过程中，不需要改变传统阅读方式、教法，学生通过观看实物或图片便可以理解所学知识。数字图像教育资源在数字教育环境中更符合"互联网＋"时代的大趋势，其特点是可以充分利用现有的多媒体教学手段，以满足教师更多要求。因此对教师而言，从数字化图像教学资源的使用出发，开展在线备课、评优批改、远程在线直播课堂，以及多媒体资料管理和复习等方面具有深远意义。

（一）教师数字图像类教学资源类型

数字图像格式指的是数字图像存储文件的格式。不同文件格式的数字图像，其压缩方式、存储容量及色彩表现不同，在使用中也有所差异。同一幅图像可以用不同的格式存储，但不同格式之间所包含的图像信息并不完全相同，其图像质量也不同，文件大小也有很大差别。每种图像格式都有自己的特点，有的图像质量好，包含的信息多，但是存储空间大；有的压缩率较高，图像完整，但占用空间较少。可以根据自身需要选择恰当的格式。常见的数字图像格式有JPEG、BMP、PNG、GIF 等。下面介绍常见的数字图像格式。

1. JPEG 格式

JPEG 格式是最为常见的图像文件格式，是一种有损压缩格式，能够将图像压缩在很小的储存空间中，占用磁盘空间少，图像中重复或不重要的资料会被丢失，因此容易造成图像数据的损伤。尤其是使用过高的压缩比例后，解压缩后恢复的图像质量明显降低，如果追求高品质图像，不宜采用过高压缩比例。但是 JPEG 压缩技术十分先进，它用有损压缩方式去除冗余的图像数据，在获得极高的压缩率的同时能展现十分丰富的图像。而且 JPEG 是一种很灵活的格式，具有调节图像质量的功能，JPEG 适合应用于互联网，可减少图像的传输时间。因此，JPEG 格式是目前网络和彩色扩印最为流行的图像格式。

2. BMP 格式

BMP 是一种与硬件设备无关的图像文件格式。它采用位映射存储格式，除了图像深度可选以外，不采用其他任何压缩，因此文件所占用的空间很大。由于 BMP 文件格式是 Windows 环境中交换与图有关的数据的一种标准，因此在 Windows 环境中运行的图形图像软件都支持 BMP 图像格式。BMP 图像格式也是最不容易出现问题的图像格式，所以被出版业广泛使用。

3. PNG 格式

PNG（portable network graphics）的原名称为"可移植性网络图像"，是网上接受的最新图像文件格式。PNG 能够提供长度比 GIF 小 30% 的无损压缩图像文件。它同时提供 24 位和 48 位真彩色图像支持及其他诸多技术性支持。由于 PNG 非常新，所以目前并不是所有的程序都可以用它来存储图像文件，但 Photoshop 可以处理 PNG 图像文件，也可以用 PNG 图像文件格式存储。

4. GIF 格式

GIF 图像文件格式不属于任何应用程序，目前几乎所有相关软件都支持它，公共领域有大量的软件在使用 GIF 图像文件。GIF 图像文件格式已经成为网络和 BBS 图像传输的通用格式，传输速度比传输其他图像文件格式快得多，所以经常用于动画、透明图像等。它的最大缺点是最多只能处理 256 种色彩，故不能用于存储真彩色的图像文件。

（二）教师数字图像类教学资源获取

1. 网络图像的下载

网络下载数字图像是教学中常用的方法，它可以大大提高教学课件和教学网站的制作效率。要想在网络上获得数字图像资源，首先要在网页中搜索到所需要的数字图像资源。搜索数字图像最常用的方法是利用搜索引擎，在搜索引擎中使用关键词进行检索。除了搜索引擎类网站以外，很多优质图片素材网站可向中小学教师提供数字图像类的教学资源，如千库网和摄图网等。下面介绍常见的搜索引擎和优质图片素材网站。

（1）百度图片

百度图片针对用户的图片搜索需求，使用世界前沿的人工智能技术，为用户甄选海量的高清美图。它收录了来自海量中文网页的大量图片，并不断更新。直接在浏览器中搜索"百度图片"，单击进入官网即可看到百度图片首页，在这里你可以搜索壁纸、写真、动漫、素材等，还有各种美图、新图、热图、酷图等。

普通检索教程：

百度图片的检索步骤：输入关键词→单击"百度一下"按钮→筛选"尺寸"和"颜色"等→单击图片→单击"下载"按钮。

【第一步】在"图片搜索框"中输入要搜索的关键词，如"兰国帅博士"，再单击"百度一下"按钮，即可搜索出相关的全部图片。可以在搜索框下方选择图片的尺寸、颜色，选择图片是否拥有版权、是否高清、是否为最新、是否为动图（见图 2-2-1）。

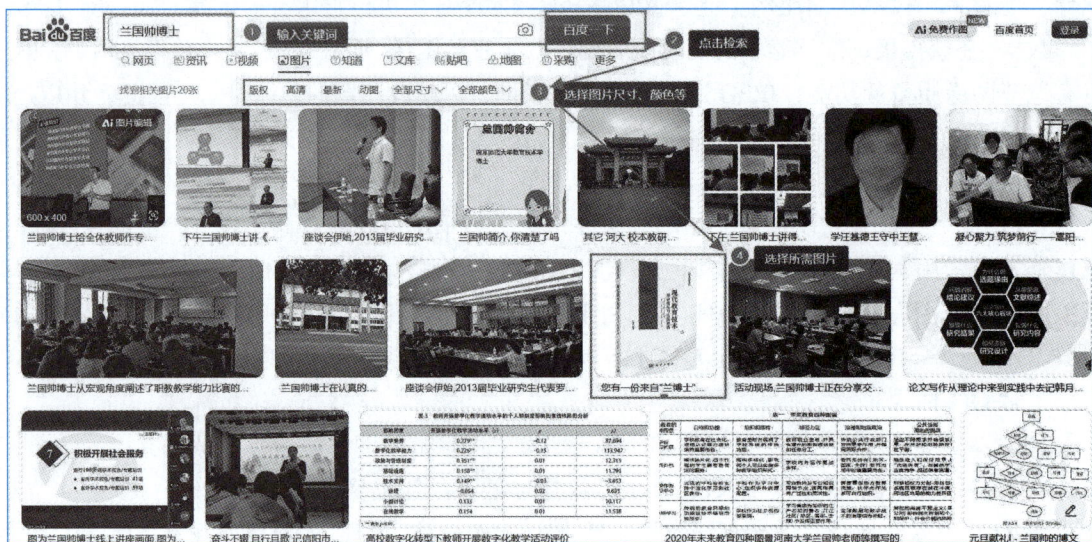

图 2-2-1　百度图片检索教程

【第二步】在搜索结果页面中，单击合适的图片，可将图片放大观看，可以单击页面左右方的箭头翻页查看更多搜索结果（见图 2-2-2）。

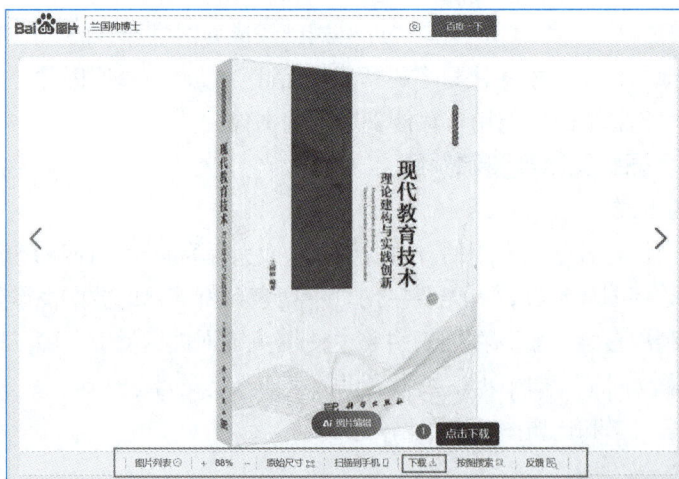

图 2-2-2　百度图片检索结果

【第三步】下载网页上的图片。通常可以使用两种方法：

方法一：单击图像下方出现的快捷工具栏中的"下载"按钮，图片会通过浏览器下载到计算机中。

方法二：右击该图像，在弹出的快捷菜单中选择"将图像另存为"，会弹出"保存图片"对话框，选择一个保存位置，单击"保存"按钮，就可以将这幅图像保存在本地计算机上了。

采用上述图像的一般搜索方法往往会搜索出很多的并不十分相关的图片，为了使图片搜索更加有效，还需要使用百度图片搜索的高级功能。

高级检索教程：

百度图片的检索步骤：输入"关键词"→选择"图片格式"→输入网站→单击"百度一下"按钮（见图2-2-3）。

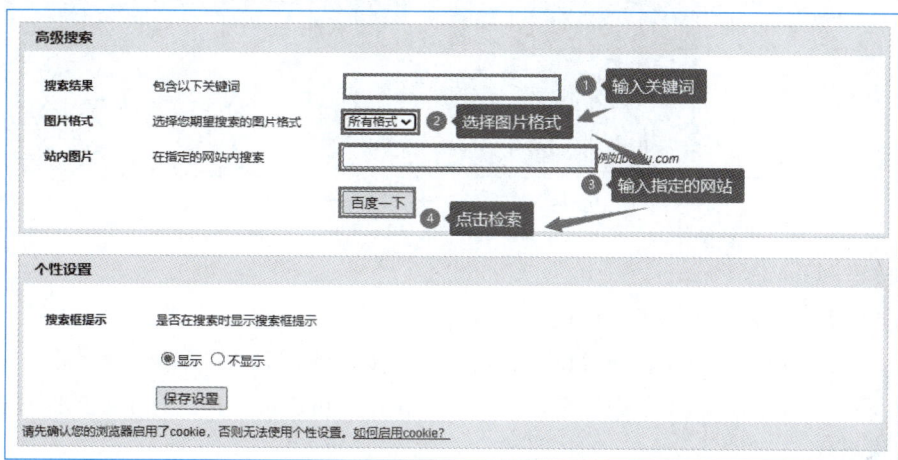

图 2-2-3　百度图片高级检索页面

【第一步】单击百度图片网页最下方的"高级检索"，进行图片的高级检索。

【第二步】按图像的格式进行搜索：百度图片搜索支持图像格式为 JPEG、GIF、PNG 和 BMP 的图像。在搜索时，默认的结果是搜索所有格式的图像，这样将最大范围地搜索到要找的图像。也可以在图片"高级搜索"中选择想要的某一种格式的图像进行搜索。

【第三步】输入想要查询的网站可在指定的网站搜索图片，单击百度一下进行检索。

💡**注意**：百度图片搜索支持多关键词搜索，若想提高搜索图像结果的相关度，可以同时输入多个关键词搜索，以获得更准确的结果。使用多个关键词时，各关键词之间使用空格隔开。

（2）千库网

千库网是国内提供 PNG 图片的素材先驱网站，经过一年多的高速发展，该网站不仅仅拥有 500 万优质 PNG 免抠元素，还有 300 万精品背景素材和 700 万模板素材。网站定位致力于满足全国 2 000 多万设计师素材下载的需求，为设计师提供优质的素材和服务。

千库网的检索步骤：输入"关键词"→单击"搜索"按钮→选择"类别"→选择"格式"→单击"图片"→单击"下载"按钮（见图2-2-4）。

图 2-2-4 千库网检索页面

检索教程：

【第一步】在搜索栏中输入关键词。

【第二步】选择资源分类、图片格式，进行进一步筛选。

【第三步】选择所需的图片后，单击"下载"按钮，可以进一步选择下载的图片格式。

（3）摄图网

摄图网视觉内容涵盖照片、视频、创意背景、设计模板、GIF 动图、免抠元素、办公文档、插画、音乐等，可以为从事创意设计工作的自由职业者、新媒体运营者、企业用户等提供服务。

摄图网的检索步骤：输入"关键词"→选择"类别"→单击"搜索"按钮→单击"下载"按钮（见图 2-2-5）。

图 2-2-5 摄图网检索页面

【第一步】在搜索栏内输入关键词。

【第二步】单击"全部分类"的下拉箭头，可以进一步选择类型及格式，比如照片类、3D素材类等。

【第三步】单击"搜索"按钮，选择所需的素材，单击"下载"按钮。

（4）freepik

freepik 是一个提供高质量照片、矢量图像、插图及 PSD 文件素材的网站，素材都由专业人员设计并上传，还包含大量可以用于二次修改的 eps/psd 设计文件格式，支持 CC0 协议的资料，注册后可以免费下载使用。freepik 的检索步骤：选择"类型"→输入"关键词"→单击"检索"按钮→单击"图片"→进行"下载"（见图 2-2-6 和图 2-2-7）。

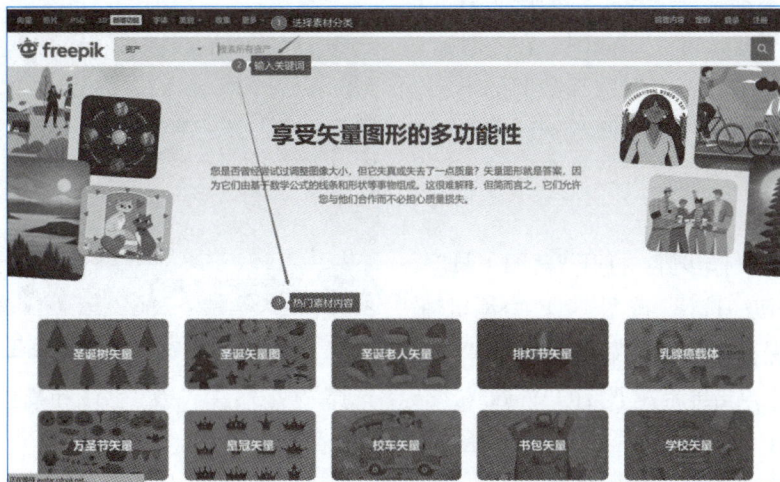

图 2-2-6　freepik 检索页面

图 2-2-7　freepik Slider 高级检索页面

【第一步】在网页的最上端选择素材分类，可以选择图片，主页面根据内容将热门图片做了分类。

【第二步】输入关键词，单击"搜索"按钮，页面左侧有高级筛选栏，可以对图像的素材、颜色及风格进行调整。

【第三步】选择合适的图像进行下载。

2. 屏幕图像的捕捉

屏幕图像捕捉是指有选择地截取电脑屏幕上显示的画面。屏幕捕捉图像有多种方法，可以利用电脑和系统自带的工具进行截图，也可以利用专业软件进行截图。

（1）系统命令截图

屏幕截图方法：按 PrintScreen（PrtSc）键，将当前屏幕上的内容复制到剪贴板上，粘贴在图像处理软件或课件制作软件中。如果只将当前屏幕上的活动窗口界面复制到剪贴板上，则按【Alt+PrintScreen（PrtSc）】键进行拷屏。

（2）截图工具截图

Windows 系统有一个自带的截图工具。可以选择截图的时间，可立即截图、在三秒后截图或在十秒后截图。还可以选择截图的类型，可以进行矩形截图、任意图像截图、窗口截图或全屏幕截图，截图后还可以在图片上进行标注，最终复制或保存下来。

截图工具的操作步骤：打开"截图工具"→单击"新建"按钮→选择"截图类型"→编辑"图片"→单击"保存"按钮（见图 2-2-8）。

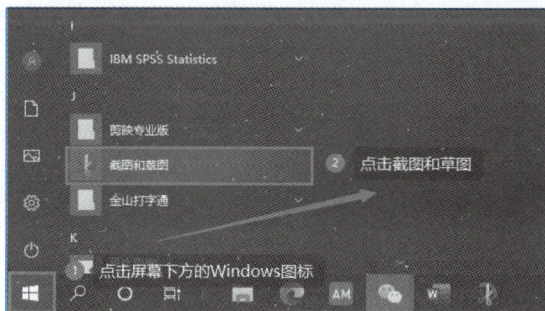

图 2-2-8　启动截图工具

【第一步】点击屏幕左下方的 Windows 图标，选择"截图工具"或"截图和草图"，打开工具。

【第二步】单击"新建"按钮，选择截图时间和截图类型。

【第三步】对图片进行标注。

【第四步】保存、复制或打印图片。

（3）QQ 软件截图

利用 QQ 截图有两种方法，一是打开 QQ 的聊天窗口，单击"截图"按钮进行截图；二是按快捷键【Ctrl+Alt+A】进行截图。利用 QQ 截图也可以对图像进行编辑。

QQ 截图的操作步骤：打开"QQ 聊天界面"→单击"截图"按钮→编辑"图片"→单击"完成"按钮。

【第一步】登录 QQ，打开与任意好友的聊天窗口，单击"截图"按钮，进行截图（见图 2-2-9）。

【第二步】单击框选区域进行截图（见图 2-2-10）。

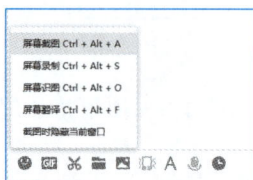

图 2-2-9　打开 QQ 截图

图 2-2-10　QQ 截图页面

【第三步】利用矩形工具、椭圆工具、箭头工具、画刷工具、文字工具或序号笔工具对图像进行编辑。

【第四步】单击"×"取消截图，单击"√"保存截图，打开文本编辑软件可将截好的图片粘贴（见图2-2-11）。

图 2-2-11　QQ 截图结果页面

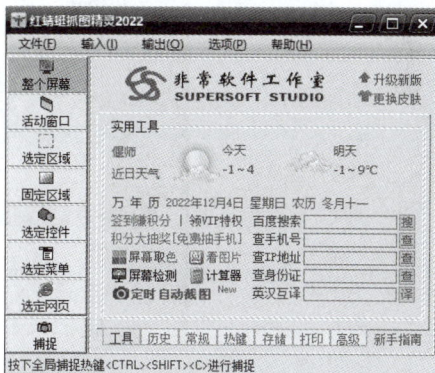

（4）红蜻蜓截图

红蜻蜓抓图精灵（RdfSnap）是一款免费的专业屏幕捕捉软件。可捕捉全屏、活动窗口、选定区域等，并提供多种输出方式，如文件、剪贴板等。软件功能多样，包括屏幕取色、检测、历史捕捉、光标捕捉、捕捉前延时设置、屏幕放大镜显示、自定义热键、图像文件自动命名、捕捉声音提示、重复捕捉、预览、打印、裁切、去色、反色、翻转、旋转、大小设置、编辑、外接编辑器、墙纸设置、水印添加和实用工具等。其中，实用工具中的定时任务助手可轻松实现包括定时自动截图在内的多种定时任务。

红蜻蜓抓图精灵的操作步骤：选择"捕捉方式"→选择"输出方式"→设置"捕捉的相关选项"→开始"捕捉"→编辑"截图"→单击"完成"按钮。

【第一步】首先下载软件，并安装。注意使用自定义安装，防止安装一些附带的插件（见图2-2-12）。

【第二步】单击主窗口左侧按钮中的捕捉方式按钮，以选择一种捕捉方式。

图 2-2-12　红蜻蜓抓图精灵首页

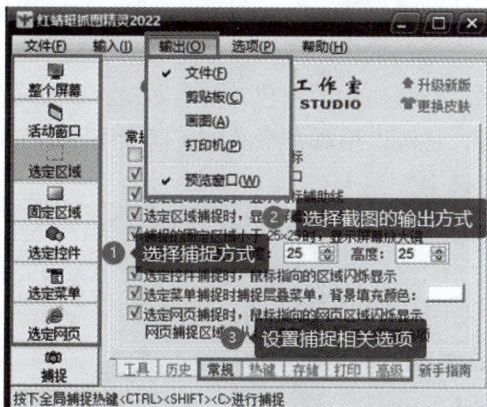

【第三步】选择截图的输出方式。

【第四步】按下设置好的相应的捕捉"热键"或直接单击捕捉进行截图（见图2-2-13），对截图进行编辑后，保存编辑好的截图。

（a）捕捉方式的设置　　　　　　　　　（b）进行捕捉

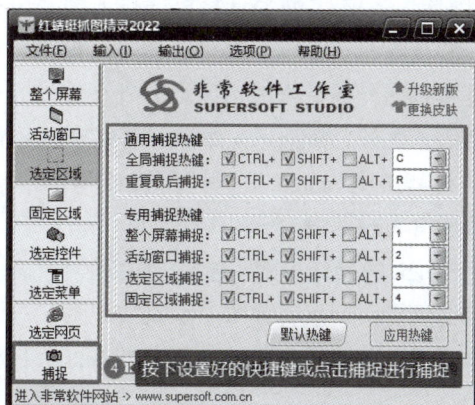

图 2-2-13　捕捉并编辑截图

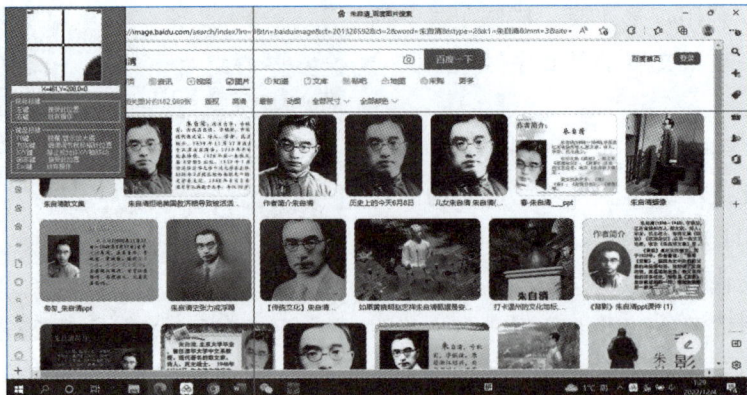

（c）捕捉页面

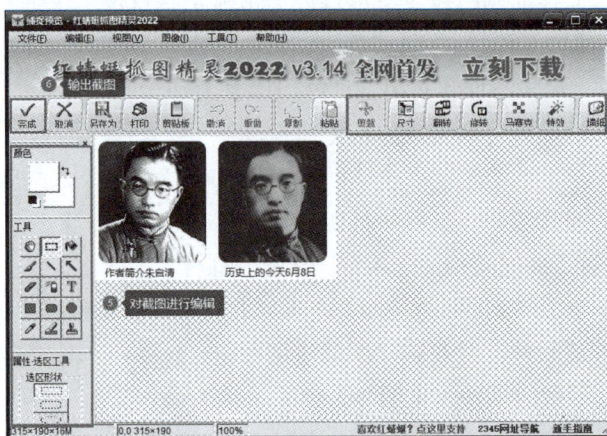

（d）编辑截图

图 2-2-13 捕捉并编辑截图（续）

（5）Snagit 截图

Snagit 是 Windows 的一个非常著名的优秀屏幕、文本和视频捕获、编辑与转换软件。软件可以捕捉、编辑、共享计算机屏幕上的一切对象。可以捕获 Windows 屏幕、DOS 屏幕、RM 电影、游戏画面、菜单、窗口、客户区窗口、最后一个激活的窗口或用鼠标定义的区域。可以选择是否包括光标、添加水印。另外还能够自动缩放、颜色减少、单色转换、抖动，以及转换为灰度级。此外，Snagit 在保存屏幕捕获的图像之前，还可以用其自带的编辑器编辑；也可选择自动将其送至 Snagit 虚拟打印机或 Windows 剪贴板中，或直接用 E-mail 发送。

Snagit 的操作步骤：选择"捕捉类型"→选择"滚动"→单击红色按钮→滚动截图→编辑"截图"→保存"截图"

【第一步】单击电脑右下角的 Snagit 图标，在弹出的选项中选择"捕捉类型"，然后选择"滚动"选项（见图 2-2-14）。

【第二步】打开要截取的网页或长图片，单击中间的红色按钮（见图 2-2-15）。

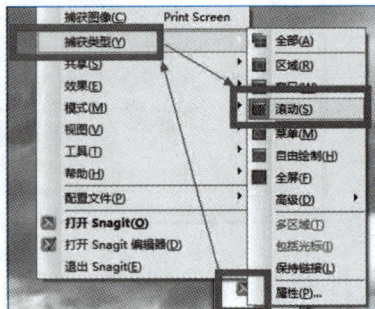

图 2-2-14 选择捕捉类型

【第三步】进入截取状态后，单击网页下方的向下的箭头就可滚动截图。

【第四步】截图完成后，需耐心等待截图（见图 2-2-16）。

【第五步】截好的图片会自动用 Snagit 编辑器打开，单击"文件"，选择另存为"标准格式"，输入要保存的文件名格式就可以完成截图了。

图 2-2-15　进行捕捉

图 2-2-16　捕捉完成

3. 专业图像的制作

中小学教师在工作的过程中，不仅需要检索获得数字图像资源，有时还需要制作图像资源。下面为大家介绍几个制作图像的工具。

（1）布丁扫描

布丁扫描是手机工具类软件，这款软件可以帮助用户完成专业的扫描服务，且功能齐全。用户能够对各种文本内容进行精准识别，将各种文档扫描生成 PDF 图片；而且也能够识别图像当中的文字，并且可以完成多个题目的合并，并且将这些内容导出到文件夹当中。

布丁扫描的操作步骤：单击"文档扫描"→选择"页数"→进行"裁剪"→选取"效果"→选择"保存格式"。

【第一步】打开移动端布丁扫描，单击"文档扫描"或者"拍摄"标识（见图 2-2-17）。

【第二步】选择"拍单页"或者"拍多页"（见图 2-2-18）。

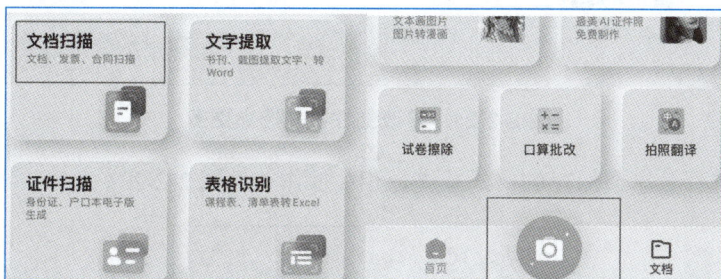

图 2-2-17　准备拍摄

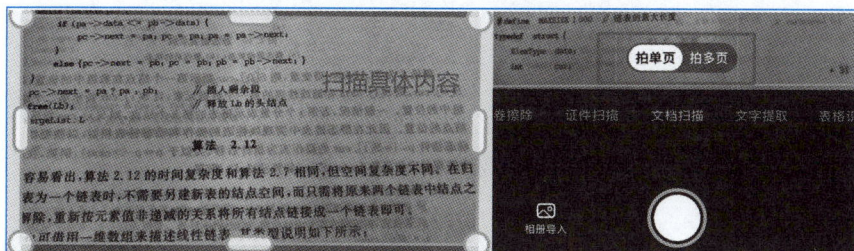

图 2-2-18　开始拍摄

【第三步】裁剪至自己所需的内容（见图 2-2-19）。

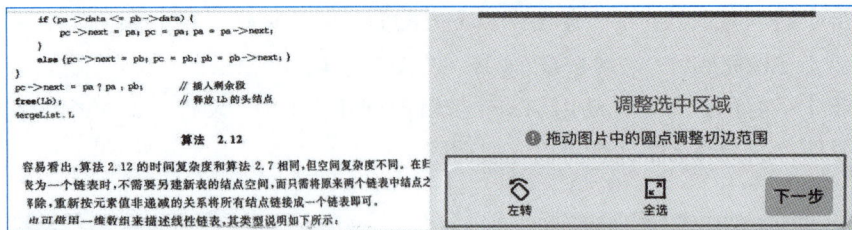

图 2-2-19　进行裁剪

【第四步】选择相应成品效果（见图 2-2-20）。

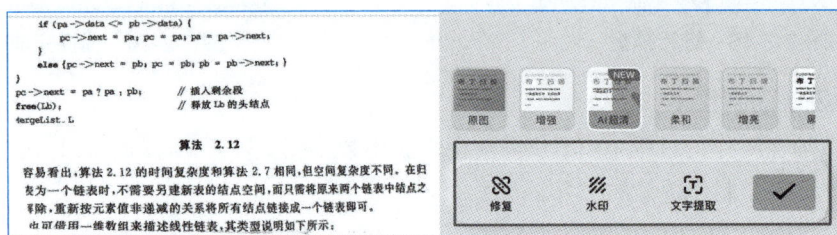

图 2-2-20　选取效果

【第五步】修改文件名并选择更多（见图 2-2-21）。

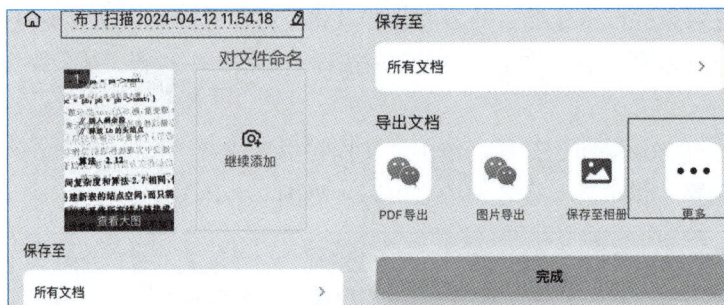

图 2-2-21　修改文件名并选择更多

【第六步】选择分享或保存的格式并进行相关操作（见图 2-2-22）。

图 2-2-22　选择格式进而分享保存

（2）remove.bg

remove.bg 是一款强大的自动去除图片背景的在线工具，只需上传图片，软件自动去掉背景留下主题，进而得到一张透明背景的照片。在线 remove.bg 支持中文界面，免安装且免费使用。

remove.bg 的操作步骤：上传"图片"→编辑"图片"→下载"图片"。

【第一步】单击"上传图片"或者直接拖放。

【第二步】选择图片进行上传（见图 2-2-23）。

【第三步】对最终生成的图片进行编辑或高分辨率选择，单击"下载"按钮（图 2-2-24）。

图 2-2-23 选择图片

图 2-2-24 编辑图片

【第四步】编辑图片并进行下载（见图 2-2-25）。

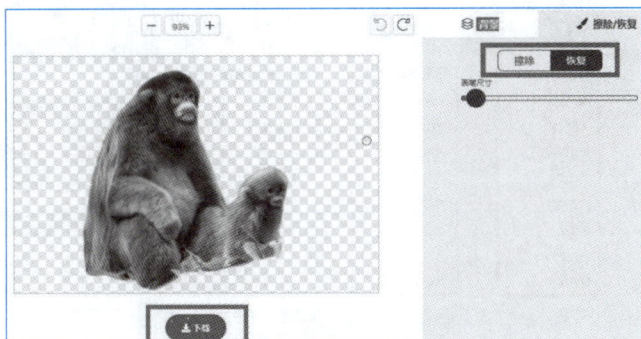

图 2-2-25 编辑并下载图片

（3）Canva

Canva 是一款支持多平台（网页端、iPhone、iPad 及 Android 端）的在线平面设计工具。Canva 提供丰富的版权图片、原创插画，以及各类优质设计模板。Canva 提供了海量的免费设计模板，涵盖海报、简历、宣传单页、名片、邀请函、贺卡、Logo、PPT 模板、二维码、Banner 等数十种设计场景，更有上百款免费字体及百万张正版图片素材可供使用。

Canva 的操作步骤：登录用户→选择"素材"→使用"图像"。

使用教程：

【第一步】首先进行登录注册，可使用微信、QQ、手机号码或者邮箱等多种方式登录（见图 2-2-26）。

【第二步】可以在页面的最上一栏中单击"素材中心"按钮，选择合适的素材类型与图像内容（见图 2-2-27）。

【第三步】也可以在主页面输入关键词进行检索后，选择所需素材的类型，比如演示文稿、Logo、海报、视频等（见图 2-2-28）。

【第四步】选择合适的图像素材后，可以选择在设计中使用，根据需要进行进一步的操作，比如自定义图像的大小等，感兴趣的图像可以进行收藏（见图 2-2-29）。

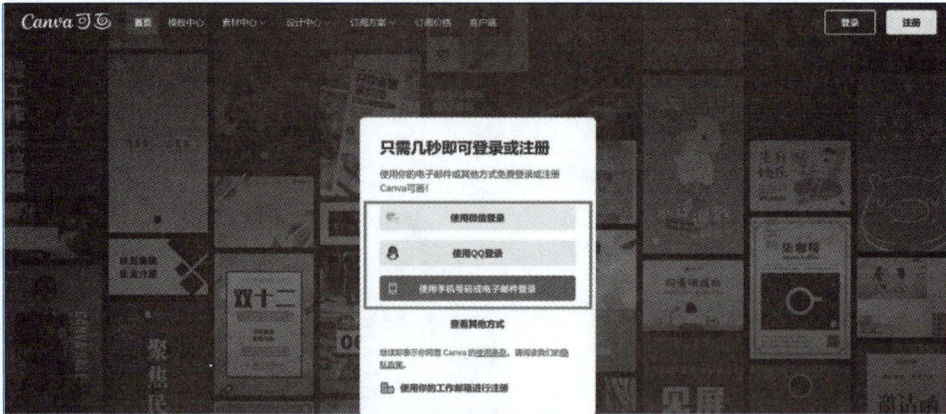

图 2-2-26   Canva 的登录页面

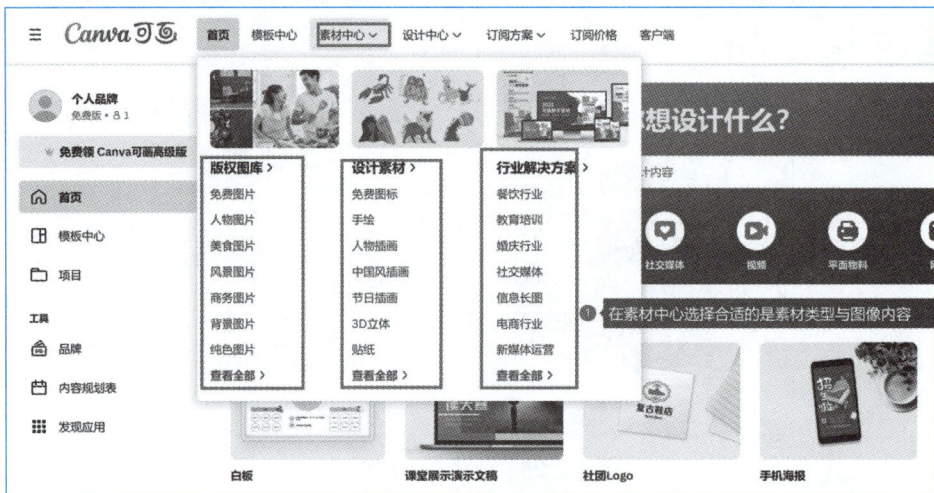

图 2-2-27   选择素材

图 2-2-28   Canva 主页面

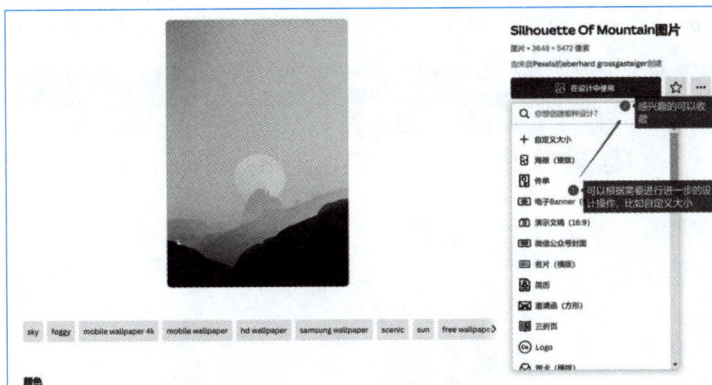

图 2-2-29　在设计中使用

（4）百度脑图

百度脑图是由百度公司特别开发设计的一款便捷的轻量级在线思维导图编辑器，可以使用浏览器打开，在线上直接创建、保存并分享思路，轻松绘制图表，将报告、幻灯片、网站可视化。

百度脑图的操作步骤：新建"脑图"→选择"外观"→进行"编辑"→导出"图像"。

【第一步】打开"百度脑图"，选择新建脑图。

【第二步】单击"外观"按钮，可以选择脑图类型、颜色（见图 2-2-30）。

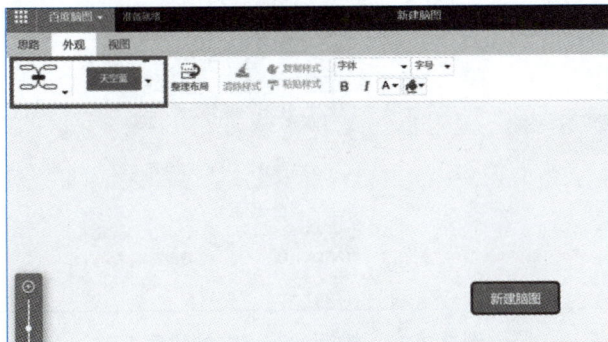

图 2-2-30　选择脑图类型

【第三步】选择"思路"，并单击"插入下级主题"或"插入同级主题"按钮，然后输入主题文字（见图 2-2-31）。

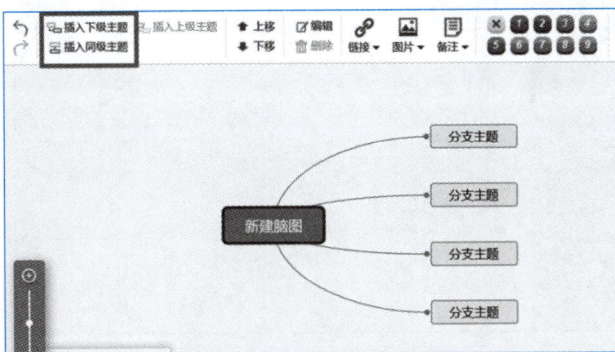

图 2-2-31　设计主题级别

【第四步】单击"外观"按钮，设定文字类型及文字大小（见图 2-2-32）。

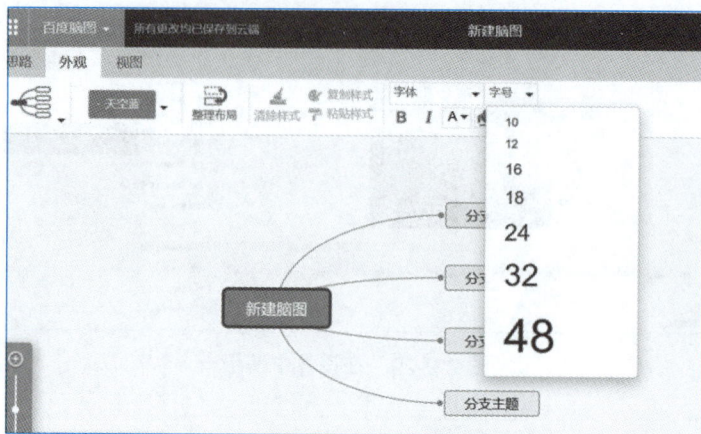

图 2-2-32　保存图形图像

【第五步】单击鼠标右键，选择"节点"排序（见图 2-2-33）。

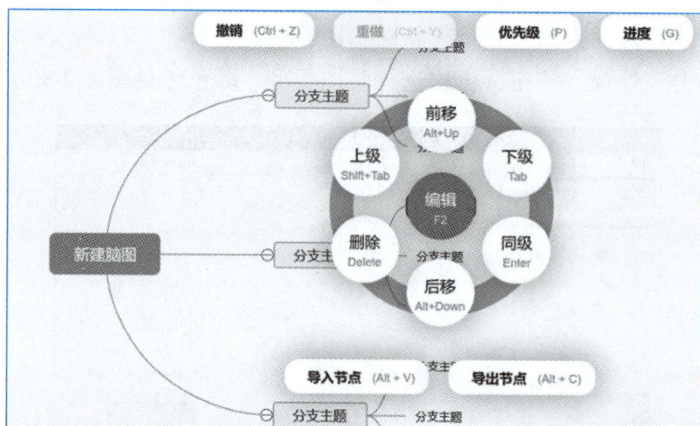

图 2-2-33　进行"节点"的排序

【第六步】单击"百度脑图"按钮，选择"另存为"和"导出"，选择合适的格式，保存图形、图像（见图 2-2-34 和图 2-2-35）。

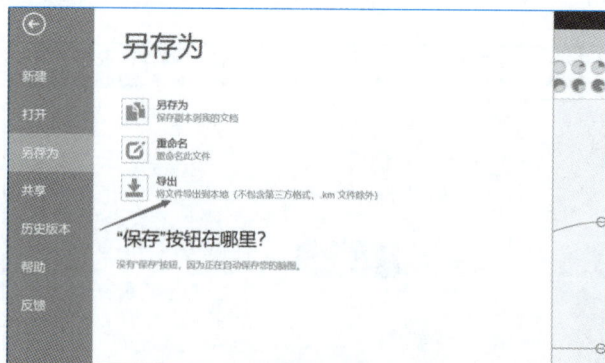

图 2-2-34　导出图形图像

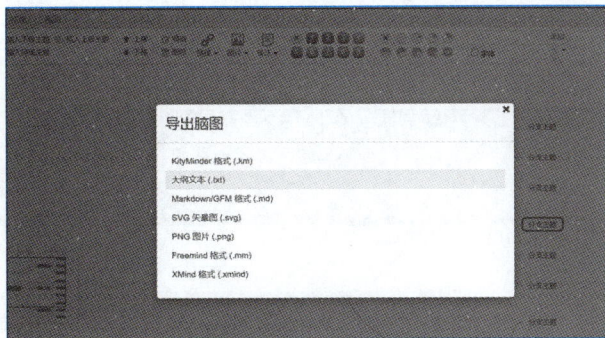

图 2-2-35　选择导出的类型

（5）Visio

Visio 是 Office 软件系列中的负责绘制流程图和示意图的软件，是一款便于 IT 和商务人员对复杂信息、系统和流程进行可视化处理、分析和交流的软件。Microsoft Office Visio 能够创建具有专业外观的图表，以便理解、记录，以及分析信息、数据、系统和过程。Office Visio 的操作步骤：选择"新建图像"→绘制"图像"→调整"图像格式"→导出"图像"

【第一步】打开 Visio，选择一个框图结构，以基本框图为例（见图 2-2-36）。

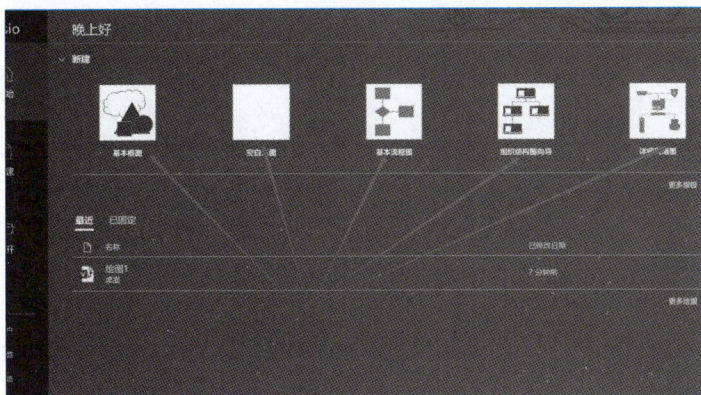

图 2-2-36　选择基本框图

【第二步】选择所需形状进行绘制（见图 2-2-37）。

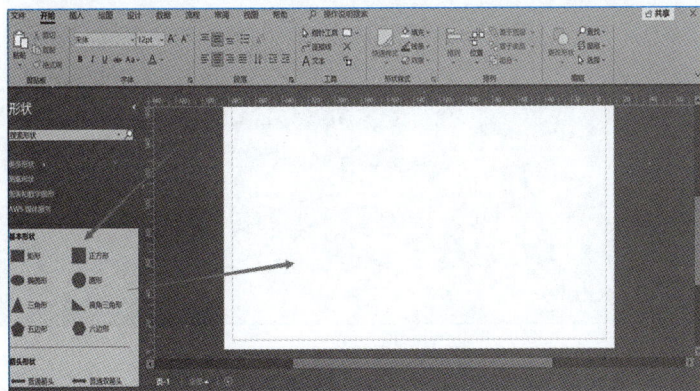

图 2-2-37　绘制图像

【第三步】在图层中插入日历图形，并调整相应的格式（见图2-2-38），再导出已经制作好的图片。

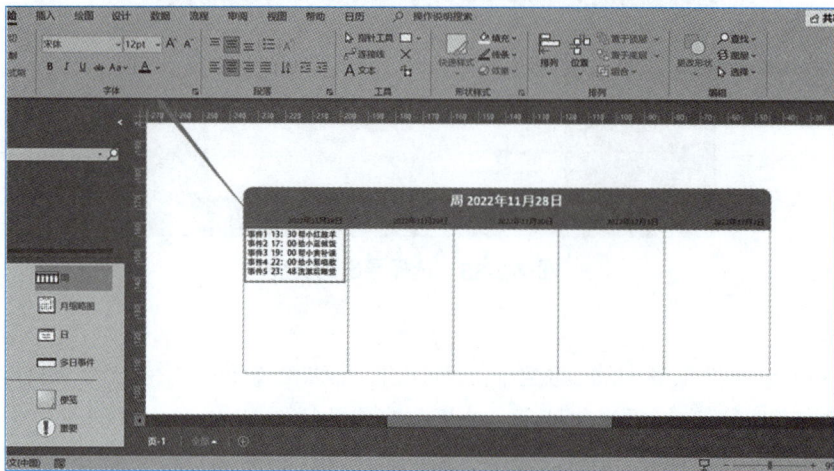

图2-2-38　调整图像格式

（6）Adobe Photoshop

Adobe Photoshop 简称 PS，是由 Adobe Systems 开发和发行的图像处理软件。Photoshop 主要处理以像素所构成的数字图像。使用其众多的编修与绘图工具可以有效地进行图片编辑和创造工作。该软件功能强大，可分为图像编辑、图像合成、校色调色及功能色效制作部分等。图像编辑是图像处理的基础，可以对图像做各种变换，如放大、缩小、旋转、倾斜、镜像、透视等；也可进行复制、去除斑点、修补、修饰图像的残损等。

Adobe Photoshop 的操作步骤：导入"图片"→编辑"图片"→导出"图片"。

使用教程：

【第一步】打开 PS，单击左上方的"文件"按钮。选择一张图片导入。

【第二步】左边竖着的图标栏叫做工具栏，可以在里面选择工具，对图片或文档进行修改。常用的工具包括移动命令、索套工具、仿制印章、文字输入工具等（见图2-2-39）。

图2-2-39　PS工具栏

【第三步】导出处理过后的图片（见图2-2-40）。

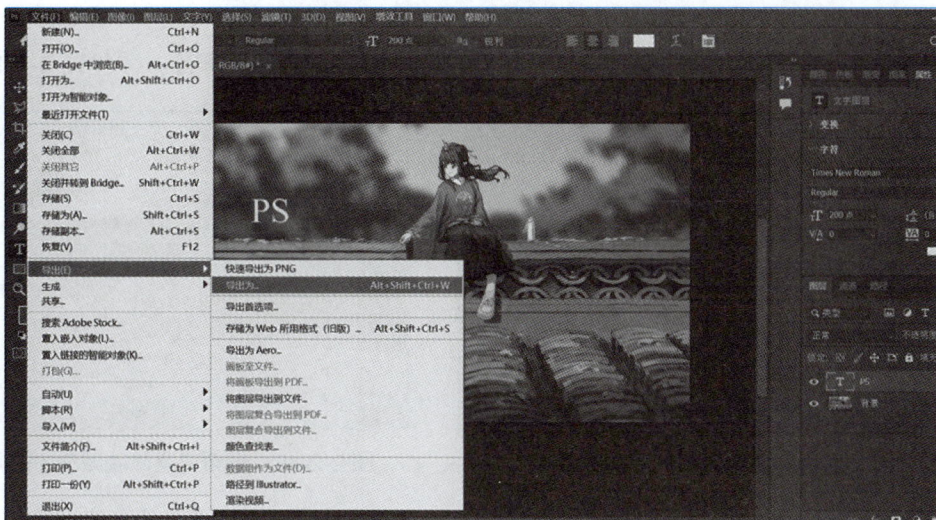

图 2-2-40 导出图片

二、教师数字图像类教学资源及整合

现如今网络上数字图像资源丰富、种类繁多，这些纷繁复杂的信息往往来自各种各样的事物，难以规范并有序使用。若要使之成为教学资源，需要对其进行筛选、处理等复杂流程，并且最终得到的中小学数字图像类教学资源数目仍有很多，因此需要对这些资源进行整合和管理。

一般是教师通过个人搜集所需要的数字图像类教学资源，将其进行整理加工后存入合适的存储载体，比如存入硬盘、使用网盘（百度网盘、阿里云盘、钉钉云盘、微云等），以及建立文件夹、收藏夹等。

数字教学资源类型丰富多样，获取方式各异，对于获取到的数字教学资源如何存储、管理，成为网络化时代中小学教师需要考虑的现实问题。本地计算机的数字化资源通过"资源管理器"分配磁盘、按文件夹的方式将资源分门别类地整理等方式进行管理，在需要时能够快速找到。下面介绍"收藏夹"教学资源管理。

对于浏览器带有的收藏夹功能，有人称其为"浏览器内最有价值的用户资产"，它作为网站的快捷方式可以用来储存网站地址。书签收藏数量的多少，也可以说是对互联网认知的一种体现。教师可以利用收藏夹将持续更新变动的、领域精选的、有一定存续价值的、内容吸引力大的数字图像类教学资源库进行归类汇总，以备不时之需。这里以 Microsoft Edge 为例，来介绍浏览器收藏夹对数字图像类教学资源库的管理。

【第一步】添加网页到收藏夹。打开想要添加到收藏夹的网页；单击浏览器右上角的"收藏夹"图标（通常是一个带有星号的图标）；在弹出的菜单中，选择"添加到收藏夹"；在弹出的对话框中，可以为网页设置一个名称（默认是网页的标题），并选择一个文件夹进行保存。如果之前没有创建过文件夹，可以选择创建一个新的文件夹（见图 2-2-41）。

【第二步】从收藏夹访问网页。单击浏览器右上角的"收藏夹"图标；在弹出的菜单中可以看到所有已添加的网页和文件夹；单击要访问的网页或文件夹，就可以直接打开该网页或进入文件夹。

【第三步】编辑或删除收藏夹中的网页。单击浏览器右上角的"收藏夹"图标；在弹出的菜单中，找到想要编辑或删除的网页，可以右击并选择"编辑"或"删除"（见图 2-2-42）。

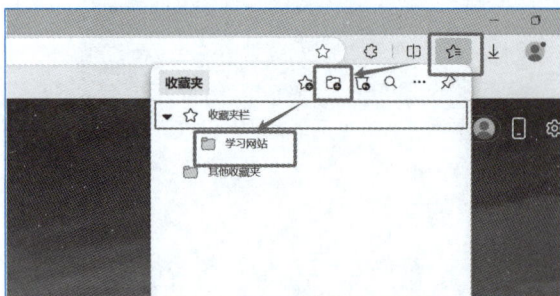

图 2-2-41　添加网页到收藏夹

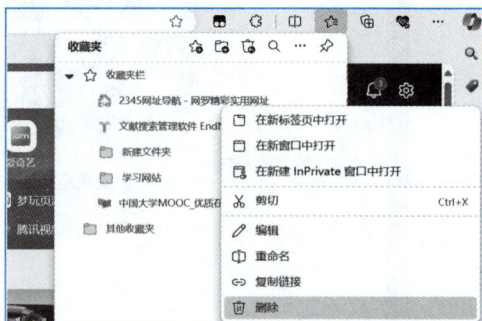

图 2-2-42　编辑或删除收藏夹中的网页

【第四步】导入和导出收藏夹。导入收藏夹：在浏览器的收藏夹菜单中，选择"导入收藏夹"；然后选择要导入的文件（通常是 .html 或 .xml 格式），单击"打开"即可。导出收藏夹：在浏览器的收藏夹菜单中，选择"导出收藏夹"，在弹出的对话框中，选择"保存路径"和"文件名"，单击"保存"按钮即可（见图 2-2-43 和图 2-2-44）。

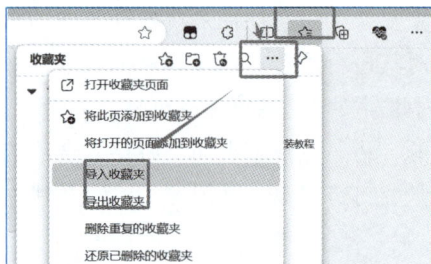

图 2-2-43　导入和导出收藏夹

图 2-2-44　导入路径

💡注意：请定期整理收藏夹，删除无效或不再需要的网页，以便更好地管理和使用。在导出收藏夹时，请注意保存路径和文件名，以便日后需要时能够找到。如果你在多个设备上使用浏览器，可以考虑使用云同步功能，以便在不同的设备上都能访问到你的收藏夹。

第三节　数字音频类教学资源及其整合

心理学研究发现，人类获取的信息 83% 来自视觉，11% 来自听觉[1]。听觉是人获取外界信息的第二大通道，多媒体教学最为普遍的形式就是进行视觉信息和听觉信息的整合使用。实践证明，多感官信息的加工和处理有利于提高学习效果。在数字媒体时代，应充分发挥人的听觉功能，合理运用听觉资源。

1　刘儒德，赵妍，柴松针，等 . 多媒体学习的影响因素 [J]. 中国电化教育，2007（10）:1-5.

一、教师数字音频类教学资源及检索

（一）学习强国

（1）网站简介

"学习强国"是由中共中央宣传部主管，以习近平新时代中国特色社会主义思想和党的二十大精神为主要内容，立足全体党员、面向全社会的优质平台，在该平台可以检索到许多优质的数字音频类教学资源。

（2）检索步骤

检索步骤如图 2-3-1（a）、图 2-3-1（b）、图 2-3-1（c）和图 2-3-1（d）所示：进入学习强国官网→注册并登录→选择学习电台栏目听取各类音频资源→或自行搜索内容进行收听。

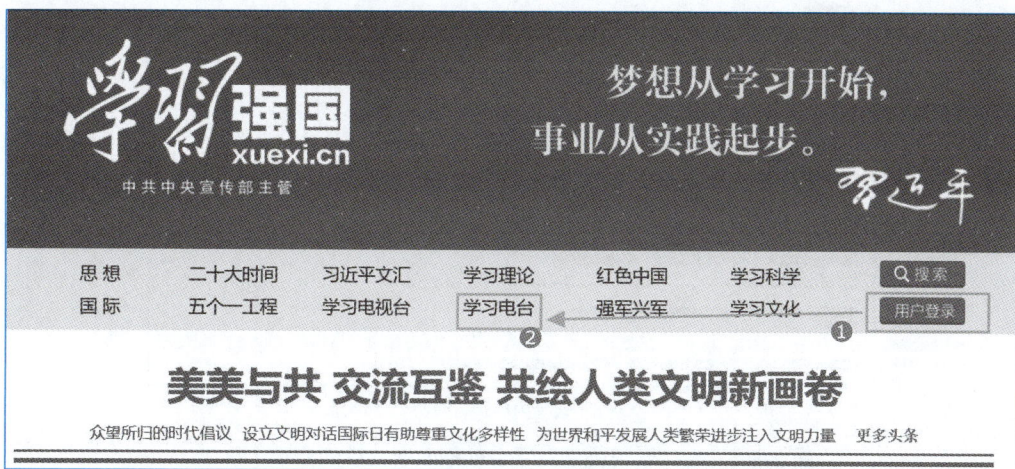

（a）在学习强国平台选择学习电台栏目

（b）选择各类音频资源进行收听

图 2-3-1　在"学习强国"平台检索收听内容的步骤

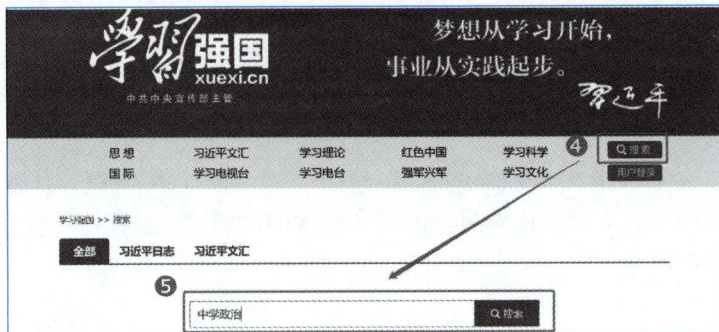

（c）点击搜索输入相关内容

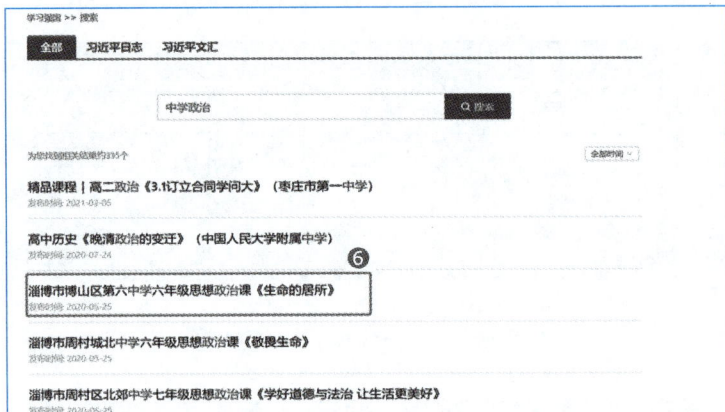

（d）选择内容进行收听

图 2-3-1　在"学习强国"平台检索收听内容的步骤（续）

（二）喜马拉雅

（1）软件简介

喜马拉雅网是一个可以分享声音的电台网站，是提供高质量声音发现和分享的专业听媒体。在喜马拉雅网中，有音乐、有声小说、资讯、财经报道、儿歌故事等，同时喜马拉雅网中也有录音功能和上传功能。在喜马拉雅网中也有丰富的数字音频类教学资源。

（2）检索步骤

检索步骤如图 2-3-2（a）、图 2-3-2（b）和图 2-3-2（c）所示：注册并登录→在搜索框输入搜索内容→选择音频专辑→单击内容链接进行收听。

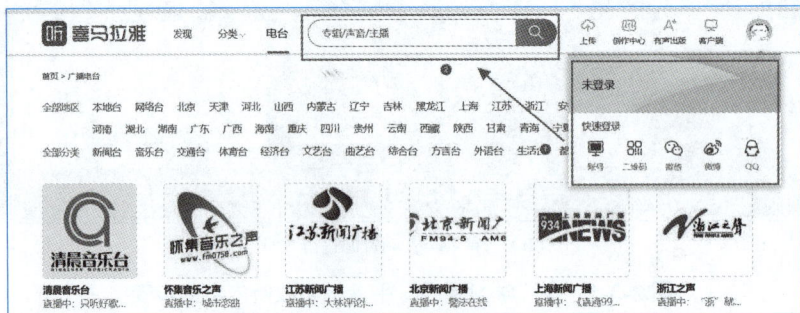

（a）注册登录喜马拉雅网站

图 2-3-2　在"喜马拉雅"平台检索收听内容的步骤

（b）搜索相关内容

（c）点击声音内容收听

图 2-3-2　在"喜马拉雅"平台检索收听内容的步骤（续）

（三）网易云音乐

（1）软件简介

　　网易云音乐是一款由网易开发的音乐产品，是网易杭州研究院的成果，依托专业音乐人、DJ、好友推荐及社交功能，在线音乐服务主打歌单、社交、大牌推荐和音乐指纹，以歌单、DJ 节目、社交、地理位置为核心要素，主打发现和分享。中小学教师可以用网易云音乐搜索教学中所需要的数字音频资源。

（2）检索步骤

　　网易云音乐检索步骤如图 2-3-3（a）和图 2-3-3（b）所示：注册登录网易云音乐→单击"搜索框"并输入内容→选择需要的内容进行收藏或者下载。

（a）注册登录并搜索

（b）进行收藏或下载

图 2-3-3　"网易云音乐"平台检索步骤

（四）爱给网

（1）软件简介

爱给网是致力于为声音、影视、游戏、动画创作者提供高品质、多品类、优秀的创意作品服务的一个网站，服务内容涵盖了声音创作、影视后期、游戏开发、3D 模型、平面设计五大主流设计服务。对于中小学教师而言也是一个相当实用的教学音频资源网站。

（2）检索步骤

爱给网检索步骤如图 2-3-4（a）、图 2-3-4（b）、图 2-3-4（c）和图 2-3-4（d）所示：单击登录按钮→选择需要的素材种类（或者直接在搜索框搜索）→进行高级选项设置→单击"下载"按钮→选择格式进行下载。

（a）登录进行选择搜索

图 2-3-4　爱给网检索步骤

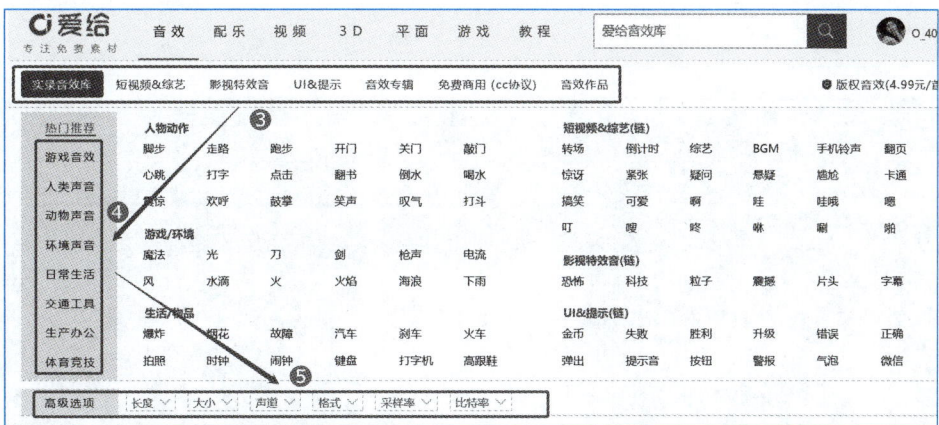

（b）选择素材种类进行高级选项设置

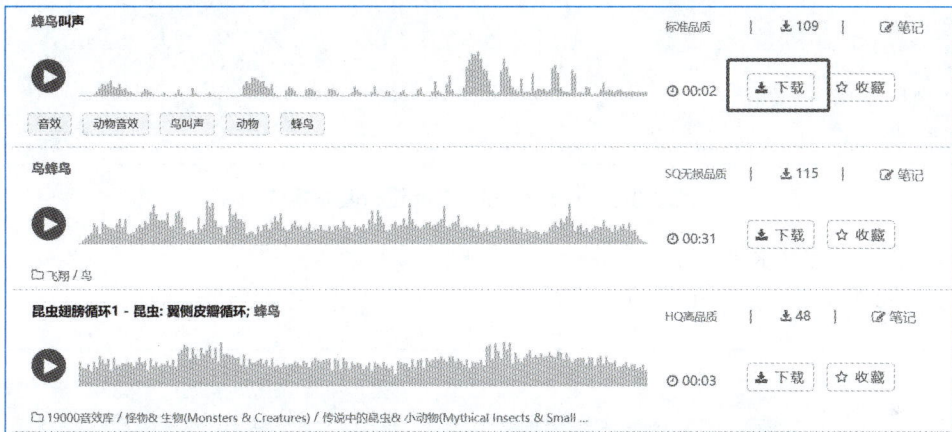

（c）点击下载

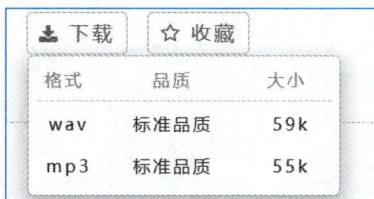

（d）选择格式进行下载

图 2-3-4　爱给网检索步骤

二、教师数字音频类教学资源及整合

（一）Cool Edit

（1）软件简介

Cool Edit 是多轨录音和音频处理软件。Cool Edit 可以在普通声卡上同时处理多达 64 轨的音频信号，具有丰富的音频处理效果，并能进行实时预览和多轨音频的混缩合成。

（2）操作步骤

【第一步】打开 Cool Edit，转换成单文件查看方式，打开文件夹，进行配置采样率、量化精度、声道操作，如图 2-3-5 所示。

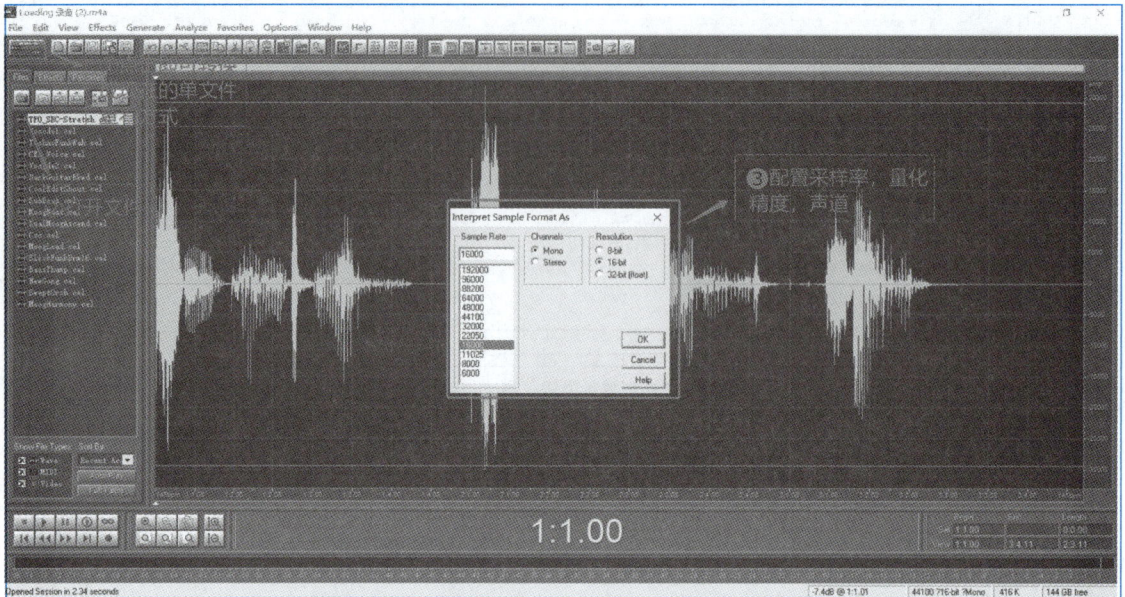

图 2-3-5　打开 Cool　Edit 进行基本操作

【第二步】单击 OK 按钮，打开 PCM，如图 2-3-6 和图 2-3-7 所示。

【第三步】使用 Cool Edit 多轨编辑界面，进行音频合成，如图 2-3-8 所示。

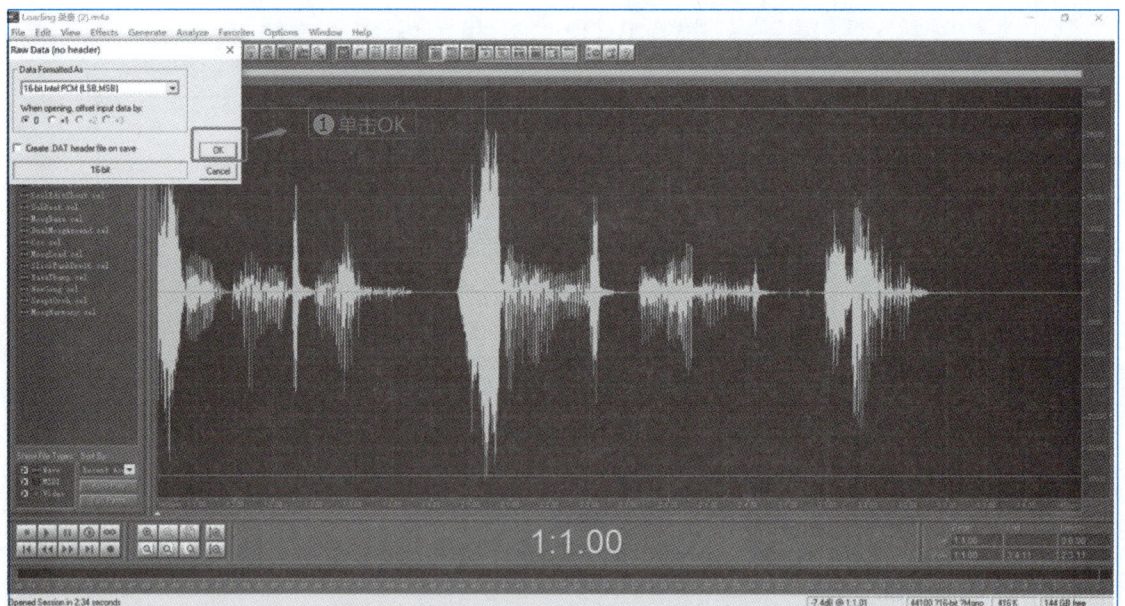

图 2-3-6　打开 PCM 界面

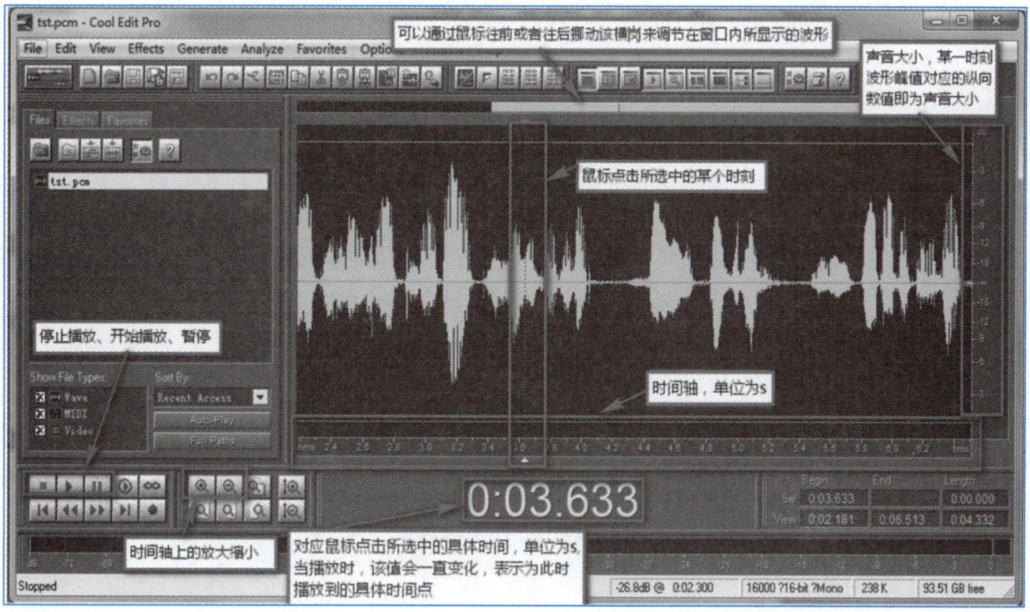

图 2-3-7　界面功能介绍

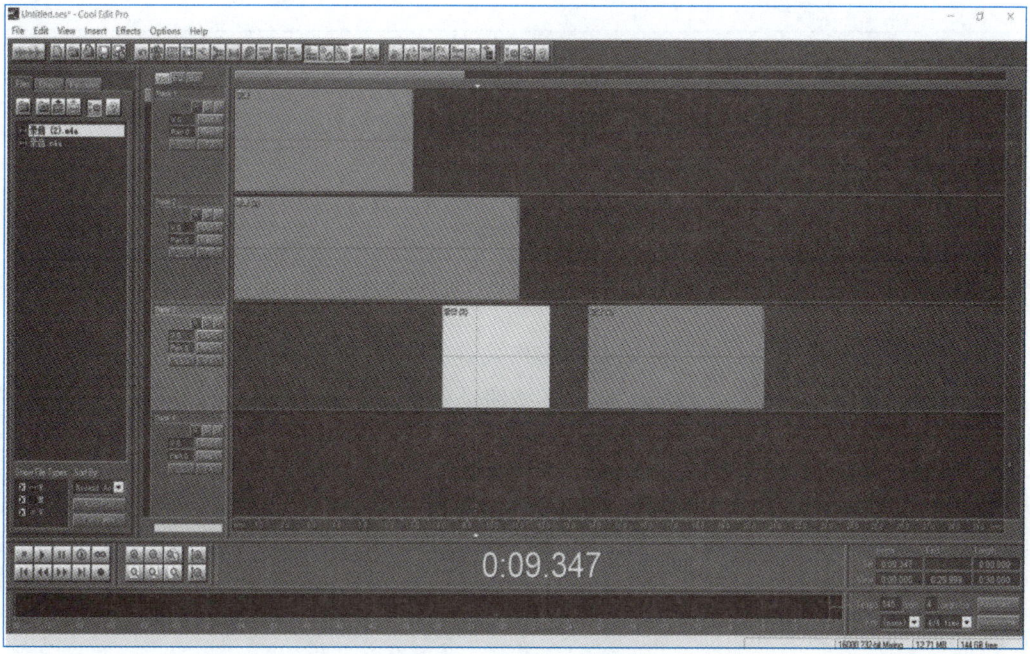

图 2-3-8　多轨编辑界面

（二）格式工厂

（1）软件简介

格式工厂致力于帮助用户更好地解决文件使用问题，涉及音乐、视频、图片等领域。

（2）操作步骤

安装格式工厂，单击音频查看可操作的选项菜单，根据需要进行选择（见图 2-3-9）。

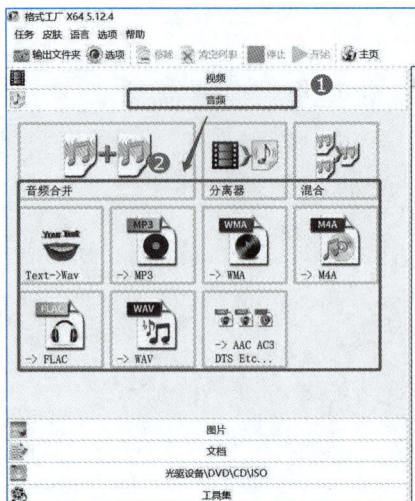

图 2-3-9　操作选项菜单

① 音频整合的操作步骤。

【第一步】单击"音频合并"按钮，单击"添加文件"按钮，选择并添加需要合并的音频（见图 2-3-10）。

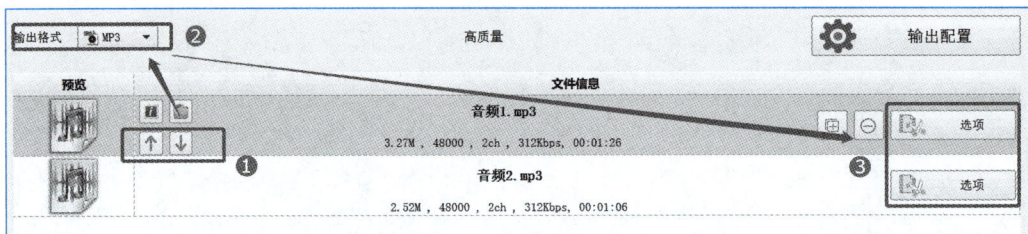

图 2-3-10　对音频进行相关的操作

【第二步】根据需要对音频的顺序及输出格式进行调整，也可以设置音频的开始时间、结束时间，以及音频呈现的细节，单击"确定"按钮结束音频细节的设置（如果只是单纯地进行合并，直接单击"确定"按钮）（见图 2-3-11）。

图 2-3-11　对每个音频的细节处理

【第三步】单击"确定"按钮，进入下一步合并程序（见图 2-3-12）。

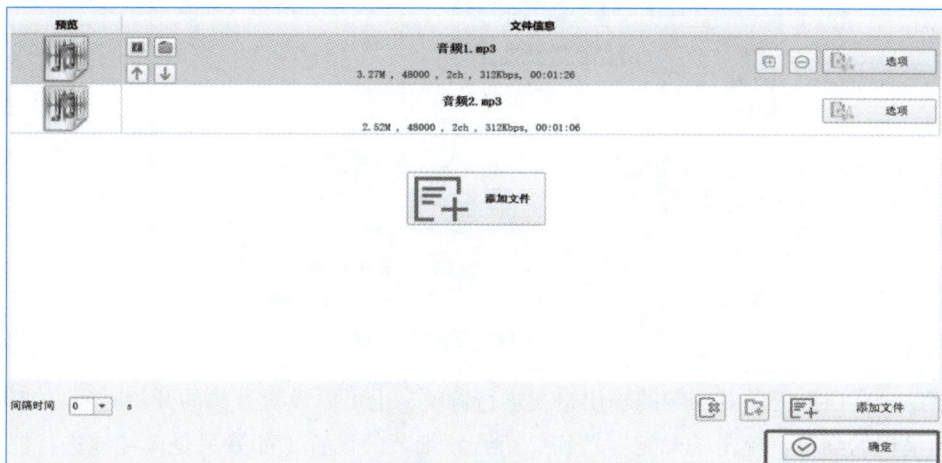

图 2-3-12　单击"确定"按钮

【第四步】单击"开始"按钮，进行合并后，在菜单栏里即可查看合并后的音频作品（见图 2-3-13）。

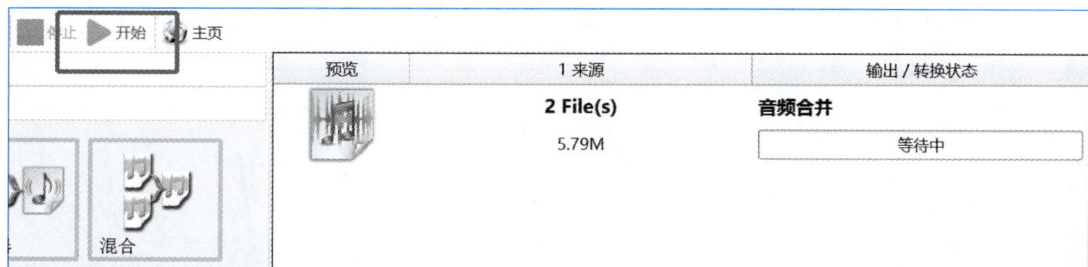

图 2-3-13　单击"开始"按钮进行合并

② 音频混合的操作步骤。

【第一步】在"混合"界面，单击"添加文件"按钮，选择需要混合的音频文件（见图 2-3-14 和图 2-3-15）。

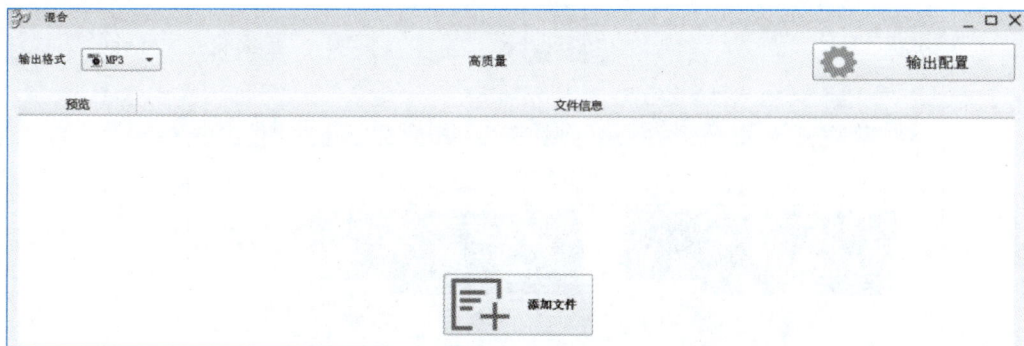

图 2-3-14　单击"添加文件"按钮

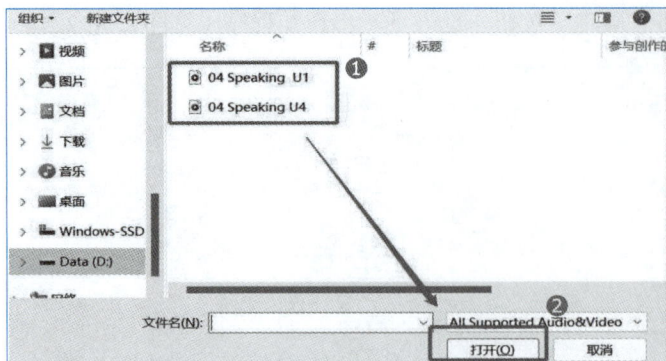

图 2-3-15　选择要混合的音频文件

【第二步】根据需要对音频的输出格式进行调整，也可以设置音频的开始时间、结束时间，以及音频呈现的细节，单击"确定"按钮结束音频细节的设置（如果只是单纯地进行混合，直接单击"确定"按钮）（见图 2-3-16 和图 2-3-17）。

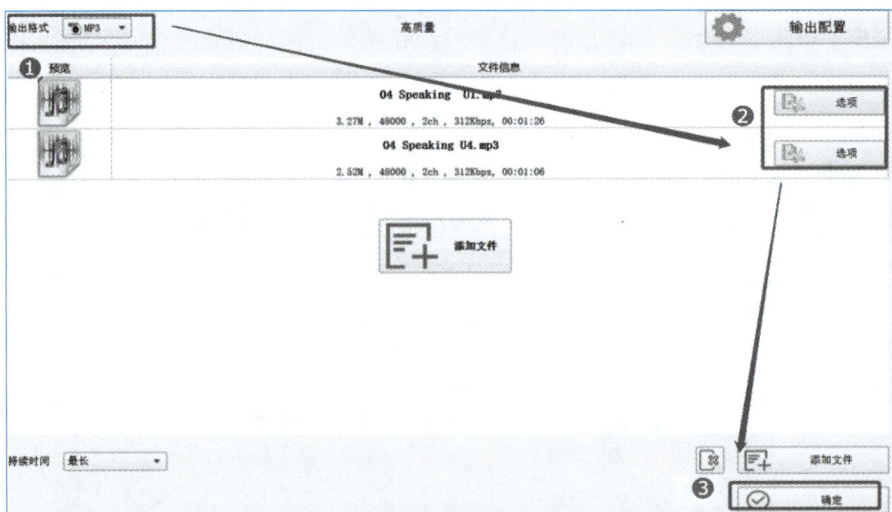

图 2-3-16　对音频的相关操作

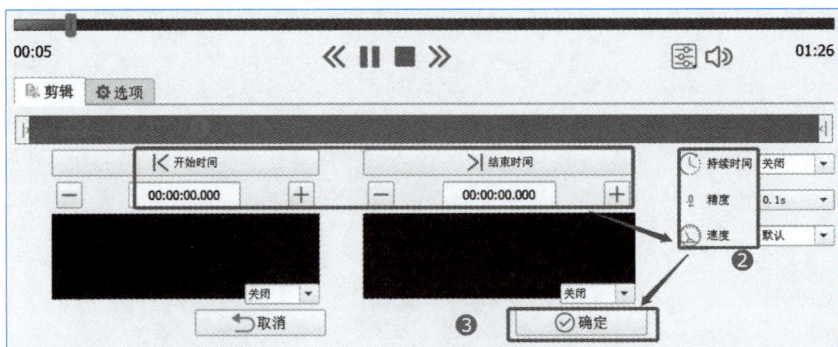

图 2-3-17　对每个音频的细节处理

【第三步】单击"确定"按钮，进入下一步混合程序（见图 2-3-18）。

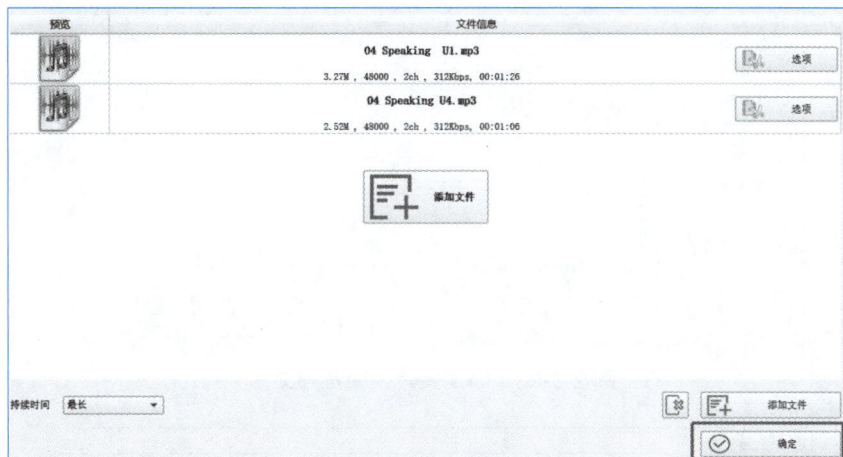

图 2-3-18 单击"确定"按钮

【第四步】单击"开始"按钮，进行混合，在菜单栏里即可查看混合后的音频作品（见图 2-3-19 和图 2-3-20）。

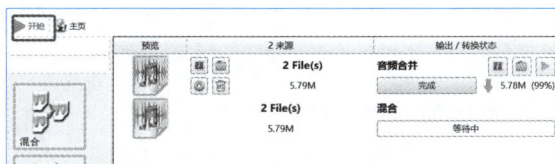

图 2-3-19 单击"开始"按钮进行混合

图 2-3-20 查看混合后的音频作品

③ 格式转换的操作步骤。

【第一步】选择要转换的格式（见图 2-3-21）。

【第二步】单击"添加文件"按钮，选择要转换的音频文件，单击"打开"按钮，添加完成后单击"确定"按钮（见图 2-3-22 和图 2-3-23）。

【第三步】单击"开始"按钮，进行转换，转换完成后，在菜单栏里即可查看转换后的作品（见图 2-3-24）。

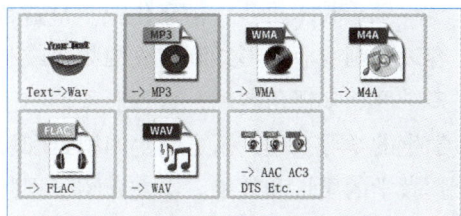

图 2-3-21 选择要转换的格式

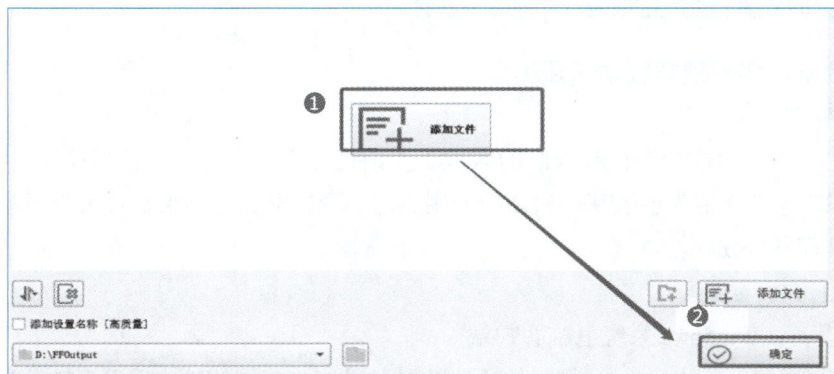

图 2-3-22 单击"添加文件"按钮

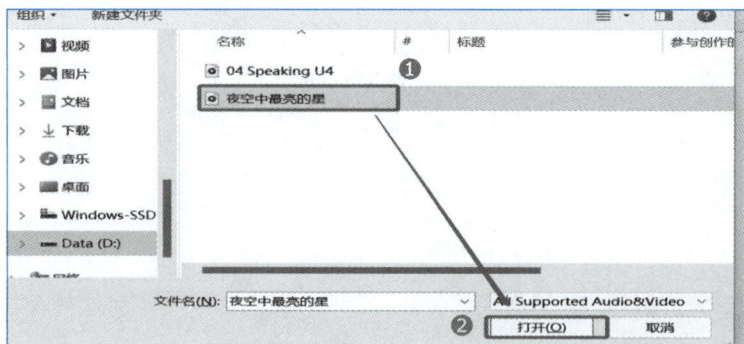

图 2-3-23　添加要转换的音频文件

图 2-3-24　单击"开始"按钮进行转换

第四节　数字视频类教学资源及其整合

随着技术进步，信息化教学日益普及，视频资源已融入日常教学。教师将知识、技能等内容以动画或短片形式制作成视频，或利用互联网技术将视频内容制作为流媒体。视频教学资源多维度、多视角展现，直观形象，易于理解。教师精心选择、恰当使用视频资源，不但能激发学生的学习兴趣，拓宽学生的视野和思维空间，还能帮助学生深刻理解所学内容，有效提高课堂教学的质量和效果。本文介绍了视频类教学资源的类型、检索、管理及整合的相关内容，以帮助中小学教师提高运用视频类教学资源的能力，优化教学效果，提高学生的学习效率。

一、教师数字视频类教学资源及检索

（一）教师数字视频类教学资源类型

1. 视频录制工具

在生活中，人们可能会有视频录制的需求。无论是想要记录游戏的精彩操作、截取影视剧中的精华片段，还是为他人讲解某一软件的使用方法，录制电脑屏幕来呈现教学过程制作微课，视频录制工具都不可或缺。

（1）Active Presenter

① 适用设备：Windows 系统电脑客户端。

② 功能介绍：Active Presenter 是一款免费的屏幕录制与截图软件，适用于教学类视频录制。除了基本录像功能，还具备视频和 PPT 编辑功能，方便制作教学视频。软件提供 PPT 模板和

Word 文本编辑功能，可添加标题、文本、气泡提示等控件，编辑视频、音频外观和效果，满足教师制作课程和演示教程需求。

③ 使用方法：

【第一步】打开 Active Presenter。在弹出的对话框中选择"新建捕获"（见图 2-4-1）。

【第二步】在弹出的对话框中，选择"录制影片 / 流视频"，再单击右边的"小铅笔"图标，进行设置（见图 2-4-2）。

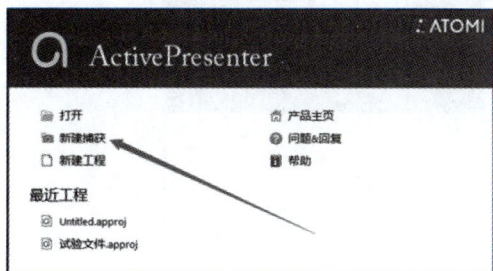

图 2-4-1　新建捕获

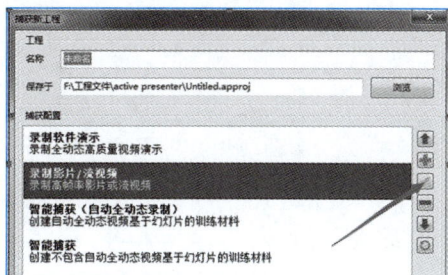

图 2-4-2　录制

【第三步】在弹出的对话框中选择"热键"一栏，进行热键设置（见图 2-4-3）。

【第四步】关闭设置界面，单击"确定"按钮。以上设置在第一次使用设置后，下次就可以直接进行录制。

【第五步】在弹出的录制对话框中，可以对录屏的区域（如全屏或自定义），以及录制的音源进行设置（见图 2-4-4）。

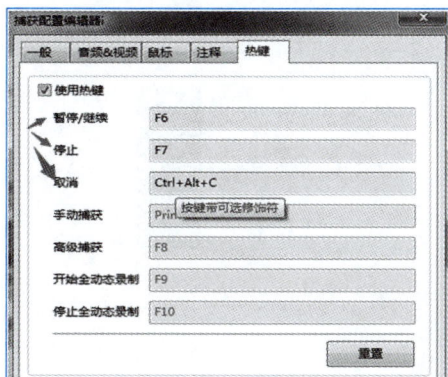

图 2-4-3　设置热键

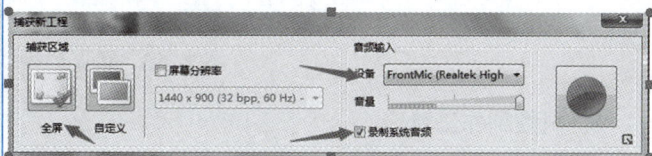

图 2-4-4　设置录屏

（2）EV 录屏

① 适用设备：Windows 系统电脑客户端，以及 Android/iOS App。

② 功能介绍：EV 录屏是一款集视频录制与直播功能于一身的免费桌面录屏软件，支持分屏录制、场景编辑、教学画板等多种模式，适用于网络上课、游戏解说、直播推流等场景。EV 录屏轻便小巧，高清无水印，资源占用低，操作简单。

③ 使用方法：

【第一步】打开 EV 录屏，进入后点击左下角的"▷"开始屏幕录制，也可在此页面选择录制区域及录制音频（见图 2-4-5）。

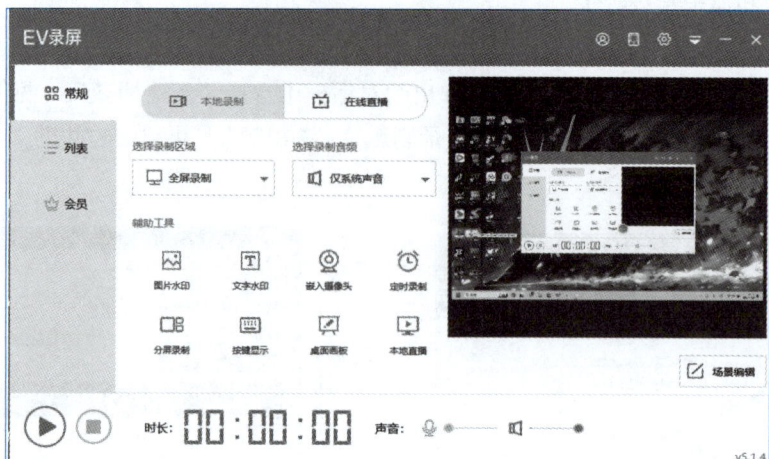

图 2-4-5　开始录屏

【第二步】在录制完成后，单击"列表"选项可选择播放、重命名、文件位置等操作（见图 2-4-6）。

图 2-4-6　录屏后操作

2. 视频制作工具

相比于门槛较高、操作复杂的视频剪辑软件，短视频制作工具的轻量、易学为用户提供了更多可能。这类工具提供海量新颖有趣、极具创意的动画或视频模板，让用户可以用较少的时间制作出优质的短视频。

（1）Quik

① 适用设备：Android/iOS App。

② 功能介绍：Quik 是一款免费、强大的短视频制作软件，适用于 iOS 和 Android 平台。它可以快速将照片或视频制作成短片，操作简单，提供过场和音乐。用户还可以自定义修改每个片段，进行媒体编辑和视频编辑等，满足多样化需求。该工具免费且无需注册，可选择是否开启水印。

③使用方法：

【第一步】打开 Quik，点击"允许连接照片"选项，进入后点击右下角的"+"进入手机相册。从相册里选择要制作视频的照片，点击左上角添加。（见图 2-4-7）

【第二步】接着，会跳出一个"添加标题介绍"，可以选择输入标题，也可以选择"跳过"，然后可以选择一个播放照片的模板，大概有 20 多个选择，可以根据自己的喜好尝试不同的风格（见图 2-4-8）。

图 2-4-7 添加照片

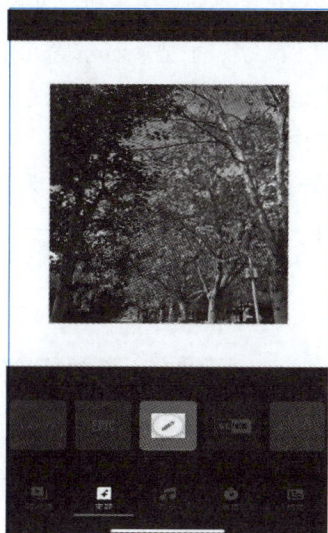

图 2-4-8 选择主题

【第三步】点击下方的"音乐"图标，给视频设置和替换音乐（见图 2-4-9）。

【第四步】选择视频样式、长短、滤镜等，还可以点击照片上的小白笔，给每张照片设置字幕和播放效果（见图 2-4-10）。

图 2-4-9 选择音乐

图 2-4-10 选择长度

【第五步】都设置好以后点击右下角的蓝色按钮保存，然后点击保存到相册，之后你可以在 Quik App 中找到该视频，也可以在相册中找到该视频。

（2）来画

① 适用设备：Android/iOS App、Windows/Mac 电脑客户端、电脑网页端。

② 功能介绍：来画是与 Video scribe 功能类似的动画视频制作工具，集动画视频、平面设计等功能于一体的创作工具。它区别于市面上的其他软件，它的 AI 功能是特色之一。可以套用平台素材库的各种模板，进一步编辑文案、设置转场动画、调整素材出场顺序、设置背景配音，通过图像、文字、手势、音乐等元素的组合，一键导出动画视频。同时还可以发布和交易作品，以及和其他用户在论坛交流。但它的功能仅免费有限时间使用。

③ 使用方法：

【第一步】单击"工作台"选项，进入视频创作页面（见图 2-4-11）。

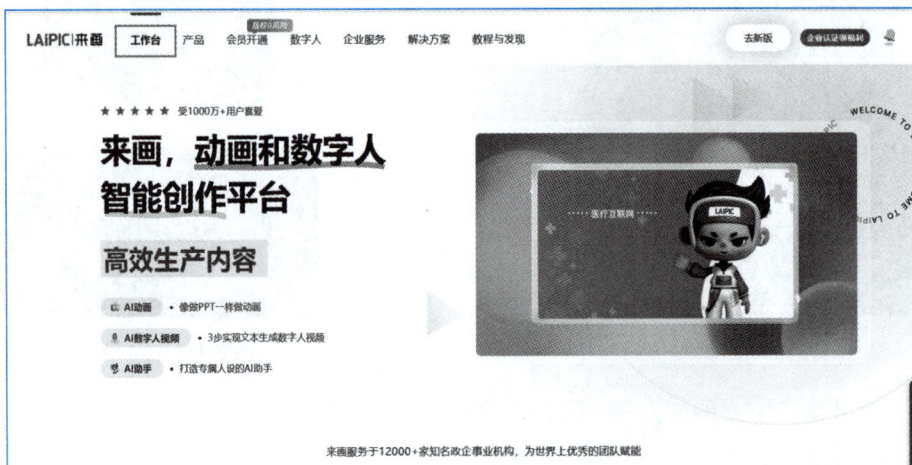

图 2-4-11　进入视频创作页面

【第二步】单击"新建项目"按钮，开始视频制作，并选择视频画面大小（见图 2-4-12）。

图 2-4-12　保存视频

【第三步】在此页面选择视频制作内容，可根据相关制作需求，应用左侧资源类型（见图2-4-13）。

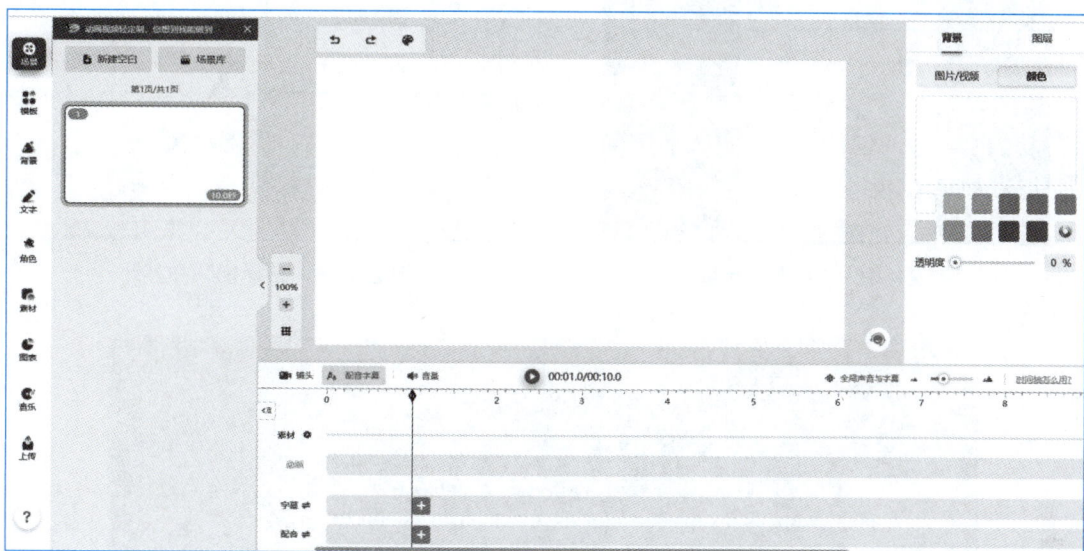

图 2-4-13　选择视频制作内容

3. 视频剪辑工具

视频剪辑工具通过对视频、图像、文字、背景音乐等多媒体素材的裁剪，生成具有不同表现力的新视频，达到更好的表达效果。通过触手可及的工具，掌握其基本模式和操作，或许能为你提供一种超越文字和图像的思考方式。

（1）Adobe Premiere

① 适用设备：Windows/Mac 电脑客户端。

② 功能介绍：Premiere 简称 Pr，是一款主要用于视频段落的组合和拼接的剪辑软件，并提供一定的特效、调色、美化，以及添加字幕等功能，是视频编辑爱好者和专业人士必不可少的视频编辑工具。Pr 可与其他 Adobe 应用程序和服务（包括 Photoshop、After Effects 和 Adobe Audition）无缝协作，使你足以完成在编辑、制作、工作上遇到的挑战，满足你创建高质量作品的要求。该工具可以申请免费的七天试用。

③ 使用方法：

【第一步】选择"新建项目"（见图2-4-14）。

【第二步】单击鼠标右键，在弹出的选项框中选择"导入"（见图2-4-15）。

【第三步】在文档中选择要编辑的视频并打开（见图2-4-16）。

【第四步】根据个人需要对视频进行剪辑（见图2-4-17）。

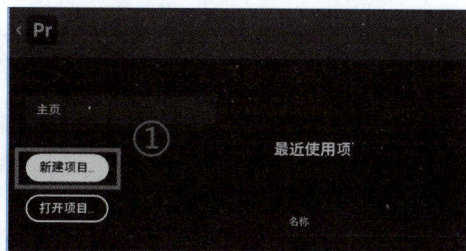

图 2-4-14　新建项目

图 2-4-15 "导入"选项

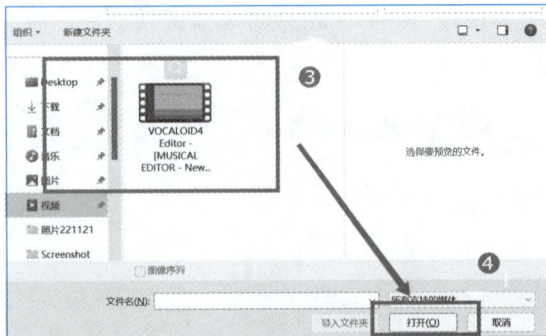

图 2-4-16 选择视频并打开

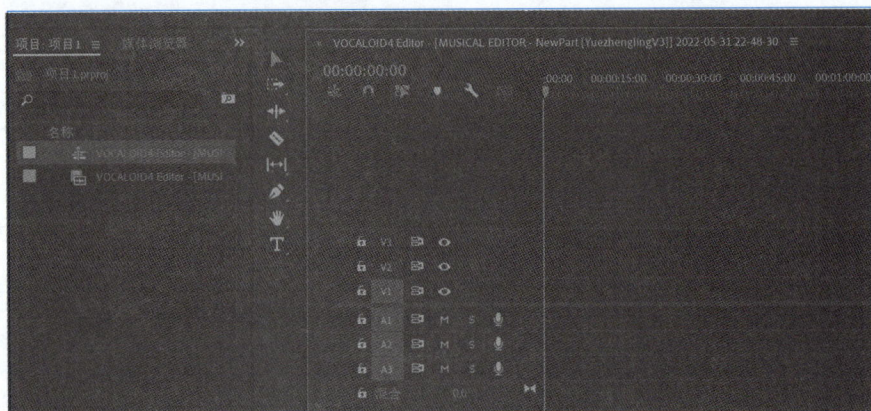

图 2-4-17 剪辑视频

（2）Adobe After Effects

① 适用设备：Windows/Mac 电脑客户端

② 功能介绍：After Effects 简称 AE，可以创建电影级影片字幕、片头和过渡，还有各种引人注目的动态图形和震撼的视觉效果，为视频作品增添令人耳目一新的效果。AE 的控制面板与 Pr 类似，但因为涉及更多效果的制作，所以更复杂一些。作为 Pr 的兄弟产品，两个软件可以通过 Adobe 动态链接联动工作，满足日益复杂的视频制作需求。

③ 使用方法：

【第一步】单击"新建项目"（见图 2-4-18）。

图 2-4-18 新建项目

【第二步】双击如下区域②（见图 2-4-19）。

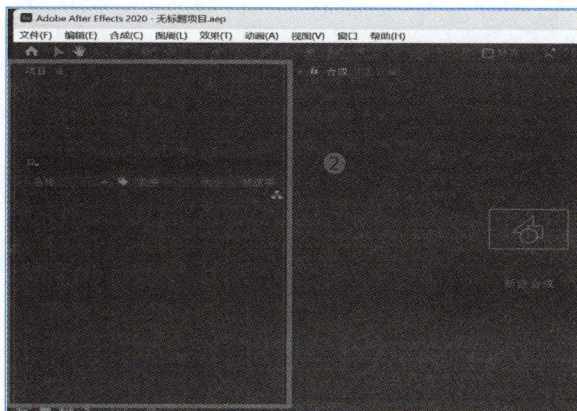

图 2-4-19　导入视频

【第三步】选择好相关视频后单击"导入"选项后，可对相关视频进行编辑。

（二）教师数字视频类教学资源检索

1．国内教师数字视频类教学资源检索

（1）国家教育资源公共服务平台

【第一步】选择"资源频道"，单击所需要查找的视频资源类型，如国家中小学智慧教育平台（见图 2-4-20）。

图 2-4-20　国家教育资源公共服务平台

【第二步】单击所需要的栏目，如"课程教学"栏目（见图 2-4-21）。

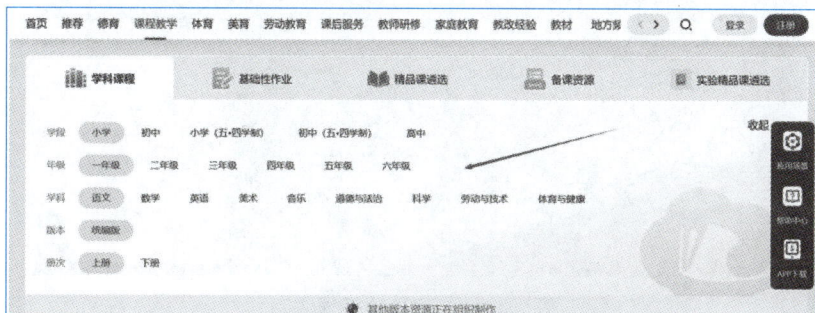

图 2-4-21　国家教育资源公共服务平台

【第三步】选择相对应的视频进行观看学习（见图 2-4-22）。

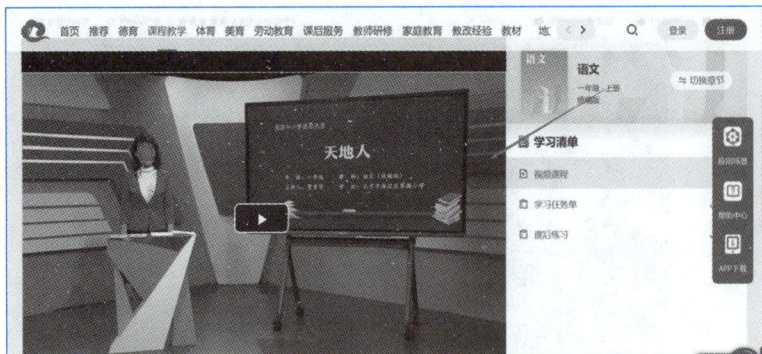

图 2-4-22　国家教育资源公共服务平台

（2）央视网

【第一步】进入官方网站单击"教育"栏目，再选择"云课堂"进入学习平台（见图 2-4-23）。

图 2-4-23　进入云课堂

【第二步】进入课堂后，单击"中学·高考"选择相应课时进行学习。

（3）网易公开课

【第一步】单击搜索框，输入想要查找的视频资源名称，如高中数学（见图 2-4-24）。

图 2-4-24　网易公开课主页

【第二步】单击相对应的视频资源进行观看学习或下载（见图2-4-25）。

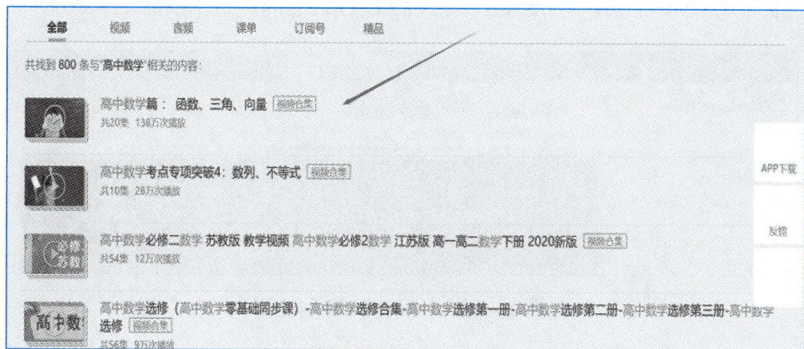

图 2-4-25　网易公开课检索结果

（4）百度智慧课堂

【第一步】选择所需要查找的专栏（见图2-4-26）。

图 2-4-26　百度智慧课堂

【第二步】以"教学资源"为例，选择"名师空间"选项（见图2-4-27）。

图 2-4-27　百度智慧课堂主页

【第三步】选择相应的名师视频进行观看学习（见图2-4-28）。

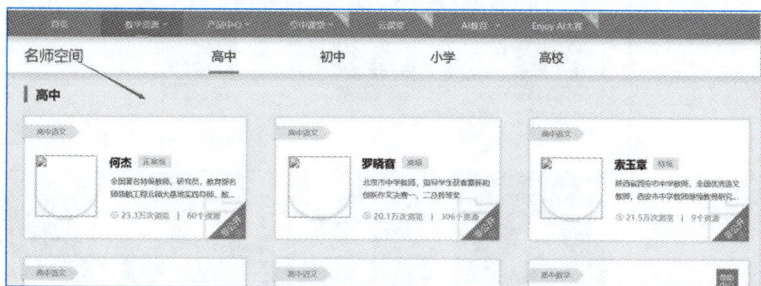

图 2-4-28　百度智慧课堂检索结果

（5）第二教育网

【第一步】单击搜索框输入想要查找的资源名称，如高中（见图2-4-29）。

图 2-4-29　第二教育网主页

【第二步】随后单击相应的视频资源进行观看学习或下载（见图2-4-30）。

图 2-4-30　检索结果

（6）听课站

【第一步】进入官方网站。单击"免费视频"选项，选择相应科目的视频进入学习（见图 2-4-31）。

图 2-4-31　选择视频

【第二步】单击下方的"下载"按钮，需购买会员（图 2-4-32）。

图 2-4-32　下载视频

2．国外教师数字视频类教学资源检索

（1）khanacademy.org

【第一步】单击搜索栏，输入想要查找的资源名称（见图 2-4-33）。

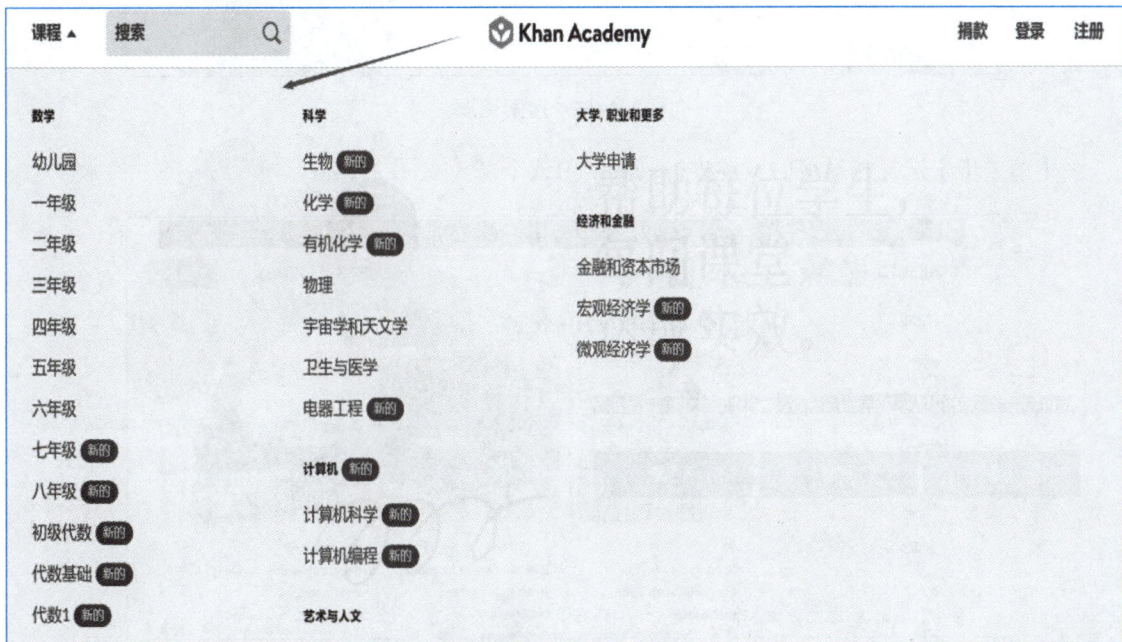

图 2-4-33　搜索资源

【第二步】选择相对应的资源进行观看学习或下载（见图 2-4-34）。

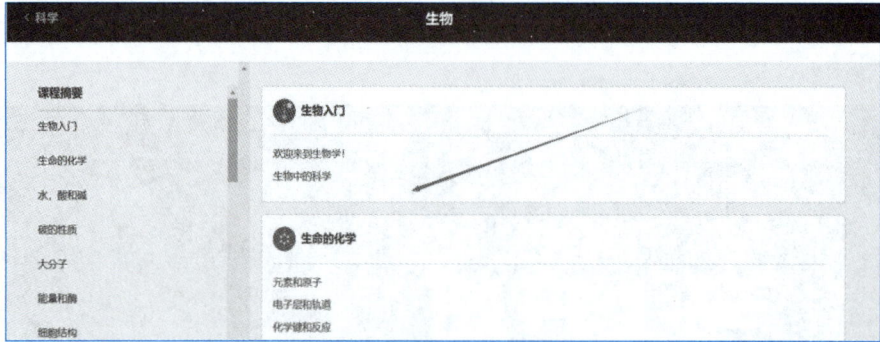

图 2-4-34   选择资源

（2）Coursera

【第一步】单击搜索栏，输入想要查找的资源名称（见图 2-4-35）。

图 2-4-35   搜索资源

【第二步】选择相对应的资源进行观看学习或下载（见图 2-4-36）。

图 2-4-36   选择资源

二、教师数字视频类教学资源及管理

（一）教师数字视频类教学资源管理

1. 坚果云

（1）功能介绍

坚果云是一款便捷、安全的专业网盘产品，客户端和网页版皆可运行，支持文件同步、数据备份、智能管理、在线编辑等操作。

① 文件自动同步：用户可随时随地通过多个设备（如电脑、手机、平板等）访问文件。坚果云可自动同步指定文件夹至云端和所有设备，实现跨设备实时同步。

② 文件共享：用户可邀请他人同步共享文件夹，并设置访问权限（如读写、只读、只写、预览等）。

③ 文件搜索：用户可在坚果云客户端和网页端按名称搜索文件或文件夹，快速找到所需内容。

（2）基本操作

【第一步】右击需要存入坚果云的文件，再将鼠标移动到"坚果云"选项，选择"同步该文件"（见图 2-4-37）。

【第二步】选择好存储路径后单击"完成"按钮（见图 2-4-38）。

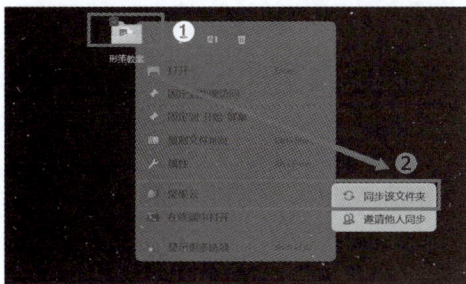

图 2-4-37　保存文件至坚果云

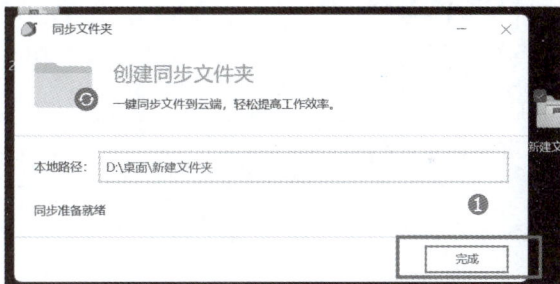

图 2-4-38　完成同步文件

【第三步】返回"坚果云"软件查看文件（见图 2-4-39）。

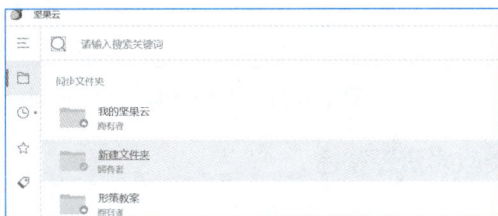

图 2-4-39　在"坚果云"中查看文件

2. 蓝奏云

（1）功能介绍

蓝奏云存储是一个提供无限制云存储空间和云加速下载的平台，具有支持个性化定制和分享文件链接的功能。提供免费不限速下载和提供无限空间的网盘服务，常用于分享软件、视频、文档等资源。

（2）基本操作

【第一步】在蓝奏云主页面进行登录或注册（见图2-4-40）。

图2-4-40　登录或注册

【第二步】单击"上传文件"按钮上传文件（见图2-4-41）。

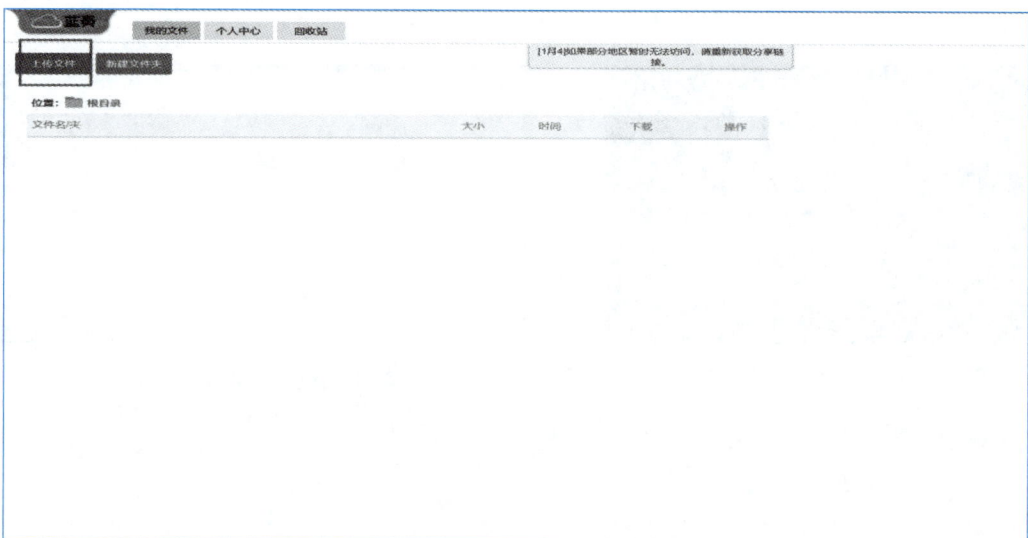

图2-4-41　上传文件

（二）教师数字视频类教学资源整合

1. 剪映

（1）功能介绍

剪映是一款剪辑工具，既有手机版，又有专业版，专业版适合电脑操作。剪映具有全面的剪辑功能，支持视音频变速，有多样滤镜和美颜效果，以及丰富的曲库资源，具有视频剪辑编辑、视频剪同款和视频创作学院的功能。

（2）基本操作

【第一步】单击"开始创作"按钮（见图2-4-42）。

【第二步】选择想要编辑的视频（见图 2-4-43）。

图 2-4-42　剪映使用方法

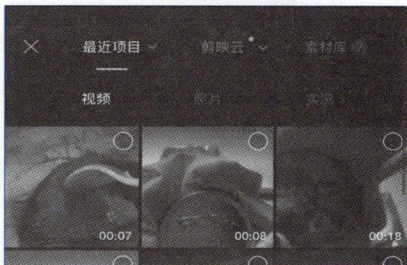

图 2-4-43　剪映使用方法

【第三步】编辑完成之后单击"导出"按钮（见图 2-4-44）。

【第四步】查看导出视频（见图 2-4-45）。

图 2-4-44　剪映使用方法

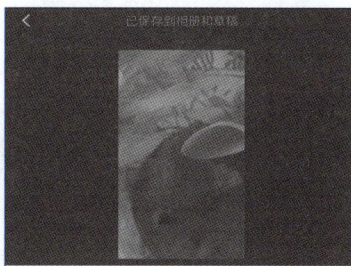

图 2-4-45　剪映使用方法

2. 迅捷视频剪辑器

（1）功能介绍

迅捷视频剪辑器是一款功能高效易用的电脑视频剪辑软件，支持所有主流视频格式的导入，以及音频、图片素材、多轨道视频的编辑，能够精准分割画面节点，自由剪辑拼凑片段。用户无须具备专业视频编辑能力，即使是初学者，也能轻松剪辑，制作出满意的视频。

（2）使用方法

【第一步】选择"视频合并"选项（见图 2-4-46）。

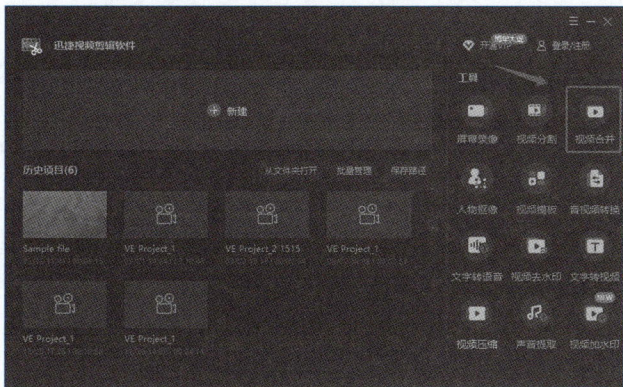

图 2-4-46　迅捷视频剪辑器使用方法

【第二步】上传视频文件（见图 2-4-47）。

图 2-4-47　迅捷视频剪辑器使用方法

【第三步】调整参数设置后，导出视频（更改目录可根据需要修改存放位置）即可（见图 2-4-48）。

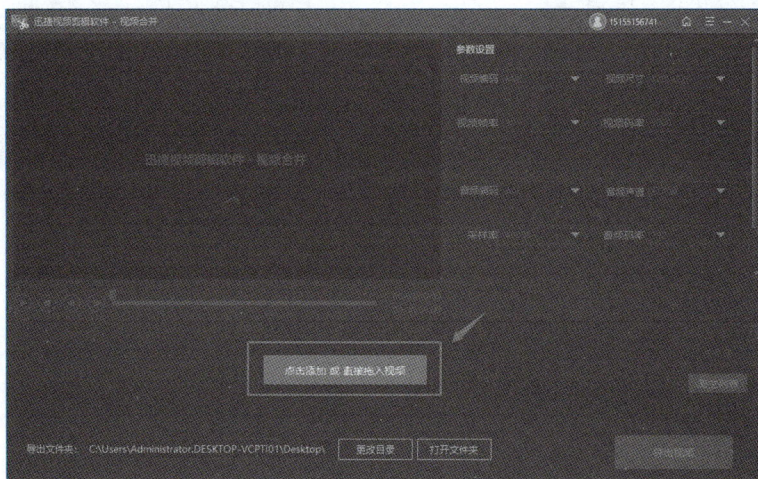

图 2-4-48　迅捷视频剪辑器使用方法

第五节　智慧教学资源整合案例及剖析

随着智能技术的快速发展，信息化、数字化的媒体在教育领域中得以广泛应用，在教学过程中，对于获取到的信息化教学资源如何合理搜索与应用，成为中小学教师需要考虑的现实问题。接下来的内容通过精析中小学语文、数学和英语学科的教学资料整合案例，帮助中小学教师提高信息化教学资源整合能力，具体操作如下：

一、小学智慧教学资源整合案例及剖析

该部分针对小学语文、数学和英语学科，如何使用数字文本类、数字图像类、数字音频类、数字视频类四种类别的信息化工具检索教学资源进行分析，图 2-5-1 所示是小学学科信息化教

学资源检索案例分析的思维导图。

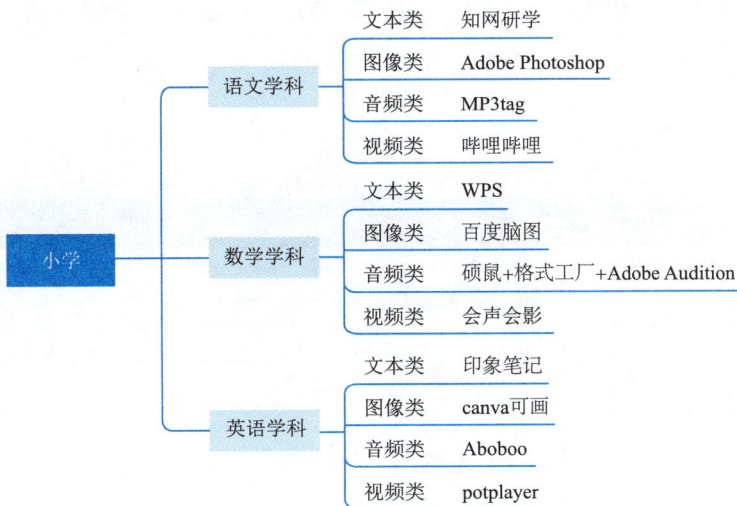

图 2-5-1　小学学科信息化教学资源检索案例分析的思维导图

（一）小学语文教学资源整合案例

1. 数字文本类教学资源检索案例分析

"知网研学"平台是集文献检索、阅读学习、笔记、摘录、笔记汇编，以及学习成果创作、个人知识管理等功能于一体，面向个人学习（研究型学习），重点支撑知识体系与创新能力构建的多设备同步的云服务平台。主要功能：（1）CNKI 文献检索、学术订阅、热点跟踪；（2）构建专题，学习资源体系化管理；（3）XML 碎片化文献研读：记笔记、文摘收录、文献内容重组、查看学术释义、一键获取参考 / 引证文献、学习笔记汇编等；（4）个人知识管理，多端数据云。

下面，以"知网研学"为例，对有关小学语文拼音教学进行数字文本类资源整合。

【第一步】通过搜索"知网研学"网站，进入"知网研学"首页，选择一种方式（微信、QQ、手机号等）登录（见图 2-5-2）。进入首页后，可以直接在搜索框中输入"拼音"来查找文献，同时，也可以单击"智能上传"按钮，将电脑中保存的论文上传至"知网研学"进行阅读，右侧的"本周阅读"提供了清晰直观的阅读时间，以便读者做出更加合理的阅读规划。

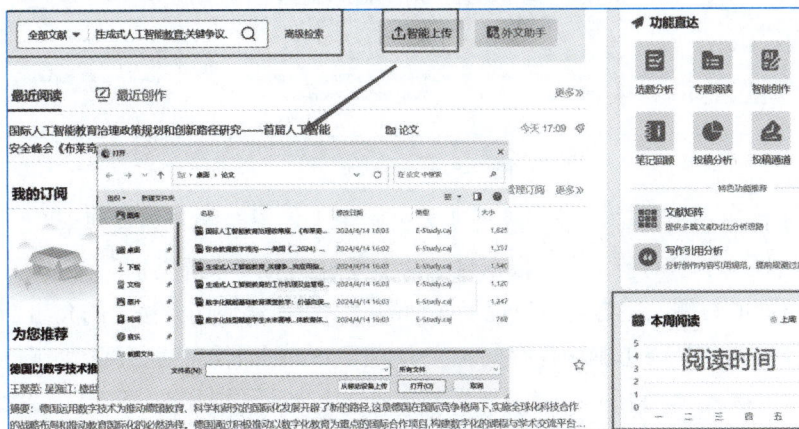

图 2-5-2　"知网研学"首页

【第二步】如果直接进行关键词搜索，则呈现图 2-5-3 所示的画面，根据自身需要对左侧的条件设置做出选择后，中间部分便呈现出对应的文献，单击任一文献进入即可阅读。

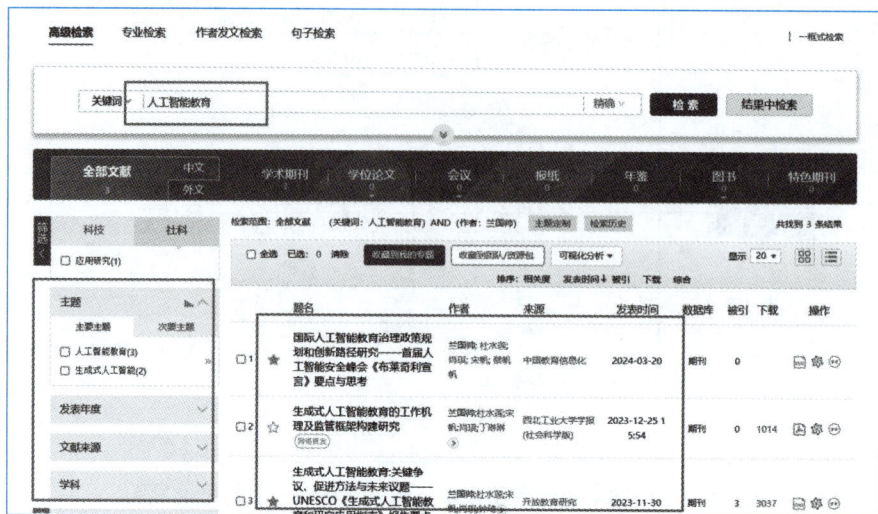

图 2-5-3　资源搜索

【第三步】单击选择一篇论文进行阅读，如果喜欢这篇论文或想要做一些批注，可以单击上方的"收藏""分享""笔记"等按钮，而左边的"导航窗格"也能够让读者对该论文的整体框架有清晰的把握，有助于读者快速地了解文章，而右侧的"参考文献"也为读者引用文献提供了便利（见图 2-5-4）。

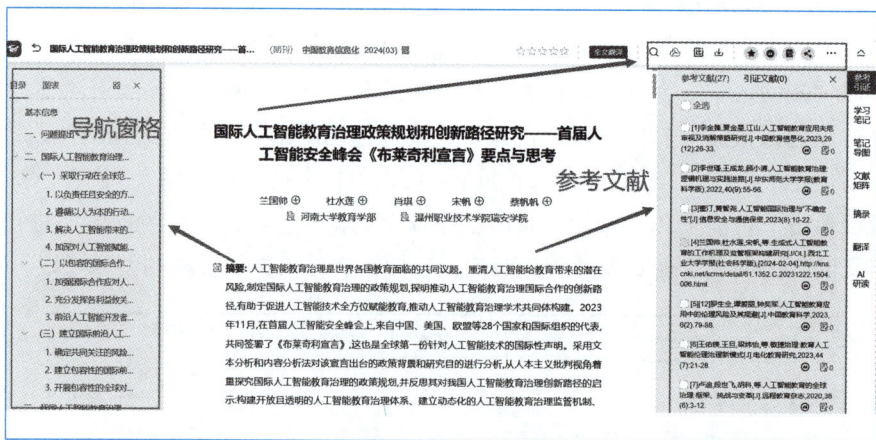

图 2-5-4　阅读论文

【第四步】如果想要对核心期刊进行搜索，则单击右上角的"高级搜索"，呈现图 2-5-5 所示的画面，选择"学术期刊"后，根据自己的需要分别对"来源类别""主题""作者"等做出选择，在页面的右侧，还为用户呈现了详细的"高级检索使用方法"的介绍。

【第五步】如果想要将电脑中保存的论文上传至"知网研学"进行阅读，则直接单击"智能上传"，选择一篇文献，得到图 2-5-6 所示的文献，上方有"图片""笔记""批注"等功能，以便对所选论文做详细的分析。

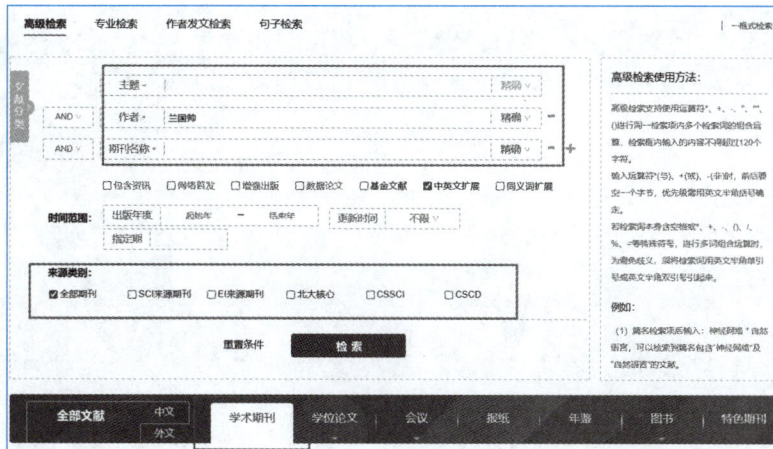

图 2-5-5 高级检索

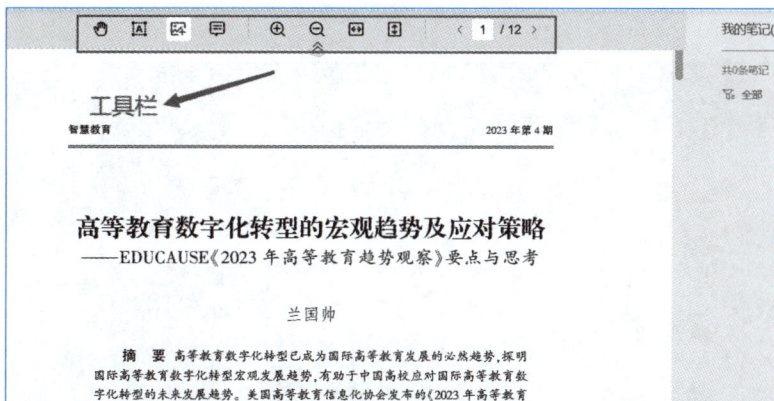

图 2-5-6 上传论文阅读

2. 数字图像类教学资源检索案例分析

下面，以"Photoshop"为例，介绍如何利用该软件处理或制作应用于教学的图形图像资源，如对部编版语文二年级上册《古诗二首：敕勒歌》的教学课件中的图像进行处理。

【第一步】安装并打开 Photoshop，单击"打开"按钮，选择并打开需要处理的图片，或单击"新建"按钮，选择画布大小，创建空白画布，即可开始对图像进行编辑处理（见图 2-5-7）。

【第二步】单击左边工具栏中的文字工具，选择"横排文字工具"，移动光标，在适当位置单击画布或者进行框选，即可输入文字内容（见图 2-5-8）。

图 2-5-7 打开或新建项目

【第三步】选中文字内容，在右侧功能区内"属性"一栏中找到"字符"，选择字体及字号，单击"颜色"按钮弹出颜色选择器，拖动光圈选择合适的颜色，或将光圈移动至图像上，光圈变为吸管，即"拾色器"，移动吸管的位置，可以在图像上吸取颜色，选定颜色后单击"确定"按钮，文本颜色编辑完成（见图 2-5-9）。

图 2-5-8　输入文字内容

图 2-5-9　编辑文字样式

【第四步】编辑完成后，选择上方工具栏中的"文件"，选择"存储为"，选择文件夹，修改文件名，保存类型选择".jpg"或其他格式保存图像。

3. 数字音频类教学资源检索案例分析

Mp3tag 是一个功能强大且易于用来编辑音频文件的元数据。它的批量标签编辑功能，可以同时编辑多个文件的 ID3v1、ID3v2.3、ID3v2.4、iTunes MP4、WMA，Vorbis 评论和 APE 标签，涵盖多种音频格式。此外，它支持在线数据库查询，例如，Amazon、Discogs、MusicBrainz 或播放，自动收集正确的标签和下载封面。它还可以重命名基于标签的信息文件，替换字符或字的标签和文件名，导入 / 导出标签信息，创建播放列表和更多。

下面，以 Mp3tag 为例，对"学习强国"平台上的五年级上册《山居秋暝》古诗进行数字音频资源整合。

【第一步】在百度上搜索学习强国进入"学习强国"的官方网站。在首页栏中选择"学习电台"（见图 2-5-10）。

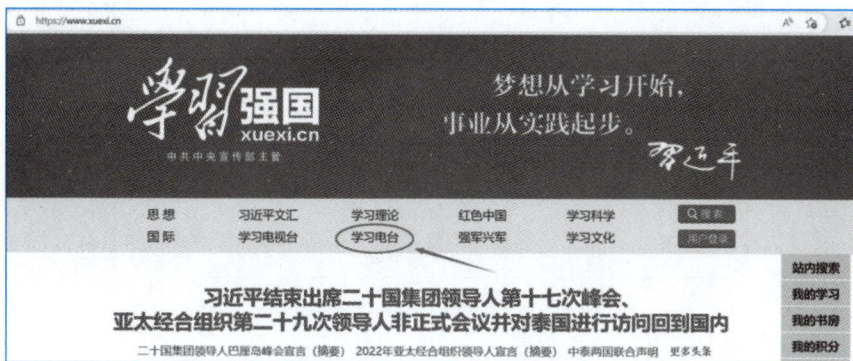

图 2-5-10　选择"学习电台"

【第二步】逐层选择与目标资源相结合的部分："听文化"→"听诗文"→"古诗词中听秋景"→《山居秋暝》（见图 2-5-11）。

图 2-5-11　"听诗文"

【第三步】选择"山居秋暝"，可播放试听。也可选择"播放整张专辑"进行更加系统全面的学习（见图 2-5-12），进入音频后，单击"立即播放"即可收听，若要下载音频，则复制页面上方链接（见图 2-5-13）。

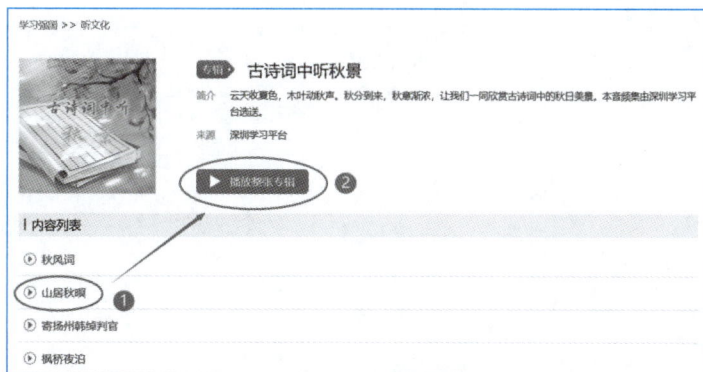

图 2-5-12　《山居秋暝》

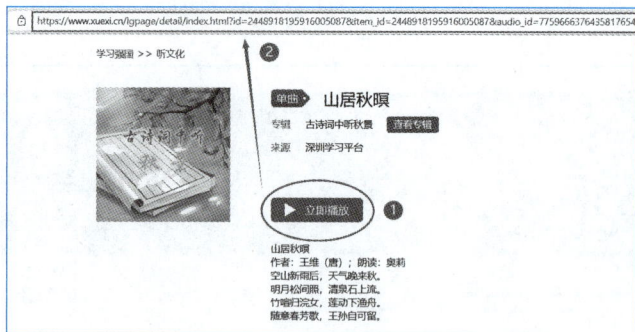

图 2-5-13   播放、复制音频链接

【第四步】将所复制的链接从手机版"QQ 浏览器"访问，点击页面中"立即播放"后再点击界面右上角的"工具箱"，选择"资源嗅探"（见图 2-5-14）；在所弹出的页面中单击"下载"（见图 2-5-15）。下载的文件可从"QQ 浏览器"→"我的"→"下载管理"中找到。

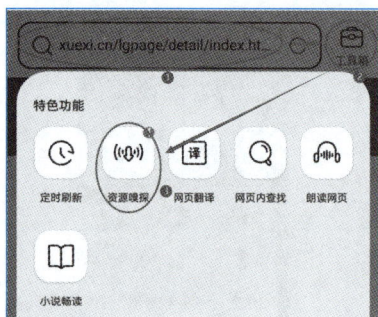

图 2-5-14   复制链接至"QQ 浏览器"

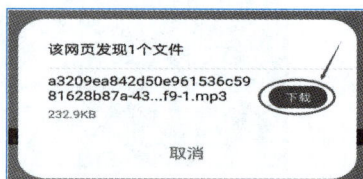

图 2-5-15   复制链接至"QQ 浏览器"

【第五步】使用 MP3tag 对小学语文学科音频文件《山居秋暝》分类整理。可直接从文件夹拖入音频文件（见图 2-5-16），也可单击操作界面上方工具栏中"添加目录"的图标，选择相应文件夹"语文"导入（见图 2-5-17）。

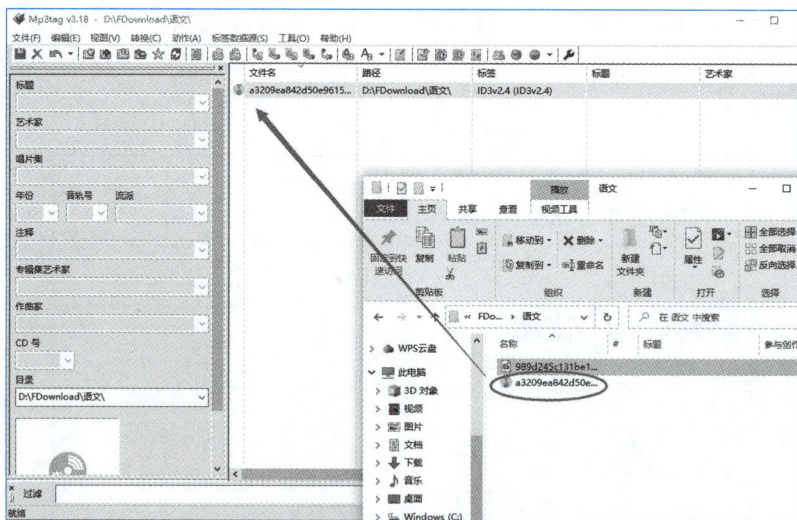

图 2-5-16   拖入文件

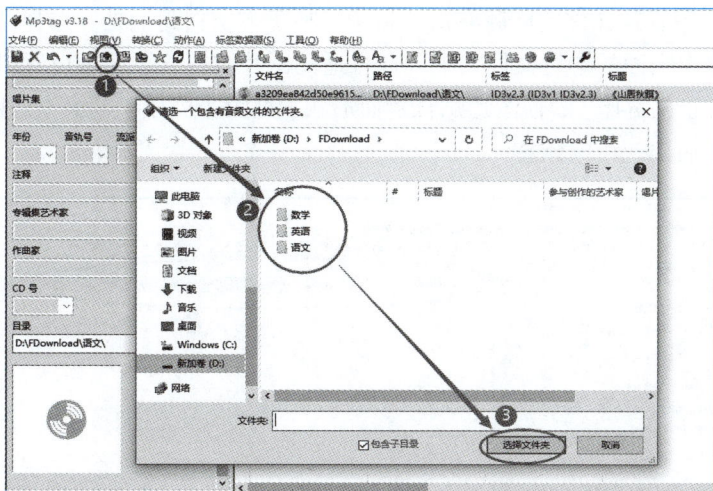

图 2-5-17　选择文件夹

【第六步】选中要整理的《山居秋暝》音频文件，在左侧标签面板处填写标签内容，填写完成后双击文件保存标签（见图 2-5-18），调整音频文件所在目录（见图 2-5-19）。

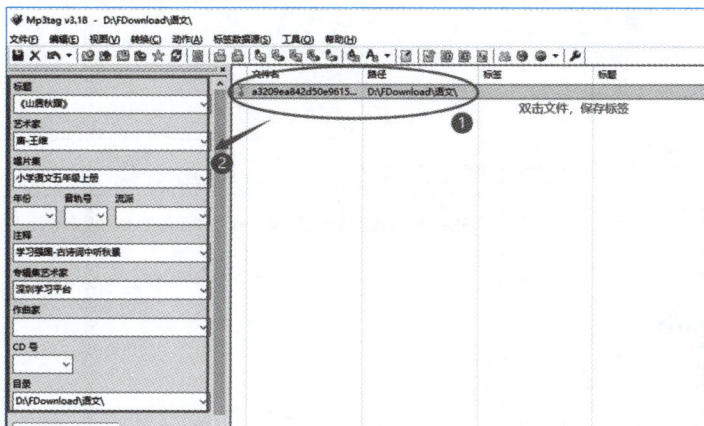

图 2-5-18　填写标签

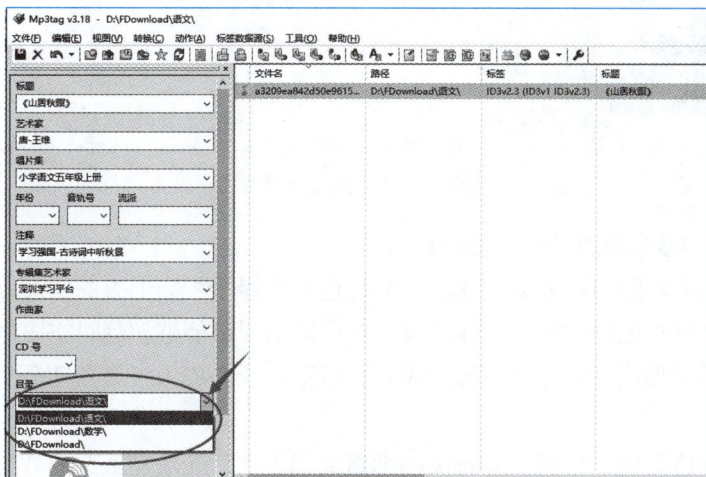

图 2-5-19　调整目录

【第七步】选中音频文件的同时右击"目录"栏下方空白封面处，选择"添加封面"（见图 2-5-20），在弹出页面的本机文件夹中选择合适的图片"打开"，可设置封面；右击封面图片后取消勾选"校正长宽比"，使图片贴合封面形状（见图 2-5-21），可以发现文件夹内的《山居秋暝》音频文件后出现相应标签。

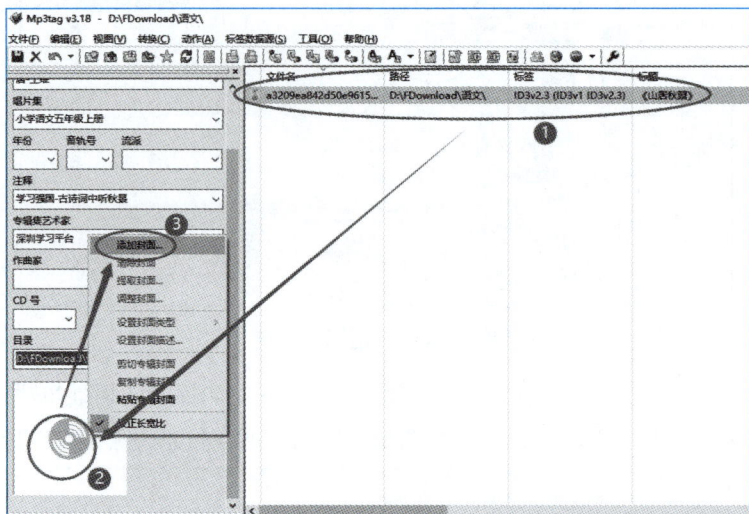

图 2-5-20　添加封面

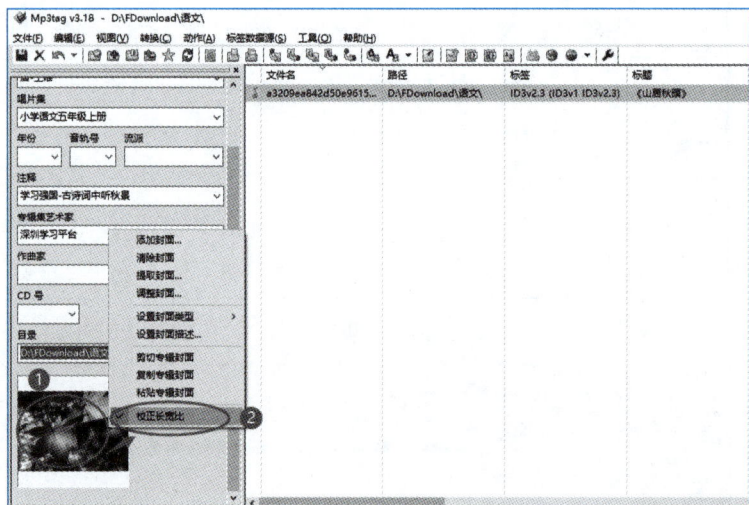

图 2-5-21　校正长宽比

4．数字视频类教学资源检索案例分析

哔哩哔哩于 2009 年 6 月 26 日创建。它的特色是悬浮于视频上方的实时评论功能，爱好者称其为"弹幕"，这种独特的视频体验让基于互联网的弹幕能够超越时空限制，构建出一种奇妙的共时性的关系，形成一种虚拟的部落式观影氛围，让它成为极具互动分享和二次创造的文化社区。

下面，以"哔哩哔哩"为例，对有关小学语文知识点"句法实践"的教学进行数字视频类资源整合。

【第一步】打开"哔哩哔哩"软件，进入"哔哩哔哩"首页，选择一种方式（账号、微博、微信、QQ等）登录。进入首页后，直接在搜索框中输入"小学语文句法实践"来查找相关视频（见图 2-5-22）。

图 2-5-22　"哔哩哔哩"首页

【第二步】在搜索框中输入"小学语文句法实践"后，可以看到下方出现许多相关视频讲解（见图 2-5-23），上方有许多类型选项，根据个人需要单击"视频"选项。右侧有"更多筛选"功能，单击后可对视频的综合排序、时长、分区进行选择，以第一个视频为例，单击视频进入。

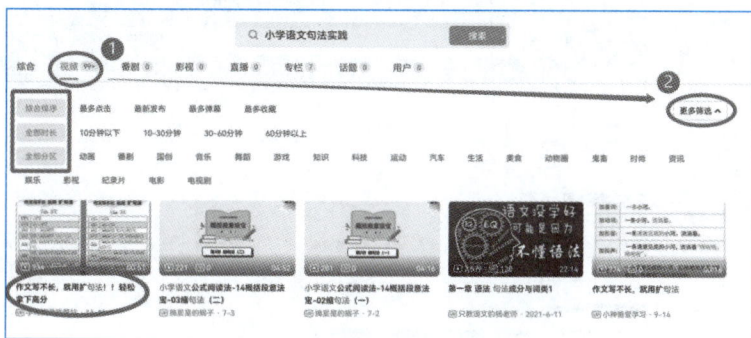

图 2-5-23　对视频进行筛选

【第三步】单击打开视频后，单击"播放"按钮可直接观看，视频下方有视频进度条，可以自行调节播放进度。右侧还会推送出"相关推荐"，根据自己的需要，可选择视频观看（见图 2-5-24）。

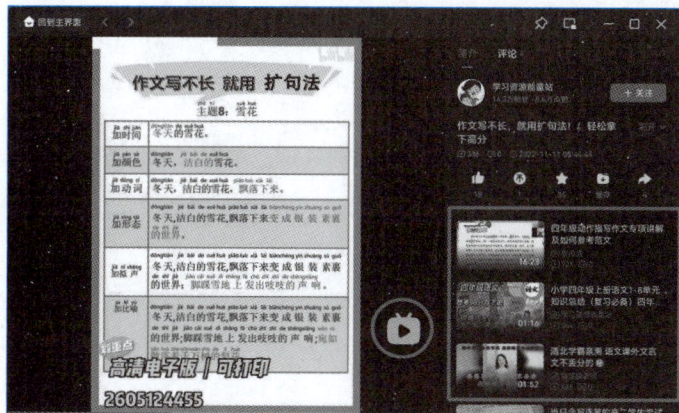

图 2-5-24　视频播放

【第四步】单击视频播放界面右上方的"简介"即可显示视频来源者的账号，根据个人兴趣爱好可选择关注。单击"评论"可发表评论，以及查看他人的评论，便于用户进行本视频的学习和交流。在下方还有对视频的赞赏，单击"赞赏"可对视频来源者进行支持；还有视频收藏、缓存、分享等选项，也可将视频保存至个人中心，便于查找。

（二）小学数学教学资源整合案例

1. 数字文本类教学资源检索案例分析

WPS Office 是由金山软件股份有限公司自主研发的一款办公软件套装，可以实现办公软件最常用的文字、表格、演示等多种功能。具有内存占用低、运行速度快、体积小巧、强大插件平台支持、免费提供海量在线存储空间及文档模板、支持阅读和输出 PDF 文件。

下面，以 WPS Office 为例，对小学数学一年级"10 以内的加减法"进行数字化文本类教学资源进行整合。

【第一步】打开"WPS Office"，选择"教育教学主题"（见图 2-5-25）。

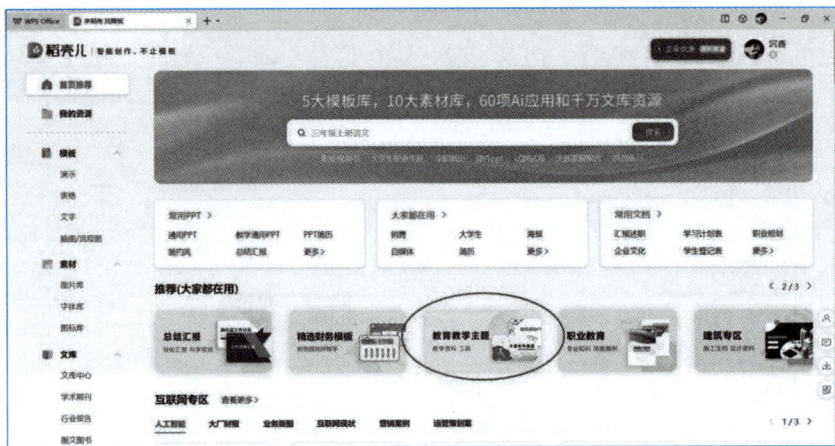

图 2-5-25　打开 WPS Office，选择"教育教学主题"

【第二步】在"搜索"一栏中输入"小学数学"并搜索，再在"内容"和"版本"处选择所需文本类教学资源，并在"综合"一栏中选择"10 以内的加减法"文本教学资源（图 2-5-26）。

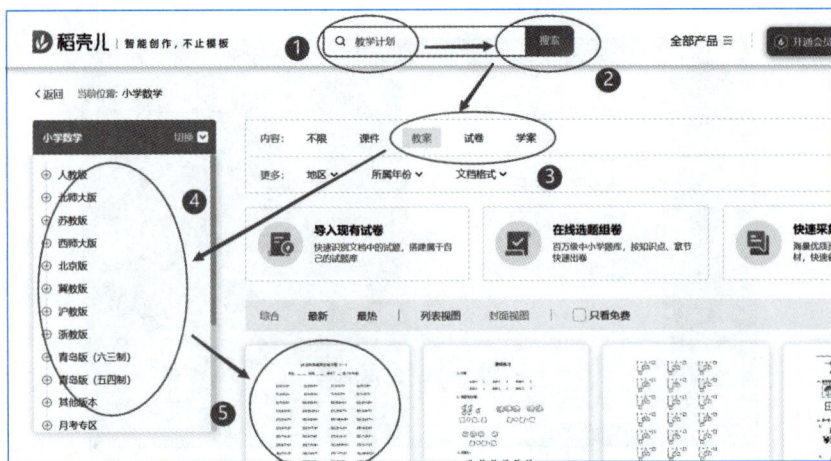

图 2-5-26　WPS Office 文本类教学资源

【第三步】单击资源链接，再单击"下载"，并对文本类教学资源进行整合（见图2-5-27）。

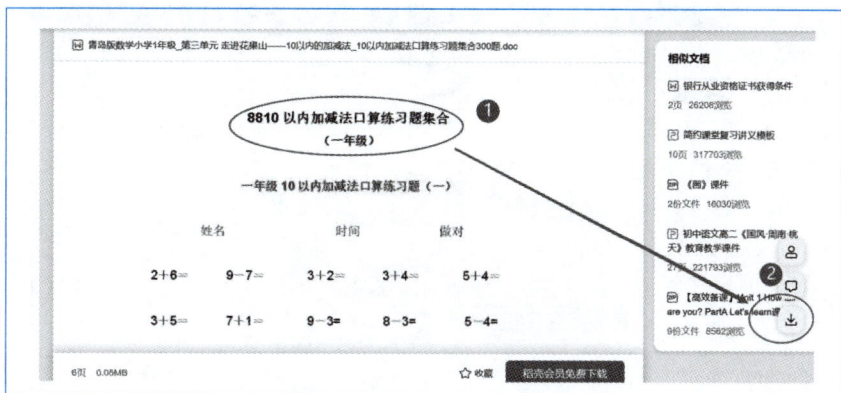

图 2-5-27　WPS 文本类教学资源下载

2. 数字图像类教学资源检索案例分析

百度脑图是百度公司旗下的网站，支持自动实时保存制作出的思维导图。百度脑图可以将一些复杂的东西表现出来，让读者易于理解和梳理。

下面，以"百度脑图"为例，介绍如何利用该软件快速制作小学数学中"小数的认识"的思维导图。

【第一步】在浏览器中输入"百度脑图"，搜索并打开，登录或注册账号之后，单击"新建脑图"按钮。

【第二步】单击"外观"按钮，在工具栏中选择脑图的类型，如"紧凑蓝"（见图2-5-28）。

【第三步】单击"思路"按钮，单击"插入下级主题"或"插入同级主题"（见图2-5-29）。双击文本框，对文字内容进行编辑。

图 2-5-28　选择脑图的类型

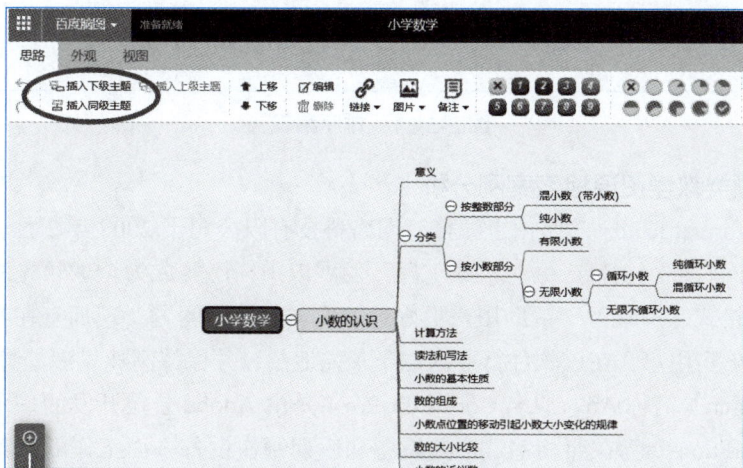

图 2-5-29　设置主题级别

【第四步】单击"外观"按钮，设置文字的字体和字号（见图2-5-30）。

图 2-5-30　设置文字的字体和字号

【第五步】选中某主题，单击鼠标右键，进行排序编辑。单击"优先级"进行编辑（见图2-5-31），做完图片之后，单击页面上方工具栏中的"百度脑图"，单击"另存为"即可进行导出、另存和重命名。

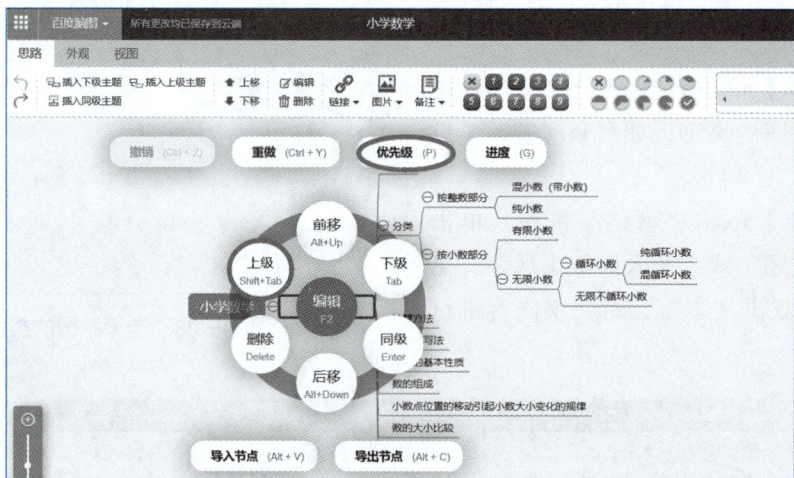

图 2-5-31　排序编辑

3. 数字音频类教学资源检索案例分析

格式工厂（format factory）是由上海格诗网络科技有限公司于2008年2月创立的，是面向全球用户的互联网软件。主打产品"格式工厂"发展以来，已经成为全球领先的视频图片等格式转换客户端。格式工厂致力于帮助用户更好地解决文件使用问题，现拥有在音乐、视频、图片等领域庞大的忠实用户，在该软件行业内位于领先地位，并保持高速发展趋势。

Adobe Audition（简称 Au，原名 Cool Edit Pro）是由 Adobe 公司开发的一个专业音频编辑和混合环境。Audition 专为在照相室、广播设备和后期制作设备方面工作的音频和视频专业人员设计，可提供先进的音频混合、编辑、控制和效果处理功能。最多混合 128 个声道，可编辑单个音频文件，创建回路，并可使用 45 种以上的数字信号处理效果。Audition 是一个完善的多声道录音室，可提供灵活的工作流程并且使用简便。

下面，以"格式工厂"和"Adobe Audition"配合为例，对"国家中小学智慧教育平台"上小学数学一年级上册"准备课——数一数"一课进行数字音频类资源整合。

【第一步】在百度上搜索"国家中小学智慧教育平台"，单击官网链接进入"国家中小学智慧教育平台"主页，依次选择与目标资源相合的层级："课程教学"→"小学"→"一年级"→"数学"→"人教版"→"上册"（见图 2-5-32）。

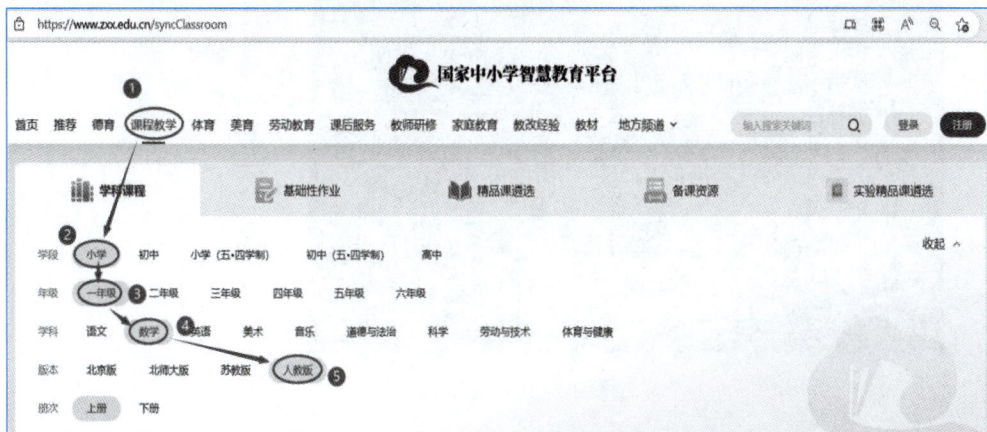

图 2-5-32　选择层级

【第二步】根据"目录"选择所需资源，可以看到右侧有相应的课时，为目标教学提供了清晰准确的指导，单击进入后，即可观看和复制链接（见图 2-5-33）。

图 2-5-33　选择资源，单击进入"数一数"

【第三步】单击课程进入后，右侧的"学习任务单""课后练习"提供了辅助教学的作用，单击"下载"图标，即可获取 PDF 版电子资源，同时，复制链接，配合使用"格式工厂"便可下载视频（见图 2-5-34）。

【第四步】使用"格式工厂"，从下载的视频资源中提取音频。依次选择"音频"→"MP3"→"选择导出地址"→"添加文件"→"确定"（见图2-5-35）；单击"开始"按钮，进行由"视频"至"音频"的转换（见图2-5-36）。

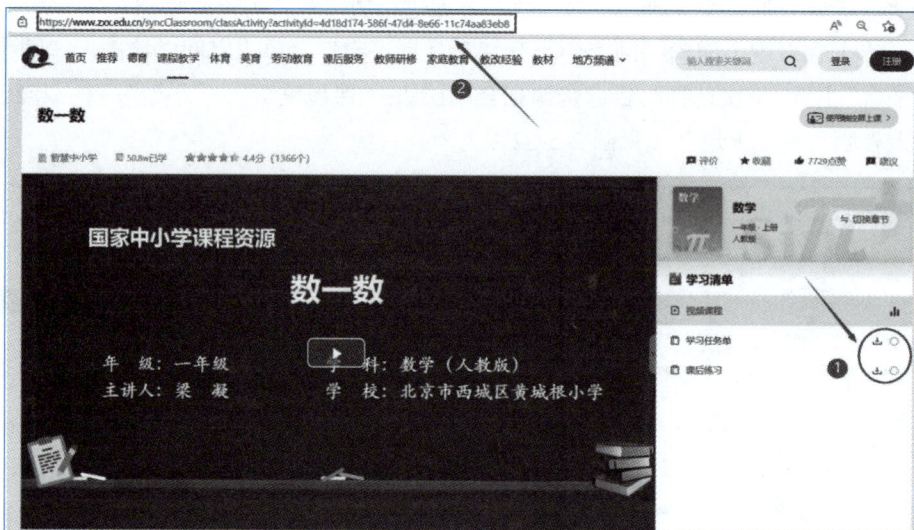

图 2-5-34　复制链接

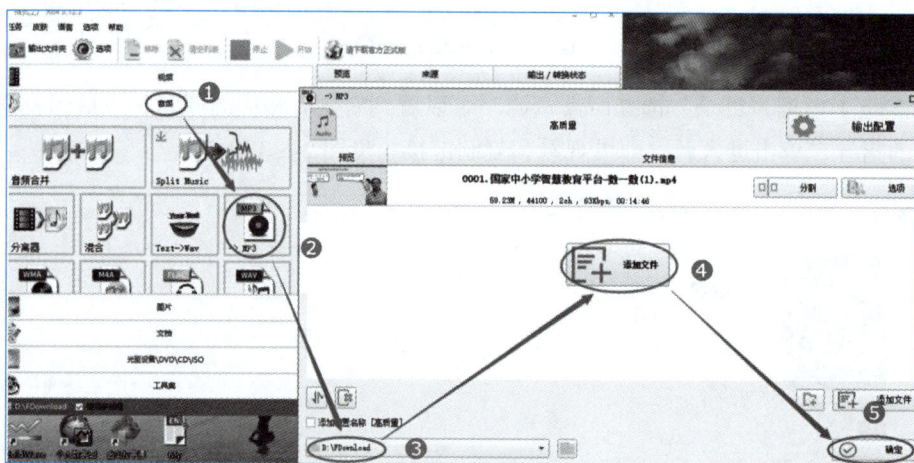

图 2-5-35　提取音频

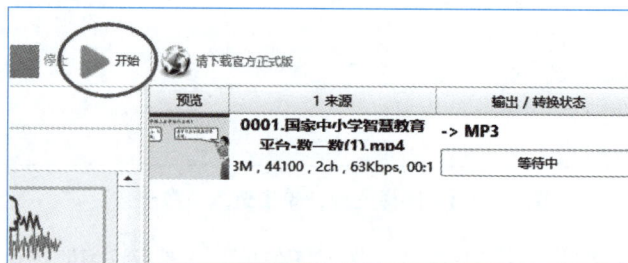

图 2-5-36　"开始"转换

【第五步】使用 Audition 为"数一数"讲课音频添加背景音乐。背景音乐可用自己保存的，也可在音乐 App 或声音网站上输入关键词，如"轻快"进行检索、下载。本案例用的是自己保存的轻音乐，在此便不再赘述。将需要处理的人声讲课音频、背景音乐音频拖入左上方编辑器（见图 2-5-37）。

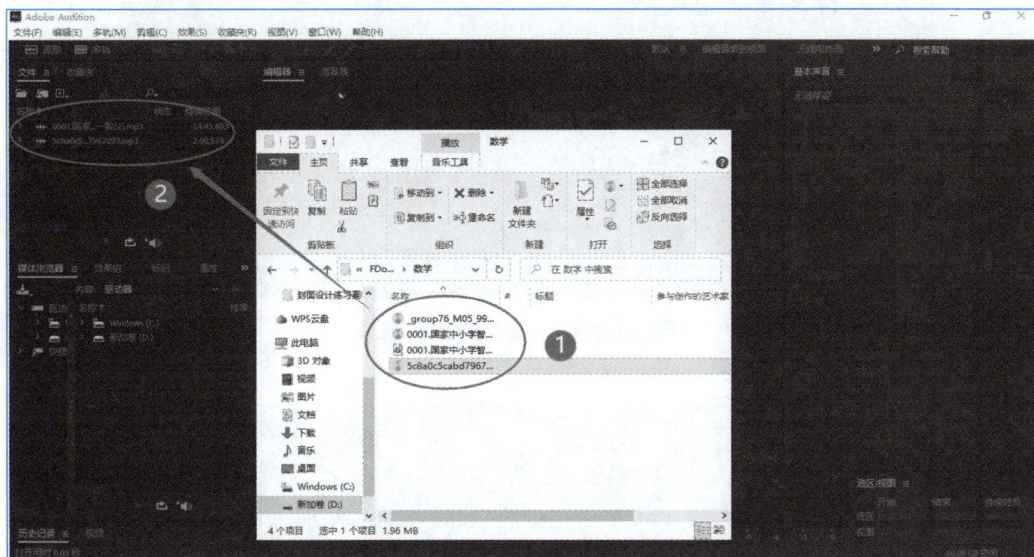

图 2-5-37　将音频拖入编辑器

【第六步】单击编辑器上方的"多轨"选项，使用"多轨编辑器"，修改"会话名称"为"小学数学一年级入门 - 数一数"，可按自己习惯设置"文件夹位置"，单击"确定"按钮（见图 2-5-38）。

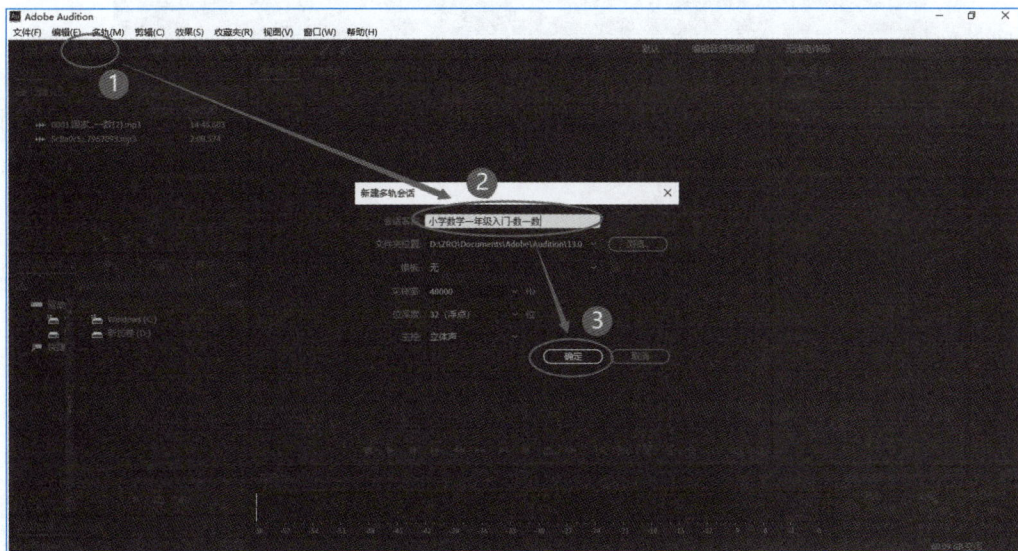

图 2-5-38　新建多轨会话

【第七步】将编辑器的"数一数"讲课音频拖入"轨道 1"，背景音乐音频拖入"轨道 2"（见图 2-5-39）。分别调整轨道 1 和轨道 2 音频的音量，达到背景音辅助人声录音的效果（见图 2-5-40）。

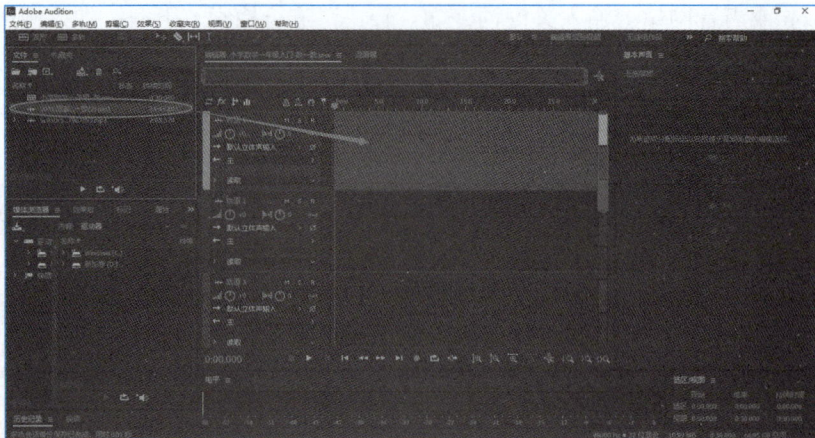

图 2-5-39　将音频拖入轨道

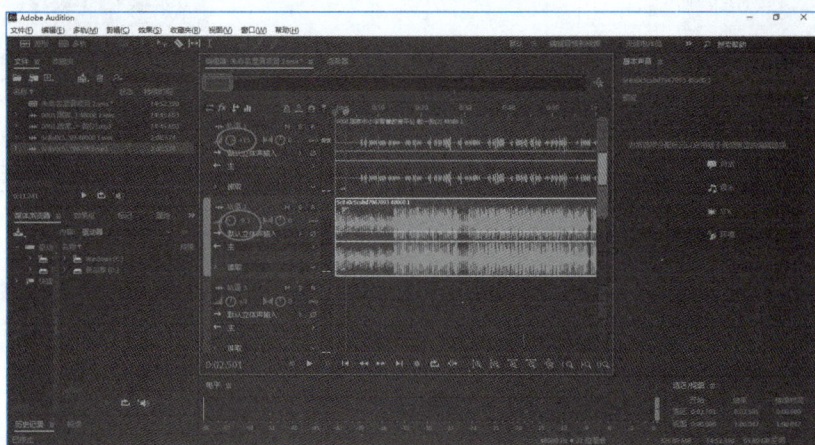

图 2-5-40　调整音量

【第八步】在音频开头的恰当位置放置光标，选中轨道 2 的音量线，在光标线与音量线相交处单击增加一个关键点（见图 2-5-41）。从关键点处将音量线纬度往左下角拉，形成一个坡形（见图 2-5-42），设置背景音的淡入效果。

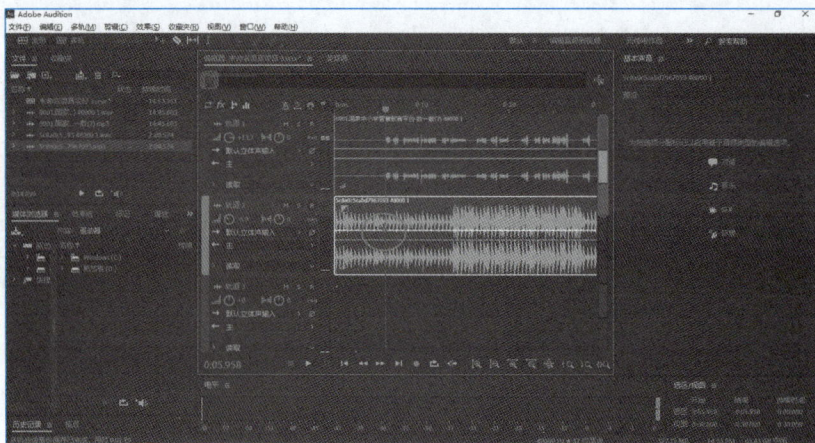

图 2-5-41　增加关键点

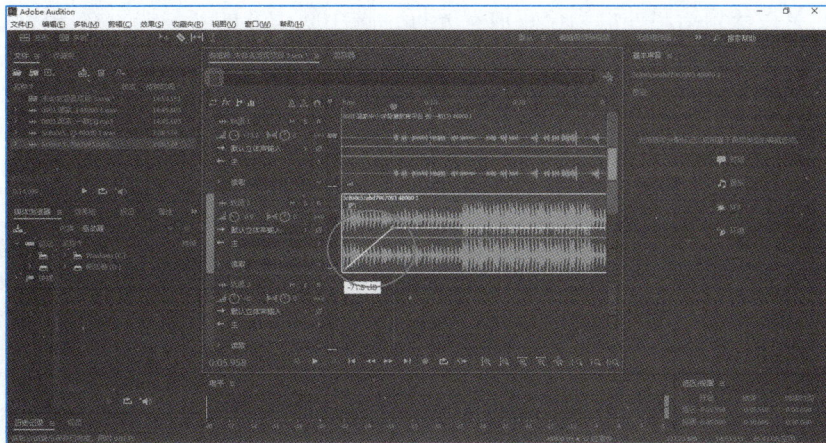

图 2-5-42　下拉纬度

【第九步】选择界面上方工具栏的"切断所选剪辑工具"，在合适的位置切断音频（见图 2-5-43）；选择"移动工具"，选中后面多余的音频片段将其删除（见图 2-5-44）。

图 2-5-43　切断音频

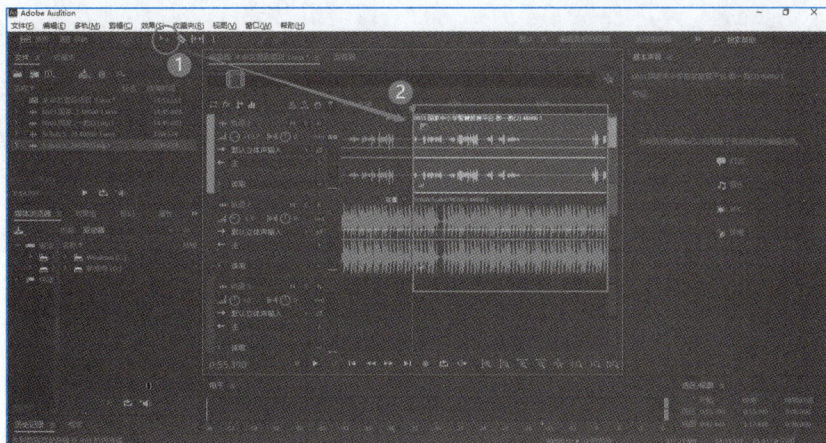

图 2-5-44　删除（backspace 或 delete）

【第十步】在音频结尾处恰当位置放置光标，选中轨道 2 的音量线，在光标线与音量线相交处单击增加一个关键点（见图 2-5-45）。从关键点处将音量线纬度往右下角拉，形成一个坡形（见图 2-5-46），设置背景音的淡出效果。

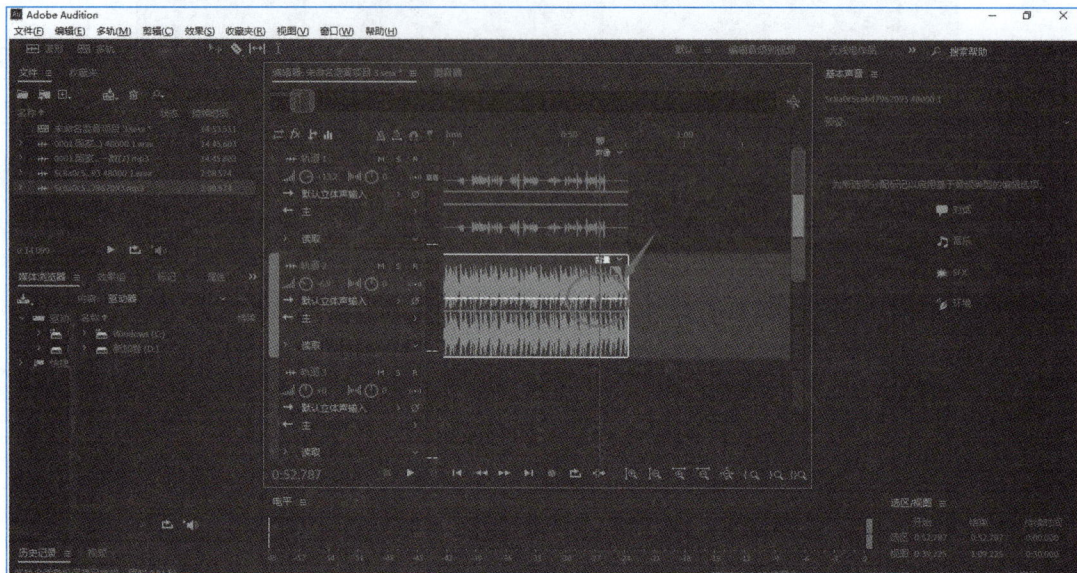

图 2-5-45　增加关键点

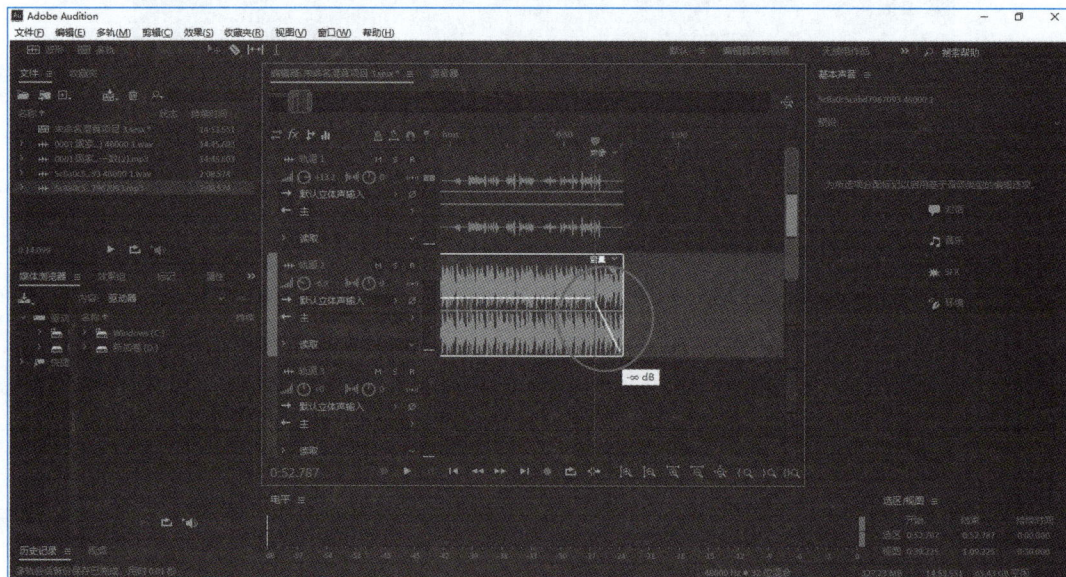

图 2-5-46　下拉纬度

【第十一步】选择整个界面左上角"文件"选项，依次选择"导出"→"多轨混音"（见图 2-5-47）。

【第十二步】在弹出的页面中调整文件位置为自己习惯的文件夹，格式为 MP3，单击"确定"按钮（见图 2-5-48），最终可生成简单混音音频，即为"数一数"讲课录音添加了背景音乐。

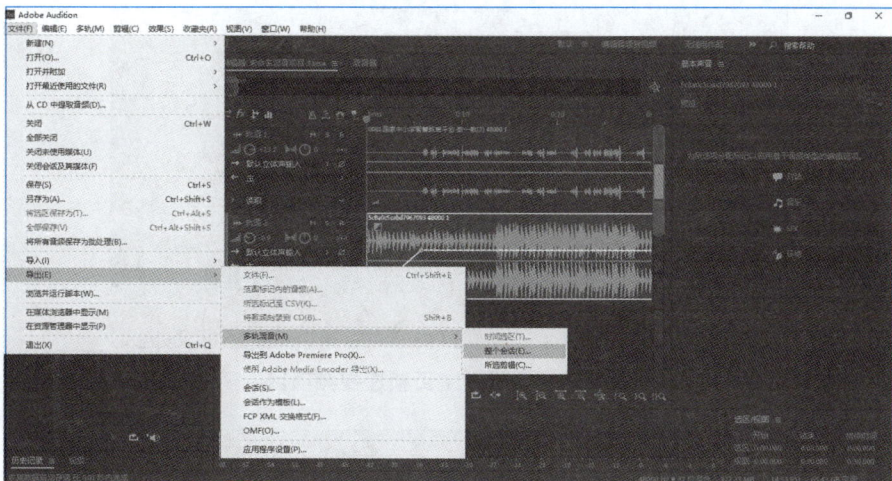

图 2-5-47 依次选择

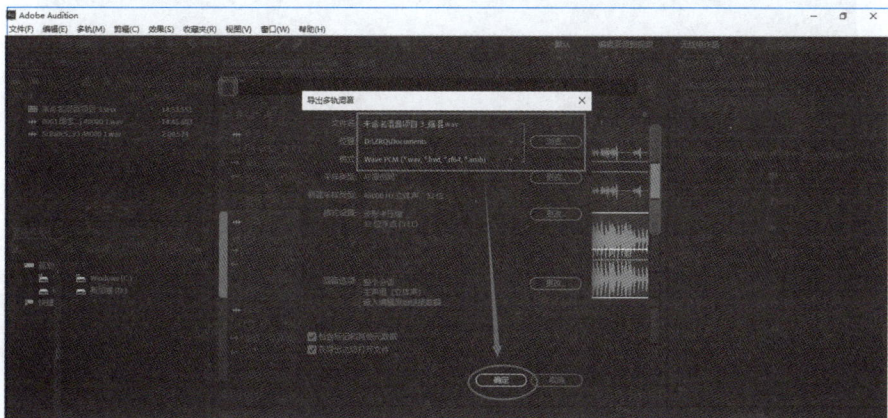

图 2-5-48 调整文件

4. 数字视频类教学资源检索案例分析

会声会影（Corel Video Studio）具有图像抓取和编修功能，可以抓取，也可以转换 MV、DV、V8、TV 和实时记录抓取画面文件，并提供有超过 100 多种的编制功能与效果，可导出多种常见的视频格式，甚至可以直接制作成 DVD 和 VCD 光盘。下面，以"会声会影"为例，整合数字视频资源，助力小学数学"认识图形"教学。

【第一步】打开"会声会影"软件后进入主页，首先开始剪辑视频，单击"立即开始"，然后单击右侧的"+"新建项目（图 2-5-49），导入小学数学中的知识点"认识图形"的教学视频进行视频整合。

【第二步】新建项目后进入主操作界面，在这个界面内可进行所有的视频编辑功能，在主操作界面的左上角是菜单栏，工具栏的下方是视频预览区域，可根据自身需求进行选择。

【第三步】在完成视频编辑后，可以添加特效与素材。左侧是特效应用区域，右侧是素材库，导入的一切视频、图片素材等都会在此区域按顺序呈现（见图 2-5-50）。

【第四步】接下来定义变量类型。单击类型框后，即可出现图 2-5-51 所示的编辑界面；下方是视频编辑轨道区，视频素材的切割、合并，以及音频的添加整合等功能将在此区域进行操作。

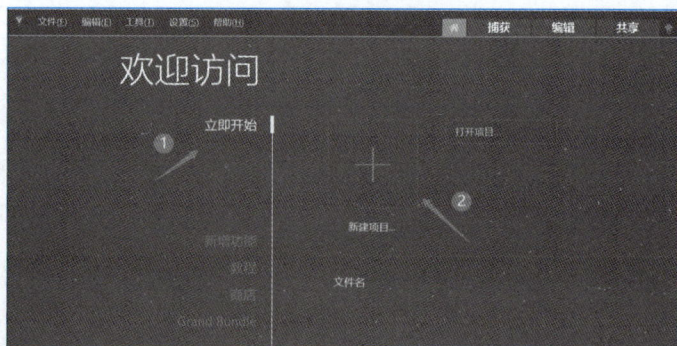

图 2-5-49　进入主页新建视频项目

图 2-5-50　选择特效应用区域和素材区域

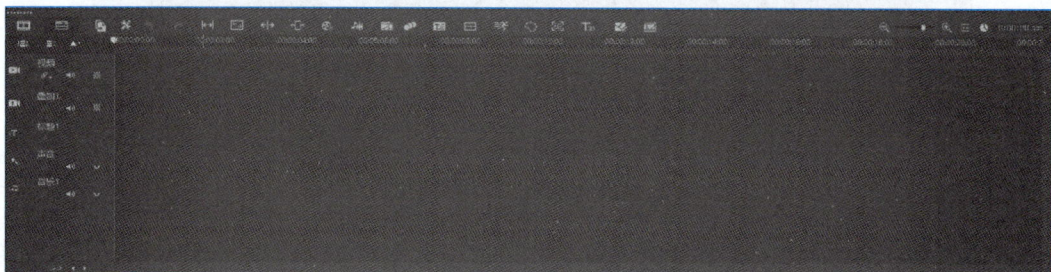

图 2-5-51　视频编辑轨道区

【第五步】单击上方的"捕获"按钮，即可在此界面导入电脑设备自带的摄像头录制的视频或者已有的视频，还可以导入光盘或外部硬盘中的视频素材（见图 2-5-52）。

图 2-5-52　进行捕获，导入视频素材（1）

【第六步】此外，也可以从图 2-5-53 所示的位置进入"捕获"选项界面，比较常用的是从此按钮进入，界面功能较为齐全。

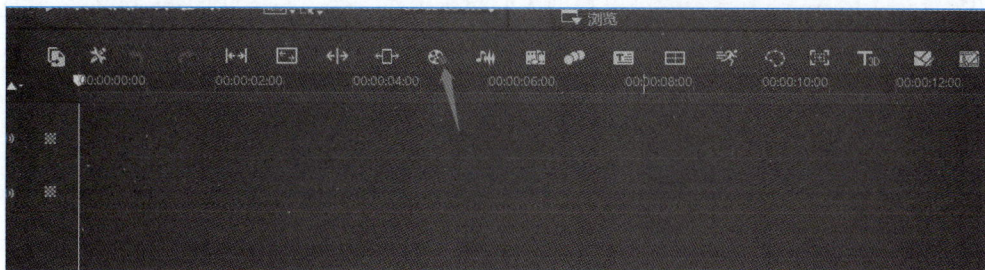

图 2-5-53　进行捕获，导入视频素材（2）

【第七步】进入"录制 / 捕获选项"界面，此界面的功能较为完整齐全（见图 2-5-54）。

图 2-5-54　录制 / 捕获选项

【第八步】视频编辑完成后，单击"共享"进入导出界面，可选择多种输出格式，如AVI、MOV 等，用于计算机播放。同时，也支持创建可移动设备和摄像机播放的视频文件。独特的是，此软件还具有创建 3D 视频的功能（见图 2-5-55）。

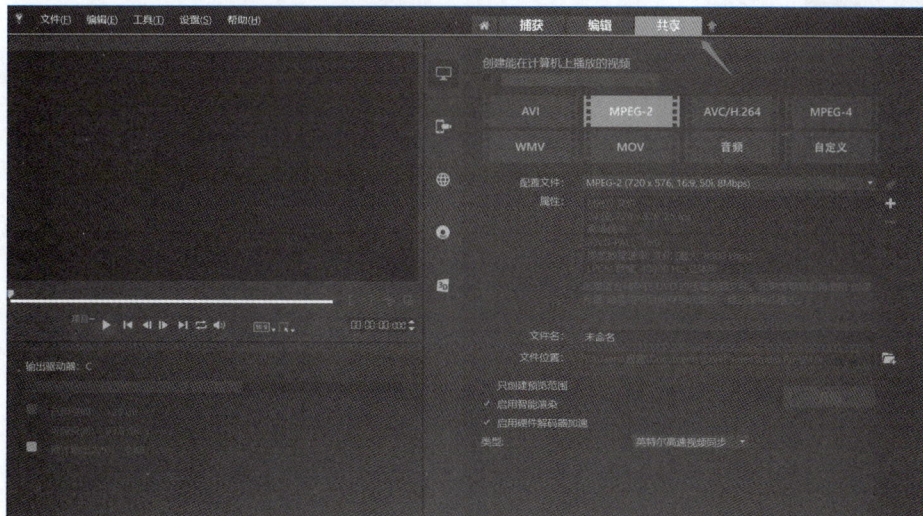

图 2-5-55　进行共享，选择输出类目

（三）小学英语教学资源整合案例

1. 数字文本类教学资源检索案例分析

印象笔记（Evernote）是一款可以帮助人们简化工作、学习与生活的笔记软件，它能够快速保存微信文章、微博、网页等内容，完成信息的收集备份、高效记录、分享和永久保存。印象笔记支持所有的主流平台系统和手机、平板、电脑等多种设备使用，若一处信息被编辑，全平台与设备之间会迅速同步。同时，印象笔记支持 Web 版和移动网页版，能联网的设备均可在浏览器中打开并进行操作。

下面，以"印象笔记"为例，对小学英语六年级课文 Lesson23《Welcome to my birthday party》进行文本类教学资源整合。

【第一步】单击"印象笔记"图标，使用手机号、邮箱、用户名或微信进行登录（见图 2-5-56）。

【第二步】单击"新建笔记"按钮，并选择"共享给我的"，可与他人共同编辑，在"全部笔记"中，可查找历史笔记（见图 2-5-57）。

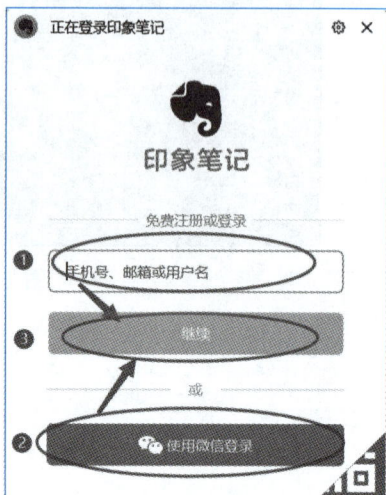

图 2-5-56　印象笔记登录页面

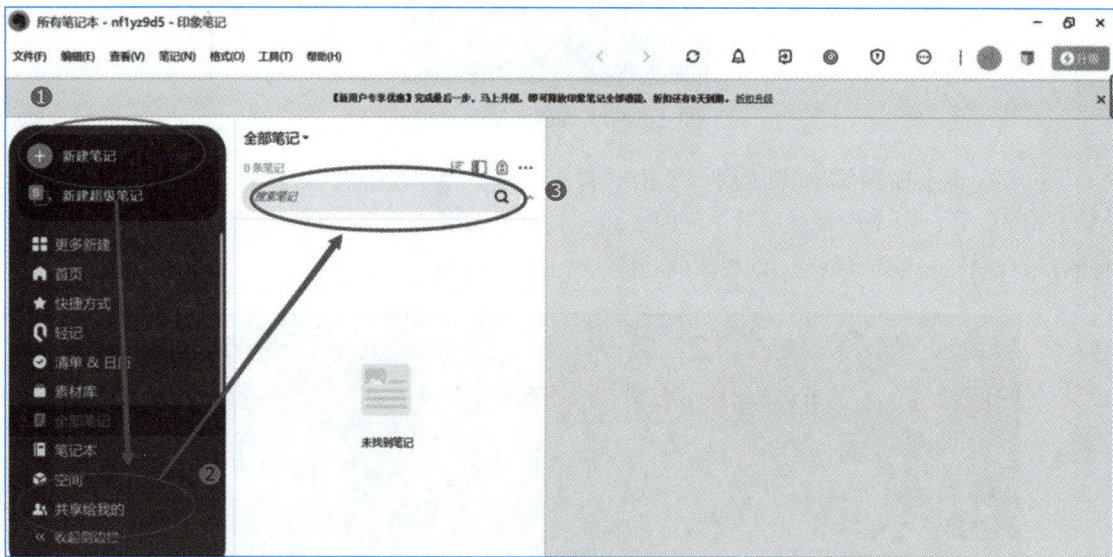

图 2-5-57　新建笔记页面

【第三步】在"标题"一栏中输入标题，在正文内容中输入课文内容，输入完成后，选择课文内容，在任务栏中更改字体和字体大小（见图 2-5-58）。

【第四步】单击"项目符号列表"或"编号列表"，对文本内容进行格式排列或进行编号，点击"录制音频"可以对课文诵读进行录音（见图 2-5-59）。

【第五步】单击"添加素材"，对课文内容添加相应的素材，最后单击"文件"，对笔记进行保存或打印（见图 2-5-60）。

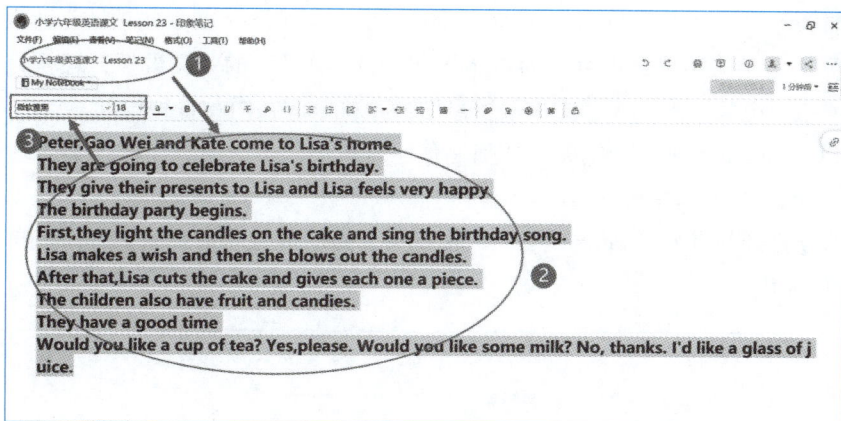

图 2-5-58　更改基础格式页面

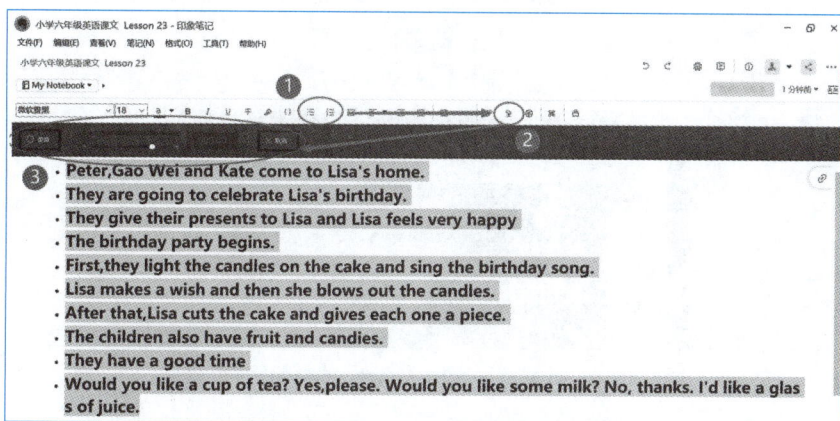

图 2-5-59　编辑格式及添加音频

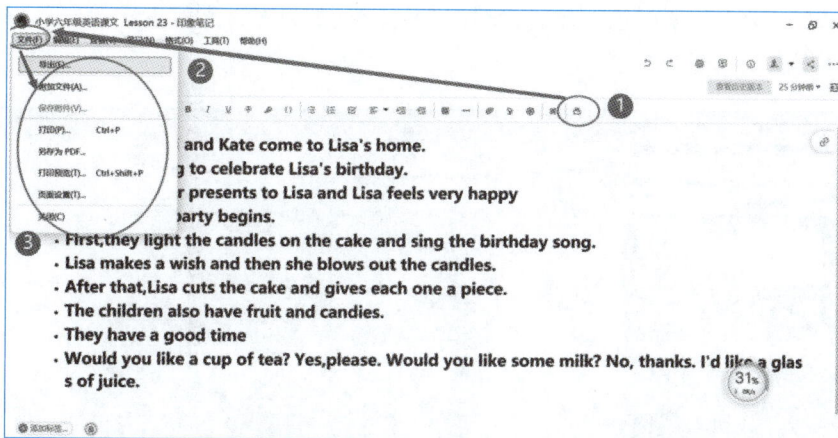

图 2-5-60　印象笔记保存页面

2. 数字图像类教学资源检索案例分析

　　"Canva 可画"是全球领先的在线设计平台，创建于2013年，使命是"赋予世界设计的力量"。

"Canva 可画"打造了一流的中文在线设计平台，整合了数以千万计的高清图片、中英文字体、原创模板、插画等视觉元素。"Canva可画"降低了，甚至消除了在某些领域专业设计的门槛。即使是没有任何基础的用户，也可以通过运用"Canva可画"的中文模板，轻松完成包括社交媒体插图、海报、电商用图、演示文稿、信息图、小视频等在内的各种设计。

下面，以"Canva可画"为例介绍如何制作小学英语教学资源，如人教PEP版英语三年级上册Unit2 Colors B Let's learn 的教学图像。

【第一步】打开并进入"Canva可画"，根据页面提示进行登录或注册后，单击"开始设计"按钮（见图2-5-61）。

图2-5-61　进入可画官网，单击"开始设计"按钮

【第二步】在页面左侧的工具栏中单击"模板"按钮，在搜索框里输入关键词，如"英文"，单击"搜索"按钮，在结果中选择合适的模板，单击该模板，就可以在画面右侧看到编辑页面，在这里可以单击画面上的素材进行颜色、字体等的修改，如果对该素材不满意，可以单击该素材，单击"删除"标志（见图2-5-62）。

图2-5-62　保存图形、图像

【第三步】在页面左侧的工具栏中单击"素材"按钮，在搜索框中输入关键词，如"方块"，在结果中选择合适的素材，单击该素材，就可以在编辑页面编辑该素材。在编辑页面里单击素材，在素材边框四角上拖动鼠标可以修改素材大小，注意大小缩放是等比例的，不能随意对素材的长宽进行修改；双击素材可以移动素材位置；单击上方颜色方块，即可编辑素材颜色；单击"编辑图片"，可以选择特效、调整或剪裁。单击"翻转"，可以使图像水平翻转或垂直翻转（见图 2-5-63）。

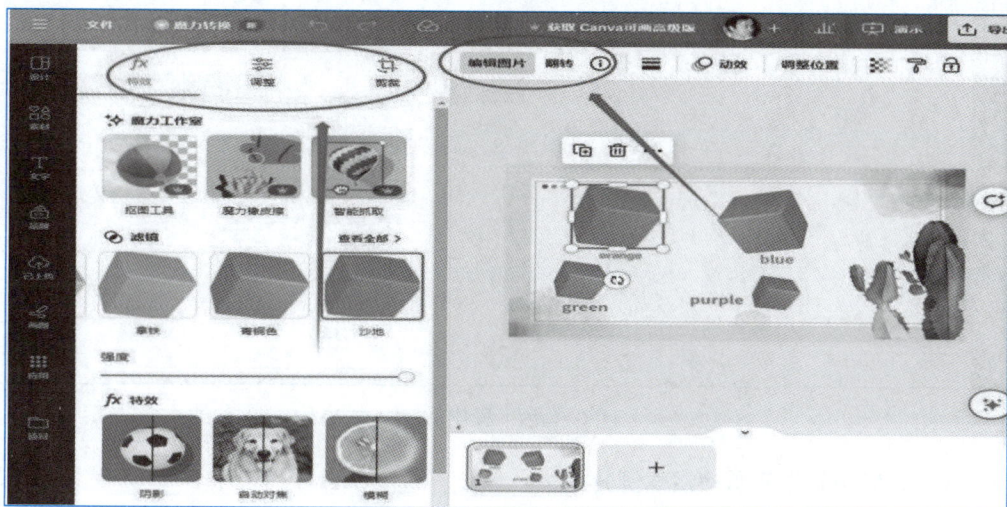

图 2-5-63　添加并编辑素材

【第四步】在页面左侧的工具栏中单击"文字"，在中间一栏中单击"添加标题"等，在右侧编辑页面中即可看到文本框，双击文本框，输入文字内容，在上方工具栏中可以设置字体、大小、颜色、对齐方式、间距等文字样式，还可以设置描边、阴影等文字效果（见图 2-5-64）。

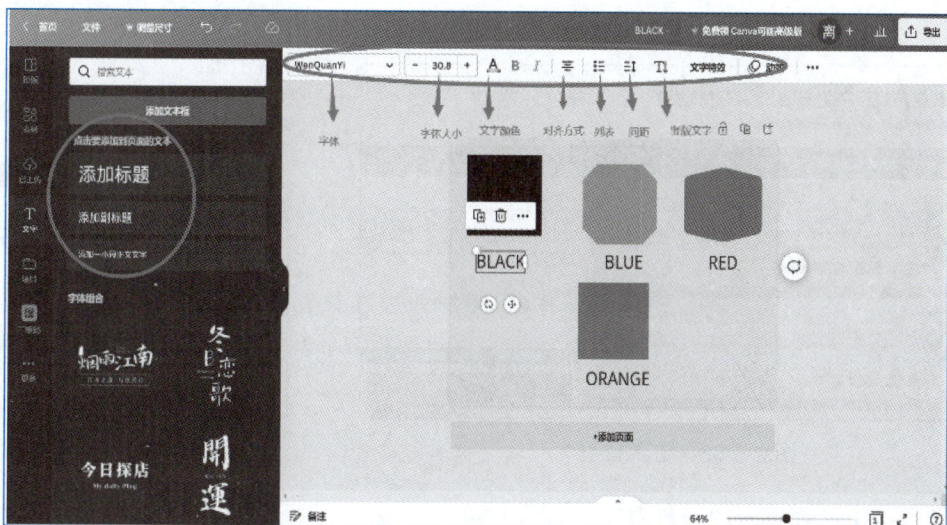

图 2-5-64　编辑文字内容及样式

【第五步】编辑完成后，单击右上方"导出"按钮，可以选择"共享此设计"设置为获得此链接的任何人可编辑，这样获得该链接的人可以同你一起完成该设计；也可以选择"下载"，选择合适的文件类型，之后可以使用该作品用于教学（见图 2-5-65）。

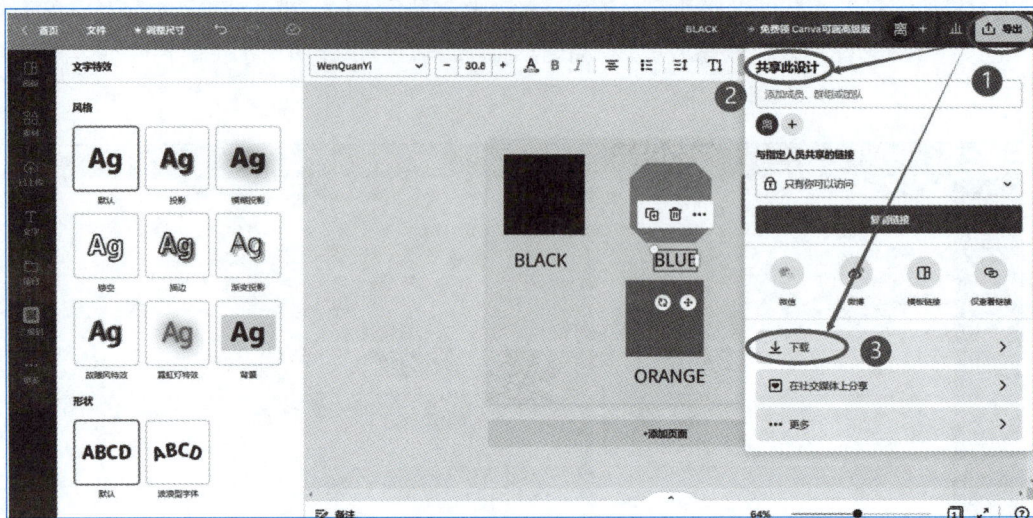

图 2-5-65　导出作品

3. 数字音频类教学资源检索案例分析

Aboboo 是一款外语学习辅助工具，可自动为音视频文件断句并转化为学习资料。在听力、口语、复读练习中，提供波形图显示，便于选取复读区间。软件内含影音学习工具，可评估发音、语调、流利度和音量，并提供听写、字典、随意读及学习记录等功能。用户可制作课件并分享交流。下面，以"Aboboo"为例，对 Breaking News English 上的小学英语"Environment（环境）"主题进行数字音频资源整合。

【第一步】在浏览器中搜索并进入 Breaking News English 首页（见图 2-5-66）。

【第二步】浏览网页内容找到所需资源，选择 Environment 为主题（见图 2-5-67）。

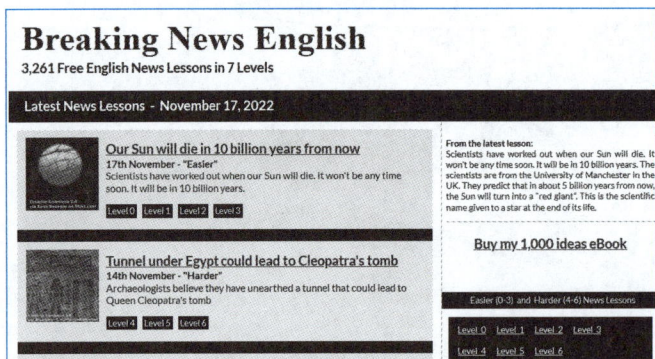

图 2-5-66　进入首页

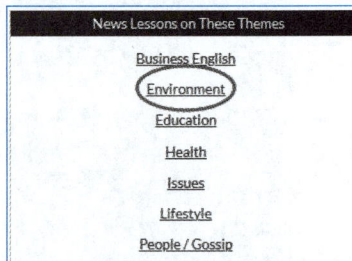

图 2-5-67　选定主题

【第三步】选择适合的文章内容（见图 2-5-68）。

【第四步】选择 LISTEN 一栏中所需选项，可直接单击"下载"按钮（见图 2-5-69 和图 2-5-70）。

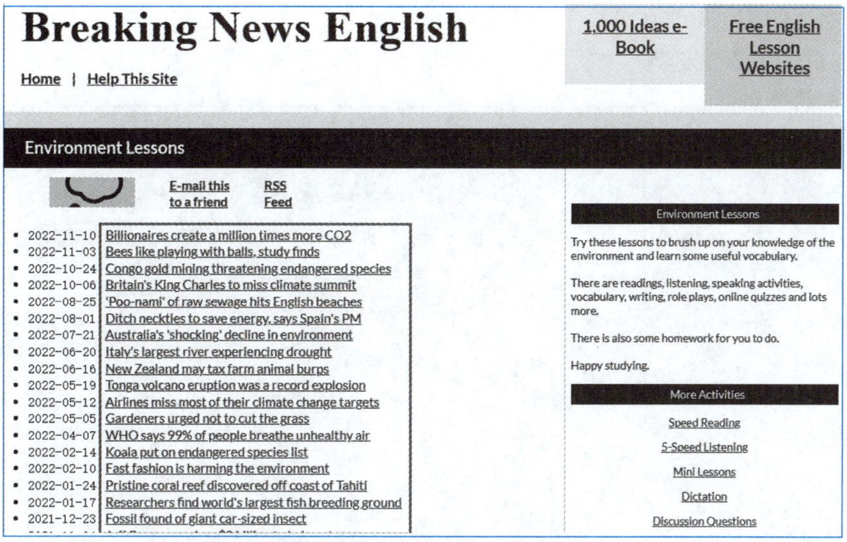

Breaking News English

Home | Help This Site

1,000 Ideas e-Book

Free English Lesson Websites

Environment Lessons

E-mail this to a friend

RSS Feed

- 2022-11-10 Billionaires create a million times more CO2
- 2022-11-03 Bees like playing with balls, study finds
- 2022-10-24 Congo gold mining threatening endangered species
- 2022-10-06 Britain's King Charles to miss climate summit
- 2022-08-25 'Poo-nami' of raw sewage hits English beaches
- 2022-08-01 Ditch neckties to save energy, says Spain's PM
- 2022-07-21 Australia's 'shocking' decline in environment
- 2022-06-20 Italy's largest river experiencing drought
- 2022-06-16 New Zealand may tax farm animal burps
- 2022-05-19 Tonga volcano eruption was a record explosion
- 2022-05-12 Airlines miss most of their climate change targets
- 2022-05-05 Gardeners urged not to cut the grass
- 2022-04-07 WHO says 99% of people breathe unhealthy air
- 2022-02-14 Koala put on endangered species list
- 2022-02-10 Fast fashion is harming the environment
- 2022-01-24 Pristine coral reef discovered off coast of Tahiti
- 2022-01-17 Researchers find world's largest fish breeding ground
- 2021-12-23 Fossil found of giant car-sized insect

Environment Lessons

Try these lessons to brush up on your knowledge of the environment and learn some useful vocabulary.

There are readings, listening, speaking activities, vocabulary, writing, role plays, online quizzes and lots more.

There is also some homework for you to do.

Happy studying.

More Activities

Speed Reading

5-Speed Listening

Mini Lessons

Dictation

Discussion Questions

图 2-5-68　选择文章内容

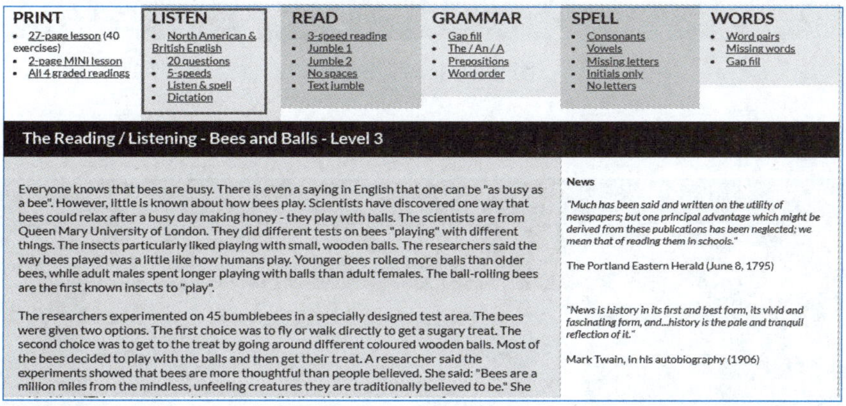

PRINT
- 27-page lesson (40 exercises)
- 2-page MINI lesson
- All 4 graded readings

LISTEN
- North American & British English
- 20 questions
- 5-speeds
- Listen & spell
- Dictation

READ
- 3-speed reading
- Jumble 1
- Jumble 2
- No spaces
- Text jumble

GRAMMAR
- Gap fill
- The / An / A
- Prepositions
- Word order

SPELL
- Consonants
- Vowels
- Missing letters
- Initials only
- No letters

WORDS
- Word pairs
- Missing words
- Gap fill

The Reading / Listening - Bees and Balls - Level 3

Everyone knows that bees are busy. There is even a saying in English that one can be "as busy as a bee". However, little is known about how bees play. Scientists have discovered one way that bees could relax after a busy day making honey - they play with balls. The scientists are from Queen Mary University of London. They did different tests on bees "playing" with different things. The insects particularly liked playing with small, wooden balls. The researchers said the way bees played was a little like how humans play. Younger bees rolled more balls than older bees, while adult males spent longer playing with balls than adult females. The ball-rolling bees are the first known insects to "play".

The researchers experimented on 45 bumblebees in a specially designed test area. The bees were given two options. The first choice was to fly or walk directly to get a sugary treat. The second choice was to get to the treat by going around different coloured wooden balls. Most of the bees decided to play with the balls and then get their treat. A researcher said the experiments showed that bees are more thoughtful than people believed. She said: "Bees are a million miles from the mindless, unfeeling creatures they are traditionally believed to be." She

News

"Much has been said and written on the utility of newspapers; but one principal advantage which might be derived from these publications has been neglected; we mean that of reading them in schools."

The Portland Eastern Herald (June 8, 1795)

"News is history in its first and best form, its vivid and fascinating form, and...history is the pale and tranquil reflection of it."

Mark Twain, in his autobiography (1906)

图 2-5-69　选择 LISTEN

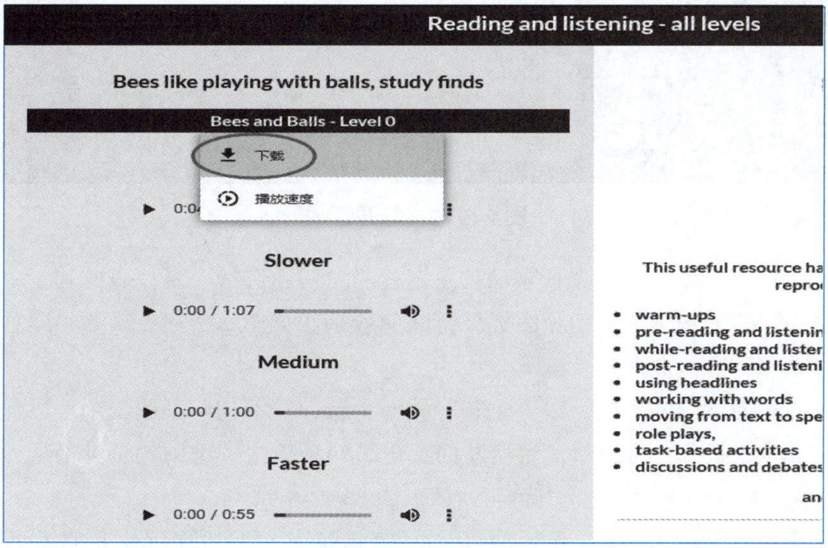

Reading and listening - all levels

Bees like playing with balls, study finds

Bees and Balls - Level 0

↓ 下载

⊙ 播放速度

▶ 0:0...

Slower

▶ 0:00 / 1:07 🔊 ⋮

Medium

▶ 0:00 / 1:00 🔊 ⋮

Faster

▶ 0:00 / 0:55 🔊 ⋮

This useful resource ha... repro...

- warm-ups
- pre-reading and listenin...
- while-reading and listen...
- post-reading and listeni...
- using headlines
- working with words
- moving from text to spe...
- role plays,
- task-based activities
- discussions and debates...

an...

图 2-5-70　下载

【第五步】使用 Aboboo 对小学英语 Evironment 为主题的一篇短文音频进行断句加工。进入 Aboboo 主页后，依次选择"本地"→"添加"→"打开文件"（见图 2-5-71）。

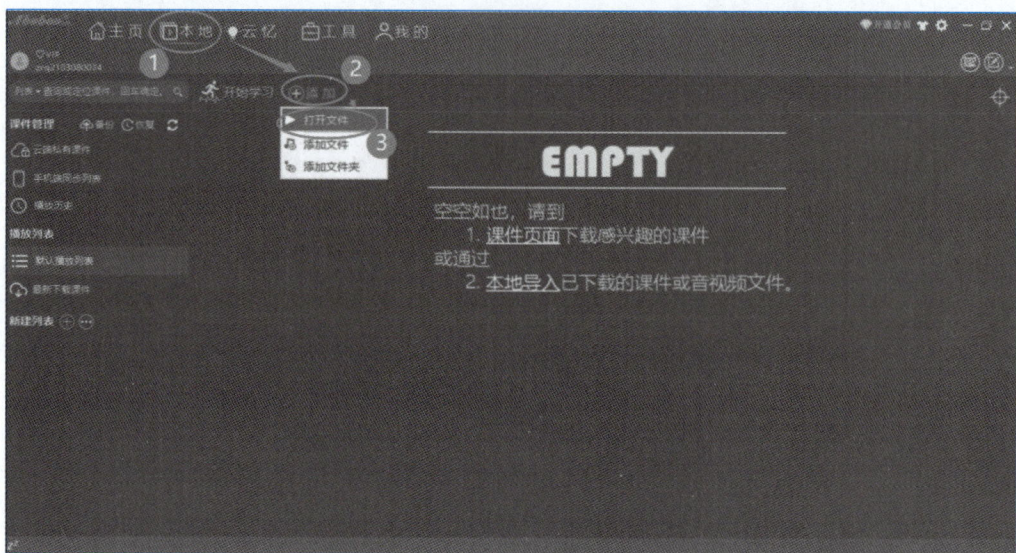

图 2-5-71　打开文件

【第六步】选中准备好的小学英语短文音频，单击"打开"按钮（见图 2-5-72）。

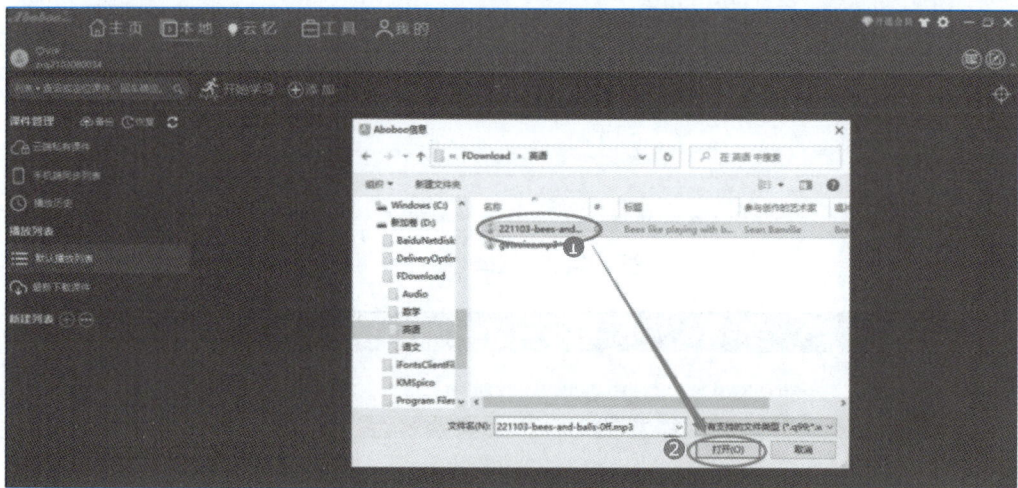

图 2-5-72　打开音频

【第七步】弹出的界面中短文音频已被系统智能断句。选择序号代表的句子，单击左下角"开始""暂停""上句""下句"图标试听断句效果（见图 2-5-73），如不满意，后续可自行调整参数。

【第八步】界面下列的图标，以"上句"图标为首，"下句"是第二个，以此类推。单击第三个图标"句子选择"，可批量调整所断的英语短句，单击"选中句子批量加入句库"提取整合需要的短句，整理完成后单击"确定"按钮（见图 2-5-74）。

【第九步】单击第五个图标，选择"标记式（分句朗读）"，进行分句朗读（见图 2-5-75）。

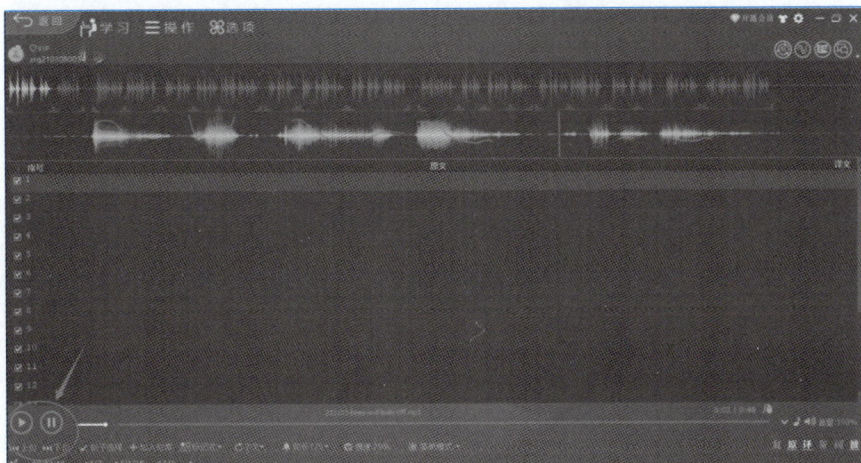

图 2-5-73　试听断句

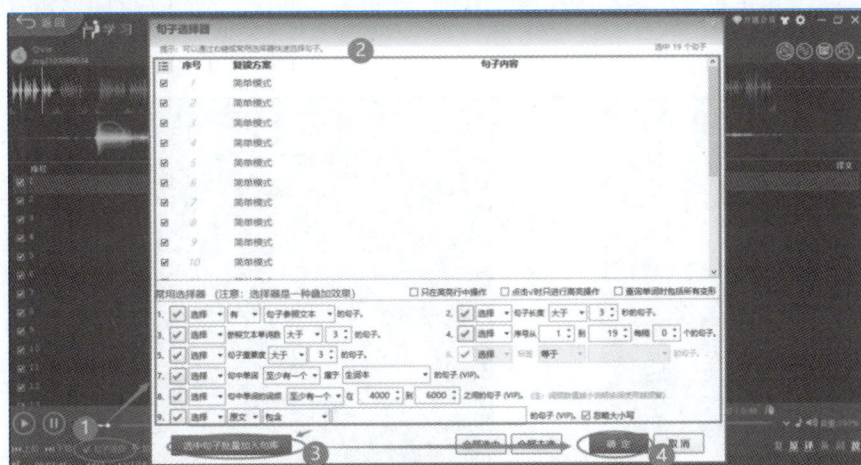

图 2-5-74　批量整理

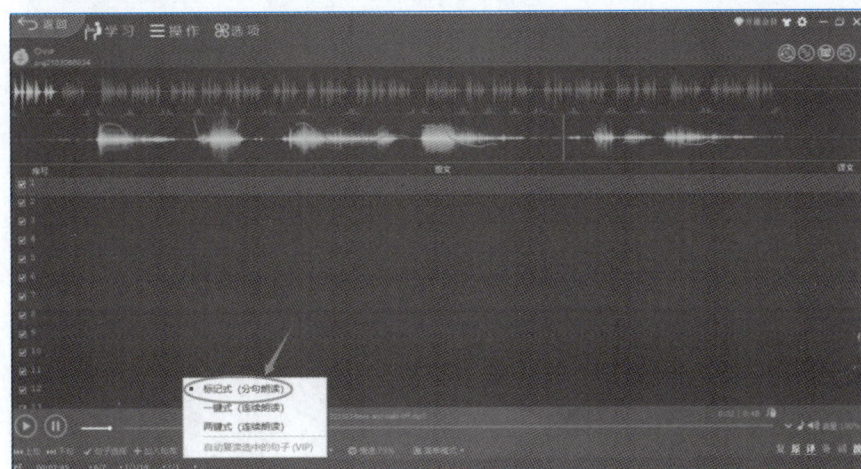

图 2-5-75　分句朗读

【第十步】单击第六个图标，选择"5 次"，设置每一句重复朗读 5 遍（见图 2-5-76）。

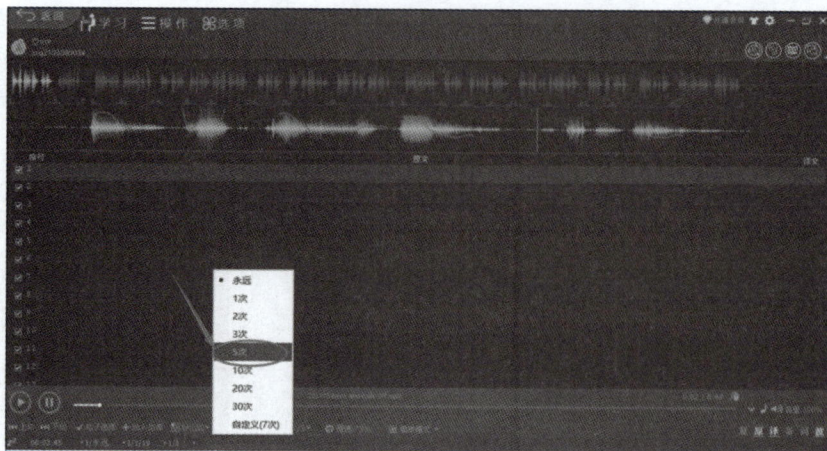

图 2-5-76　单句重复

【第十一步】单击第七个图标，选择"10 秒"，设置每两次朗读句子之间停顿时间为 10 秒（见图 2-5-77）。

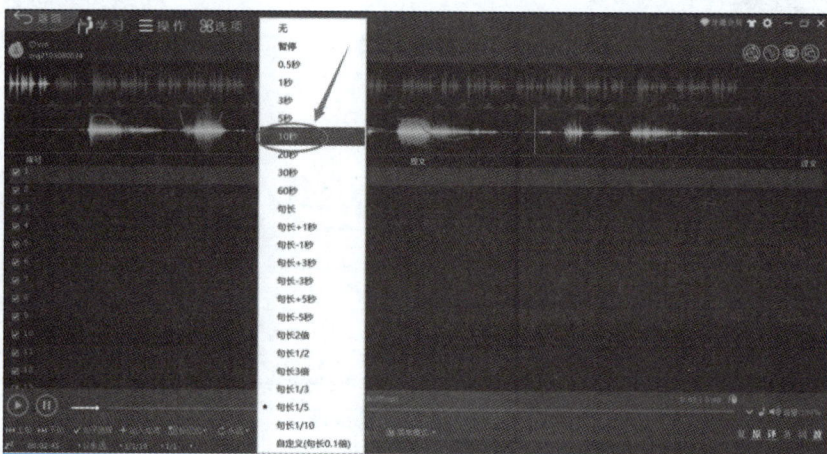

图 2-5-77　语音间歇

【第十二步】选择第八个图标，左右滑动调整英语短句朗读语速（见图 2-5-78）。

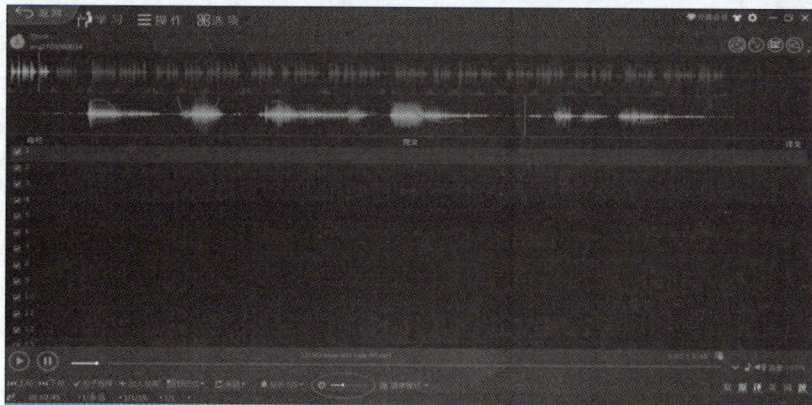

图 2-5-78　调整语速

【第十三步】单击第九个图标，选择"听力练习模式"，开始听力专项练习（见图2-5-79）。

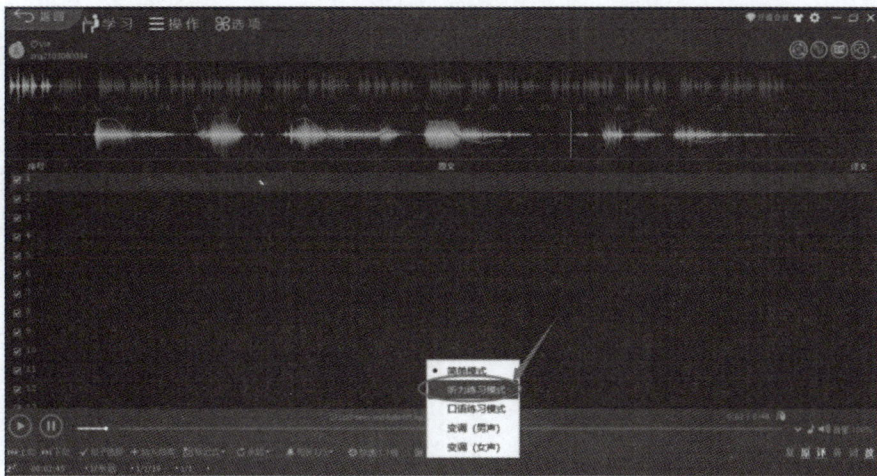

图2-5-79　听力练习模式

4. 数字视频类教学资源检索案例分析

Pot Player 是一款专业的视频播放器，自带编解码器，可观看几乎所有格式的视频文件，且支持硬解功能，启动速度快、播放稳定，并支持 ASS/SSA 字幕，不会发生字幕截断问题。

下面，以 Pot player 软件为例，对有关小学英语知识点"学习英文字母"的教学进行数字视频类资源整合。

【第一步】从官网下载并安装 Pot player 软件后，打开软件进入到主界面。右侧界面中的"播放列表"可添加视频文件，添加本节课的内容知识点"学习英文字母"这一微课，左上角是功能选项（见图2-5-80）。

图2-5-80　进入主界面，添加播放列表

【第二步】单击左上角的 PotPlayer 选项，在显示栏中右击选择"播放"。

在二级菜单中选择"播放设置"（见图2-5-81）。进入"播放设置"后，勾选"鼠标指向进度条时显示缩略图"选项，再单击"确定"按钮即可（见图2-5-82），这样每次移到进度条上可以看见相应时间的画面。

图 2-5-81　进行播放设置

图 2-5-82　勾选"鼠标指向进度条时显示缩略图"选项

【第三步】在使用 potplayer 观看视频时,难免会出现中途需要离开的情况。而默认情况下,当把视频关闭后,再次打开就会从头开始播放,因此需要记忆播放功能。单击左上角的 PotPlayer 选项,在弹出窗口中选择"播放",然后在二级菜单中选择"记忆播放位置"即可(见图 2-5-83)。

【第四步】接下来，开启 PotPlayer 自带的字幕翻译功能。单击左上角的 PotPlayer 选项，在弹出的窗口中选择"字幕"→"实时字幕翻译"→"总是使用"即可。如果希望呈现双语字幕，必须选择是上面还是下面显示翻译，不然系统默认为仅显示翻译，没有原文（见图 2-5-84）。

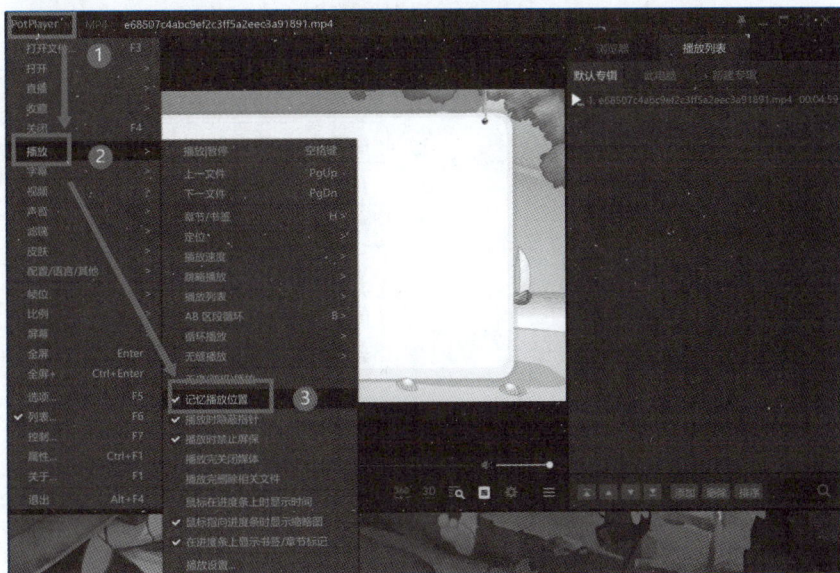

图 2-5-83　进行记忆播放设置

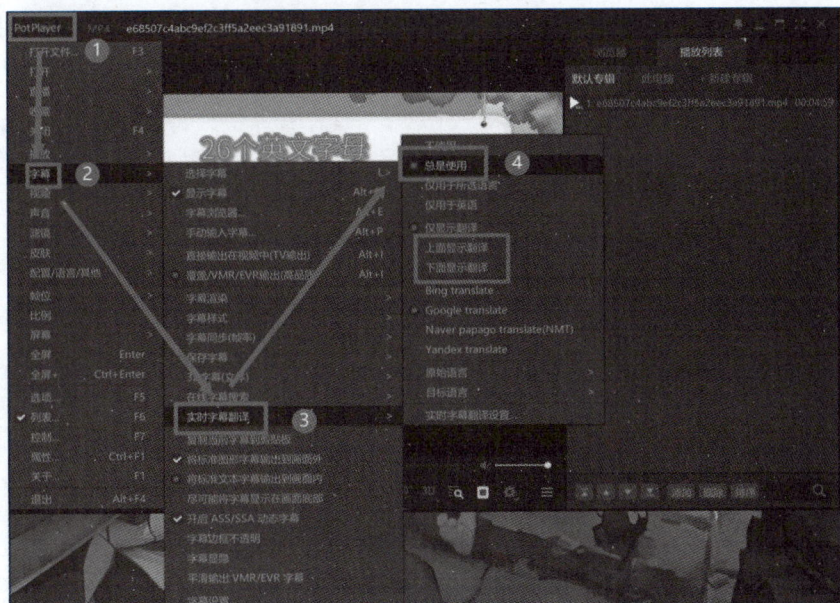

图 2-5-84　进行字幕翻译

二、中学智慧教学资源整合案例及剖析

针对中学语文、数学和英语学科，使用数字文本类、数字图像类、数字音频类、数字视频类四种类别的信息化工具对教学资源进行搜索分析，图 2-5-85 所示是中学学科信息化教学资源

检索案例分析的思维导图。

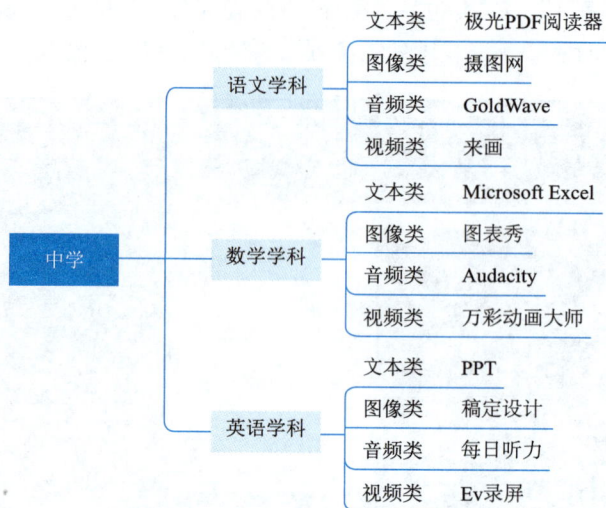

图 2-5-85　中学学科信息化教学资源检索案例分析的思维导图

（一）中学语文教学资源整合案例

1．数字文本类教学资源检索案例分析

以中学语文中《论语》一文为例，使用"极光 PDF 阅读器"对其进行数字化文本类教学资源整合。

【第一步】打开"极光 PDF 阅读器"，在任务栏中选择"开始"打开文件后，选择下载好的《论语》PDF 文件（见图 2-5-86）。

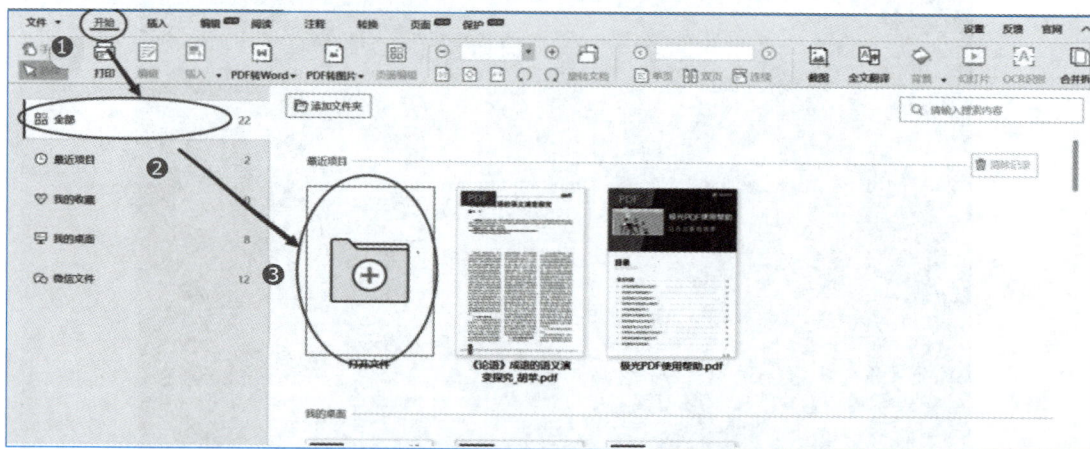

图 2-5-86　"极光 PDF 阅读器"首页

【第二步】在任务栏中选择"编辑"，对 PDF 文件段落、字体，以及页面大小等进行编辑（见图 2-5-87）。

【第三步】调整好字体大小、段落及页面大小后，选择任务栏中的"注释"，选择要进行注释的文字（见图 2-5-88）。

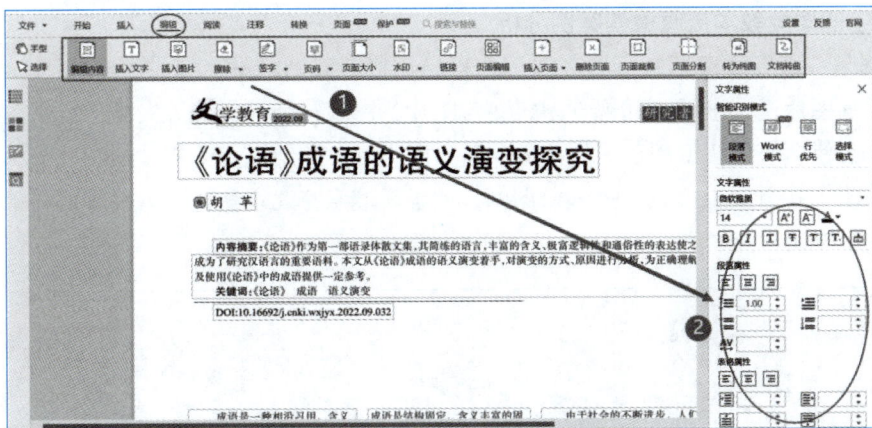

图 2-5-87　PDF 文件内容编辑

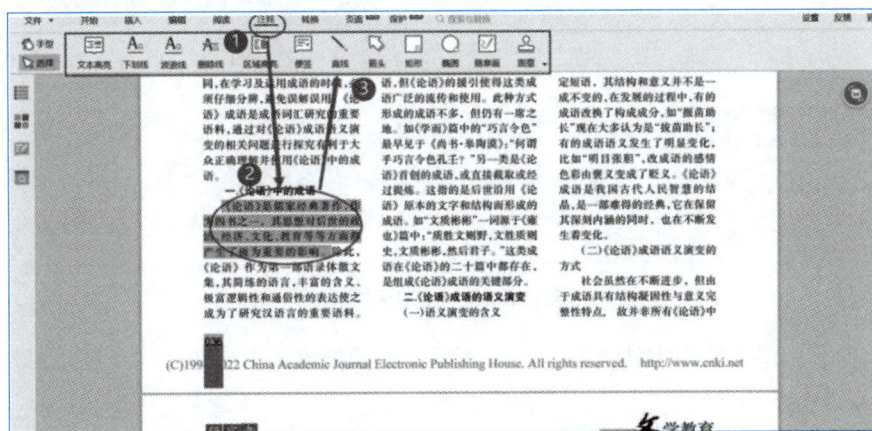

图 2-5-88　PDF 文件内容注释

【第四步】如需更换 PDF 文件格式，选择任务栏中的"转换"后，选择转换成自己所需的文件格式，转换完成后，单击"文件"进行保存（见图 2-5-89）。

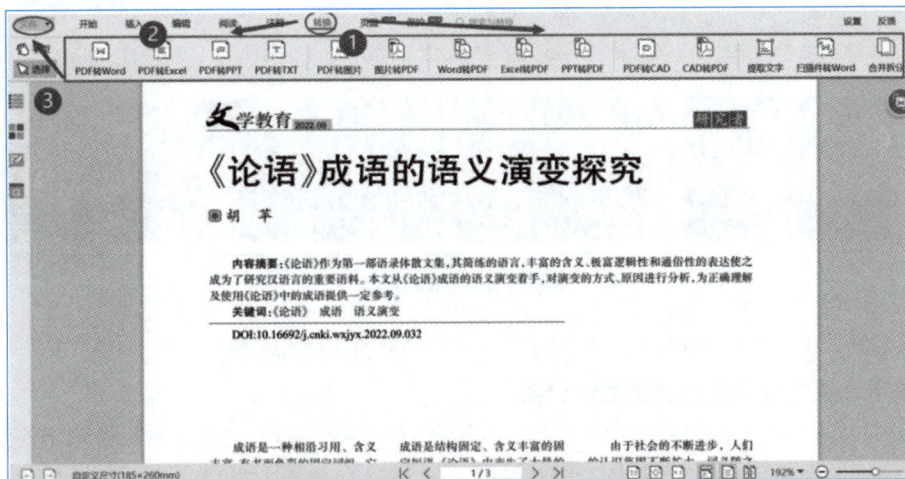

图 2-5-89　PDF 文件转换及保存

2. 数字图像类教学资源检索案例分析

摄图网是一家专注于正版摄影高清图片素材免费下载的网站，提供手绘插画、海报、PPT模板等好看的图片设计素材，其视觉内容涵盖图片、视频、创意背景等大类，可供商用。下面，以高中语文必修上册（统编版）《故都的秋》一课为例，介绍如何使用"摄图网"为其配图。

【第一步】在百度上搜索并进入摄图网，登录后搜索"北京秋色"等关键词，单击"搜索"按钮（见图 2-5-90）。

图 2-5-90　搜索关键词

【第二步】在图片资源中选择图片后，将鼠标移动到该图上，单击"免费下载"，即可下载该图像（见图 2-5-91）。

图 2-5-91　下载图片

【第三步】在文件夹中找到下载的图像，将其应用到教学课件。

3. 数字音频类教学资源检索案例分析

Gold Wave 是一个功能强大的数字音乐编辑器，集声音编辑、播放、录制和转换为一体，支持包括 WAV、OGG 和 VOC 等各种音频格式，也可以对音频内容进行转换格式等处理，支持从 CD、VCD 和 DVD 或其他视频文件中提取声音。Gold Wave 还提供丰富的音频处理特效，从一般特效如多普勒、回声、混响、降噪到高级的公式计算（利用公式在理论上可以产生任何你想要的声音），效果多多。下面，以 cat-catch 配合 Gold Wave 为例，对"央广网"上中学语文写作素材"习近平语录"一课进行数字音频类资源整合。

【第一步】搜索官网"央广网·中央广播电视总台"，单击进入"央广网"主页，筛选需要的音频资源，如"耳闻"栏目或首页推荐的"习近平治国理政声音库"（见图 2-5-92），本节选用"习近平治国理政声音库"。

图 2-5-92　进入页面，筛选资源

【第二步】进入首页推荐的"习近平治国理政声音库"后，选择"每日一习话"，以"让开放为全球发展带来新的光明前程"为例，单击进入，如果想学习更加系统的内容，单击"更多"获取（见图 2-5-93）。

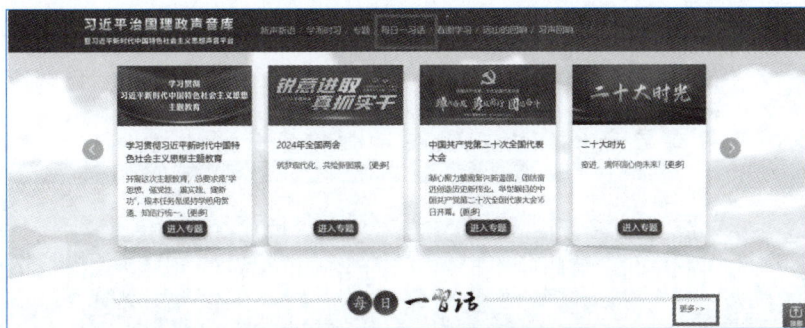

图 2-5-93　选择内容

【第三步】选择并进入音频后，便可直接收看。如果需要下载音频，则利用浏览器插件"猫抓（cat-catch）"可直接解析，选择合适的片段及清晰度进行下载（见图 2-5-94）。也可复制视频链接，通过手机版"QQ 浏览器"访问链接、下载视频。

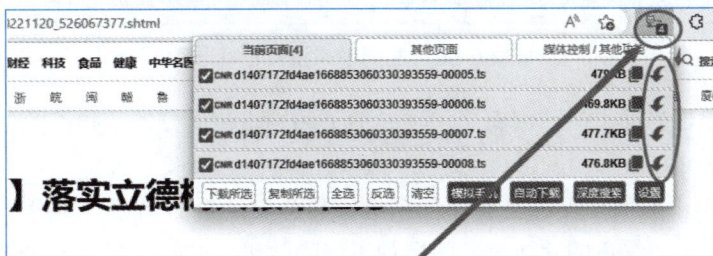

图 2-5-94　收听、下载

【第四步】使用 Gold Wave，将下载好的视频文件转换为 MP3 音频格式并对音频简单处理，在 Gold Wave 中打开下载好的视频（见图 2-5-95）。

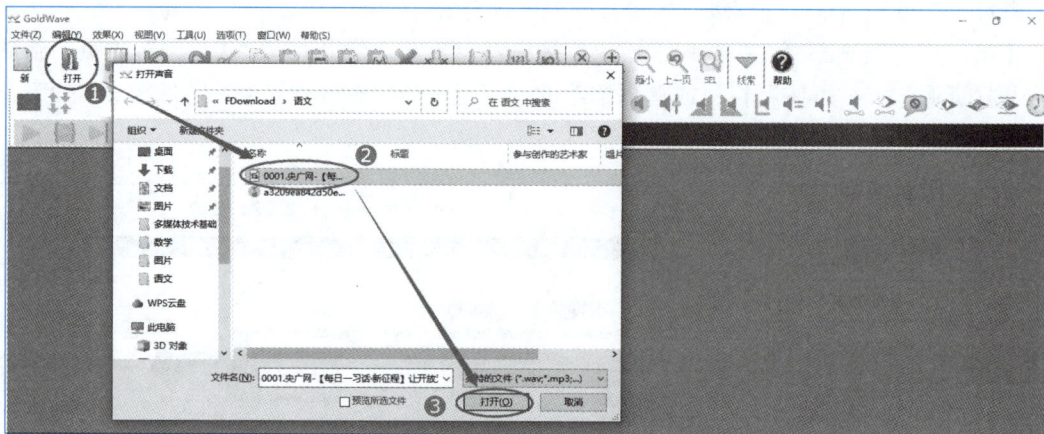

图 2-5-95　打开文件

【第五步】鼠标指针置于音频轨道最左侧的浅蓝色线（中央凸出浅蓝色条形）处，出现蓝色左大括号标志"{|"（见图 2-5-96），向右拖动停于剪切开始的位置，即留下的音频片段开头位置。鼠标指针置于下方时间线的合适位置单击，可试听不同时间点的音频效果。音频末尾处与前者相似，向左拖动蓝色右大括号标志"|}"停于剪切结束的位置，即留下的音频片段结尾位置（见图 2-5-97）。

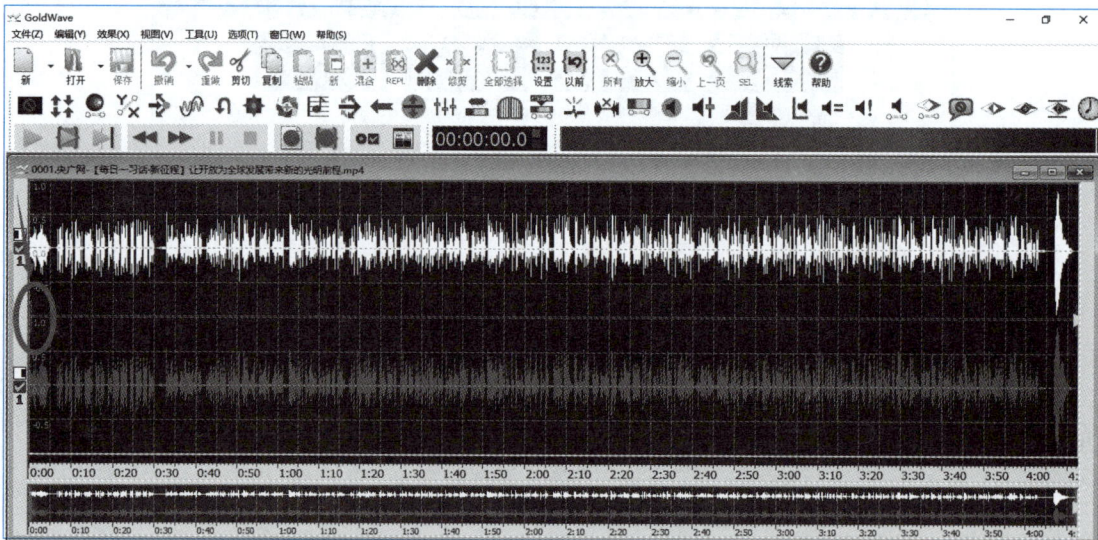

图 2-5-96　左侧中央浅蓝色标志

【第六步】单击界面上栏"修剪"一项，剪下两端暗色部分的音频，留下中间彩色需要的音频（见图 2-5-98）。

【第七步】单击界面上方的"降噪"图标，在弹出的页面调整"预设"一项，选择"减少嗡嗡声"，单击右边绿色的"播放"图标预览降噪效果，试听音频，效果满意则单击下方的 OK 完成降噪处理（见图 2-5-99）。

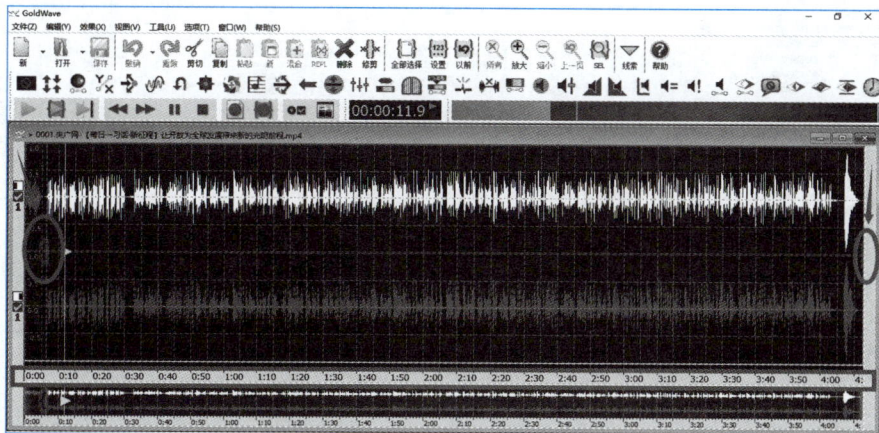

图 2-5-97　拖动并试听

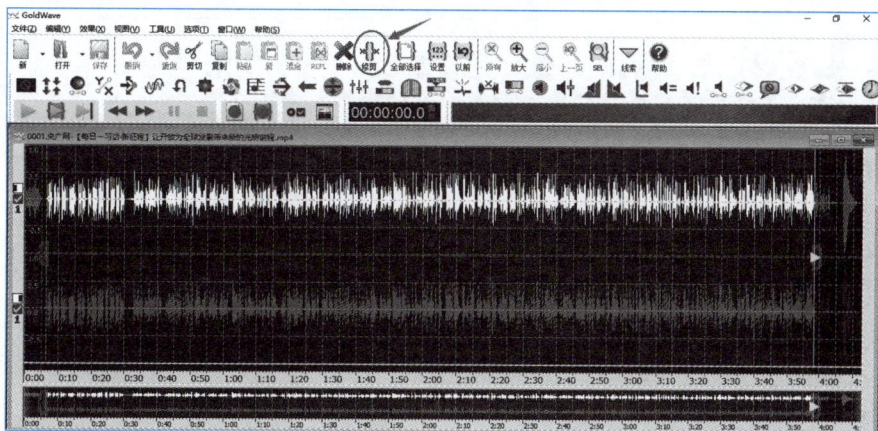

图 2-5-98　修剪

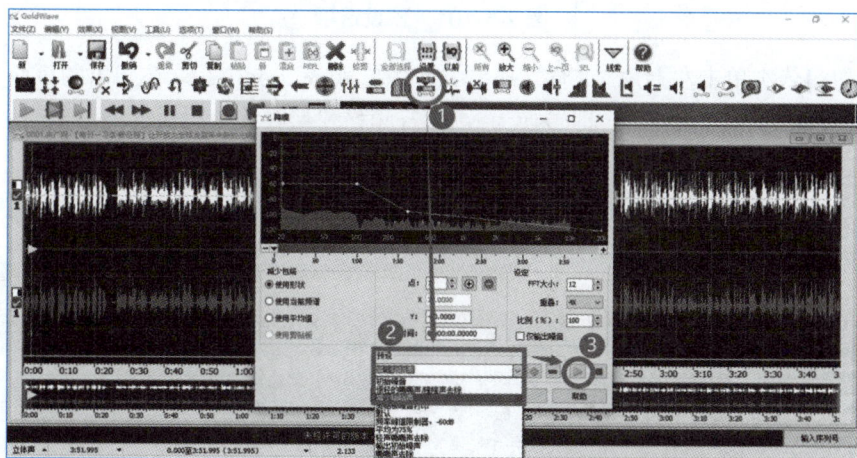

图 2-5-99　降噪处理

【第八步】选择合适的节点，单击界面上方的"效果"一项，在弹出的菜单栏中选择"时间"
（见图 2-5-100）。在弹出的界面中调整"预设"一项，选择"150% 相似度"，单击右边绿色的"播放"图标预览降噪效果，满意则单击下方的 OK，完成提速处理（见图 2-5-101）。

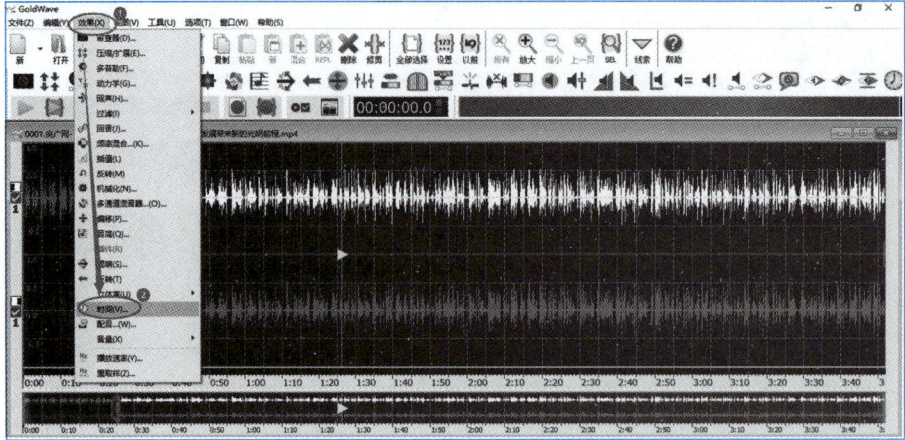

图 2-5-100　"效果"→"时间"

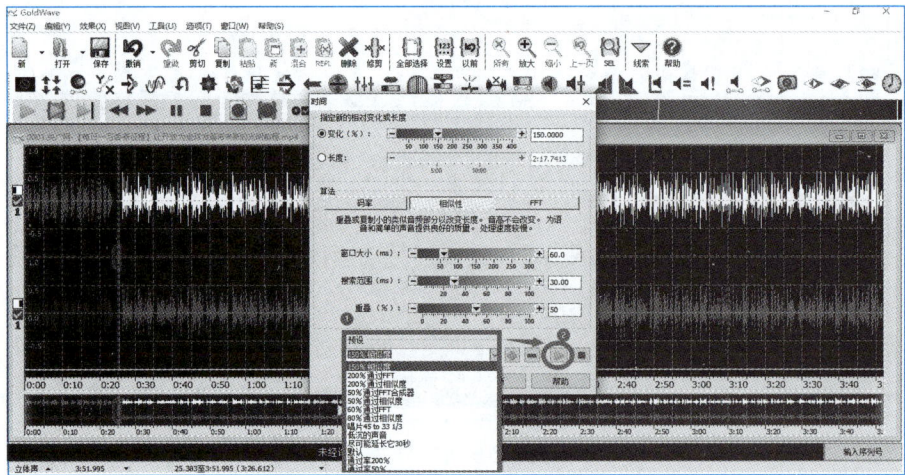

图 2-5-101　预设选项

【第九步】依次单击左上角"文件"→"另存为"（见图 2-5-102），在弹出的页面中选择"保存类型"→"MP3"→"保存"，即转换为 MP3 音频格式保存在相应文件夹（见图 2-5-103）。

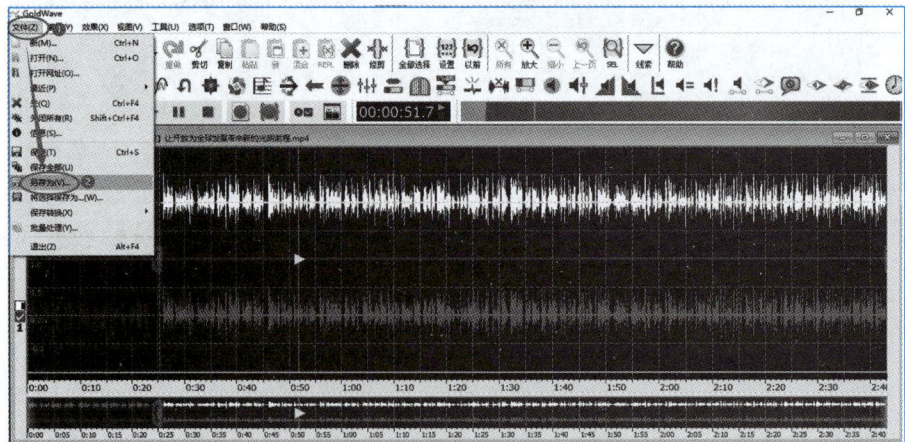

图 2-5-102　另存为

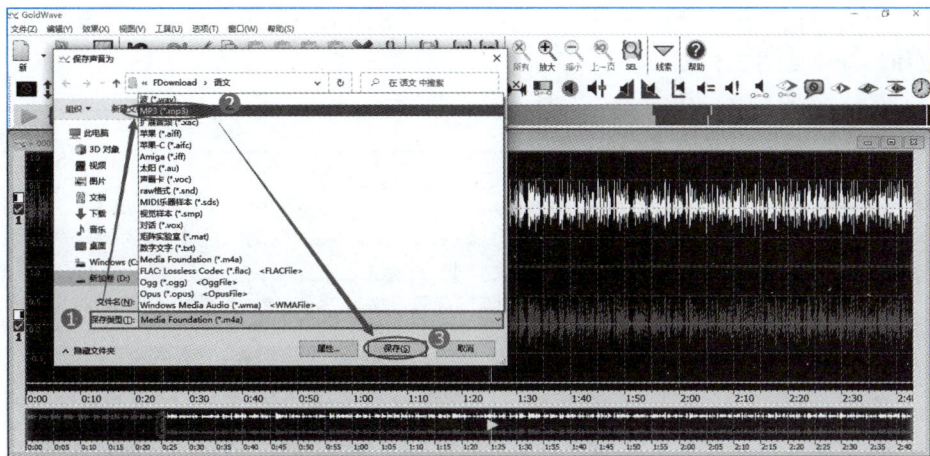

图 2-5-103　MP3 格式保存

4. 数字视频类教学资源检索案例分析

来画是一个简单易用的手绘视频创作平台，拥有海量的模板素材，用户只需通过简单几步，就能将手绘图片、文字、照片等素材完美结合，拥有功能强大的场景、素材、镜头、音乐、动画等设置，简单轻松。

下面，以中学语文《论文》一课为例，使用来画演示数字音频类资源整合操作。

【第一步】搜索进入来画网页，该软件可以分为"做动画"和"作图"两部分，这里主要从"做动画"角度进行讲解（见图 2-5-104），在此，教师可以自己设计制作微视频课件，也可以为提高效率，直接套用模板，如选择"动画模板"，根据知识点及讲课内容的风格选择合适的"类型""场景""主题"等（见图 2-5-105）。下面，选取"语文教育直播模板"来讲解动画制作的过程。

图 2-5-104　"来画"首页

【第二步】单击选择的模板进入后，可以看到视频分为多个片段（页面），每一片段为 1 s 左右的动画图。在"场景"模块中，左侧为不同片段的展示图，右侧的"页面属性"可以通过上传电脑中的图片，进行背景修改、图片调色和添加滤镜等操作（见图 2-5-106）。

【第三步】单击左侧的"背景"模块，则可对背景直接进行替换，有"动态/静态背景""纯色/渐变背景"供用户选择；右侧的"图层管理"能够改变图片所在层的位置，根据需要来调节即可；上方有一排按键，有"图层""网格线""吸附对齐"等，可对各片段的画面进行相应的修改和设计（见图 2-5-107）。

图 2-5-105 "动画模板"的选择

图 2-5-106 "模板"转换及"背景"修改

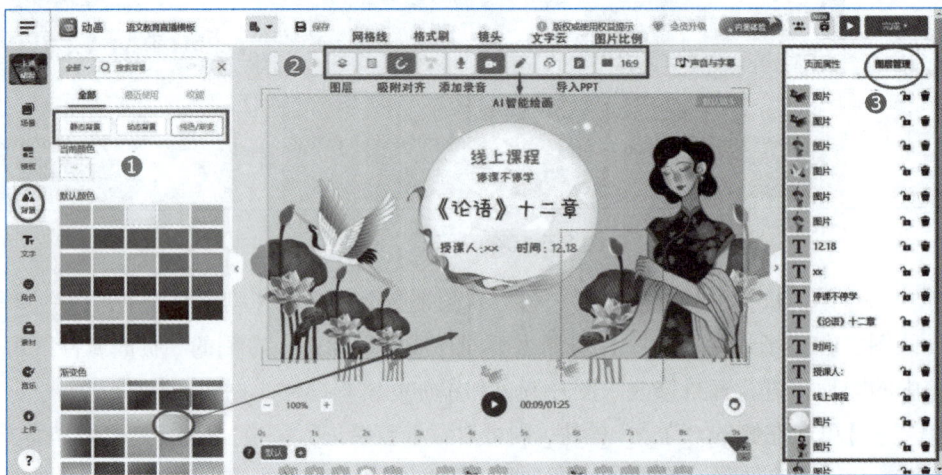

图 2-5-107 "背景""图层"的调节

【第四步】左侧的"文字"模块用来对页面中文本内容进行编辑，可以改变文字的大小和字体，如果想要体现文字的艺术感，也可以采用"艺术字"（见图2-5-108）。

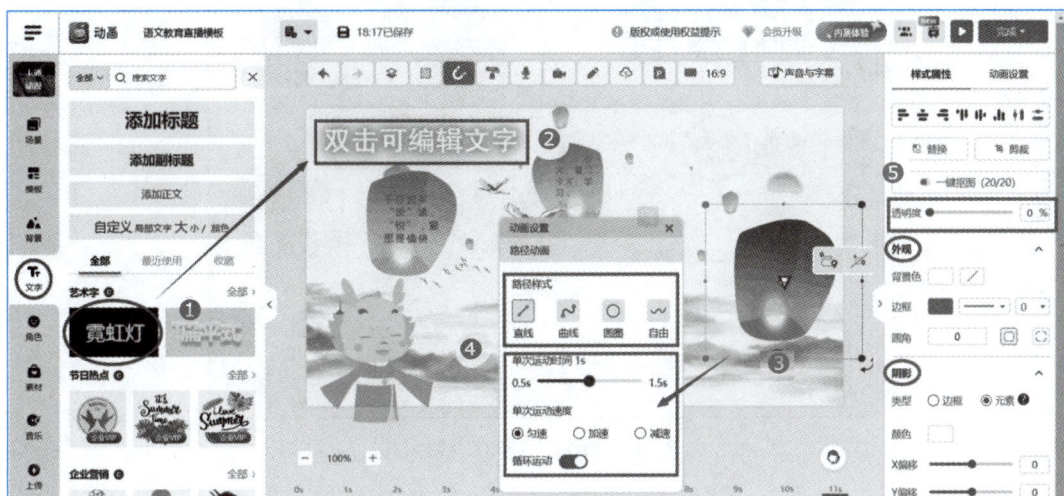

图 2-5-108　文字编辑及图片调整

【第五步】"角色"模块用来添加卡通人物的窗格。这里挑选了一位"古装形象"的女子，单击图像并拖到画面中即可，还可对人物在动画中的移动进行调整（见图2-5-109）。

图 2-5-109　"角色"模块

【第六步】"素材"模块是用来添加装饰品的窗格。这里挑选了一个用来"节庆装饰"的灯笼，单击该图像并拖到画面中即可，还可对装饰品在动画中的移动进行调整（见图2-5-110）。

【第七步】动画的背景音乐是整个视频的灵魂，根据视频风格，可对"音乐风格"和"音乐场景"进行设定，来选择合适的背景音乐，音乐添加完成之后，单击"完成"，选择导出的模式，一个精美的动画视频就制作完成了。

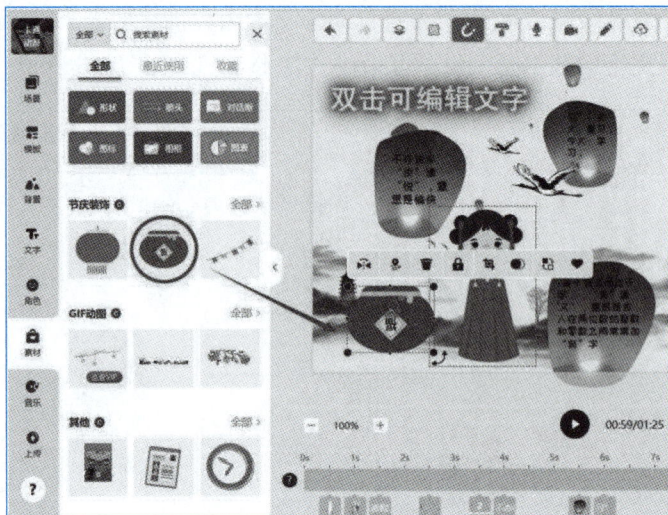

图 2-5-110 "素材"模块

（二）中学数学教学资源整合案例

1．数字文本类教学资源检索案例分析

Microsoft Excel 可以进行各种数据的处理、统计分析和辅助决策操作，广泛地应用于管理、统计财经、金融等众多领域。Excel 中大量的公式函数可以应用选择，使用 Microsoft Excel 可以执行计算分析信息、管理电子表格或网页中的数据信息、列表与数据图表制作等许多方便的功能。

下面，以 Excel 为例，对中学数学《函数：求 $X>0$，$X+1/X$ 的最小值》进行数字文本类教学资源整合。

【第一步】打开 Excel，单击"开始"选项，选择"空白工作簿"。

【第二步】打开空白工作簿后，在 A 单元格和 B 单元格中分别输入 X 和 Y。因为 $X>0$，所以从 0 开始取，将数字带入（见图 2-5-111），取一定的值。

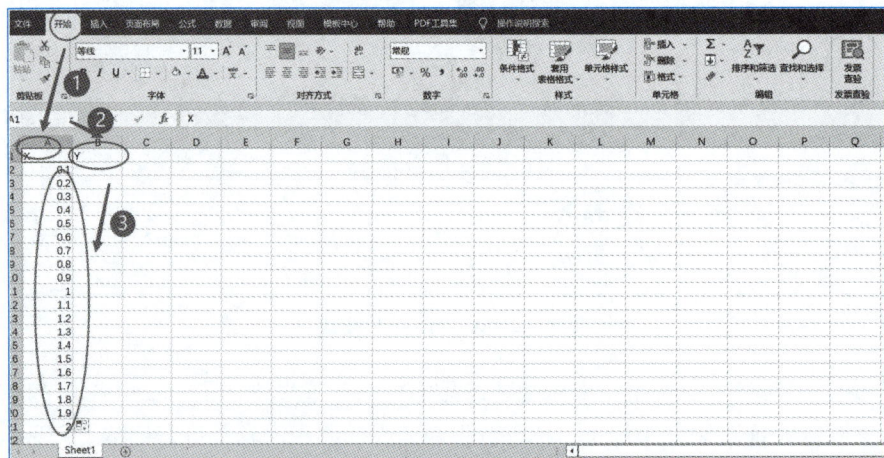

图 2-5-111 在 Excel 中输入自变量

【第三步】在 B 单元格中输入公式求出变量 Y（见图 2-5-112）。

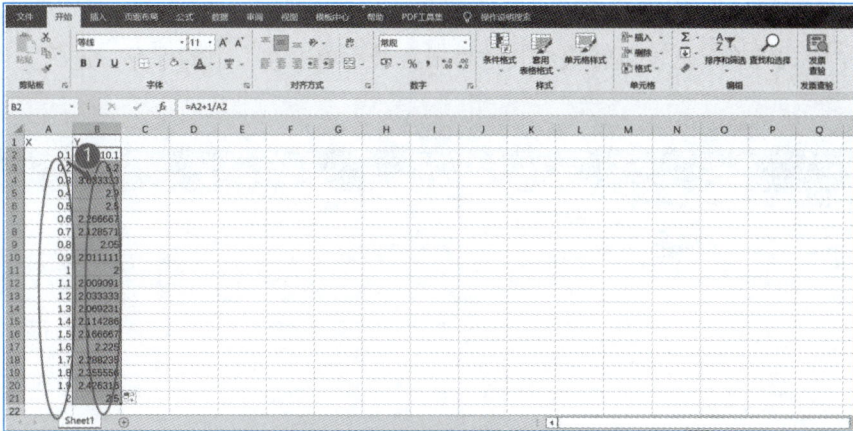

图 2-5-112　在 Excel 中求出对应的 Y 值

【第四步】选中 X 和 Y 的数据，单击"插入"选项，选择推荐图表中的散点图（见图 2-5-113）。

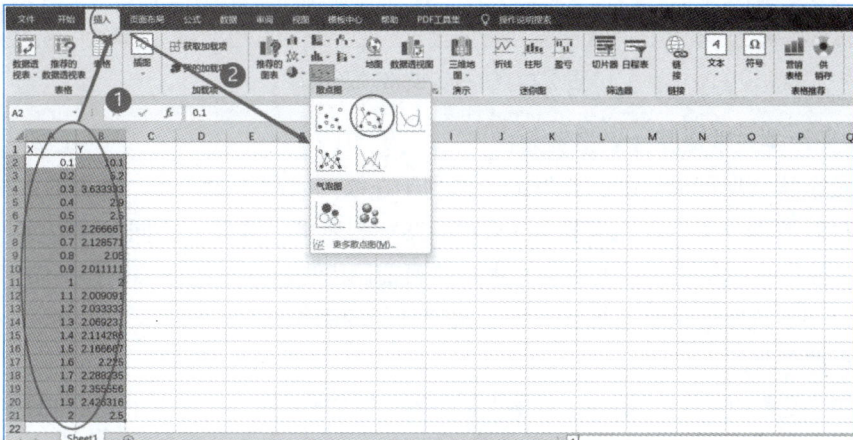

图 2-5-113　制作散点图

【第五步】制作出该函数的散点图后，由图求出该函数的最小值，可自定义图表颜色。

【第六步】单击"页面布局"选项，对文件页面进行调整，可调整页边距、纸张大小、背景等（见图 2-5-114）。

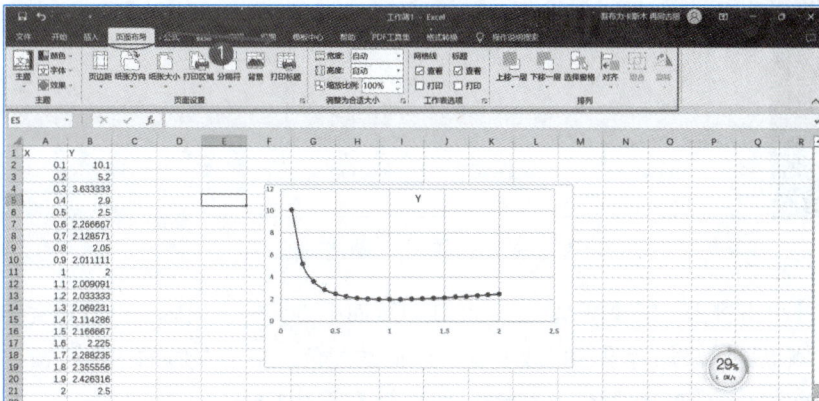

图 2-5-114　调整页面

【第七步】单击"PDF 工具集"，选择"导出为 PDF"，将 Excel 文件转换成 PDF 格式，或单击"格式转换"选项，转换成其他格式，最后单击左上角的保存，进行文件保存（见图 2-5-115）。

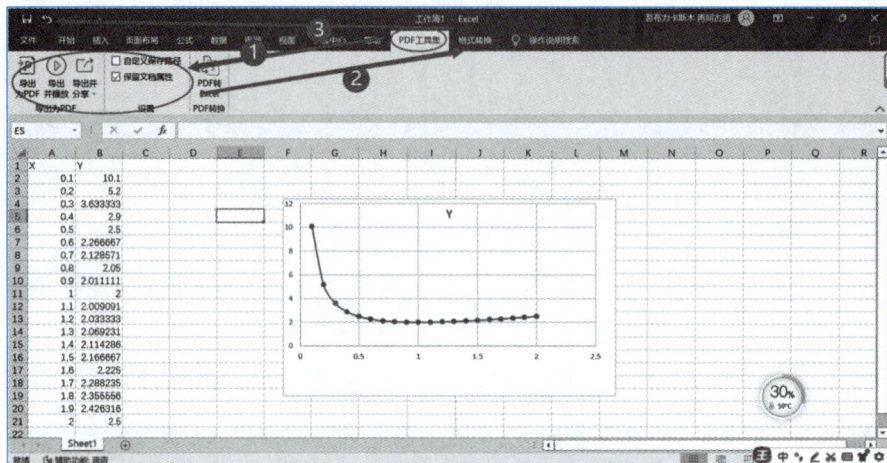

图 2-5-115　转换格式及保存

2. 数字图像类教学资源检索案例分析

图表秀是东软数据可视化团队开发的一款用于在线图表制作的产品，包含的多种图表涉及各行各业的报表数据，支持自由编辑和 Excel、CSV 等表格一键导入，同时可以实现多个图表之间的联动，操作简单易懂，数据生动直观，是目前国内先进的在线图表制作网站。

下面，以中学数学《概率与统计》中有关统计图的制作为例，运用"图表秀"对进行数字文本类教学资源整合。

【第一步】搜索"图表秀"官网，单击"立即体验"进入首页。在首页中，可选择"新建图册"（见图 2-5-116），它主要的功能是能够制作分析报告，可插入多个图表、图片和文字。

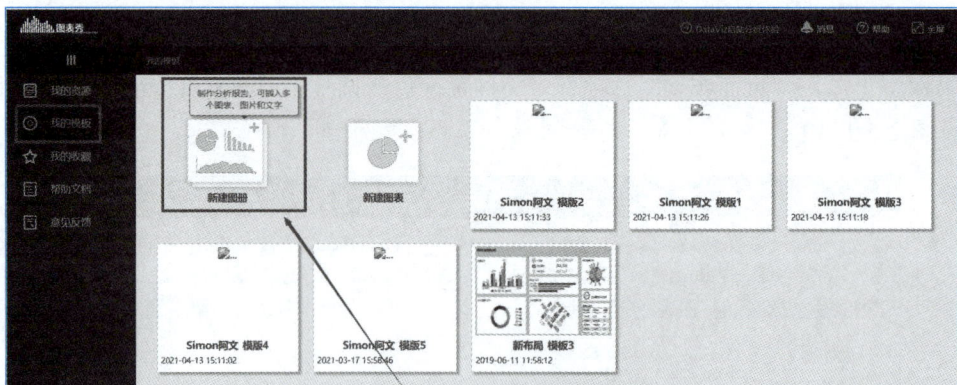

图 2-5-116　单击"新建画册"

【第二步】单击进入"新建画册"后，在新建页面中直接输入内容，也可对文字进行编辑修改，同时，右侧也可以添加背景，以改变整个画面的配色，单击左侧的图册页按钮，可以直接复制双页，这点和 PowerPoint 制作 PPT 的操作相似（见图 2-5-117）。

【第三步】如果想要制作图表，则返回主页面，选择"新建图表"（见图 2-5-118）。

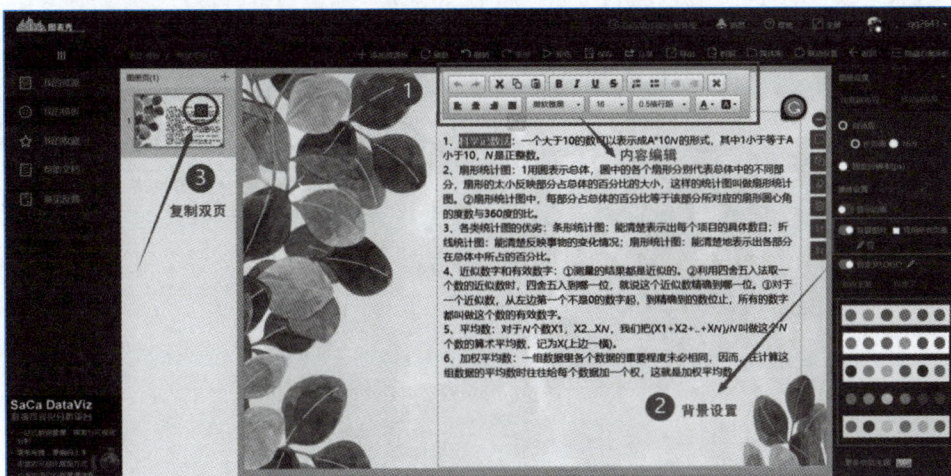

图 2-5-117　进行 PPT 画面制作

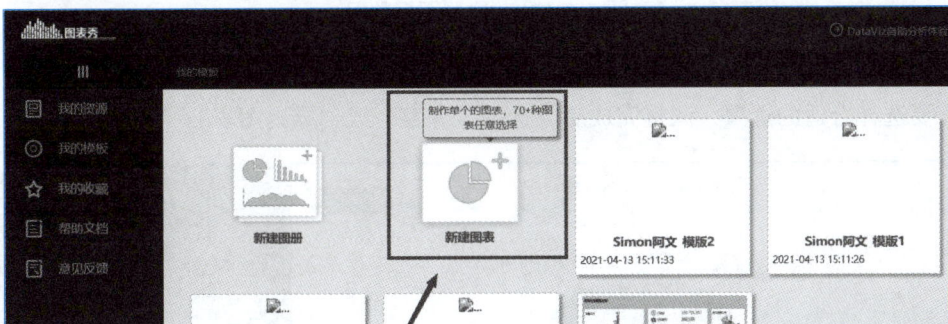

图 2-5-118　选择"新建图表"

【第四步】右侧的"图表选择"中，有"条形图""饼图""折线图"等选项，这里以"传统饼图"为例展开讲解（见图 2-5-119）。

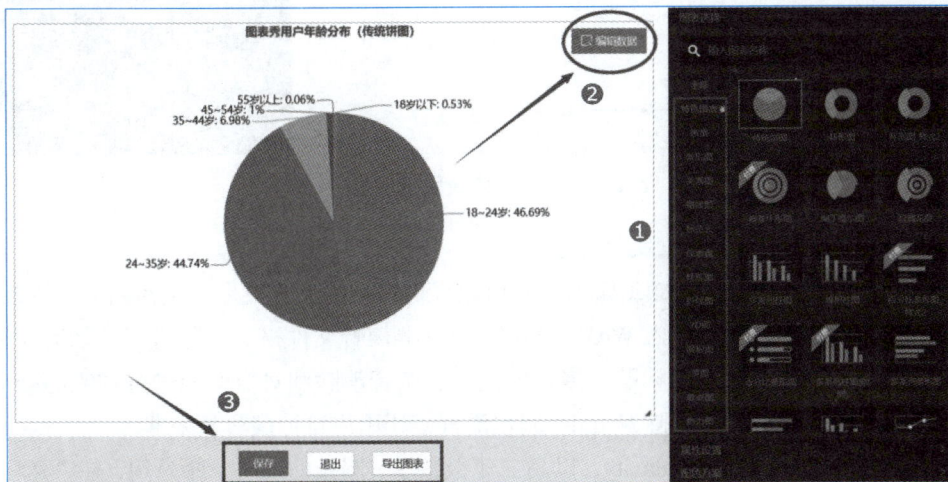

图 2-5-119　"新建图表"页面

【第五步】单击"修改属性"按钮可对饼图内容进行修改，右侧可选择数据源，也可以直接单击"选择文件"导入已制作好的 Excel、CSV 等文件，数据就可直接呈现（见图 2-5-120）。

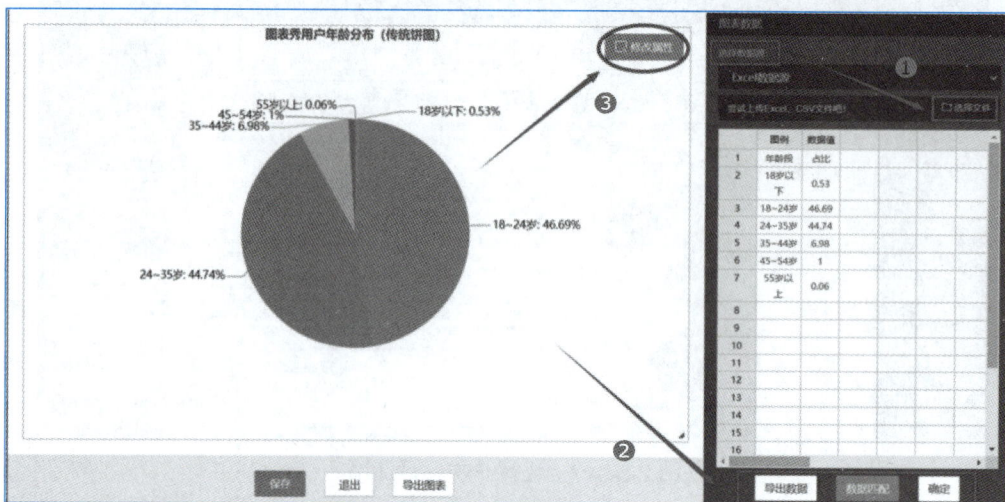

图 2-5-120　修改图标数据

【第六步】单击饼图右上角的"修改属性"，进入后，在右侧的"属性设置"中可以根据自己的需要选择合适的选项，调整完成后，选择"保存"或"导出图表"（见图 2-5-121）。

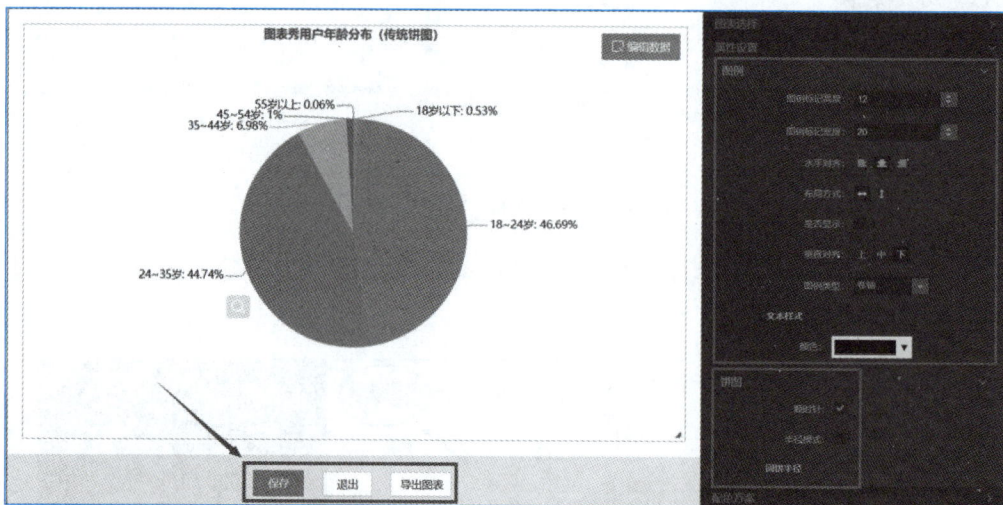

图 2-5-121　修改图标属性

3. 数字音频类教学资源检索案例分析

Audacity 是一款跨平台的音频编辑器，它可以提供理想的声音效果，包括回声、更改节拍、减少噪音等功能。该工具支持导入 WAV、AIFF、AU 等声音文件格式，除常规的录音与播放功能外，可对声音做剪切、复制、粘贴、多音轨混音、杂音消除和对声音档进行切割等处理。该工具支持多声道模式，同时还支持 Nyquist 编程语言，让用户自行撰写效果器。

下面，使用"硕鼠"配合 Audacity，以高二年级数学"圆锥曲线"一课为例，在"喜马拉雅"上进行数字音频类教学资源整合。

【第一步】进入"硕鼠"首页，在"视频网站"中选择"喜马拉雅"一项（见图 2-5-122）。

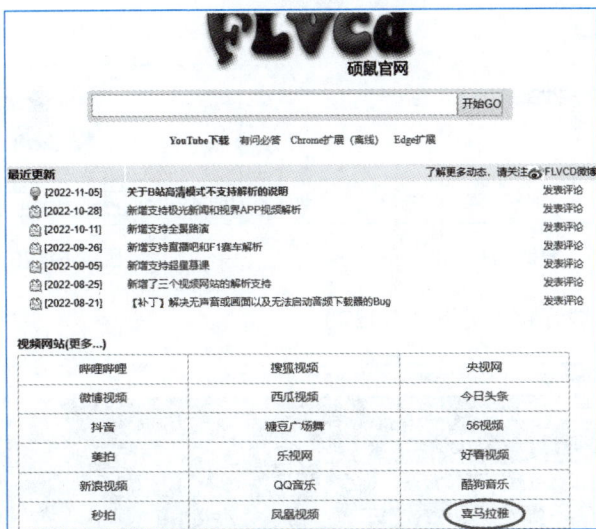

图 2-5-122　"硕鼠"→"喜马拉雅"

【第二步】在搜索框中输入关键词"中学数学"，选择"阅读数学～中学生数学兴趣培养"，再选择内容（见图 2-5-123 和图 2-5-124）。

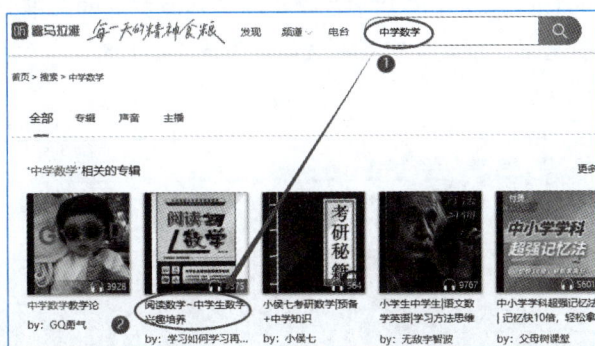

图 2-5-123　检索"中学数学"

图 2-5-124　选择内容

【第三步】播放试听，选定后复制链接（见图 2-5-125），从"硕鼠"首页搜索框解析该链接（见图 2-5-126）。

图 2-5-125　复制链接

图 2-5-126　访问链接

【第四步】单击下载音频（见图 2-5-127）。

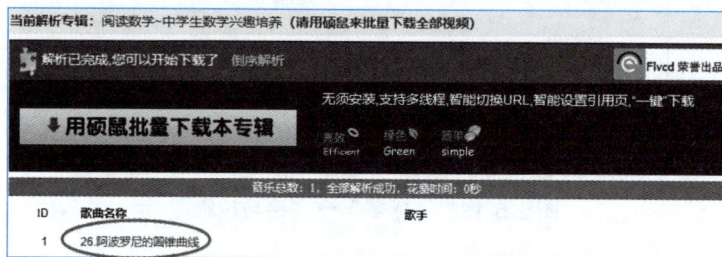

图 2-5-127　下载音频

【第五步】使用 Audacity 加工中学数学音频资源"阿波罗尼的圆锥曲线"，在音高、音色不变的前提下加快其音频速率，打开相应音频文件（见图 2-5-128）。（注意：音频需事先转换为适用于 Audacity 的格式）。

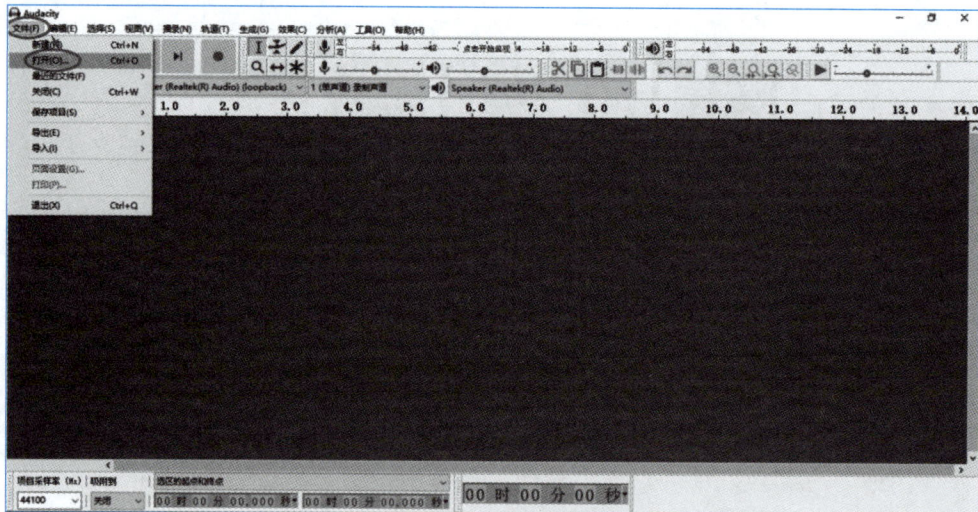

图 2-5-128　打开文件

【第六步】选择"选择工具"置于音频轨道任意位置，按【Ctrl+A】键全选音频，选择界面上方的"效果"一项，在弹出的菜单中选择"改变节奏"（见图 2-5-129）。

【第七步】在弹出的窗口调整"长度（秒）"一项，改变"to"后的数值，单击"预览"按钮试听效果，效果满意后单击"确定"按钮（见图 2-5-130）。

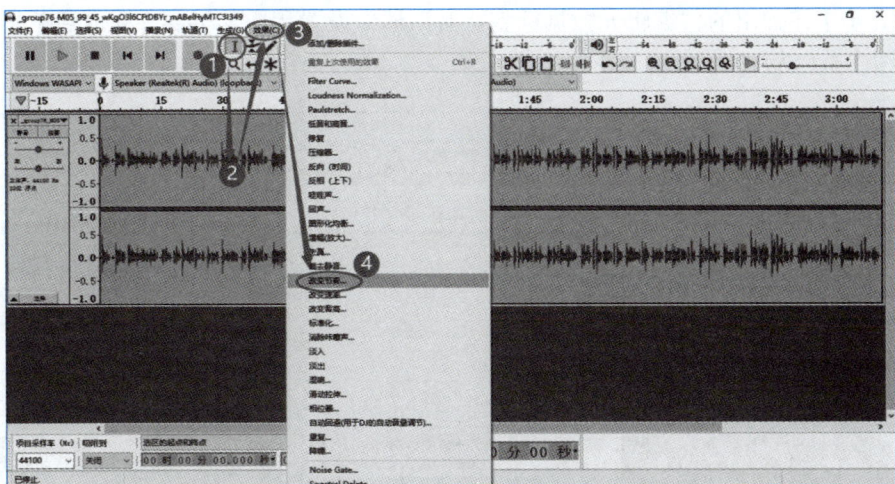

图 2-5-129　改变节奏

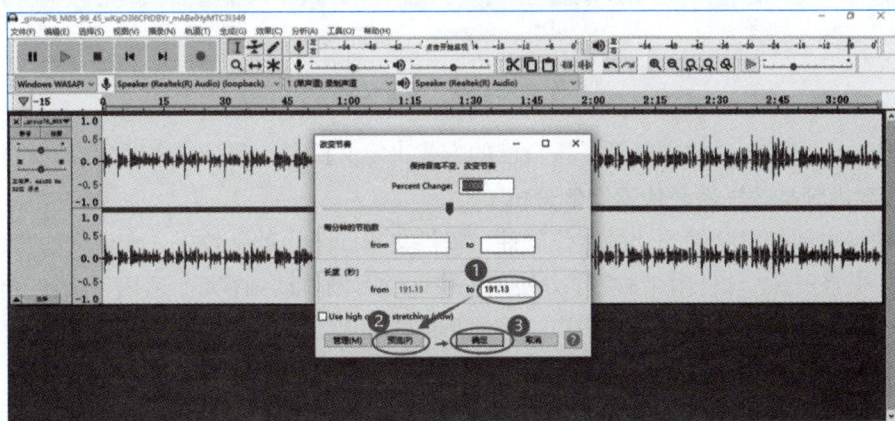

图 2-5-130　调整数值

【第八步】依次选择界面左上角"文件"→"导出"→"导出为 MP3"，将处理好的音频文件以 MP3 格式导出（见图 2-5-131）。

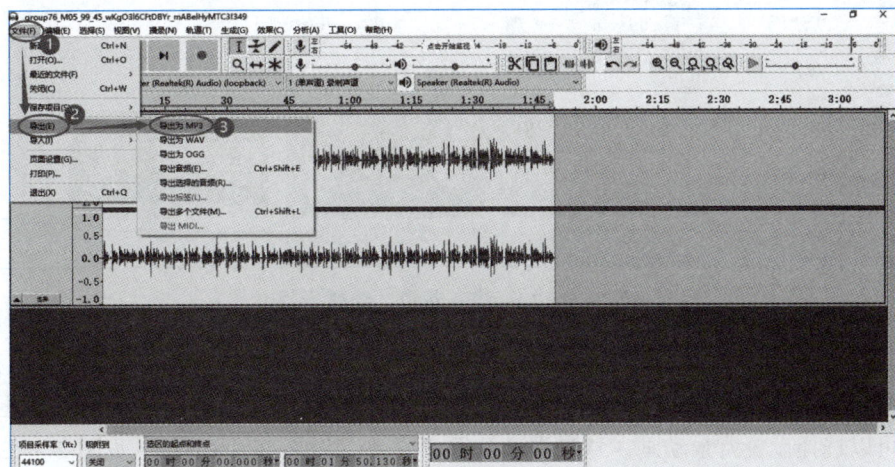

图 2-5-131　导出文件

【第九步】在弹出的"编辑元数据标签"对话框中设置相应的标签，完成后单击"确定"按钮（见图 2-5-132）。

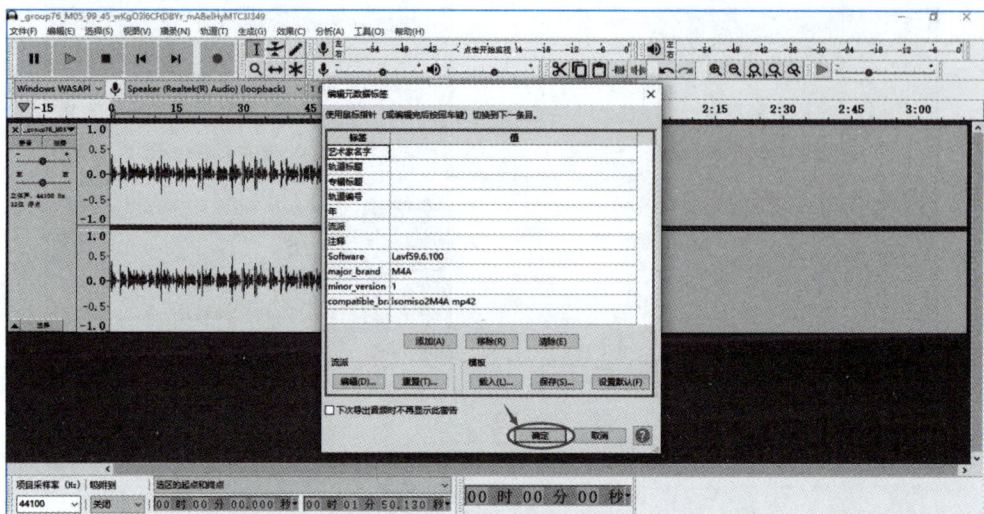

图 2-5-132　设置标签

【第十步】选择合适的文件夹，按自己的方式决定文件名，最后单击"保存"按钮。

4. 数字视频类教学资源检索案例分析

万彩动画大师是电脑端的动画制作软件，提供文本、图片动画效果、卡通人物角色和 SWF 动态图片等丰富资源。软件附带教程，方便用户快速学习制作动画视频，适用于企业宣传、广告、微课等领域。下面，以中学数学知识点"多边形的内角和"为例，利用万彩动画大师进行数字视频资源整合。

【第一步】打开万彩动画大师，进入软件首页，可以看到大量精美动画模板，支持一键使用模板进行创作，还可以自定义编辑动画。单击"新建空白页面"或"导入 PPT"按钮进行设置即可（见图 2-5-133）。

图 2-5-133　进入首页，新建项目

【第二步】接下来需要开始布置场景，单击画布下方左侧的"背景"，可以看到在时间轴上出现这个元素的动画条。靠前的动画条用来设置进场效果，靠后的动画条用来设置退场效果。在右上方可以选择设置背景动画、背景强调效果、滤镜／裁剪、时间信息（见图 2-5-134）。

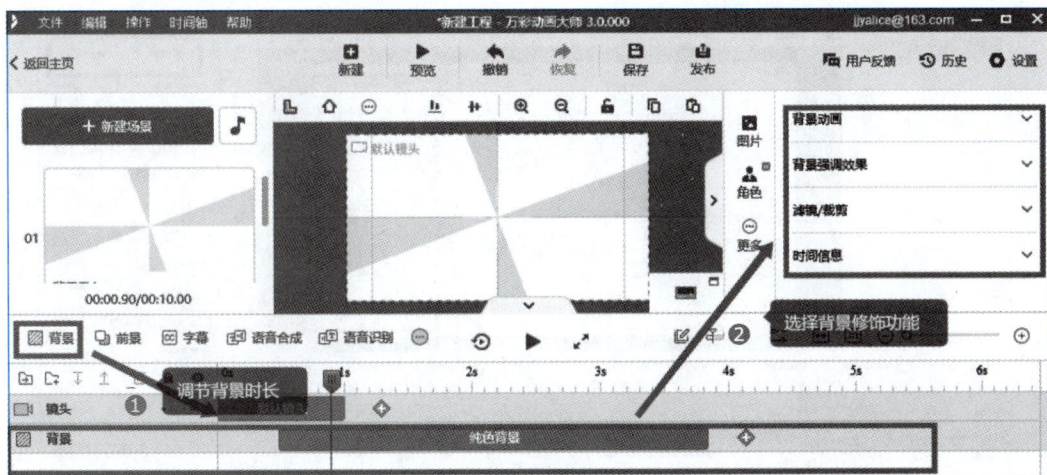

图 2-5-134　布置场景

【第三步】接着，需要在画面中添加关键文字"多边形的内角和"。单击右侧工具栏"文本"按钮，可以设置文字的样式与效果样式，文本大小也可以在此处进行修改，若是想设置艺术字效果，也可以在"文字特效"中单击选取，接着双击，将文本的进场效果设置为"底部渐入"，退场效果设置为"不显示"（见图 2-5-135）。

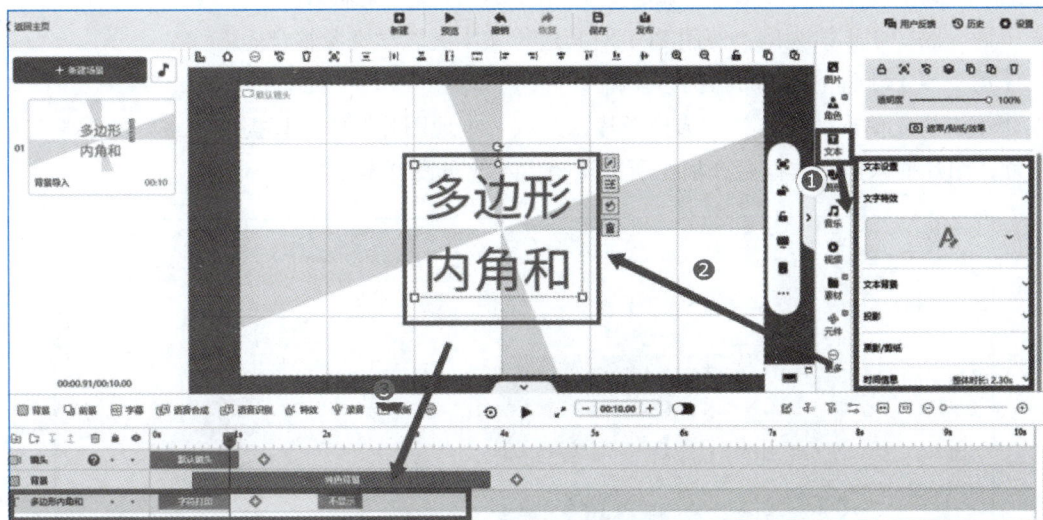

图 2-5-135　添加文字

【第四步】角色设计是形成微课制作短片风格的重要元素，它包括角色比例、动势、表情等设计。单击右方的"角色"选项，可选择"单人角色"或"双人角色"，添加角色之后可以在屏幕上调整人物位置、大小。在下方显示栏中，可以调节角色的进场和出场动画及时长（见图 2-5-136）。之后双击所选的角色可以给角色添加动作、姿势，根据需求选择"敲黑板"动作。在左下方还可以更换角色或使用自定义头像。

【第五步】调整完毕后，可单击画布上方的"预览"按钮，查看具体的效果。如果没有问题，可单击"保存"，发布作品。无论选择哪种动画制作方式，无论如何创建动画，编辑完成后就可以根据自定义输出设置，直接保存输出作品。

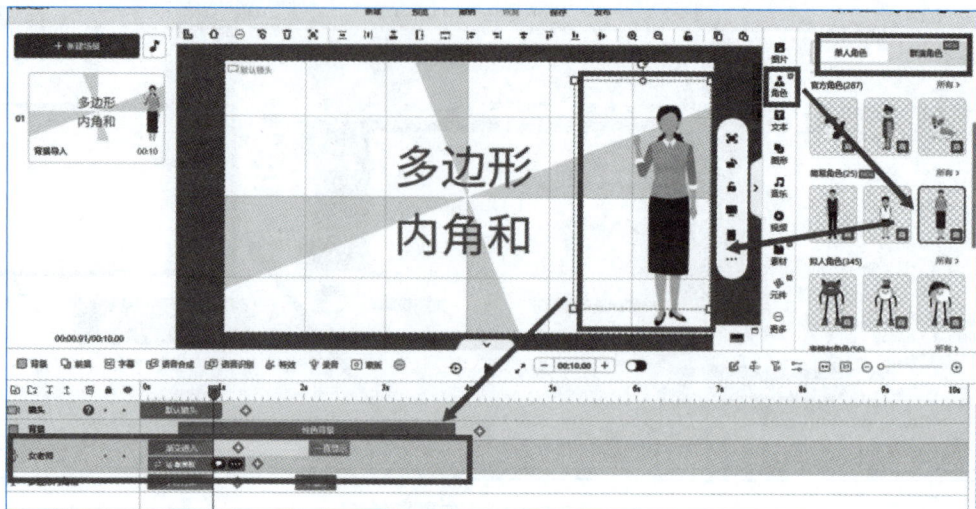

图 2-5-136　添加动画角色

（三）中学英语教学资源整合案例

1. 数字文本类教学资源检索案例分析

PPT 是一种幻灯片演示文稿格式，可以通过 Office 2007 以上的 PowerPoint 软件编辑制作。比起上一个版本的文件，PPT 可以兼容更多的图形、渐变、动画效果。

下面，以中学英语为例，使用 PPT 对其进行文本类教学资源整合。

【第一步】新建空白 PPT 演示文稿。

【第二步】单击"插入"，选择图片，并从"本地图片"中选择提前下载好的中学英语单词图片，图片插入至文本框后，根据所需调整大小（见图 2-5-137）。

图 2-5-137　插入图片

【第三步】双击空白页面，添加文本框后，将所学的单词输入至文本框内，并选择所输入的单词，调整字体及字体大小（见图 2-5-138）。

【第四步】单击图片，并选择"动画"选项，给图片加入动画效果，再单击文本框，同样加入动画效果（见图 2-5-139）。

【第五步】选择"插入"选项，选择"音频"，并单击"链接背景音乐"，从本地音乐中插入英语单词的读法（见图 2-5-140）。

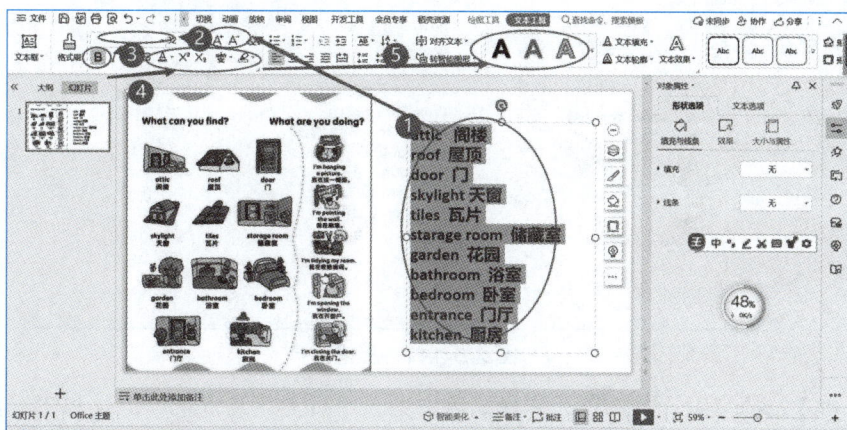

图 2-5-138　输入文本及调整字体

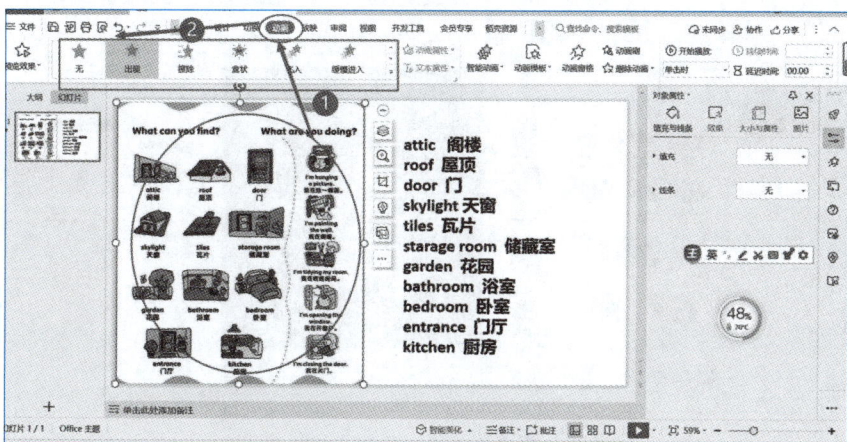

图 2-5-139　加入动画效果

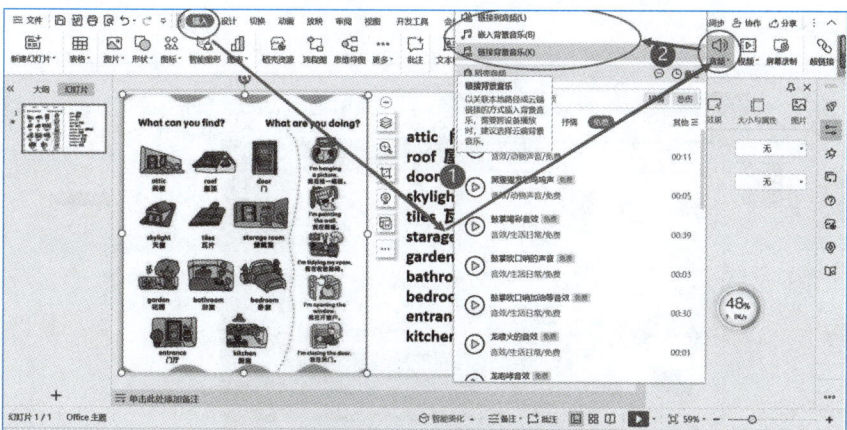

图 3-5-140　插入音频

【第六步】选择"插入"选项，选择"批注"，对英语词汇及句式进行批注（见图 2-5-141）。

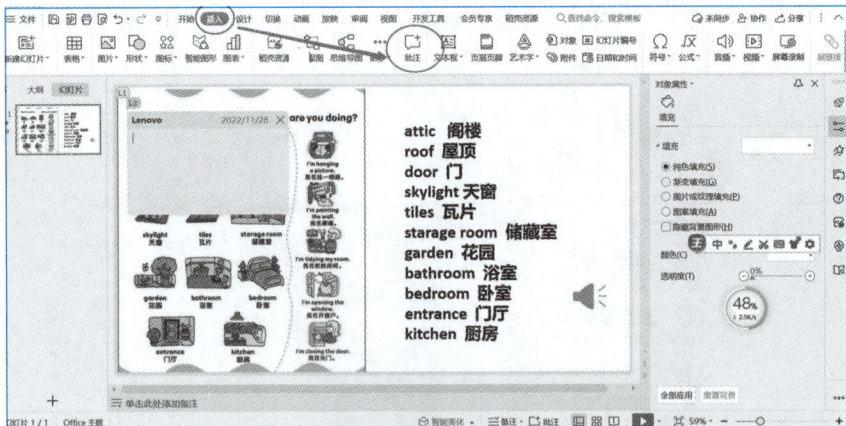

图 2-5-141　批注

【第七步】选择"设计"选项，选择配色方案、单页美化及背景等，对 PPT 页面进行美化（见图 2-5-142）。

图 2-5-142　美化页面

【第八步】选择"设计"选项，再选择"页面设计"，对幻灯片的大小、长宽及方向进行修改（见图 2-5-143）。

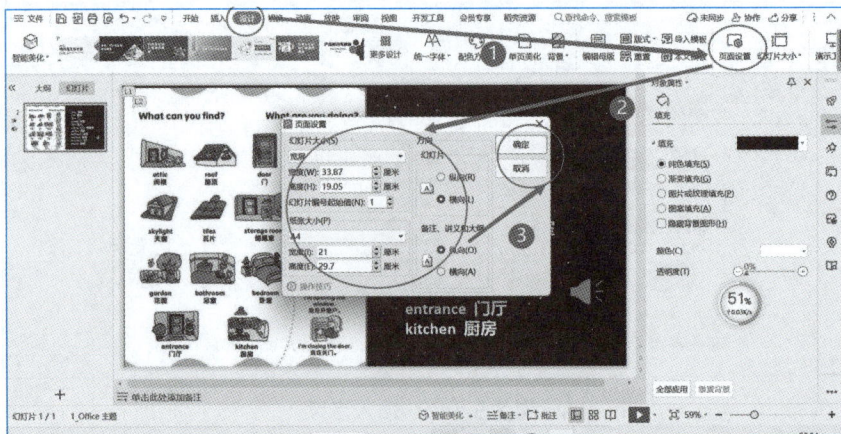

图 2-5-143　页面设置

【第九步】单击该幻灯片，并选择"切换"选项，给整张幻灯片添加动画效果，最后将文件保存（见图 2-5-144）。

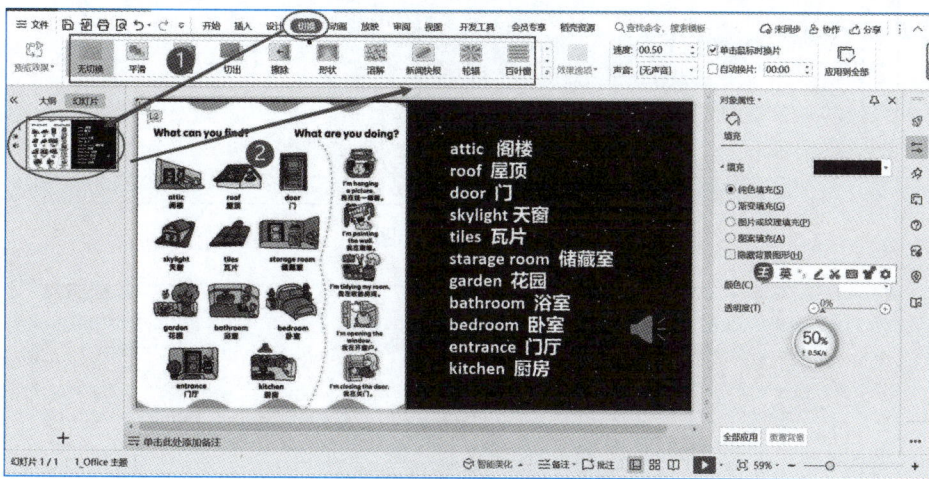

图 2-5-144　设置效果并保存

2. 数字图像类教学资源检索案例分析

稿定设计是一个聚焦商业设计的多场景在线设计平台，它汇集创意内容与设计工具于一体，为不同场景下的设计需求提供优质的解决方案。通过"拖、拉、拽"等操作即可轻松实现创意，根据不同场景、不同尺寸，创建海量优质模板素材，满足中小型企业、自媒体、学生、电商运营、个体经营者的图片及视频模板设计需求，让设计更简单。下面，以仁爱版初中英语七年级上册 Unit1 为例，介绍如何使用"稿定设计"制作图形图像教学资源。

【第一步】进入"稿定设计"，首先根据页面提示登录。在左侧导航栏中可以选择需要的图像类型和模板类型，在搜索框中输入关键词，进行搜索（见图 2-5-145）。

图 2-5-145　搜索关键词

【第二步】搜索关键词后，在下方出现的结果中选择合适的模板，单击合适的模板即可进行编辑。

【第三步】进入编辑界面，在左侧工具栏中添加素材、文字、照片、背景或者组件。在模板上双击文本框可以修改文字内容（见图 2-5-146），在画面右侧可以修改画布尺寸和背景。

【第四步】在右侧工具栏中可以设置文字字体、对齐方式、竖版文字、加粗、下划线、颜色和透明度等（见图 2-5-147）。

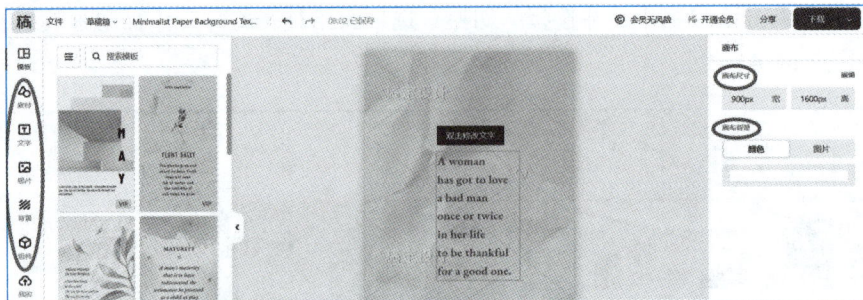

图 2-5-146　设计图像

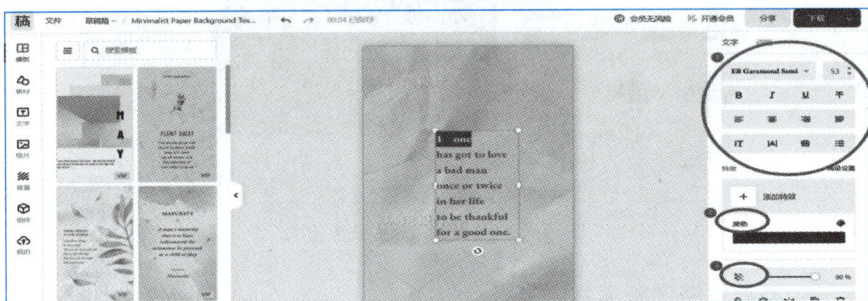

图 2-5-147　设置文字样式

【第五步】编辑完成后单击右上角"下载"按钮，选择"下载"或"保存至公众号"等下载方式，下载之后可将该图形图像用于教学中。

3. 数字音频类教学资源检索案例分析

"每日英语听力"是一款可以学习英语、锻炼英语听力的软件，主要功能是为学习者提供良好的英语听力训练。

下面，以小学英语听力为例，使用"每日英语听力"对其教学进行数字音频类资源整合。

【第一步】下载电脑版"每日英语听力"软件，登录进入首页后，"推荐"中包含有"今日推荐""专辑分类""精听党""名师博客"等选项，首先单击"今日推荐"，下方呈现"热门推荐"和"精选专栏"，软件会根据用户的使用数据向用户推荐热门话题的音频。以"2022卡塔尔世界杯"为例，单击进入（见图 2-5-148）。

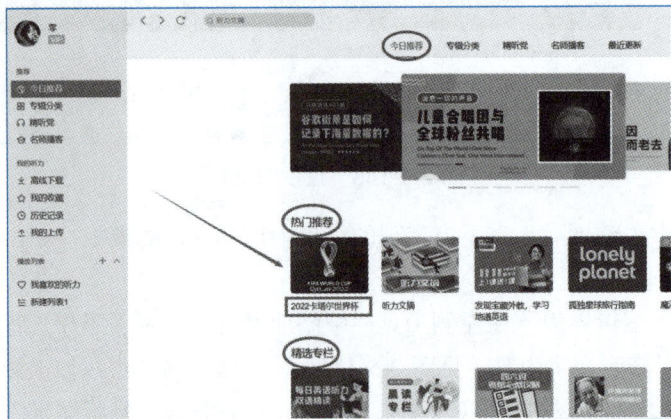

图 2-5-148　"今日推荐"

【**第二步**】单击进入页面后，有多篇相关音频以供用户选择，可以对喜欢的音频进行下载、收藏和分享（见图 3-5-149）。以"C 罗你问我答"为例，左侧为视频，右侧是相应的英文字幕，开通 VIP 可观看中文字幕，页面右下角可进行倍速调节和关闭字幕（见图 2-5-150）。

图 2-5-149 收听"热门推荐"

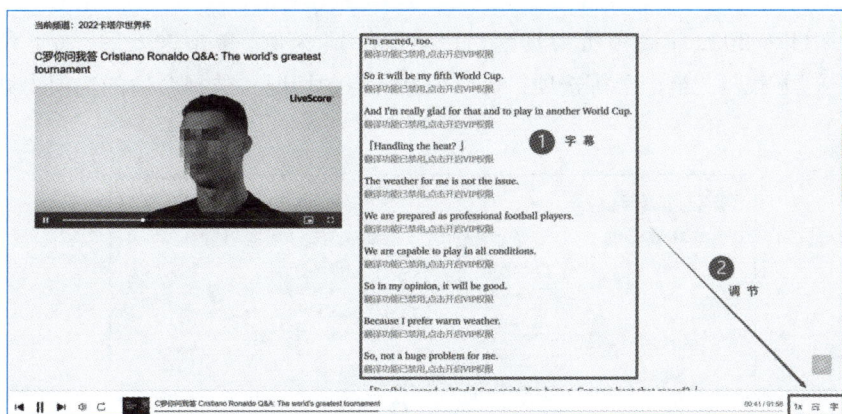

图 2-5-150 观看视频 / 音频

【**第三步**】返回首页，单击"专辑分类"，右侧呈现多种选项，以"英语考试"为例展开讲解，单击并进入（见图 2-5-151）。

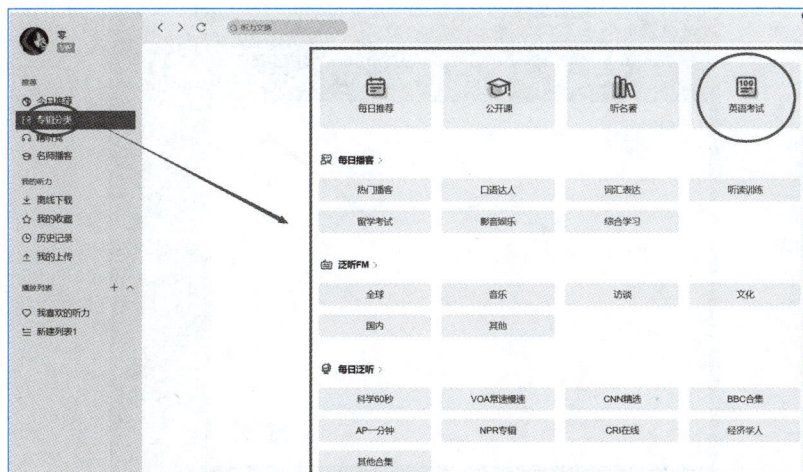

图 2-5-151 "专辑分类"→"英语考试"

【第四步】基于对高中英语听力的教学，选择相应的"中高考"以获取学习资源，下方有整套及不同题型的听力试题（见图2-5-152）。

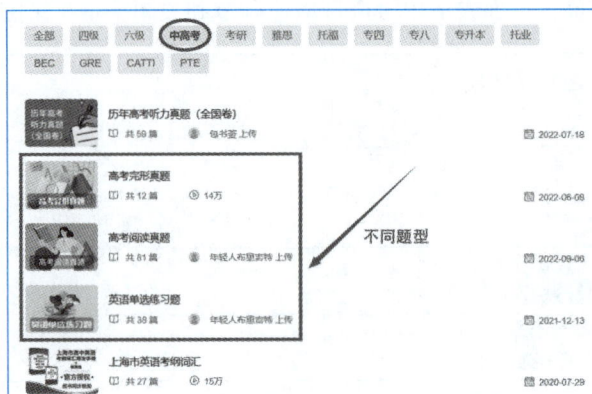

图 2-5-152　英语听力试题

【第五步】以"2022年高考听力真题（Ⅰ & Ⅱ卷）"为例，单击进入后，右上角有"译文""学习模式""下载""笔记"等选项，可以根据自身的情况，选择合适的选项（见图2-5-153和图2-5-154）。

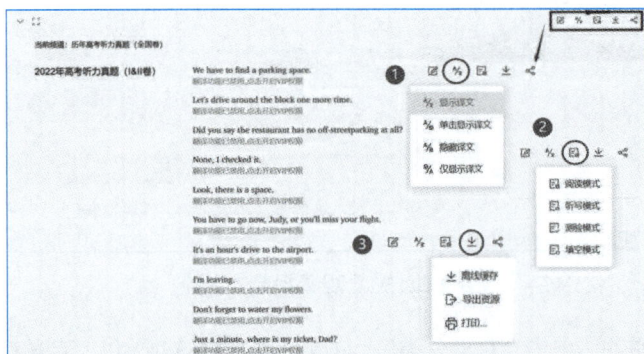

图 2-5-153　"译文""学习模式""下载"

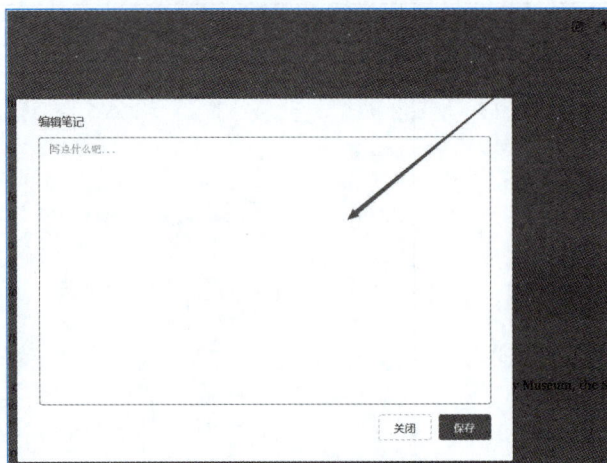

图 2-5-154　"编辑笔记"

【第六步】精听是提高听力的最佳方法，可以单击"精听党"来获取相应的资源，该部分属于付费环节，可根据需要选择性购买（见图 2-5-155）。

图 2-5-155 "精听党"

4．数字视频类教学资源检索案例分析

"EV 录屏"是一款桌面录制与网络推流为一体的免费多媒体软件，它支持桌面任意选区、多摄像头、多图片和文字水印集成录制，可以满足微课、游戏录制等多重需求，输出视频文件体积极小。该工具支持"录制预览"和自由的"插件管理"模式，可以根据自己的喜好，自由下载安装功能插件。

下面，以"EV 录屏"软件为例，对中学英语知识点"一般现在时"的教学进行数字视频类教学资源整合。

【第一步】先从官网下载并安装"EV 录屏"软件，打开并进入到软件的主界面中。单击软件左侧的"常规"，可选择"本地录制"或"在线直播"，一般情况下选择"本地录制"。在界面的右侧，是录屏区域（见图 2-5-156），即将要录制的是本次英语课堂的知识点"一般现在时"。

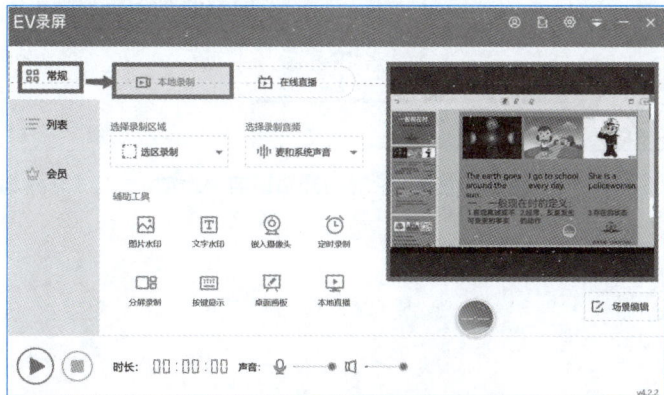

图 2-5-156 EV 录屏主界面

【第二步】单击"选择录制区域"下的下拉框按钮，在弹出的列表中可以选择"全屏录制""选区录制""只录摄像头""不录视频"等录制方式。选择"全屏录制"这种方式会把整个电脑屏幕上的内容录制下来。

【第三步】然后单击"选择录制音频"的下拉按钮，弹出列表中有"仅麦克风""仅系统声音""麦和系统声音""不录音频"等录音方式，根据自身需要进行选择。选择"麦和系统声音"录制的视频可以将麦克风和系统声音录制下来（见图 2-5-157）。

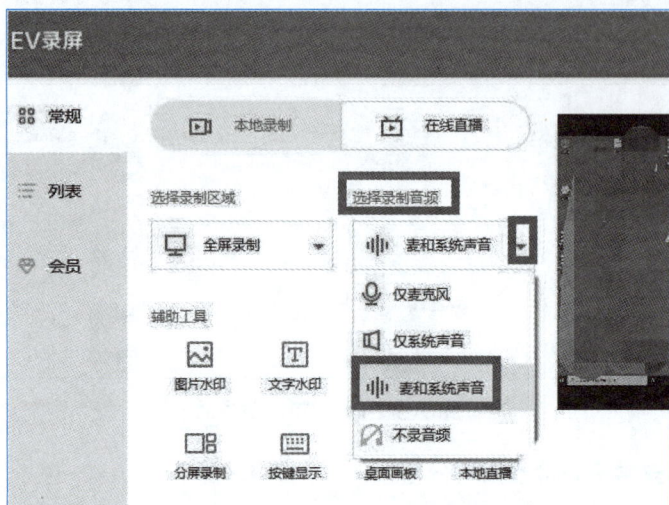

图 2-5-157　选择录制音频方式

【第四步】设置好所有操作后，单击左下角的开始键即可开始录屏，录屏结束后单击停止键即可关闭录屏。界面下方还可以查看录制时长、调节音量（见图 2-5-158）。

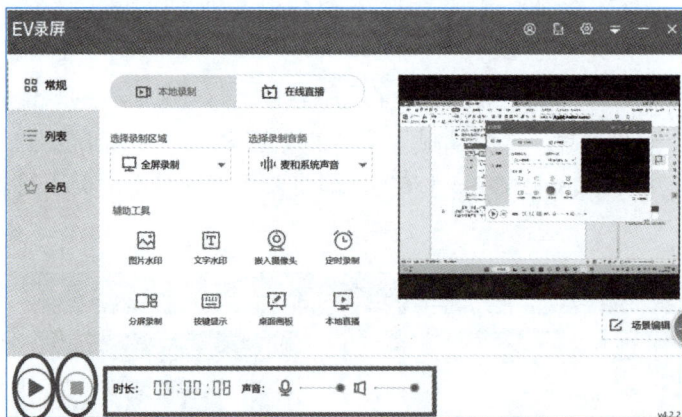

图 2-5-158　录屏的开始键与停止键

第三章
教师智慧教学设计应用能力提升

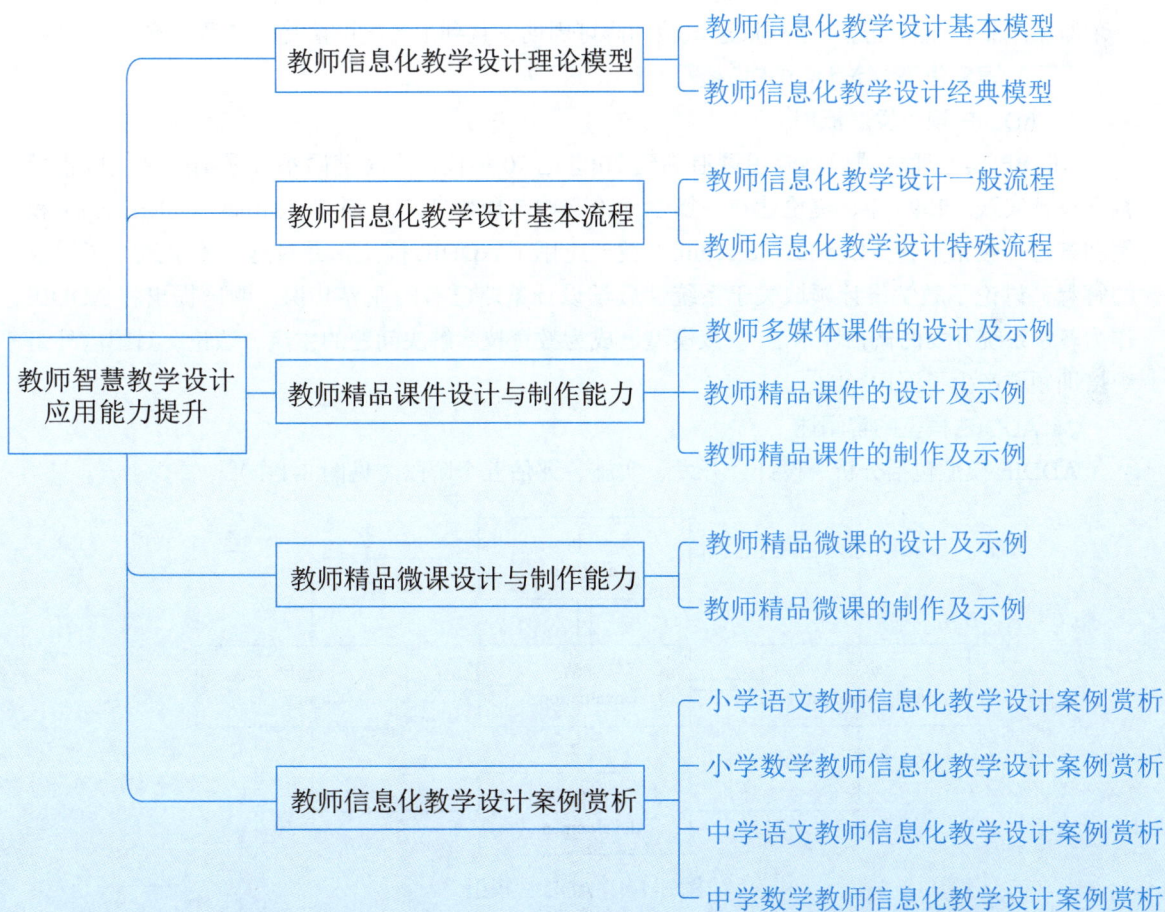

教师智慧教学设计应用能力提升
- 教师信息化教学设计理论模型
  - 教师信息化教学设计基本模型
  - 教师信息化教学设计经典模型
- 教师信息化教学设计基本流程
  - 教师信息化教学设计一般流程
  - 教师信息化教学设计特殊流程
- 教师精品课件设计与制作能力
  - 教师多媒体课件的设计及示例
  - 教师精品课件的设计及示例
  - 教师精品课件的制作及示例
- 教师精品微课设计与制作能力
  - 教师精品微课的设计及示例
  - 教师精品微课的制作及示例
- 教师信息化教学设计案例赏析
  - 小学语文教师信息化教学设计案例赏析
  - 小学数学教师信息化教学设计案例赏析
  - 中学语文教师信息化教学设计案例赏析
  - 中学数学教师信息化教学设计案例赏析

第一节　教师信息化教学设计理论模型

一、教师信息化教学设计基本模型

对于如何进行信息化教学设计，从而正确指导教学，可以根据教学设计的一些基本模型来建立适用于中学课堂教学的信息化教学设计模型。

（一）教学设计模型发展脉络

在 20 世纪 60 年代早期和中期，在诸如任务分析、目标规范和标准参照测试等领域正在发展的概念被联系在一起，形成系统设计教学材料的过程或模型。在 20 世纪 70 年代，教学设计模型的数量大大增加。在 20 世纪 80 年代，许多领域对教学设计的兴趣不断增长。随着计算机的出现，教育设计领域的专业人员讨论了开发新的教学设计模型的必要性。在 20 世纪 90 年代，"表演技术运动"和对建构主义日益增长的兴趣对教学设计原则和实践产生了重大影响。此外，电子性能支持系统的使用和发展也导致许多教学设计师所执行的工作性质的变化。快速原型是近年来对教学设计实践产生影响的另一个趋势，包括在教学设计项目的非常早期阶段快速开发一个原型产品，然后经过一系列快速试验和修订周期，直到生产出可接受的产品版本[1]。

（二）信息化教学设计 ADDIE 模型

1. ADDIE 模型发展梳理

ADDIE 模型理念的最早应用可追溯到 20 世纪 70 年代，当时美国军方采纳此模型以指导教学设计实践。1996 年，莫伦达在一篇学术论文中与詹姆斯·A. 潘兴（James A. Pershing）教授和查理·赖格卢特（Charles Reigeluth）教授应用了 ADDIE 模型，并对这一术语进行了详细的解释，讨论了教学设计领域关于系统性教学设计策略已有的业界共识，明确提出将 ADDIE 作为教学系统开发的概括性术语[2]。该模型已成为教育技术解决问题的主流方法论，对国内外组织培训领域产生了深远影响。

2. ADDIE 模型内容阐述

ADDIE 模型包括分析、设计、开发、实施、评估五个阶段（见图 3-1-1）。

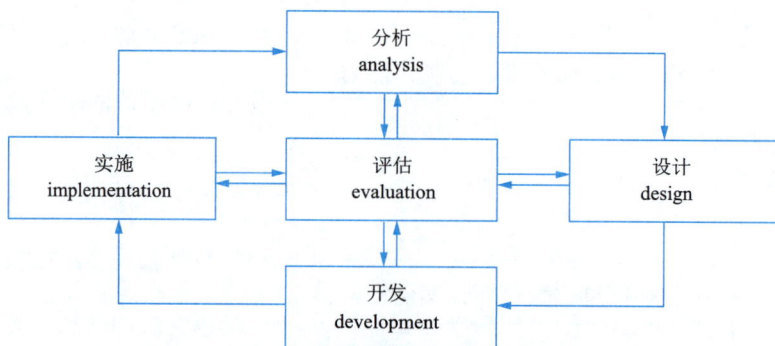

图 3-1-1　ADDIE 模型

1　REISER R A. A history of instructional design and technology: Part II: A history of instructional design[J]. Educational technology research and development，2001，49（2）：57-67.

2　MOLENDA M. In search of the elusive ADDIE model[J]. Performance improvement，2003，42（5）：34-37.

（1）分析

设计者在分析阶段需考虑目标受众。先确定受众需求，再进行任务分析，确定与工作或课程相关的教学内容或技能。最后进行教学分析，以确定必学内容。根据需求和任务分析，设计者需确定所需的指令量，如果目标受众的成员之间存在差异，一些学生将需要更多或不同的指导才能达到相同的目标。

（2）设计

设计过程包括几个关键方面，主要是设计者在整个阶段进行研究和规划。规划包括确定目标、实现目标而采用的教学策略，以及最有效地实现目标的媒体和方法。在设计阶段，设计者需全面考量分析阶段的信息或数据，否则，可能导致执行阶段的重复劳动，浪费时间与资源。在设计流程中，评估也很重要。设计人员需审慎决定评估目标的策略和实施前的评估形式，目标与评估应相辅相成，构建实际意义的教学体系。

（3）开发

设计者需参考前两个阶段结果，为开发阶段的信息交付构建一个产品，将设计者的角色从研究和计划转变为生产模式。开发阶段强调起草、生产和评估。设计者开发或选择材料和媒体，进行形成性评价。开发阶段的评估与 ADDIE 过程第五阶段的实际评估格式所包含的重点不同，它包含了形成性的方法，要求关注产品和产品的质量标准，设计者要确定学生或观众是否会从产品中学到东西，以及在实施之前如何改进产品。

（4）实施

在实现阶段，设计者必须扮演积极的角色。随着阶段的推进，设计者或指导者的作用也在加强。为了确保产品有效交付，开发人员必须持续分析、重新设计和优化产品。若任由产品或过程自然发展，可能会对程序的实施产生反效果。因此，在整个实施阶段，必须进行评估和必要的修改，以确保产品、课程或计划的有效性。当学习者和教师都积极参与时，可及时修改课程或计划，保障其有效性。

（5）评估

评估阶段是 ADDIE 过程的重要组成部分，具有多维度性。评估阶段可以在发展阶段以形成性评价的形式出现，在学生和教师的帮助下贯穿整个实施阶段，并在课程或计划实施的最后以教学改进的总结性评价的形式出现。在整个评估阶段，设计者必须确定问题是否已经解决、目标是否已经达到、产品或课程的影响，以及未来交付的必要更改。尽管常因时间或经济因素被忽视，但评估是必要实践，对分析和实施未来课程和计划至关重要。

3. ADDIE 模型特征评价

① ADDIE 模型有分析、设计、开发、实施、评估五个阶段，其中，分析、设计、开发、实施形成了一个闭环，评估阶段既独立存在，又贯穿于其他四个阶段当中，体现了 ADDIE 模型的严谨性和科学性。

② ADDIE 模型是一个线性模型，按分析、设计、开发、实施、评估的线性顺序进行，但流程僵化，一旦后续阶段出现错误，难以撤销。因此，该模型过于线性化。

③ ADDIE 模型具有重复与迭代的特性。比如，在设计阶段，设计者需进行验证与补充分析阶段的成果，形成从设计到分析的一个回环。在每个阶段都存在这样的回环，最终形成了一个闭环的 ADDIE 模型。

④ ADDIE 模型在实际应用过程中既要求系统性和整体性，但结合不同的应用环境又具有一定动态性，在具体的应用情境，起点不一定必须从分析阶段开始。

（三）信息化教学设计的 SAM 模型

1. SAM 模型背景概述

ADDIE 模型为教学设计人员提供了系统的设计程序，帮助他们制定更有效的教学方案。然而，ADDIE 过于系统化，执行起来耗时，缺乏灵活性。为了弥补 ADDIE 模型的这些弱点，Allen M W 和 Sites R 创建了另一种 ISD 模型——逐次逼近模型（successive approximation model, SAM）。SAM 使用了一个更迭代的过程，强调原型，这个模型假设受众会改变他们关于什么是必要的或有效的，谁将被包括在学习者群体中的想法。项目每个阶段的更改都需要通过迭代过程更新。在这个模型下，协作对于防止潜在问题的发生至关重要[1]。

2. SAM 模型内容概述

SAM 由三个主要阶段组成：准备阶段、迭代设计阶段和迭代开发阶段（见图 3-1-2）。

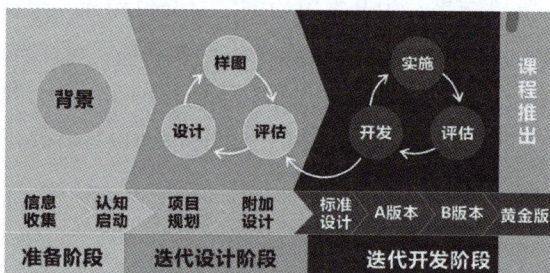

图 3-1-2　SAM 模型

（1）准备阶段

在准备阶段，SAM 从收集与项目相关的所有信息和背景知识开始，以"认知启动"结束。"认知启动"旨在通过头脑风暴快速收集有用的信息和各种想法，快速轮换设计理念。随后，SAM 开发未经修饰的原型，并产生设计学习内容的初步想法。

（2）迭代设计阶段

迭代设计阶段包括项目规划和附加设计。项目规划阶段在"认知启动"后进行，包括设置项目时间表、预算及分配任务。项目规划完成后，团队可以继续其他设计工作。在迭代设计阶段，设计、原型和评估均在小步骤中迭代旋转。原型是设计阶段的重要组成部分，作为团队成员之间的沟通手段，使概念可视化，超越单纯的描述和规范列表。

（3）迭代开发阶段

在迭代开发阶段，项目团队成员轮流进行开发、实现和评估，重要的是完成项目的小块，以便为最终用户提供反馈。设计证明，第一个周期的产品，是在开发阶段的开始，在展示和测试设计证明之后，发布 Alpha 版本（A 版本），然后发展到 Beta 版本（B 版本），最后推出黄金版本。Alpha 阶段是完整项目的首个版本，所有组件均可使用，但可能存在次要编辑。Beta 版本是基于反馈和审查的 Alpha 版的修改版，也是修复项目的最后机会。最终更正后，项目进

1　ALLEN M W，Sites R. Leaving ADDIE for SAM: An agile model for developing the best learning experiences[M]. American Society for Training and Development，2012.

入黄金版本，准备全面部署。

3. SAM 模型特征评价

① SAM 模型具有非线性结构，因此能够快速解决问题，无须从头开始重新规划。一旦"认知启动"完成，SAM 模型就将同时推进六个设计和开发阶段，这极大地简化了问题识别、修复及相关因素调整的过程。SAM 模型并非传统的自上而下系统，而是倡导各团队与流程间的协同合作，共同推进项目的进展。

② SAM 模型是一种更敏捷的方法，注重速度、灵活性和协作，目的是生成更有效和高效的学习内容。

③ SAM 模型具有容错性，可以在流程的早期生产出尚未完全精细化的产品版本。

二、教师信息化教学设计经典模型

信息化教学设计的目标在于协助教师运用信息技术和资源于日常教学中，培养学生的信息素养、创新及问题解决能力，从而提升学生的学习能力与学业成就。目前，各地正在试验多种基于信息技术的教学方式，如研究性学习、资源型学习、未来教育等。尽管经典模型并非唯一或最佳，但其融合了现代教学理念、系统设计方法和结构化评价手段，体现了信息化教学设计的基本原则，代表了发展方向，且可应用于不同学科教学，因此，研究并实践此模式具有重要意义。

（一）ASSURE 模型

1. ASSURE 模型概述

ASSURE 教学设计模式是于 1989 年由美国印第安纳大学（Indiana University）教育技术专家罗伯特·海涅克、迈克尔·莫伦达和普渡大学（Purdue University）的詹姆斯·罗素在他们的著作《教学媒体与技术》（*Instructional Media and Technologies for Learning*）中提出，基于认知学习理论，有机整合了加涅的九段教学事件理论，以其可操作性、简洁性、逻辑性和以学习者为中心的思想而著名，是一个很有价值且被广泛接受，能够推广到课堂教学、远程教育和企业培训等多个领域中的教学设计模式[1]。

2. ASSURE 模型设计

ASSURE 是一种系统化和步骤化的教学设计方法，每个字母代表一个环节，同时也有"确保"良好教学效果的双关含义。具体包括如下环节：A：分析学习者（analyze learners）；S：陈述教学目标（state objectives）；S：选择方法、媒体和资料（select methods、media and materials）；U：运用媒体和材料（utilize materials）；R：要求学习者参与（require learner participation）；E：评估和修正（evaluate and revise）。

3. 基于 ASSURE 模式的天文教学设计案例——日食教学

（1）分析学习者

一般特征：参加公选课的学生是全校大二各专业学生，年龄在 18 ~ 21 周岁，基本的学习技能水平也相近。

入门能力：具有一定日食知识，已经熟练掌握 PowerPoint 演示文稿的制作，因而对 WWT

1　严丹，王峰，李先玲. 基于 ASSURE 模式的英语文学名著导读网设计 [J]. 中国远程教育，2011（3）：8..

软件能够很快入门，能够利用网上工具进行交流、搜索资料[1]。

学习风格：本班学生在学习风格上喜欢先进行自主探究，遇到问题再进行交流合作，WWT 天文教学为他们提供了一个自主探究、交流合作的环境。

（2）陈述教学目标

通过 WWT 的天文教学，学生能够自己掌握日食的形成原因及区分各种食象，并且可以利用所掌握的天文知识制作出漫游作品，在此过程中培养学生的实践能力及与人协作的能力。

（3）选择方法、媒体和资料

教学方法采用自主探究法、小组协作与任务驱动法探究学习日食的形成原因。将全部学生进行异质分组，利用 WWT 资源、天文网站及论坛收集资料，观察 WWT 中日食形成过程，制作关于日食形成的 WWT 漫游作品。

（4）利用媒体和资料

天文教学采用 WWT。向学生简单介绍 WWT 及其用法，利用 WWT 展示日食漫游，直观展示日食形成过程，激发学生好奇心和求知欲。学生将利用网络上相关网站及论坛深入了解日食其他的知识及漫游作品的制作方法。

（5）要求学习者参与

引导学生利用 WWT 资源，学习者根据自己确定的主题内容来选择相应的资料及网上资源，让学生先自主探究，遇到问题再与他人交流合作。利用 WWT 的强大功能及其资源来完成形式多样的作品，并将其上传到 WWT 社区。

（6）评估与修正

学生的作品按小组展示，并根据作品围绕天文内容进行交流和讨论，分享制作作品的经验及遇到的技术问题，以获得更多收获。教师评估学生掌握知识的程度，并考虑以后将如何改进，采用"作品评价量规表"考查学生作品。

（二）ARCS 动机激发模型

1. ARCS 动机激发模型概述

ARCS 动机模型由美国佛罗里达州立大学教授凯勒于 1987 年提出。凯勒概括影响学习动机的四大主要因素即注意（attention）、切身性（relevance）、自信心（confidence）和满足感（satisfaction）[2]。ARCS 为四大因素英文单词首字母缩写，后经丰富，发展成为一种以激励课堂学习动机为核心的教学设计模式。该模型主张以调动学习动机为线索指导教学设计，既要重视学习动机的激发，更要重视学习动机的维持。其要义可概括为：教学设计应围绕注意、切身性、自信心和满足感来设计和运用课堂学习动机策略，一是要引起学生的注意，使其对某项学习任务产生关注和兴趣；二是要使学习任务与学生个人利益和需求密切相关，让学生真正理解学习任务的重要性；三是要使学生有能力有信心完成该学习任务；四是要让学生体验成功的喜悦，激发满足感，形成良性循环。

1　王宗月，李璐 . 基于 ASSURE 模式的 WWT 天文教学设计 [J]. 楚雄师范学院学报，2012，27（3）：89-92.

2　KELLER J M. Development and use of the ARCS model of motivational design[J]. Journal of Instructional Development，1987（3）:2-10.

2．ARCS 动机激发模型精析

ARCS 动机模型的主要内容包括引起注意、切身相关、建立信心、获得满足四个方面（见图 3-1-3）。

图 3-1-3　ARCS 动机模型

（1）引起注意

要激发学生的学习动机，首先要让学生对单元内容有足够的注意力。依据信息处理理论，虽然人们可以接收大量信息，但只有被注意的信息才会被大脑记忆与处理。提升注意力的设计策略，不仅在于引起学习者感官上的注意，更重要的是激发求知的好奇心，并使学生对教学内容保持较为持久的注意力[1]。教师需精心设计教学内容的呈现，灵活运用不同的教学组织方式，运用注意引发策略，使学生因感受到知识的新鲜感而产生求知欲。

（2）切身相关

新鲜的事物能帮助集中注意，但在理解和内化新知识时，学生往往倾向于结合本身已熟悉且了解的内容进行学习。因此，教师要结合学生的专业和文化背景，阐明课程与当前学习任务、未来生活和工作的相关性。之后，学生就会进行有目标的学习，主动联系过去的学习经验，使学习任务符合个人的需求[2]。

（3）建立信心

学生在学习前了解学习内容和进度有助于把握学习重点，反之，如果学习内容让学生混淆不清，学生就容易丧失信心。此外，布置难度适中的挑战性教学任务能激发信心。教师要善于通过表扬等激励方式，帮助学生克服畏难情绪，维持适度的学习动机。

（4）获得满足

在学习过程中，学生在内部学习动机的推动下，通过与教师、电子教材的互动而获得学习的满足感。教师应结合内在动机与外部奖励，提供自我表现的机会，鼓励学生积极思考和运用所学知识或技能于专业学习和生活中。

1　张静仪，刘蕙钰. 自然科教学引起动机的策略与方法研究 [J]. 科学教育，2003（261）：2-12.

2　KELLERJM，KOPPTW. Application of the ARCS model to motivational design[M]//REIGELUTH C M. Instructional theories inaction：lessons illustrating selected theories. New York ： Lawrence Erlbaum Publishers，1987：289-320.

3. ARCS 动机设计模型应用

凯勒研究了 ARCS 动机设计模型的应用。该模型是一个可用于教学模型设计与开发的系统设计过程，包含定义、设计、开发和评价四大步骤[1]。其中，定义阶段有三个主要任务：一是问题归类，即对各种动机问题进行归类，为有针对性地设计动机策略做准备；二是学习者特征分析，其主要目的是识别学习者之间的动机差异，更具体详细的分析便是对学习者四种动机成分的分析；三是动机目标的确定，即需要说明学习者应该在哪种条件下，具体产生什么样的动机行为，并达到什么样的动机标准。在设计阶段，首先，要为每一个动机目标创建一系列可能有助于解决学习者动机问题的动机策略；其次，综合比较分析各项动机策略的优缺点，并结合实际情况选择合适、高效的动机策略。在开发阶段，教学设计者不仅要开发相应的教学材料，还要将其有效整合到教学活动中去，使各项动机策略的潜在功能都能得到最大程度的发挥，对教学材料不断修改，以确保课堂教学的流畅性和内部一致性。最后是评价阶段，即对动机策略开展实践应用，并进行价值判断。凯勒特别指出，动机策略的有效性不能单凭学习者的学业成绩来决定，因为成绩是由多方面的因素造成的。因此，为了准确评判动机策略的真实效果，评价者应该采用能够直接测量学习者学习毅力、努力程度、情感态度等动机表现的评价方法。

2008 年，巴拉班[2]又进一步就"如何将学习动机的设计整合到具体课堂教学的设计过程中"这一问题进行了深入探讨，并基于动机系统的设计模型，提出了动机策略设计的十大步骤：①获取课程信息；②获取学习者信息；③分析学习者特征；④分析现有学习材料；⑤列出动机目标与评价标准；⑥列出所有动机策略；⑦选择和设计动机策略；⑧与教学活动相结合；⑨选择和开发学习材料；⑩评价与修改动机策略。

（三）加涅教学设计模型

1. 加涅教学设计模型概述

加涅指出，教学设计可以在不同的层次水平上进行，大体分为课程级、科目级、单元级和教案（课时）级四种水平。而每一个层级在设计时应回答三个主要问题：一是确定教学的结果目标是什么？二是如何开展教学活动？三是怎样对教学效果进行评价？他把能够影响师生教学的各种因素纳入统一而有序的设计过程之中。加涅模型采用的是迪克和凯里在《教学系统设计》一书中提出的模型，包括了九大要素：确定教学目标、进行教学分析、确定起点行为和特征、拟定业绩目标、编制标准参照检测项目、提出教学策略、开发和选择教学内容、设计和实施形成性评价、设计和实施总结性评价[3]。这种教学设计的核心内容包括：教学目标分析，学习者特征分析，教师的教学方法与策略和教学媒体的选择，教师的课堂教学及形成性评价，教学内容与教学方法、策略的反馈和调整[4]。

2. 加涅教学设计原理的学习结果分类理论

加涅根据人类学习长期以来的经验，创造性地将人类学习所形成的人类性能概括成了五类，指出这五类性能的习得需要不同的学习条件。所有的教学设计必须根据这五类习得的性能及其

---

1   KELLER J M. Development and use of the ARCS model of instructional design[J]. Journal of Instructional Development，1987（3）：2-10.

2   BALABAN S J. Designing motivational learning systems in distance education[J]. Turkish Online Journal of Distance Education，2008（3）：149-161.

3   盛群力 . "为学习设计教学"——加涅教学设计观述评 [J]. 外国教育资料，1993（1）:15-24.

4   何克抗 .21 世纪以来教育技术理论与实践的新发展 [J]. 现代教育技术，2009（10）:10.

学习条件为基础进行设计。由此加涅的教学设计的基本原理可概括为：根据五种不同的习得性能类型，创设相应的学习内部条件和外部条件（见表 3-1-1）。

表 3-1-1 加涅学习结果分类理论

类　别	内　容
言语信息	语言信息是指可用语言表达的信息。 它主要有三个当面的作用，一是日常生活、社会交往和职业学习中必不可少的内容；二是学习其他能力类型的先决条件。都是在言语信息的背景中发生的；三是思维的工具。
智慧技能	智力技能的发展则是从简单到复杂、从低级到高级的过程。所以，只会技能的学习在学校学习中占核心地位。
认知策略	认知策略是指学习者用来选择和调节自己的注意、学习、记忆与思维方式等内部过程的技能，以学习者自己的认知过程为对象。
动作技能	动作技能是指人类习得的有意识地利用身体动作取完成一项任务的能力。
态度	态度是一种习得的影响个体行为选择的相对稳定的内部反应倾向。

（1）智慧技能

加涅提出，智慧技能学习是掌握"如何完成"某种智慧行动所习得的知识，被称为程序性知识。智慧技能是正规教育最基本和最广泛的结构，智慧技能分为五类：①辨别；②具体概念；③定义性概念；④规则；⑤高级规则——问题解决。每一类都需要以前一类为先决条件，并由不同的内部和外部学习条件所支持。

（2）认知策略

认知策略是一种关键技能，影响个体的学习、记忆和思维行动。学习者可选择认知策略作为解决新问题的"模式"。加涅认为，认知策略是一种"控制过程"，学生运用它来选择和调整他们的注意、学习、记忆和思维。简而言之，认知策略就是怎样运用思维的策略。认知策略中还有一种特殊的策略，即使用认知策略来监督和控制其他学习和记忆过程的内部过程。

（3）言语信息

言语信息又称言语知识或陈述性知识。加涅认为，言语信息是以合乎语言规则的命题网络形式存储的，因在数量和组织上有所不同，可以因此而区分出三种学习情境：学习名称、学习事实和学习有组织的信息。

（4）动作技能

动作技能是一种习得的能力，是一种最明确的人类性能。动作技能依赖于学习者身体的反馈。因此，动作技能的学习最好是通过重复练习而完成。

（5）态度

加涅将人类在"情感领域"习得的性能称为"态度"。它是影响个体对人、对物、对事行为的复杂的内部状态。态度只能通过观察个体行为来推论和测量。态度学习的内部条件是学习者必须事先具有尊重或认同榜样的积极态度。加涅指出，仅凭言语说教不能起到完全作用，说明传统教育中的单一批评说教需要改进。

3．加涅教学设计原理的信息加工理论

加涅的学习理论主张用信息加工的模式来诠释学习活动，强调学习是信息接收和应用的过程，是主体与环境交互作用的产物。其理论特色在于实用性强，能有效将学习理论应用于教学实践。

加涅认为学习的典型模式是学习与记忆的信息加工模式（见图 3-1-4）。在这一模式中，包括接收器、感觉登记器、短时记忆、长时记忆、反应生成器和效应器。外界刺激通过感受器转化为神经信息，部分进入短时记忆，编码后存入长时记忆。需要时，信息通过检索从长时记忆中提取，直接通向反应生成器或回短时记忆核实。最终，信息通过效应器作用于环境。此外，执行监控和期望事项两个部分影响着信息加工的整个过程，其中执行监控与知觉策略起着调节和控制作用，期望事项起着学习定向作用 [1]。

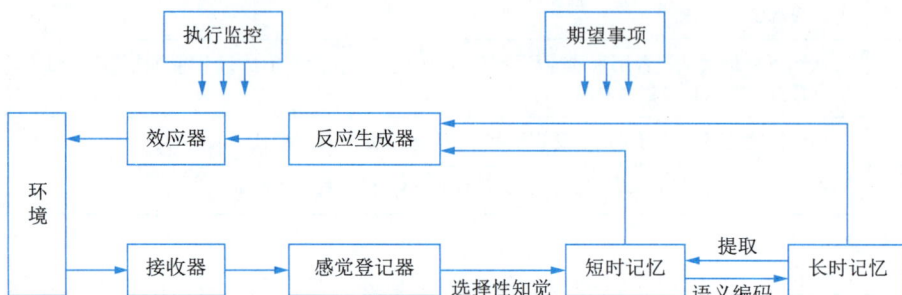

图 3-1-4　加涅信息加工理论

4．加涅教学设计原理的学习过程八阶段理论

从上述信息加工模式中可以看出，学习是学生与环境之间相互作用的结果。据此，加涅将学习的过程分为八个阶段，各阶段设有相对应的教学事件，在这个过程中学生对外部环境的刺激进行内部加工（见图 3-1-5）。

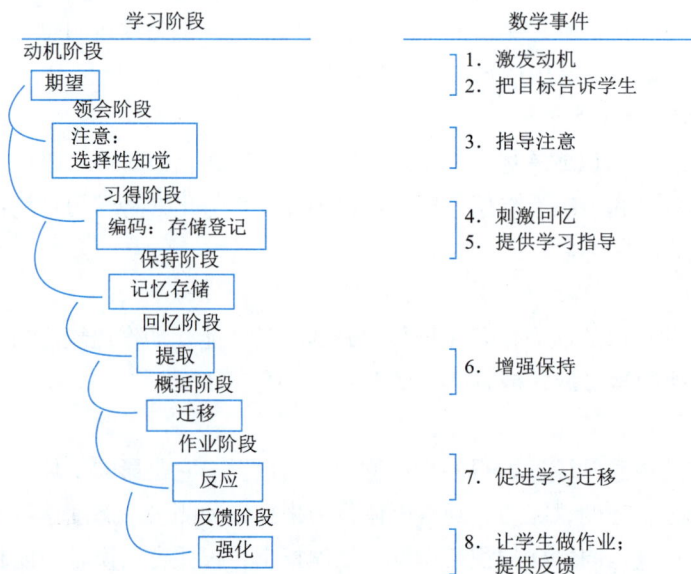

图 3-1-5　加涅学习过程的八个阶段

1　张攀，仲玉英 . 基于加涅信息加工学习理论框架下的小学英语课堂教学设计 [J]. 现代教育科学，2010（10）：32-34.

（1）动机阶段

学生的学习动机或期望对整个学习过程都有影响，形成动机或期望是整个学习过程的预热准备阶段。所以教师在进行教学设计时，要对学习动机和教学目的两方面进行分析，设计合理的教案和学习方案，激发学生的学习积极性和主动性。让学生建立正确的学习动机，明确学习目的，培养学生积极的学习态度。在教学设计时应注意两个方面：一是教学前分析学习者的特点；二是在教学过程中增加学生主动参与学习的时间，突出学生学习的主体性地位。

（2）领会阶段

学习动机是学习的起点，接受与学习相关的刺激是必要步骤。当学生从其他刺激中区分出学习刺激时，这些刺激特征会被编码并存储在短时记忆中，这称为选择性知觉。为了使学生能够有效地进行选择性知觉，教师应采用多种方法吸引其注意力，如改变讲话的声调、手势、动作等。只有经过选择性知觉后，学生才能进入其他学习阶段。

（3）习得阶段

习得阶段涉及的是对新获得的刺激进行知觉编码后存储在短时记忆中，然后再把它们进一步编码加工后转入长时记忆中，这种转化过程称为编码过程。在此过程，把刺激组织起来、分类或简化成基本原理，都有助于信息保持。教师可以提供编码程序或组织信息策略，鼓励学生选择最佳编码方式。

（4）保持阶段

学生把获得的信息"存储"在记忆系统中。有些信息因长期失用会逐渐消退，还有一些记忆存储可能会因新信息、已有信息的混淆而受干扰，使信息难以提取。这就需要教师针对学习的条件作适当的安排，在出现十分相似的刺激时，要通过对比区分二者的不同，减少相互之间的干扰，这样可以间接地影响信息的保持。

（5）回忆阶段

学生习得的信息要通过作业表现出来，信息提取是关键。教师可以利用各种方式使学生得到线索，以增强学生的信息回忆量。所以，对于教学实践来说，通过外部线索激活提取过程固然重要，但更重要的是使学生掌握为自己提供线索的策略。教师要适当提供情境或线索，帮助学生将所学的知识技能迁移，甚至举一反三。

（6）概括阶段

学生提取信息的过程并不始终是在与最初学习信息时相同的情境中进行的。因此，学习过程必然有一个概括的阶段，也就是学习迁移的问题。为了促进学习的迁移，教师必须让学生在不同情境中学习，并给学生提供在不同情境中提取信息的机会；更为重要的是，教师要引导学生概括和掌握其中的原理和原则。

（7）作业阶段

作业能反映学生是否已掌握所学内容。此外，作业能获取反馈，学生通过作业看到学习结果，可获得满足感。教师仅凭一次作业难以全面评估学生的学习情况，需多次作业才能做出准确判断。

（8）反馈阶段

当学生完成作业后，教师应给予反馈，让学生及时知道自己的作业是否正确，从而强化其学习动机。教师在提供反馈时，不仅可以通过"对"或"错"等词来表达，而且可以用点头、微笑等许多微妙的表情动作反馈信息。在反馈的过程中，教师也可培养学生进行自我强化[1]。

5. 加涅教学设计模型的内容

加涅认为教学是系统的，他将教学系统定义为促进学习的资源和步骤的安排。不同的教学系统过程需要不同的模型。最综合的模型必须包括需要、目标、优先条件、资源和影响教育系统的其他环境和社会因素的分析。在加涅的教学设计中描述了狄克和凯里的设计模型。这种教学设计模型共分为九个阶段：

第一阶段：教学目的。目的被定义为一种理想的事态。设计者需先明确自己的教学所要达到的理想状态（目标）。

第二阶段：教学分析。首先是确定达到目的需要什么样的技能，其次是要确定学生是否具备这些技能，然后揭示使能目标并决定教学顺序。

第三阶段：起点行为和学生的特征。这一步常与上一阶段信息加工分析同步进行。这一阶段的目的是确定学生具备的技能，从而根据不同的学生选择不同的教学起点。

第四阶段：作业目标。这是一个承上启下的阶段。设计者将教学的需要和目的进一步转化为作业目标。因为作业目标才是可观察、可测量的行为陈述，这才能为下面阶段设计提供可能。

第五阶段：标准参照的测验项目。测验的目的是要确定学生是否习得了所需要的技能。成绩评估由用途不同分为两种，形成性评价和总结性评价。前者是通过数据以改进教学为目的的评价，后者是在计划以最后形式确定后对整个教程的成功和价值的评估。

第六阶段：教学策略。加涅认为教学策略是帮助学生以自己的努力达到计划。它常表现为教师编写的课时计划。这一阶段教师必须能够将所要学的知识、教学设计理论和自己对学生和目标学习的经验三者有机地融为一体。

第七阶段：教学材料。这里的材料指用于传递教学事件的印刷物或者其他各种形式的媒体。教学材料是帮助教师达成教学目标的重要手段。选择和开发材料是教师进行教学设计工作的重要部分。

第八阶段：形成性评价。该步骤旨在为修改和改进教学提供数据，以便让教学尽可能地对最大量的学生有效。

第九阶段：总结性评价。将系统看作一个整体，对其效果的研究就被称为总结性评价。它是在系统进行了形成性评价之后，对其广泛应用之后的综合评价。由上可见在这整个模型中，各阶段的功能可分为三类：①鉴别教学的结果；②发展教学；③评价教学效果。

（四）建构主义学习环境设计模型

1. CLEs 学习环境设计模型概述

乔纳森以问题解决为主线，提出了为学习者设计建构性学习环境的框架和思路，即乔纳森模式。由于该模式与其他模式的区别在于是以建构主义的思想着力于学习者学习环境的设计，是以学习活动为中心的设计，又称乔纳森学习环境设计模式（constructivist learning environments, CLEs）。该模式包括六个基本要素（见图3-1-6），其中"问题"是整个学习环境设计的焦点和核心，其他五个要素围绕着"问题"这个基本点进行规划和设计。

---

1 万星辰.加涅的信息加工理论与教学实践简述 [J].教书育人（高教论坛），2015（6）：74-75.

2. CLEs 学习环境设计模型要素

（1）问题 / 疑问 / 案例 / 项目

CLEs 最主要的特征是问题驱动学习。问题解决可以蕴含在疑问型、案例型、项目型和问题型的学习中，而这几种学习在复杂性的维度上则构成了一个从简单到复杂的连续统一。在设计问题时，可以就问题境脉、问题表征和问题操作空间三方面做出考虑。问题境脉"问题表征的核心部分是对问题发生的境脉的描述。"乔纳森从环境和人两个维度论述了问题境脉应如何设计[1]。

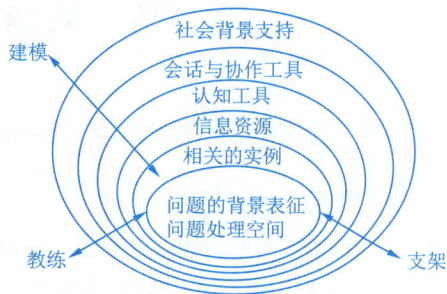

图 3-1-6　乔纳森模式

（2）相关案例

与问题相似的案例能够增加学习者问题解决的间接经验，支撑他们的记忆，为学习者遇到问题时提供参照，同时，由于相关案例可以为即将解决的问题提供多种观点或解释，还可以提高学习者的认知弹性。

（3）信息资源

为了解决问题，学习者需要利用信息资源建立心智模型、假设并驱动问题解决操作。乔纳森指出，两种关键资源是：理解问题的资源和解决问题的资源。因此，在 CLEs 中，以问题为核心的设计思想无处不在。

（4）认知工具 / 知识建构工具

乔纳森等人对认知工具进行了界定，指出它们是帮助学习者参与和辅助特定认知过程的计算机工具。其中，四种重要的工具问题需要重点考虑，包括任务表征工具、静态和动态知识建模工具、操作支撑工具，以及信息搜集工具。

（5）对话与协作工具

"自然状态下，个体学习通常是很少发生的，更多的是以团队为单位共同寻求问题的解决方案。"因此，目前由技术支撑的学习环境秉承的基本理念就是用以计算机为中介的通信技术支持学习共同体中的协作学习。乔纳森认为，CLEs 通常可以支撑三种共同体：话语共同体、知识建构共同体和学习共同体。话语共同体由兴趣相同者组成，通过交流分享观点和感受。知识建构共同体则侧重于为学习者提供知识建构的支持，并提供知识数据库供成员共享。学习共同体则是由有共同学习兴趣的学习者构建，支持其知识建构过程及反思，常用对话 / 协作工具有协作记事簿和知识整合环境等。

（6）来自社会的 / 境脉的支撑

设计 CLEs 时，需考虑其实施环境的物理、组织和社会文化因素，这对设计的顺利推行至关重要。

1　李妍. 乔纳森建构主义学习环境设计理论的系统研究与当代启示 [J]. 开放教育研究，2006（6）：50-56.

第二节 教师信息化教学设计基本流程

一、教师信息化教学设计一般流程

1. 学习者的分析

信息化教学设计中的学习者分析与传统教学设计有本质区别，传统教学设计强调的是教师对学生的学习习惯、学习风格、初始能力等的分析。而信息化教学设计则强调学习者的自主学习，学生能够清晰认识到自身的特征和不足，并逐步形成持续的提升能力。教师则从分析的主导者转变为引导者，通过平时对学生的观察和了解，对学生的自我分析进行直接肯定或修正，让学生有意识地参与到整个设计过程中，掌握学习过程的各种策略和方法。

2. 学习目标设计

教学目标是教学活动的最终期望，但在信息化教学设计中存在运用不足。传统教学中的单一目标可能使学生忽略关键信息，缺乏引导性易导致学生在信息化学习中迷失。因此，教师在引导自主学习时，应关注学生生成的目标，组织资源助其完成，以促进学生知识结构和整体素质的发展。

3. 教学方式选择

当前信息化教学方式众多，教师需综合考虑教学目标、学生情况、学科性质和学校条件来选择适合的教学方式。教学目标影响教学模式的选择，如掌握数学定律适合探究性学习，培养创造力则适合合作与交流式学习。学科性质也会影响教学方式，如语文学科适合情景演示、数学和物理适合探究性学习。同时，学生的实际情况如注意力集中程度也需考虑，如小学生需采用生动活泼的教学方式。最后，教师信息化水平、学校信息化条件和学生信息技术接受程度也是选择教学方式的重要因素。

4. 学习环境设计

信息化教学设计深受建构主义影响，因此，信息化学习环境又被称为建构主义学习环境，它更突出情景、协作、会话和意义建构四个要素。

（1）情景

信息化教学环境的设计要有助于教师创设良好的教学情景，使学生能够对所学知识进行意义建构。

（2）协作

信息化教学中学习者的自我协商和相互协商贯穿于整个教学过程。因此，信息化学习环境的设计要有助于师生之间和生生之间协作，有助于学生收集和分析学习资料，提出假设和验证以及反馈学习过程。

（3）会话

在学习环境中，不仅需要言语交流，还需要对话双方精神层面上的相互接纳与尊重，其核心是主体之间的坦诚相见、地位平等、相互包容和共同成长的精神氛围。

（4）意义建构

意义建构是学习的终极目标，学习环境设计应有助于学生深入理解所学知识的本质、规律及其联系。

5. 学习资源设计

信息化学习资源为教学提供了广阔的拓展空间，可综合运用各类资源如视频、音频、动画等，使教学和学习更加生动具体。学习资源的设计应体现技术性、科学性、艺术性和创新性四个方面。技术性要求设计遵循标准，界面友好，程序稳定；科学性要求设计严谨、层次分明、真实可靠，避免知识性错误；艺术性要求教学资源符合审美标准，具有感染力和艺术表现力；创新性则要求信息资源经过筛选和二次加工，立意新颖、设计巧妙、富有想象力。

6. 学习策略设计

（1）自学学习策略

自主学习策略包括支架式策略、抛锚式策略和随机进入式策略等。

（2）协作学习策略

协作学习策略包括竞争、辩论、协作和角色扮演等。竞争是利用好胜心理，让多个学习者围绕任务比赛，以加速知识学习。辩论是通过讨论和协商，学习者围绕特定主题逐步确立自己的观点。协作是多个学习者围绕任务相互配合、相互促进完成知识学习。角色扮演是学习者通过扮演他人角色，融入具体情境，深化对知识意义的理解。

（3）主导策略

主导策略贯穿整个活动过程，包括制定任务和问题诊断、建立小组和提供反馈、挑战和奖励，以及观测学生行为并给予支持等。教师需要密切关注学生行为，及时给予支持和引导，待学生思路逐渐迈入正轨后撤出。

（4）支架策略

支架策略是一种以学习者为中心的教学方式。教师为学习者搭建发展平台，助其掌握内化知识技能，并为下一阶段的发展建构平台。支架策略的过程包括搭脚手架、进入情境、独立探索、协作学习和效果评价等。支架策略有利于提高学生知识的纵横联系与贯通，灵活转换具体问题和抽象问题，以及培养学生的自主学习能力和创新思维。

（5）建模策略

建模有显性的行为建模和隐性的认知过程建模两种类型[1]。行为建模用来表明学生在学习活动中应执行哪些活动，以及如何执行这些活动；认知建模则说明学生在从事学习活动时应当使用的推理方法。在问题解决的过程中，通过研究多个同类问题的实例，总结出解决某一类问题的固定程序和步骤，形成一个问题解决模型。

（6）反思策略

反思策略是培养学生高级思维能力、探究过程、梳理新生信息和完善认知结构的一种重要策略。教师可以通过制造认知的矛盾冲突、采用开放性问题进行训练和探寻假设反思等方法对知识点进行整理汇总，形成概括的表达或解决方法，提高学生深化认知和问题理解能力，以及思想方法提炼反思能力。

（7）元认知策略

元认知（metacognition）是一种高级认知能力，指人们对于自己的思维、学习和记忆过程的认知和控制，也被称为"关于认知的认知"，即知道在什么情境使用什么策略最适当，达到

1　D.H.JONASSEN. Constructivism and the problem-centered, learning paradigm. Educational Technology Research and Development，1999，47（3），19-35.

目标也最佳等。元认知是认知活动的核心，在认知活动中起着重要作用。教学过程中，教师不仅要传授认知策略知识，还要教授元认知策略，如计划、监控和调节策略，帮助学生了解和改进自己的认知过程。

7. 学习评价设计

信息化教学评价特点为开放、及时、灵活，具有导向、诊断、调控等功能。评价内容包括学生、教师、学习资源和服务系统。对学生评价需关注过程和结果；对教师则评估教学活动组织、资源提供和学生评价实施；学习资源评价从教学性、可用性、艺术性和技术性四方面考虑；服务系统评价则收集网络教学平台使用情况并提供反馈建议。

二、教师信息化教学设计特殊流程

（一）小学教师信息教学设计特殊流程

1. 基于 ADDIE 模型的教学设计流程

ADDIE 是由五个英文单词（analyze、design、develop、implement 和 evaluate）的首字母组成的缩略词。ADDIE 教学模式包含分析、设计、开发、实施和评价五个阶段[1]。它起源于美国佛罗里达州立大学教育技术研究中心为美国陆军设计和开发的培训模型[2]。ADDIE 教学模型优势在于其反复评审和修改的流程，涵盖需求分析、教学设计至开发实施的各环节。该模式以学生为中心，充分体现教学设计理论模型的核心和共性[3]。

（1）分析阶段

分析阶段是整个教学设计阶段的首个环节，要确定客观要素、教学目标和学习需求。客观要素分析包括对学习者和现有教学资源的分析；教学目标分析从认知、技能和情感三个层面考量，是学习者通过学习活动后达到的水平和标准；需求分析可以看作是填充现有客观要素与教学目标之间鸿沟的渐进式手段。

（2）设计阶段

设计阶段以前期分析为基础，确定教学流程及教学序列，确定工作进度，选择具体的媒体形式。加涅认为学习序列通常是从简单必要技能排序到复杂终点技能，或根据学习内容意义不断增加的程度来进行排列，才能对用以促进学习的资源和步骤做出有效的安排[4]。

（3）开发阶段

开发阶段是在分析设计阶段的基础上，选择主选教材资源，同时编制辅助教学材料，生成具体单元教学内容，并灵活使用相应媒体手段，最大化地传达教学信息量。开发阶段的主要工作是教学素材的收集、线上教学资料的建立、制作。线上教学资料主要包括实验微视频、实验教学课件等[5]。

1　BRANCH R. Instructional Design: The ADDIE Model[M]. New York: Springer，2009.

2　MOLENDA M.In search of the elusive ADDIE model[J].Performance Improvement，2015，54（2）:40-42.

3　李向明 .ADDIE 教学设计模型在外语教学中的应用 [J]. 现代教育技术，2008（11）:73-76.

4　加涅 . 教学设计原理 [M]. 上海：华东师范大学出版社，1999:22-24.

5　段海娟，王英 . 基于 ADDIE 模式的土木工程材料实验课混合式教学探索 [J]. 实验室研究与探索，2021，40（8）:159-162.

（4）实施阶段

实施阶段是整个教学过程的核心阶段，是教师采用不同的策略和方法向学生传达教学内容的阶段。实施阶段旨在课堂、网络、实验室等不同实际场景中开展教学活动、传递教学方案和教学内容。

（5）评估阶段

评估阶段贯穿教学设计过程始终。教学评估分为过程性评估和总结性评估：过程性评估在教学设计上述阶段内以及各阶段之间进行，通过调查问卷、面试或访谈等形式收集数据，在后期环节里不断修正完善教学设计方案，突显 ADDIE 模型的内省循环特征。总结性评估在教学计划实施阶段完成后进行，就知识传递、学习成效、学习态度等方面进行考查和跟踪。依据调查结果确定本次教学活动是否有效，教学效果是否实现教学目标，是否修正并继续沿用教学设计活动策略，强化 ADDIE 模型的序列化特征并突出模型的步骤化程序和可操作性。

2. 基于四要素模型的教学设计流程

四要素教学设计模型（4C/ID）是荷兰开放大学约伦·范·麦里恩伯尔教授及其合作伙伴戴杰克斯特拉教授在 20 世纪 90 年代研究开发的教学模型。四要素教学设计模式是以提升学生在专业领域的业绩表现为宗旨，注重培养如何应用这些知识解决实际生活中所遇到问题的能力，这是 4C/ID 的根本特征[1]。麦里恩伯尔在 4C/ID 中将"学习任务、支持性信息、即时信息、部分任务练习"作为训练复杂认知技能，改进业绩表现的主要设计要素，以提供整体性学习任务、有力支持和有效指导，并促进学生达到预期业绩表现目标。该教学设计模式将复杂学习任务分为非重复性技能和重复性技能两类，前者指在学习任务和迁移任务之间不同的技能，后者指两者之间相同的技能。

（1）设计学习任务

研讨整体教学目标，将目标分解为易学的任务组和专项练习，并按知识逻辑排序。

（2）提供支持信息

教师在完成知识讲授的基础上，为学生提供重点和难点知识的视频讲解，以便学生反复学习，并采用实例说明、课堂讨论、研究作业等方式呈现相关内容，促进学生对知识的理解与应用，建立新旧知识之间的联系。如根据不同的知识类型选择不同的教学策略和教学方法，并由学生和教师分别给予评价和反馈。

（3）提供支持程序

教师帮助学生理解理论、原理、规则、方法等知识，通过对知识的程序化、模式化的处理，促进知识的应用。

（4）安排专项练习

教师发布专项练习，指导学生反复练习直至合格。学生课后完成并提交，师生共同评价完成情况。教师在课上讲解主要问题，展示优秀作品。学生完成专项练习后，熟练掌握相关知识和技能，进而完成任务组练习，串联之前任务组和专项练习，以小组为单位进行教学演示和评价。

1　冯锐，李晓华.教学设计新发展：面向复杂学习的整体性教学设计：荷兰开放大学 Jeroen J.G.van Merrienboer 教授访谈 [J]. 中国电化教育，2009（2）:1-4.

3. 基于 ARCS 动机模型的教学设计流程

ARCS 动机模型以价值理论和期望理论为基础，并基于这样的一种基本假设：如果人们认为活动能够满足他们的需求，同时自身具备积极获取成功的态度时，人们在活动中就会有更高的积极性[1]。凯勒将其引入教学设计，并从注意（attention）、相关性（relevance）、自信心（confidence）、满足（satisfaction）四个维度，总结出一系列面向动机激发与维持的教学策略[2]。

ARCS 动机模型重视动机的激发与维持，不仅限于激发学生的兴趣或保持注意力。它强调知识与学习环节的关联，以及学习与学习者的联系。模型更关注学生的真实体验和收获，提供适当的学习支持，助力学生学以致用。这有助于促进学生围绕学习目标，积极寻求学习支持并反思，应用学习成果解决真实问题，这对有效衔接翻转课堂的各个环节，让学生持续投入学习具有重要意义[3]。

（1）吸引学生注意，激发学习兴趣

ARCS 学习动机设计模型将学生对学习任务的注意和兴趣作为激发学生学习动机的首要因素，并指出教师可通过知觉唤醒，使用新奇的、与以往不一致的或不确定的事件和教学情境、激发探究（提出问题，激发学生的探究行为）、变化（变化各种教学要素）的教学设计来吸引和维持学生的注意力和兴趣。

（2）细化教学目标，引导学生学习

ARCS 学习动机设计模型指出，影响学习动机形成的因素包括相关性，其关键是目标定向，即在教学中让学生明确教学目标和学习内容及要求，因此，教学目标的设计应明确、具体、可以观察和测量。教学目标实施途径的设计应符合课程的理念和学生的认知规律，具有可操作性。

（3）重视能力培养，树立学生信心

ARCS 学习动机设计模型中的"自信"就是让学生学习充满信心。对教材中一些难度不大的内容，可采用先学后教的方法，培养学生自主学习的能力，使学生获得成功感。

（4）关注目标达成，提高学生满意度

ARCS 学习动机设计模型中的"满意"就是让学生在学习过程中感受到学习的价值、学习的快乐，在学习中获得满足。学生的满足感可来自多方面，如表扬、好成绩、课上正确回答问题、教师公平公正地评价等。对每节课而言达成目标是关键，检测目标的达成有多种方式，如学生回答问题的正确性、随堂默写或五分钟纸笔练习的情况、实验是否达到预期结果、情感态度及价值观的变化等。其中，问题的设置应紧扣教学目标，有难易梯度，便于学生回答。一般情况下，应让 90% 以上的学生有能力正确完成上述检测[4]。

4. 基于大概念的项目式信息化教学设计流程

"大概念"是一种高度形式化的概念，兼具认识论与方法论意义、普适性极强，被认为是最能反映一定范围内事物本质属性与特点的理论性表达[5]。大概念教学有助于知识的结

1　陈俊翰,郑燕林.ARCS 模型视角下小学单词教学游戏的设计研究 [J]. 现代教育技术,2013,23（10）:92-96.

2　J M. KELLER. The systematic processof motivational design[J].Performance&Instruction, 1987,（9）: 1-8.

3　郑燕林 .ARCS 模型视角下翻转课堂的教学设计与实践 [J]. 现代远距离教育，2020（3）:18-23.

4　程莉君，庄苗苗."ARCS 学习动机设计模型"原理在初中生物学教学中的应用 [J]. 生物学教学，2011，36（4）:14-16

5　赵康 . 大概念的引入与教育学变革 [J]. 教育研究，2015，36（2）:33.

构化和教学设计的整体性：一方面，大概念将教学目标、教学过程与教学评价整合成一个完整的过程；另一方面，它克服了课时与课时之间的割裂，使每一个课时都联结在一起，为大概念的理解提供支持。大概念的提取主要是以教材为基础，依据课标规定的准则，分三个步骤制定：一是深度理解课标的要求，明确单元目标与教学意义；二是结合教材，逐步抽象概括出单元核心知识框架；三是结合单元目标，深度理解核心知识框架，挖掘其价值和意义，最终确定大概念。基于大概念的教学过程设计，关键是用大概念推动学习，将其渐进发展过程融入项目制作过程。在过程中运用投入学习理论，激励学习者全身心投入，并强调学习者之间的协作、基于项目的学习任务设计和真实地关注投入三种方式[1]。格兰特·威金（Grant Wiggins）和杰伊·麦克泰格（Jay McTighe）在《追求理解的教学设计》和林·恩埃里克森（H.Lynn Erickson）和洛伊斯·兰宁（Lois A.Lan-ning）在《以概念为本的课程与教学》中，强调对大概念的理解是持续递进、环环相扣的过程，以基本知识和技能为基础，通过实践活动逐步理解概念，最终建构大概念。

5. 基于"娱教"思想的信息化教学设计流程

"娱教"是一种结合技术和艺术、理论和实践的教学方式，旨在尊重学习者的生命特征和认知规律，通过信息技术手段挖掘教育的娱乐属性。小学孩子年龄小，以感性认识为主，因此，抽象的文本教材和"填鸭式"教学方法不再适用。基于"娱教"思想的信息化教学设计，可分为课程导入的设计、课程内容的设计、课程实施过程的设计、课程重难点的设计与实施、课程拓展的设计与实施[2]。

（1）课程导入的设计

课程导入的设计重在内容的前后联系和激发学生的学习兴趣。新课程内容与已有知识和经验有联系，预示导入设计资源时需考虑学生已具备的知识和经验，并与新课程内容衔接，实现自然过渡。但过渡不能过于平淡，需根据学生特点和需求选择激发学习兴趣的导入方式。

（2）课程内容的设计

课程内容设计是通过知识点分析，判断每个知识点适合的媒体表现形式，恰当的信息化表达元素选择会使学生更加容易感知和理解知识点，这一阶段的设计重视认识和感知。

（3）课程实施过程的设计

课程实施过程的设计应该基于具体的课程内容设计相关的娱乐活动。基于"娱教"的小学教学信息化设计注重融合娱乐元素和活动，使学生的学习无论是参与课堂活动还是感知课程资源，都在轻松、快乐、活跃的状态下完成。

（4）课程重难点的设计与实施

课程重点设计注重强化巩固，难点设计注重解惑。每门课程或每篇课文都有关键点和难点，不能为了愉快而忽视课程的目标。因此，需要对重难点如关键词汇、句子或段落进行详细解释，以便学习者能够准确地理解它们。

1　刘哲雨,任辉,刘拓,张滨.深度学习核心要素的提取、论证和运用[J].天津师范大学学报（基础教育版），2018，19（3）:19.

2　李鸿科，靖国平，张晓淋.基于"娱教"思想的课程信息化教学研究——小学语文课程信息化教学实践策略[J].电化教育研究，2015，36（2）:94-99.

（5）课程拓展的设计与实施

检验课堂教学效率的有效途径是做好课后的深度拓展。它是教学中不可缺少的环节。选择适合的课程拓展内容并利用信息技术实施，为下一节课的实施奠定基础，激发学生对新知识的学习兴趣，促进学生进行学习。

6. 基于数字孪生讲台的在线沉浸式教学设计流程

虚拟教学空间中的"数字孪生讲台"指的是从体系构建与核心技术入手，创新性地构筑在线教学空间的"大动脉"；以"大数据与智慧物流"课程实验为例，围绕"在线教"与"在线学"的深度融合，通过在线现实教学空间和在线虚拟教学空间的映射与镜像，综合运用大数据可视化技术、用户画像技术、行为大数据分析技术、机器学习算法（包括传统的机器学习算法和高级的机器学习算法，如深度学习）、关联规则、文本挖掘、增强现实等技术；以在线学习特征分析技术和虚实教学空间融合分析技术为核心，展开教学流程设计与技术分析。教学流程设计包含两大技术主线：在线学习特征分析与虚实教学空间融合分析。前者旨在实现"在线教"与"在线学"的深度融合，后者则主要实现在线现实与虚拟教学空间的映射与镜像。具体流程分为四个部分：教学数据采集与管理、多维分析的教学数据分析与建模、精准教学和管理的数据应用，以及基于增强现实技术的在线沉浸式教学体验。教学设计的具体流程如图 3-2-1 所示。

7. 基于情境串教学法的教学设计流程

情境串教学法是让学生在一连串的现实情境中，经历知识与技能的形成过程，形成解决问题的基本策略，增强应用知识的意识，并获得对学习的良好情感的教学方法。其基本教学流程为：创设情境，呈现信息→梳理信息，提出问题→自主探究，合作交流→引导建构，解决问题→回归情境，拓展应用[1]。情境串教学法倡导用明线和暗线两条线贯穿整堂课。明线表现在课堂教学的外在形式上，让学生在解决由连续情境产生的连续问题的过程中，学习新知形成技能；暗线则是课堂教学的实质。解决问题的过程遵循以下基本流程：

（1）创设情境，呈现信息

教师根据学生的年龄特点和认知水平，运用信息技术将学生引入与学习内容有关的情境中。情境要贯穿课堂，成为"情景串"，各环节中情境要包含丰富的知识及情绪色彩，为学生学习提供动力源泉。

（2）梳理信息，提出问题

情境中的信息包含多个内容，低年级学生需要在教师引导下整理信息并提出问题。随着学生的年龄和能力的提升，教师应逐步放手。此环节能培养学生筛选信息的能力，通过提问引导思维，让学生逐步理解"是什么→为什么→怎么办"的思考过程。问题推动思维深入，解决问题为目标，提升思维品质，促进思考目标的实现。

---

1 刘仍轩．情境串教学法及其教学流程设计 [J]．当代教育科学，2013（5）:24-26.

基于数字孪生讲台的在线沉浸式教学流程设计
├─ 基于混合式平台的教学数据采集与管理
│   ├─ 多平台数据采集与管理
│   │   ├─ 教学混合式平台
│   │   │   ├─ 腾讯课堂
│   │   │   └─ 中国大学慕课
│   │   └─ 评价混合式平台
│   │   ├─ 中国大学慕课
│   │   └─ 问卷星在线调研平台
│   └─ 多来源数据采集与管理
│   ├─ 教学过程数据
│   └─ 教学素材
├─ 基于多维分析的教学数据分析与建模
│   ├─ 学生画像模型
│   │   ├─ 地域、性别、年龄
│   │   ├─ 学习积极性
│   │   ├─ 技术水平
│   │   ├─ 创新水平
│   │   ├─ 实验报告成绩
│   │   ├─ 智能工作室学习情况
│   │   └─ MOOC学习情况
│   └─ 关联规则
│   ├─ 现实教学空间
│   │   关联 ↕ 融合
│   └─ 虚拟教学空间
├─ 基于精准教学和精准管理的数据应用
│   ├─ 机器学习算法组合
│   │   ├─ 可视化树模型（毕达哥拉斯树）
│   │   └─ 决策树
│   │   → 可视化呈现 → 学习成长过程 → 聚类 → 优秀良好合格 → 精准教学精准管理
│   ├─ 多维度
│   └─ 动态化
│   → 可视化
│   ├─ 教学过程
│   │   ├─ 物流大数据
│   │   ├─ 物流大数据可视化
│   │   ├─ 物流大数据分析与挖掘
│   │   └─ 智慧物流场景
│   └─ 教学素材
│   ├─ 电子教材
│   ├─ 课件
│   ├─ 电子教案
│   └─ 智慧物流实例
│   → 融合协同
│   ├─ 虚拟教学空间
│   │   映射 ↕ 镜像
│   └─ 智慧物流场景
└─ 基于增强现实技术的在线沉浸式教学体验
    ├─ 感知
    ├─ 体验
    │   → 融合创新
    │   ├─ 多种模式
    │   │   ├─ 3D建模
    │   │   └─ 虚拟现实技术
    │   └─ 多种大数据技术
    │   ├─ 大数据建模
    │   ├─ 大数据仿真
    │   └─ 大数据可视化
    ├─ 现实教学空间
    │   交互 ↕ 共融
    └─ 虚拟教学空间
        → 大数据 人工智能 → 数字化虚拟场景

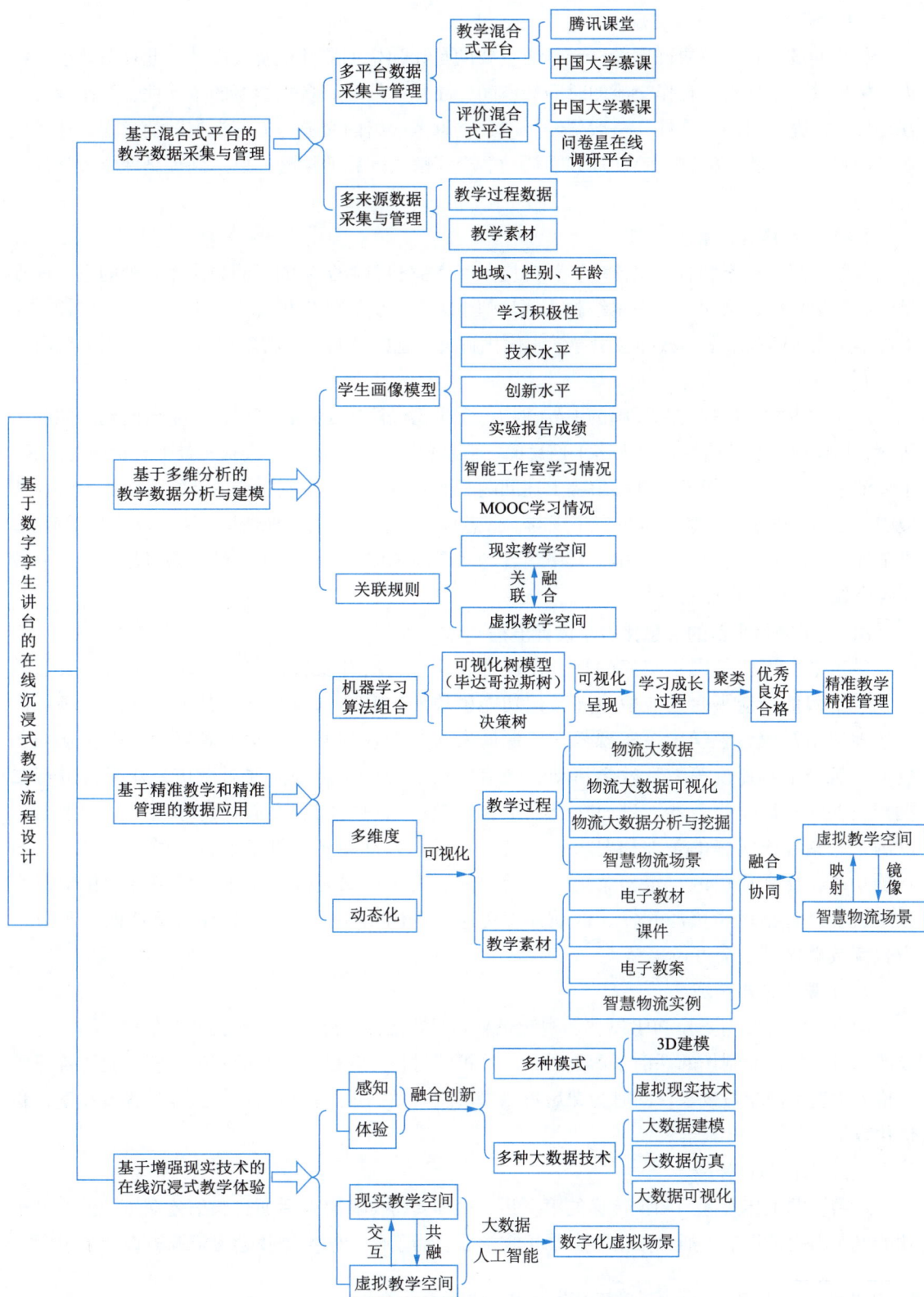

图 3-2-1 基于数字孪生讲台的在线沉浸式教学流程设计

（3）自主探索，合作交流

提出问题仅仅是解决问题的开端，更重要的是让学生创造性地解决问题。此环节要求教师为学生提供自主探索、合作交流的时间和空间，注意并处理好自主学习的主动性、合作学习的互动性、探究学习的过程性，一般要经历"独立思考→组内交流→大班汇报"的过程，让学生在经历观察、实验、猜测、验证等数学活动后交流解决问题的策略，以达到提高课堂教学效率的目的。

（4）引导建构，解决问题

在学生自主探索和合作交流中，教师应及时点拨和引领学生的不同想法。教师的主要任务是完成教学目标，调动学生积累经验，调整师生关系，引导学生积极投入学习，培养兴趣。在促进学生交流的策略上，教师应引导学生优化解决问题的策略，并将新知融入已有知识体系。

（5）回归情境，拓展应用

经过学生的合作探究和教师的引导建构，学生已经解决了由情境引出的主要问题。如前文所言，情境中呈现的信息是包含多个信息的"信息包"，学生必然还会提出其他有价值的问题。本环节中，教师将引导学生继续解决上述问题，而此时，学生刚刚学会的新知可以作为解决情境中其他问题的工具，教师也可以呈现与"信息包"一脉相承的其他情境，引领学生自主解决。多个连续的情境就构成了情境串，其中蕴含的多个问题构成了问题串，整堂课将教学情境分散在各个教学阶段，贯穿始终[1]。

8. 基于微信平台的信息化教学设计流程

微信平台不仅是网络交流的平台，还可以通过二次开发转型为课堂教学平台。微信教学平台由微信公众平台功能模块和微信功能模块两个基本部分组成。其中，功能模块可以有效地应用在教育教学中，实现教学资源的发布、管理与共享、学习者管理、交流互动、数据分析、学习评价等教育教学活动。微信公众平台功能模块需要对微信公众平台进行二次开发并配备后台服务器，进而在公众平台和微信用户之间建立起信息相互传递的桥梁，以满足课堂教学实施的条件和要求。微信公众平台为订阅号提供了平台和微信用户之间的互动功能，比如简单的自定义菜单、自动回复、关键词回复等。基于微信平台的化学课堂教学流程，包括教学资源开发、课前知识传递、课内拓展提升、课后评价反馈四个环节，为教育教学提供了全方位支持[2]。

（1）教学资源开发

教学资源开发主要是 PPT 制作、视频录制和习题上传。PPT 制作包括两个部分：一是为达成课前教学目标而制作的课前学习 PPT；二是扩展材料，提供拓展性的阅读材料，设置练习题以检测学生课前学习效果，同时为课后重测提供相关数据进行分析对比，这一过程旨在整合和优化教学资源，提升教学效果。

（2）课前知识传递

学习资源上传是课前知识传递的第一步，教师要将资料整合后通过微信公众号的消息推送功能发布出去，供学生通过微信客户端接收学习。为了便于学生查找学习资源，设计了包含微

1　刘仍轩 . 情境串教学法及其教学流程设计 [J]. 当代教育科学，2013（5）:24-26.
2　徐土根，徐良亮，徐晓庆 . 基于微信平台的化学课堂教学设计 [J]. 化学教学，2019（8）:42-46.

课堂、微资源两个一级菜单，以及往期资源和测试题两个二次菜单的自定义菜单。其中单击微课堂菜单，将会跳出当前学习内容的图文素材；单击往期资源的菜单将会跳出与往期资源相匹配的关键词回复素材，学生回复相关关键词便可接收相应的学习资源；单击测试题菜单将会跳出与测试题相匹配的关键词回复素材，学生回复相关关键词便可接收相应的测试题开始练习。

（3）课内拓展提升

根据课前测试的结果，可以判断学生在课前学习是否达成目标，根据结果调整课堂教学时间和顺序，使教学更具针对性。课前的主要任务是教师提问共性问题，学生回答后，教师进行补充和反馈，以促进学生对知识的内化。

（4）课后评价反馈

为进一步促进学生对相关知识点的巩固和应用，并了解学生的课堂知识掌握情况，布置作业是必要的。学生通过微信平台进行课前练习的第二次测试，通过两次测试能够更好地检验课堂学习效果，分析学生有效学习的程度。课后根据学生作业完成情况和重测成绩对每位学生作出相应的评价，对学习效果较差的学生进行课后单独辅导[1]。

（二）中学教师信息化教学设计特殊流程

下面介绍四种中学教师信息化教学设计特殊流程（见图3-2-2）。

图 3-2-2　中学信息化教学设计的特殊流程

1. 基于 ASSURE 模型的教学设计流程

ASSURE 模型是一个系统教学设计的过程，后来通过修正被教师用于传统课堂教学[2]。基于 ASSURE 模型的学习环境构建如下：

（1）分析学习者

学习者可以是学习者、受训者，或者是公司、俱乐部、社会团体等群组中的成员。进行教学之前，必须先了解学习者，以便更好地选择媒体和技术来完成学习目标。可以从以下几个方面来分析学习者：

总体特征：主要是对整个班级相关信息的描述，包括学习者的人数、年龄、年级、性别、家庭情况，还包括学习者的一些特殊方面，如种族、信仰和文化等。

预备技能：是对学习者进入具体的学习之前所期望具备的相关知识和技能的描述。可以提出一些问题来了解，如学习者是否具有进行学习的基础知识？学习者是否了解进行学习的相关词语和技术？学习者是否已经掌握你将要讲授的内容？学习者是否对你所要讲授的科目存在偏见和误解？

1　徐土根，徐良亮，徐晓庆.基于微信平台的化学课堂教学设计 [J].化学教学，2019（8）:42-46.
2　丁卫泽.基于 ASSURE 模型的学习环境构建 [J].电化教育研究，2008（12）:60-63.

学习风格：对班级成员学习个性化偏爱的描述。首先，教师必须了解学习者的认知偏爱和强度，主要的选择有听觉、视觉、触觉或运动知觉。例如，反应比较慢的学习者倾向于运动知觉型的学习体验。其次，教师必须了解学习者的信息处理习惯，包括对各种可变信息的认知过程。最后，教师必须了解学习者动机和生理因素，动机方面如焦虑、建构强度、成就动机、社会动机、谨慎度、竞争性等，生理因素还包括性别差异、健康度和环境条件等[1]。

（2）陈述学习目标

在陈述教学目标之前，要明确教学对象的特征，包括学习者的年龄、背景知识、技能水平和学习需求等。通过了解学习者的特点，教师可以更好地制定适合他们的教学目标。陈述教学目标包括行为目标、条件、程度、评价标准、相关性与实用性。行为目标指使用行为动词来描述期望学习者能够完成的具体任务或表现。例如，"学习者将能够列举出三个关键概念。"条件指的是学习者完成目标所需的特定环境、工具或限制。在陈述教学目标时，要明确说明这些条件，以便学习者和教师了解在何种情况下能够实现目标。例如，"学习者将在给定的时间内使用指定的资源完成任务。"而程度指的是学习者达到目标的最低接受水平或标准。通过明确陈述目标的程度，教师可以评估学习者是否达到了预期的学习成果。在陈述教学目标时，要明确说明将使用何种评价方法和标准来评估学习者的表现，确保陈述的教学目标与学习者的需求相关，并具备实际应用价值，这有助于激发学习者的学习动机和兴趣。

（3）选择方法、媒体和资料

教师需在学习者与教学目标之间建立一个桥梁，选择合适的方法和媒体来帮助学习者完成学习目标，其中，要考虑决定到底使用什么样的方法、使用什么样的媒体及如何提供所使用的材料。

选择媒体时主要遵循以下标准：媒体必须根据学习者的需要来选择；必须考虑整体的教学环境；必须根据教学目标进行选择；必须适合一定的教学模式；必须与学习者的实际能力和学习风格一致；必须客观地进行选择，不能由单一媒体决定一切；媒体的使用是否与课程相符合；媒体中的文字是否简练和清楚；能否激起和维持学习者兴趣；能否使学习者参与进来以及是否具有比较高的技术质量。

（4）使用媒体和资料

描述如何选择、设计和修改所列出的媒体和材料的相关细节，从而帮助学习者实现学习目标。为了正确地使用媒体和材料，需要通过以下几步来构建以学习者为中心的教学环境：首先，预演这些材料和练习实施，不要使用任何没有经过彻底检验的媒体和材料；其次，准备课程和准备必需的设备和设施，确定已经具有所有教学所需要的设备；再次，准备环境和学习者，确定你要进行教学的教室，给学习者一个预览，使他们知道如何通过这些媒体获得信息；最后，提供学习经验。教室其实是一个戏院，主角的艺术技巧很大程度上决定了表演的成功与否，教学和学习其实就是一种经验，而不是一个交易[2]。

（5）要求学习者参与

学习者可通过自主学习、游戏、小组学习、个别化学习等应用媒体和材料，也可应用复印

1　李运林，徐福荫. 教学媒体的理论与实践 [M]. 北京：北京师范大学出版社，2003:23-35.

2　张霄亭. 教学媒体与教学新科技 [M]. 台北：教育署，1999:50-72.

或者通过网络获得材料。为了更有效地教学，需要学习者积极地智力参与。其中允许学习者练习知识或者技能，并且对于他们的努力在正式的评价之前能够得到反馈。练习包括学习者自我检查、计算机辅助教学、通过因特网进行相关的活动或者小组游戏，反馈可以由教师、计算机、其他的学习者或者自我评价提供 [1]。任何教学活动在演示技能时需要，教师要为学习者提供掌握信息的机会，并给予充足的时间让他们自己动手进行实践活动 [2]。

（6）评估和修正

如何测量教学目标是否实现，所使用的媒体和材料在教学中是否有效。主要包括：

评价学习者表现：评价必须与目标相一致，一些目标可用书写（考试、书面作业等）足够精确地进行评价，而另外一些目标如果需要演示过程，创建一个产品，或发展出一个观念，就必须进行频繁的实地观摩和考察进行评价。

评价媒体的表现：确定如何评价媒体在教学中的有效性。

评价教师的表现：最重要的是确定作为一个教师或者一个引领者，在教学中的表现是否出色，是否能在实现教学目标中真正起到作用，是否能在一定程度上促进学习者学习经验的获得。

2. 基于"学教并重"的教学设计流程

在建构主义开始流行之前（即 90 年代之前），教育界普遍采用传统的教学设计理论，即"以教为主"的教学设计理论，它主要关注老师的"教"，而忽视学生自主的"学"。从 90 年代初开始，多媒体和网络技术的普及，建构主义逐步进入教学领域，并从原来纯粹的学习理论逐渐发展成为既包含学习理论又包含教学理论和教学设计理论、方法的一整套全新的教与学理论。建构主义的教学设计理论也称"以学为主"的教学设计理论，其目的是促进学生的自主学习、自主建构与自主探究。"以教为主"和"以学为主"这两种教学设计理论均具有各自的优势与不足 [3]。

"以教为主"和"以学为主"这两种教学设计各有其优势与不足，不能简单地用后者去取代或否定前者，也不能反过来用前者去否定或取代后者。而应当彼此取长补短，相辅相成，将二者有机结合起来，努力做到既发挥教师的主导作用，又能充分体现学生的主体地位；既关注教师的教，又关注学生的学，把教师和学生两方面的主动性、积极性都充分调动起来。其最终目标是要通过这种新的教学设计思想来优化教学过程，以取得最佳的教学效果，按照这种思想实现的教学设计称为"学教并重"的教学设计 [3]。

"学教并重"教学设计通常包含下列实施步骤：

第一步：教学目标分析——确定教学内容及知识点顺序；

第二步：学习者特征分析——确定教学起点，以便因材施教；

第三步：根据教学内容和学习者特征的分析进行教学策略的选择与设计；

第四步：学习情境创设；

第五步：根据教学目标、教学内容和教学对象的要求，进行教学媒体选择与教学资源的设计；

第六步：通过提问、测验或察言观色等方式对课堂教学做形成性评价（以确定学生达到教学目标的程度）；

1　SLAVIN R E. Cooperative learning[J].ET&S，1985，22（6）:32-37.

2　丁卫泽 . 基于 ASSURE 模型的学习环境构建 [J]. 电化教育研究，2008（12）:60-63.

3　何克抗 . 我国教育信息化理论研究新进展 [J]. 中国电化教育，2011（1）:1-19.

第七步：根据形成性评价所得到的反馈，对教学内容、方法、策略作适当的修改与调整。

在这种拓展后的教学设计中，第一步至第七步大体上沿用"以教为主"教学设计过程的模式，但在第三步的"教学策略选择与设计"中，应包括建构主义的自主学习策略与合作学习策略的设计；在第四步和第五步中，则涵盖了建构主义对情境创设和信息资源提供的要求。

3. 面向 STEM 教育的 5E 教学设计流程

5E 教学模式是一种基于建构主义的探究式教学模式，该模式由美国的生物学课程研究会（biological sciences curriculum study，BSCS）在 Atkin-Karplus 学习环的基础上提出，包含参与（engage）、探究（explore）、解释（explain）、精致（elaborate）和评价（evaluate）五个环节[1]（见图 3-2-3）。

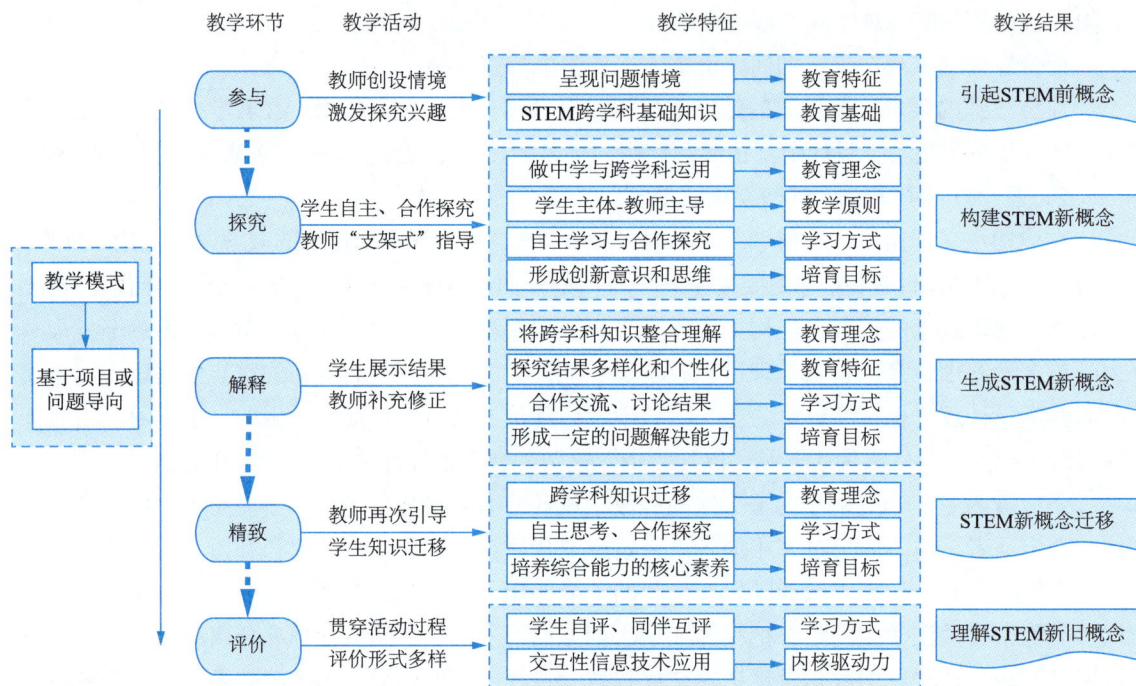

图 3-2-3　面向 STEM 教育的 5E 教学流程

（1）参与

参与又称"引入"，是学生对 STEM 情境的初体验环节。课前，教师了解学生对于新学任务的前概念；课中，教师将学生引入 STEM 项目所创设的情境中，并以问题为导向，将 STEM 课程内容置于有意义的活动和生活实例中，促使学生思考并引发新旧概念的认知冲突，进而激发学习兴趣和探究意识。该环节可以通过观看视频、头脑风暴、实地考察等活动进行。

（2）探究

探究是 5E 教学模式的中心环节。探究就是问题解决的过程，需要学生敢于质疑并逐步激发探究思维，构建对新概念的认知。学生是探究活动的主体，采取自主、合作探究的方式参与，通过观察描述、比较分类、交流讨论等形式建立事物之间的联系；教师是探究活动的主导，运用 STEM 知识进行启发式教学，对学生给予个性化指导，并提供"支架式"支持。此阶段是引发 STEM 创新思维的开端，注重培养学生的高阶思维能力和动手实践能力，以促进其知识经验

1　王健，李秀菊.5E 教学模式的内涵及其对我国理科教育的启示 [J]. 生物学通报，2012，（3）：39-42.

的建构和技能技巧的掌握。

（3）解释

解释是 STEM 新概念的生成环节。解释即揭示探究的意义，学生完成探究后通过师生答疑、演讲辩论、虚拟演示等方式展示方案，由于探究问题具有开放性，故所得方案也将具有多样性。教师通过播放视频、多媒体虚拟演示、提示讨论等方式对方案进行解释或补充，在阐释概念时注重强调学科之间的整合，以培养学生的跨学科素养、问题解决能力和创新能力。

（4）精致

精致是对新概念的迁移运用。STEM 教师启发学生利用新概念解决具有关联性的新问题或新现象，并给予适当的思考时间和空间，引导学生通过参与讨论、协作交流进行总结归纳，这是一个对新概念不断精致化的过程，能促进 STEM 跨学科知识的迁移运用。此后，教师再行安排探究任务，引导学生不断内化新知识，并培养团队协作、问题探究和科学创新的能力，不断提升 STEM 综合素养。

（5）评价

STEM 教育的评价贯穿整个教学过程，它具有多样化特征，不仅包括对学生学习反馈、探究积极性等的课堂评价，还包括教师评价、学生自评与互评。此阶段也可由师生共同开发 STEM 课程评估标准，以增强学生的参与意识。此外，还可以结合大数据、云计算等智能化的学习分析技术，来获得个性化、全方位的监测信息。评价的方法除了过程性评价和总结性评价，还包括发展性评价，其中学生的科学精神、创新能力和合作能力应是重点考核指标[1]。

4. 基于太极环式翻转课堂模型的教学设计流程

受桑新民等提出的"太极学堂"概念的启发，钟晓流等人将翻转课堂的理念、中国传统文化中的太极思想、本杰明·布鲁姆（Benjamin Bloom）的认知领域教学目标分类理论相融合并进行建模，构建出一个太极环式的翻转课堂模型[2]（见图 3-2-4）。

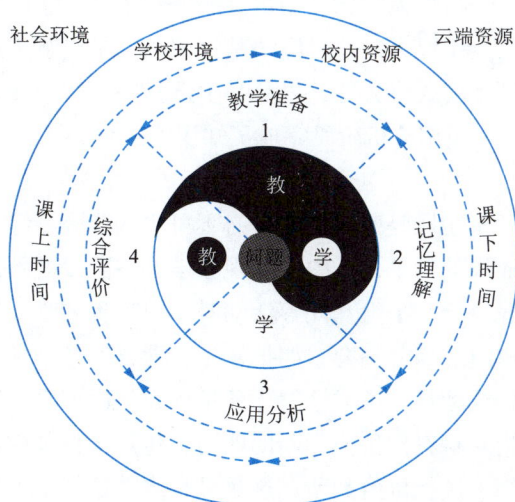

图 3-2-4 太极环式模型

1 赵呈领，赵文君，蒋志辉. 面向 STEM 教育的 5E 探究式教学模式设计 [J]. 现代教育技术，2018, 28（3）: 106-112.

2 钟晓流，宋述强，焦丽珍. 信息化环境中基于翻转课堂理念的教学设计研究 [J]. 开放教育研究，2013, 19（1）:58-64.

（1）教学准备阶段

在教学准备阶段，教师要完成对翻转课堂的教学设计工作，主要包括设计教学目标、分析教学对象（学生）和教学内容（教师），制作课程内容（PPT课件、教学视频、测试题库等）、设计教学活动（主题任务、分组机制、活动指南、评价量规等）和创设教学环境（教学装备、在线平台、网络资源等）。教学准备阶段是翻转课堂教学的基石，决定了后续学习的顺利进行。

（2）记忆理解阶段

在一切教学准备活动就绪后，进入记忆理解阶段，该阶段发生在课下，学生在教师的引导下，通过观看视频课件、参与网络课程、检索网络资源、进行自测练习等，初步完成对课程内容的记忆和理解。记忆的内容主要包括三类：具体知识，包括术语和具体事实的知识，又名概念性知识和事实性知识；程序性知识，即处理具体事物的方式方法的知识；元认知知识，即学习领域中的普通原理和抽象概念的知识。以让学生掌握"浮力定理"为例，具体知识包括概念性知识——知道浮力是什么，它是如何产生的，以及公式是如何推导出来的；事实性知识——如测量浮力需要知道排开液体的体积、质量和液体密度等知识；程序性知识为会用浮力定理的公式（浮力 $=\rho_{液}gV_{排}$）；元认知知识——要确定采用什么样的记忆方式和理解方式来记忆和理解这个定理。记忆是最低水平的认知学习结果。理解一般可借助转化、解释和推断三种形式来完成。例如，转化是用自己觉得有意义的话语来组织表达所传授的内容和知识；解释是对所交流的信息进行解释和说明，如用自己的话来界定对浮力定理的理解；推断是通过目前的知识去推测未来的状况。理解是对单纯记忆的超越，代表更高一级的认知学习结果。在该阶段，学生借助视频等对浮力定理进行了初步的理解。

（3）应用分析阶段

在应用分析阶段，学生通过作业练习、小组项目、反思总结等自主学习活动，对前一阶段习得的知识进行应用和分析。应用指能将习得的知识运用于新的问题情境，包括概念、规则、方法、规律和理论的应用。分析代表了比应用更高的认知水平，它既要理解材料的内容，又要理解其结构。例如，学生在运用浮力定理时应清楚哪些条件是对解决浮力问题必不可少的；在解决浮力类问题时，使用哪种公式最方便，以及学生选择一个解决浮力问题的计划，判断其是否与现有的理解水平相吻合，应用分析阶段完成了知识的内化。

（4）综合评价阶段

在翻转课堂中，综合评价阶段是落脚点，是必不可少的步骤。综合评价阶段是对学生记忆理解阶段及应用分析阶段成果的考量，从中会发现教学准备阶段的不足。在该阶段，学生通过个人讲述、学习汇报、自我评价、小组互评等活动对学习过程和学习结果进行交流和评价。综合的目的在于把各种要素和组成部分整合，如把发生在课下的各种学习和思考活动组合成一个整体，并以内容独特的报告或者具有挑战性的任务呈现，从而拟定一项操作计划或概括出一套抽象关系。此处的评价是指对材料作价值判断的能力，包括按材料内在的标准（如组织）或外在的标准（如与目的适当性）进行价值判断。这是最高水平认知学习结果。此外，在综合评价阶段，学生在呈现个人对知识理解的过程中，教师和其他学生会根据个人对知识的理解对其进行评价，从而在不断的交流碰撞中，逐步完善个人的知识内化过程。

第三节　教师精品课件设计与制作能力

在数智时代，数字化、信息化逐渐成为主流。计算机多媒体技术广泛应用于生活和工作中，成为课堂先进教学手段，促进新教学模式的产生，赋予教师更广泛的选择和创作空间。

一、教师多媒体课件的设计及示例

（一）多媒体课件内涵本质

多媒体课件即利用文字、图形、图像、动画、视频、音频等多种媒体素材创作的交互式教学软件。多媒体课件能够同时将多种媒体呈现在屏幕上，在时间与空间两方面进行集成，图文并茂、生动形象地把教学内容展示出来，让学生获得多种感官上的体验。特别是多媒体课件中的超媒体结构，符合联想思维和建构性知识结构。采用多媒体课件进行教学，可提高教学效果，激发学生兴趣，培养、提高教师和学生应用计算机的能力和水平[1]。

（二）多媒体课件设计原则

1. 教育性原则

是指多媒体课件必须体现出教育的基本原则和根本目的，遵循教育的基本规律和方法，要有明确的任务。从内容上看，要从课程的教学目标和教学对象的实际出发，有助于解决教学中的重点、难点问题，能激发学生兴趣，启迪学生思维，提高学生能力；从组织形式上看，要充分发挥计算机的特有优势，符合学生的认知规律；从表现方法上看，教学方法需符合教育学、心理学和教学法原则，体现师生互动，促进教师对知识内容的理解和传播，鼓励启发式教学，助力学生智能和技能发展，深化对知识内容的感知、理解和应用，并培养分析解决问题的能力。

2. 科学性原则

是指多媒体课件所涉及的内容必须是正确的，即课件内容能否准确地反映客观规律，是否符合科学原理，名词、术语和符号的使用是否规范等。即使在学术上有争论的问题，也要给予公平、公正的反映和评述，要有科学的精神和态度。制作多媒体课件，要选典型、代表、真实的材料，阐述原理和引用资料要科学、详实、准确、规范，名词、术语、计算单位也要准确可靠，图像、声音、色彩要真实，示范性操作、表演也要准确规范。

3. 艺术性原则

教学课件的艺术性是指其画面、声音等要素要遵循审美规律，兼具艺术表现力和感染力，以激发学生情感，引发学习兴趣，使学生在接受知识的同时受到美的熏陶。在编制教学软件时，应注重设计的艺术构思和制作的艺术加工，如画面的构图、色彩、影调等要素要精心布置，声音处理要与内容和情节相匹配，避免生硬套用。

4. 技术性原则

技术性原则是指多媒体课件在其技术功能上要达到的规定标准。要求多媒体课件做到能够在不同计算机上运行正常、操作灵活，交互界面要有利于学生个性化的学习，有方便用户使用的"菜单"和"导航"技术措施，以及充分发挥计算机的各种特性等。多媒体要符合设计要求

1　饶爱京，马武，王金菊. 多媒体课件的制作流程和原则 [J]. 教育探索，2003（2）:74-76.

与技术标准，使其具有良好的技术质量和工艺水平。如图像清晰、稳定，声音清楚、标准，视频信号和音频信号达到相应的技术规格等。

5. 经济性原则

课件开发是一项系统工程，在进行多媒体课件的编制，特别是创作比较大型的多媒体课件时，要有组织、有计划。制作高质量课件需要涉及众多的人员，有条件的学校应设立计算机辅助教学课件制作中心。人员组成可考虑以下几方面专家，即计算机系统人员（能熟练掌握课件编著、编程软件、动画制作软件、图像处理软件、网页制作软件及硬件维护、数据处理等）、教育科学理论专家、各学科教学专家。开发多媒体课件，要注意节省人力、经费、材料和时间，讲究经济效益。要根据教学要求，确定编制最经济的教材类别，编制过程中要做到合理地调配人力、物力与财力，合理安排时间，力求以最小的投入，取得最大、最好的效果。

6. 整体性原则

多媒体课件在结构上的一个明显特点是它的非线性。这就要求教师在对课件设计时要有整体意识，既要考虑在形式上文字、图形、动画、视频图像、声音的协调，不同界面和模块的统一，又要保证在非线性的结构中的各部分知识的协调调度与内容的完整。设计制作多媒体课件时，要树立整体观念，注重课件自身各部分的联系和形、声、色之间的协调，同时重视与其他教材和教学手段的配合，形成最佳组合的整体效应。在开发前，需进行严格的教学目标分析，设计课件的总体框架，形成"金字塔"式的结构。接着，按模块化编程方法自顶向下完成任务，确保课件前后连贯一致。

7. 导航性原则

多媒体课件不同于其他声像教材，它打破了其他声像教材线性表现规律的结构，以非线性的方式生动形象地呈现教学内容、友好的交互界面、超文本组织结构等，从而可提高教学效果。多媒体课件应提供清晰、准确的导航功能，使学生能按自身需求自主学习，避免在知识节点中迷失。导航元素（如图标、文字、物体、区域、菜单等）应易于识别，具有显著特征，否则可能给初学者带来困扰，降低学习兴趣，甚至导致放弃使用。

8. 反馈激励原则

反馈来自系统控制原理，任何一个系统要实现有效的控制，就必须通过反馈环节来达到预期的目的。多媒体教学课件作为一个教学系统也是一样的，应该让学习者在做出反应、表现出行为之后，及时知道学习活动的结果，从而判断自己的理解与行为是否正确，以便及时获得支援性信息进行矫正。多媒体课件提供反馈的核心目的是推动内部学习过程的"强化"。此反馈系统旨在不断激励学习者树立学习信心，以获得积极的学习效果。

9. 面向用户原则

遵循教育规律和尊重个性差异，是课件创作开始前就应该受到关注的开发原则，以面向用户的教学设计方法去指导整个创作过程，这样生产出来的多媒体课件才会满足用户要求，取得令人满意的效果。同时，面向用户的设计原则不仅要满足显性用户的愿望，还要预测到那些在逻辑上可能使用本课件学习的潜在用户的愿望[1]。

---

1   张有录.试论多媒体课件设计的十大原则 [J]. 教育探索，2003（10）:67-68.

二、教师精品课件的设计及示例

（一）教师精品课件的设计流程

教师精品课件的设计主要包括课件题材的选取、教学目标的确定、教学对象的分析、素材的准备与制作、布局分析、创意设计等。

1. 选取课件题材

制作多媒体课件的初步是选题。并非所有教学内容都适合或需要多媒体技术。不当的选题可能导致效果不佳。选题应基于教学实际、学科特点和教学内容来确定。应把握好以下三个原则：一是需要性原则。要确保所选课题是当前教与学所急需的，制作课件才会有的放矢。要做到这一点，必须熟悉教学内容和教学媒体，了解学生心理。二是科学性原则。课件所展示的内容须是教师教学思想的具体体现。因此，选题必须以学生为教学活动主体，以先进的教育理论作为指导；必须符合现行教学大纲和教材，符合认知心理学原理；要体现计算机交互性的优势，突破传统教学模式的束缚。三是创新性原则。选题应有创新性，表现在多方面，如概念和理论的创新，创作手法上的创新，技术手段上的创新，以及教学和学习模式上的创新。总之，在选题时，对含有较多创新成分的课题应优先考虑，要避免利用课件做"黑板搬家""书本搬家"的工作[1]。

2. 确定教学目标

多媒体课件设计前需明确教学目标，以助学习者明确方向并受益。针对不同层次的学习者，教学目标应体现差异性，确保每位学习者都能有所提升。教学目标应包括各章节目标及重难点等。

3. 分析教学对象

教学活动围绕教学对象进行，成功的教学必须重视学习者分析。分析包括社会背景、心理特征、学习风格、认知水平和知识结构，并建立学习者档案。分析数据可掌握不同学习者的需求和个性化需求，为不同学习者提供学习建议和个性化教学。这既扩大了教育规模，又实现了因材施教，做到了因材施教与扩大教育规模的统一。

4. 准备教学素材

多媒体课件需要呈现给学习者大量的学习资源，其中包括文字信息、图片、动画、音频、视频等。首先，在设计文本字幕时，可采用逐字输入、逐行移入等形式出现。在颜色搭配上要让文字的色彩与背景色形成鲜明的对比，这样可以突出字幕的内容，吸引学习者的注意力，从而提高网络教学的效果。在多媒体课件中运用图片和动画，能增强课件的美感，使一些抽象的、难以理解的概念变得生动、形象，易于学习者接受和理解。图片可通过素材光盘、网络、扫描仪或 Photoshop、Coredraw、Windows 画图板等获取，动画可通过 Flash、3DMAX 等软件制作。

5. 分析课件布局

布局分析是页面上元素的排列组合，使页面清晰有条理，突出主题。设计时需考虑虚实对比、合理留白，避免元素过于拥挤，保持结构合理、层次清晰。减少大段文字，运用节奏和均衡原理编排，注重图文并茂，比例协调。文字和图片相互补充，过多文字会使页面沉闷，缺乏生气；过多图片则减少信息容量。因此，理想的效果是文字与图片的紧密结合，相互衬托，既能增强页面活力，又使主页内容丰富[2]。

1　姚万鹏 . 多媒体课件的设计和制作 [J]. 科技信息，2006（S5）:24.

2　吴菁 . 网页型多媒体课件设计与制作 [J]. 现代教育技术，2009，19（5）:139-141.

多媒体课件版面布局设计应注重和谐美、韵律美、立体美和简洁美，以提供美的享受和教育。版面由色彩、位置比例、文字、色块、形状等元素组成，需合理安排媒体信息的呈现和交互区域。界面中包括窗口、菜单、图标、按钮等元素，要求均衡摆放，按功能和地位分配位置。动态画面和内容发展占界面大部分，按钮、文字解说等面积较小，留出适当空白以强调独立性，实现对称均衡、布局稳定之美[1]。

6. 设计创意内容

多媒体课件是对原有教材内容的再创造，这种创造性不仅能使学生对所学内容留下深刻印象，而且更能激发其创新思维。这就要求教师真正摆脱教材的传统模式，选择最佳的教学方案，精心地设计多媒体画面，巧妙地安排展示时间，并通过造情设境、设置悬念等手法，艺术地将所要讲述的内容形象具体、生动活泼地表现出来，使所展示的内容能够产生较强的艺术感染力，突破教学的时空局限，以开阔视野，使学生能置身于情景交融的课堂教学氛围之中，从而激发学生的想象力和创新思维，调动学生的学习积极性和对所学内容的浓厚兴趣[2]。

（二）教师精品课件的设计示例

1. 阐明教学内容

《骆驼和羊》是一篇看图学文，讲的是骆驼和羊都只看到自身长处，用自身长处与他人短处比，谁也不服谁，因而争论不休，最后找老牛评理的故事。这个故事告诉我们看问题要全面，要正确看待自己和他人，每个人都会有长处与短处，不能只看到自身长处和他人短处，也要看到自己的短处和他人的长处。

2. 明确教学目标

学会本课 10 个生字；能正确读、写要求学会的词语；正确、流利地朗读课文，分角色表演课文内容；了解课文内容，懂得应当全面地看待自己和别人。

3. 教学重点难点

学习生字新词，使学生懂得要正确看待自己和他人；理解老牛的话。

4. 设计教学脚本

脚本设计见表 3-3-1、表 3-3-2、表 3-3-3、表 3-3-4、表 3-3-5 和表 3-3-6。

表 3-3-1　情景引入

课　　题	骆 驼 和 羊	界 面 主 题	情 景 引 入	NO.1
媒体	教学内容（关键词）		制作说明	
界面	1		媒体表现区	
	2		按钮设置区	
图像	骆驼和羊站在林中路旁		静态图片	
文本	课题：骆驼和羊 执教者姓名 制作者姓名		注意课题的醒目程度	
声音	优美、活泼的音乐			

1　李海燕．多媒体课件设计与制作的美学思考 [J]．教学与管理，2009（12）:108-109.

2　姚万鹏．多媒体课件的设计和制作 [J]．科技信息，2006（S5）:24.

表 3-3-2　理解归纳

课　题	骆 驼 和 羊	界 面 主 题	理 解 归 纳	NO.2
媒体	教学内容（关键词）		制作说明	
界面	1		媒体表现区	
	2		按钮制作区	
图像	骆驼和羊来到一个围墙旁		静态图片	
文本	骆驼一抬头就吃到了树叶		单击"句1"出现	
动画 1	骆驼吃树叶画面		单击鼠标出现	
文本	羊抬起前腿，扒在墙上，脖子伸得老长，还是吃不着		单击"句2"出现	
动画 2	羊吃树叶的画面		单击出现	
声音	随每一次词的闪动出现声音			

表 3-3-3　自读自悟

课　题	骆 驼 和 羊	界 面 主 题	自 读 自 悟	NO.3
媒体	教学内容（关键词）		制作说明	
界面	1		媒体表现区	
	2		按钮制作区	
图像	骆驼和羊来到一个园门前		静态图片	
文本	羊大模大样地走进门去吃园子里的草		单击"句1"出现	
动画 1	羊进园门的画面		单击出现	
文本	骆驼跪下前腿，低下头往门里钻，怎么也钻不进去		单击"句2"出现	
动画 2	骆驼进园门的画面		单击出现	
声音	随每一次词的闪动出现声音			

表 3-3-4　析情明理

课　题	骆 驼 和 羊	界 面 主 题	析 情 明 理	NO.4
媒体	教学内容（关键词）		制作说明	
界面	1		媒体表现区	
	2		按钮制作区	
图像	老牛教育他们的画面		静态图片	
文本	课文最后老牛说的话		单击"句1"出现	
动画	老牛说话的画面		单击出现	

表 3-3-5　全文欣赏

课　题	骆 驼 和 羊	界面主题	全 文 欣 赏	NO.5
媒体	教学内容（关键词）		制作说明	
界面	1		媒体表现区	
	2		按钮制作区	
视频	全文欣赏		单击出现	

表 3-3-6　课外资料

课　题	骆 驼 和 羊	界面主题	课 外 资 料	NO.6
媒体	教学内容（关键词）		制作说明	
界面	1		媒体表现区	
	2		按钮制作区	
文本	羊的外形特征 生活习性等资料		单击"羊"出现	
文本	骆驼的外形特点 生活习性等资料		单击"骆驼"出现	
声音	重声朗读上述资料，并伴有优美的轻音乐			

三、教师精品课件的制作及示例

（一）教师精品课件的制作技巧

课件制作主要包括文本制作、图片制作、动画制作、视频制作、音频制作等，下面介绍多媒体课件的制作方法。

1. 文本制作

文字是多媒体课件的基础元素，便于学生快速阅读和理解，文字素材的获取相对比较简单，可以通过键盘、手写板输入或者网络复制、粘贴等方式实现，课件中的标题采用一些艺术字体，使其美观、大方，让人一目了然。

文本制作步骤：单击类似"反 L"的标志或单击鼠标右键——单击字号选择字体大小——单击字体选择不同的字体形态——单击字体颜色可以给字体设计不同的颜色——单击下划线类型给文本设计添加下划线。此外，还可单击标志对字体进行加粗、使字体倾斜、给字体添加下划线、增大字体、使字体变小。插入艺术字的步骤：单击"插入"→单击"艺术字"→选择喜欢的艺术字形式→输入内容（见图 3-3-1）。

2. 图片制作

图形、图像可以更形象地展示教学内容，并解决难以用文字或语言描述的教学内容，尤其对于低年级的学生，只有文字的多媒体课件很难使他们的注意力一直在教学内容上，但通过一些图像的演示，可吸引学生的学习兴趣。

插入图片的步骤：单击"插入"→单击"图片"→选择图片→插入图片（见图 3-3-2）。

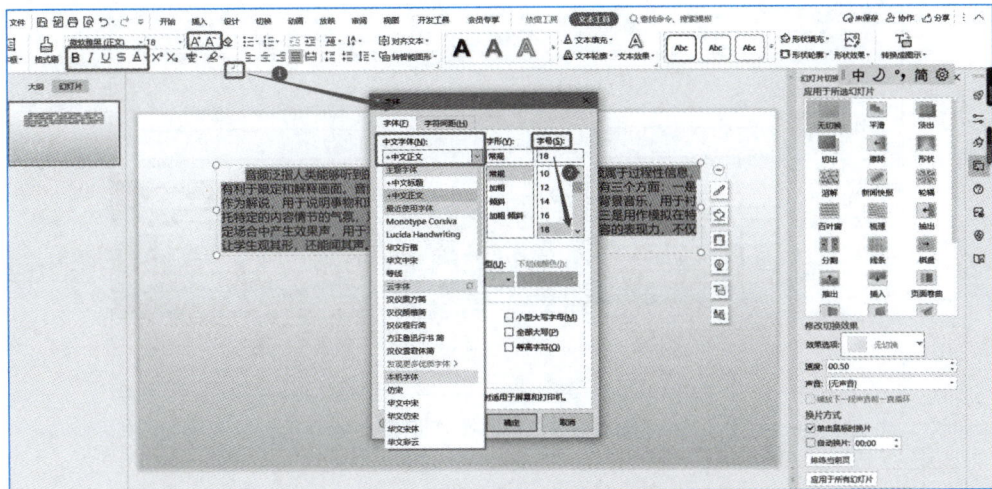

图 3-3-1　文本制作

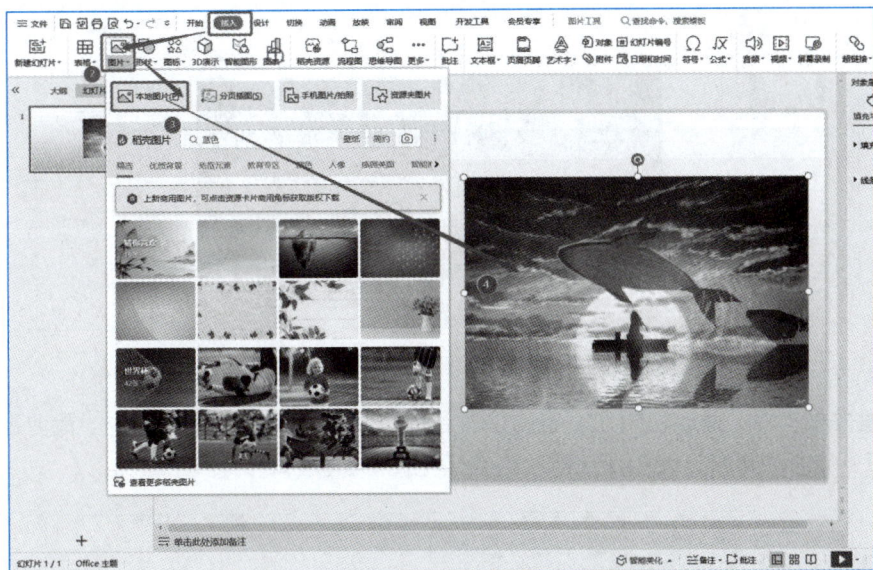

图 3-3-2　插入图片

3. 动画制作

在教学中，往往利用动画模拟客观事物的变化过程，说明科学原理，在许多情况下，利用计算机动画表现事物甚至比录像的效果更好，可以起到强调作用。

动画制作的步骤：选择需要添加动画的文字或图片→单击"动画"栏目→设置动画格式（见图 3-3-3）。

4. 视频制作

在教学中，有些内容需要通过视频的方式来展示，视频的表达效果会比文字表达的效果更好一些，更容易吸引同学们的注意力。

① 添加视频的步骤：单击"插入"→单击"视频"→选择"嵌入视频"→选择视频插入（见图 3-3-4）。

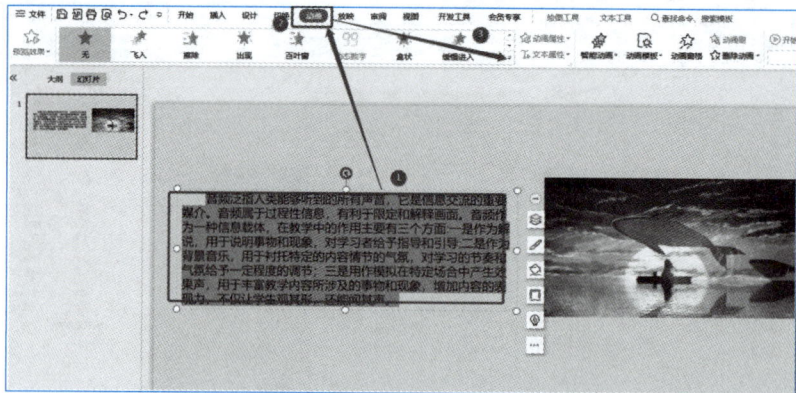

图 3-3-3　动画制作步骤

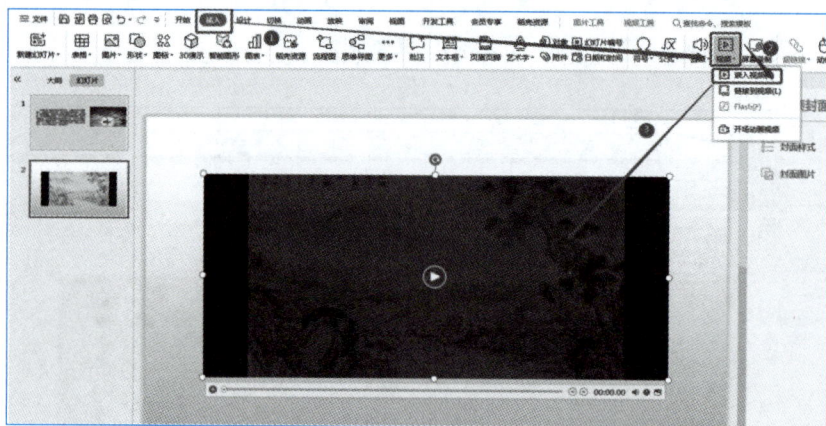

图 3-3-4　插入视频

② 处理视频步骤：播放视频在一定的位置暂停可将其设置为封面→单击"裁剪视频"对视频进行裁剪→单击"开始"设置视频播放格式（见图 3-3-5）。

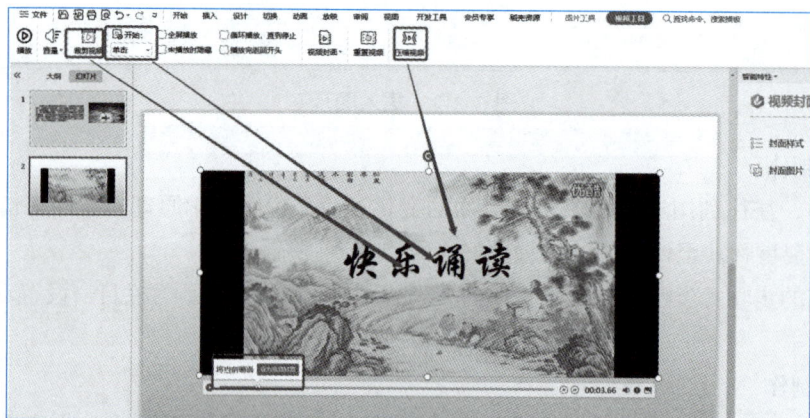

图 3-3-5　视频处理步骤

5．音频制作

音频处理是多媒体课件制作的一种常用方式。

①插入音频的步骤：单击"插入"→单击"音频"→单击"嵌入音频"→选择音频插入（见图 3-3-6）。

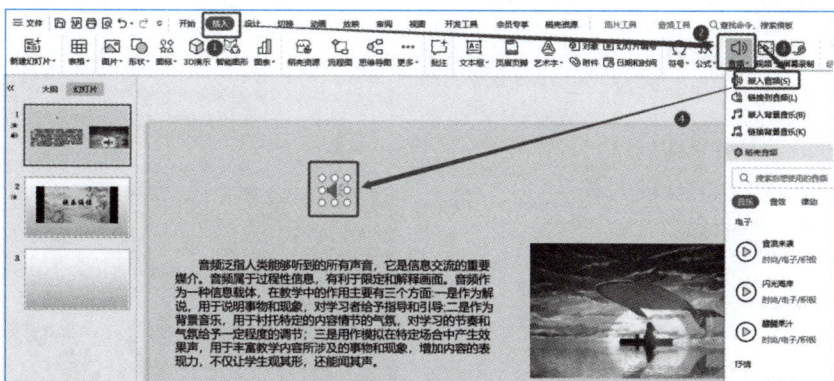

图 3-3-6　插入音频步骤

②处理音频步骤：单击"音频"→单击"开始"→选择播放音频的方式→单击"裁剪音频"→对音频进行裁剪（见图 3-3-7）。

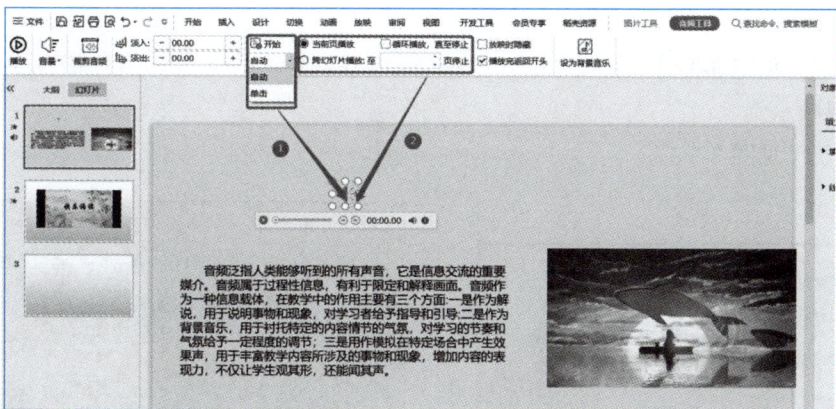

图 3-3-7　处理音频的步骤

③音频链接到图片的步骤：单击"图片"→单击"插入"→单击"动作"→选择播放音频的方式"单击播放或悬停播放"→单击"播放声音"→选择音频插入（见图 3-3-8）。

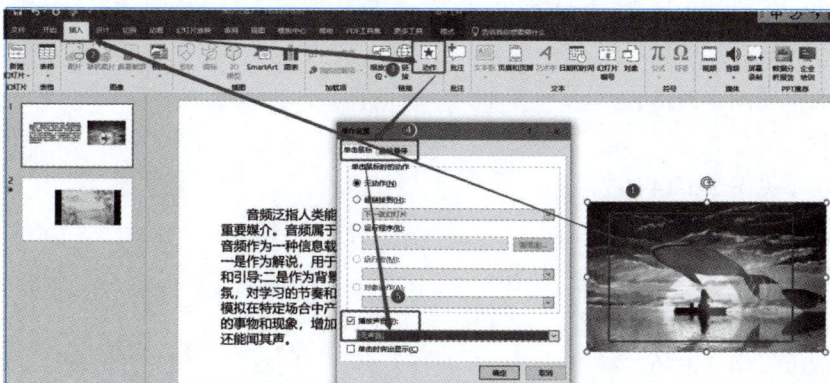

图 3-3-8　音频链接到图片的步骤

（二）教师精品课件的制作示例

1.《海水的运动》示例

（1）文本示例

文本呈现（见图3-3-9）。

（2）图片示例

图片呈现（见图3-3-10）。

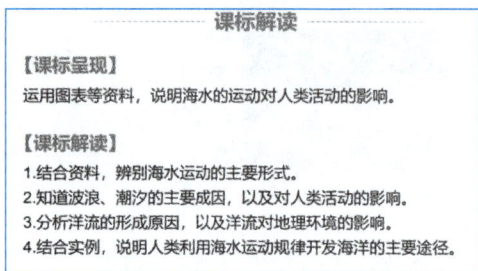

图 3-3-9　课标解读文本

图 3-3-10　海上活动图片

（3）动画示例

动画呈现（见图3-3-11）。

（4）视频示例

视频呈现（见图3-3-12）。

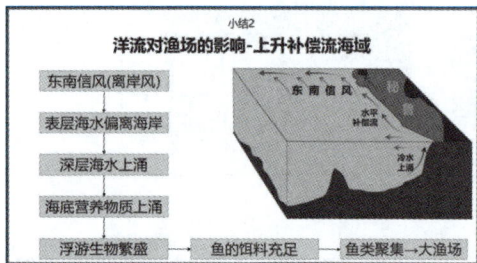

图 3-3-11　上升补偿流动画

图 3-3-12　钱塘江大潮视频

2.《A little rooster looking for happiness》示例

（1）文本示例

文本呈现（见图3-3-13）。

（2）图片示例

图片呈现（见图3-3-14）。

（3）动画示例

动画呈现（见图3-3-15）。

（4）视频示例

视频呈现（见图3-3-16）。

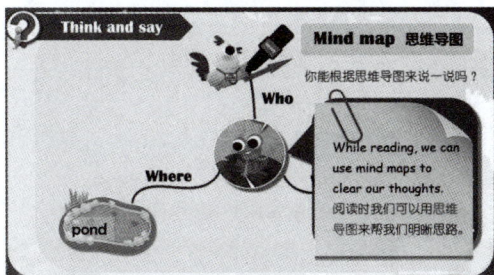

图 3-3-13 导航文本

图 3-3-14 图片制作

图 3-3-15 动画展示

图 3-3-16 互动视频

（三）教师精品课件的检索渠道

1. 教习网

教习网是一个专业的教师备课网站，网站资料涵盖全国各年级各版本，课件、教案、试卷、视频、音频等，资料的质量较高，且这些资料很多都是成套整理的，可以一次性下载齐全，非常方便。

操作步骤：选择年级→选择科目→单击课件→选择学习对象→单击浏览（见图 3-3-17）。

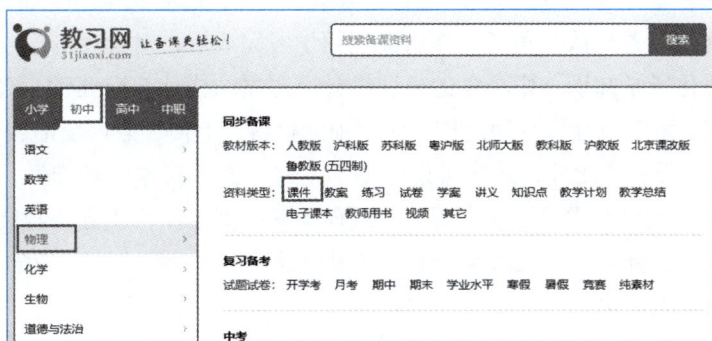

图 3-3-17 练习网操作步骤

2. 好课件网

好课件网整个界面简洁，版本、科目和年级分类很清楚，使用较为方便。同时资料比较丰富，涵盖了从小学到高中所有阶段的全部课程，并且该网站提供免费的试卷、课件及教案。

操作步骤：选择科目→选择年级并单击进入→选择课件→查看（见图 3-3-18）。

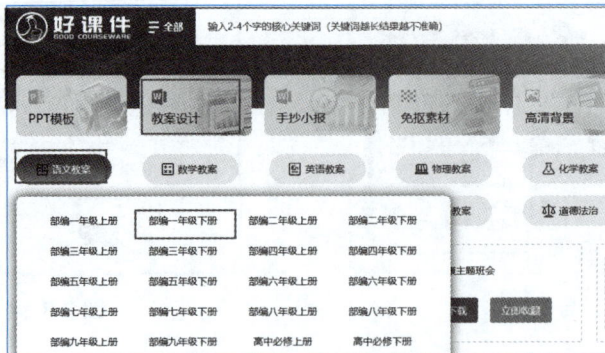

图 3-3-18　好课件网站操作步骤

第四节　教师精品微课设计与制作能力

随着技术的发展，信息化教学得到了大力推行，教师精品微课走入寻常课堂。微课以动画或短片等形式呈现教学内容，或借助互联网计算机技术将微课内容以流媒体形式存于因特网上。本节对教师精品微课设计与制作能力的相关内容进行介绍，旨在帮助中小学教师提高微课资源的应用能力，优化教学效果，提高学生的学习效率。

一、教师精品微课的设计及示例

（一）教师精品微课的设计流程

在微课制作前，先做前端分析。对微课的学习者特征、教学任务和学习内容进行分析，然后根据布卢姆的学习目标分类理论确定合适的学习目标，进而制定合适的教学策略。在微课制作时，应尽量减少学习者的认知负荷[1]，将复杂问题简单化，适度安排原生性认知负荷，降低无关性认知负荷，优化相关性认知负荷。在微课视频学习完成后，对学生的学习效果进行形成性评价，以巩固、强化所学知识。中小学的微课设计应遵循结构性、交互性、真实性等原则，其设计主要经过选题、教学设计、视频制作、使用辅助材料、上传、点评反馈和评价这几个环节，具体顺序如图 3-4-1 所示。此外，还应考虑到小学生这一教学对象的特殊性，针对小学生的认知特点，运用不同的表现形式，以最直观的方式向小学生展示学习内容，提高教学效率。而中学的练习设计更应具有针对性与层次性，主客观习题设计难度等级合理，教学过程需精炼完整，主题切入迅速，重难点突出。

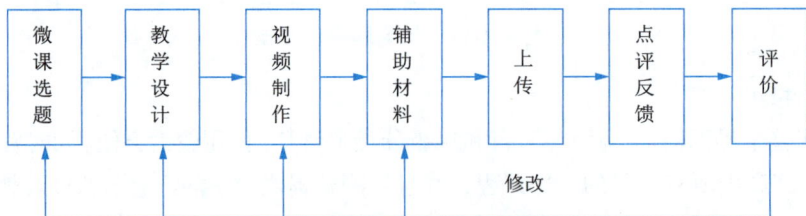

图 3-4-1　教师微课设计的基本流程

1　张晓君，李雅琴，王浩宇，丁雪梅．认知负荷理论视角下的微课程多媒体课件设计 [J]. 现代教育技术，2014，（2）：20-25.

（二）教师精品微课的设计示例

1. 同分数分母加减运算

（1）分析阶段

这项实例选择了三年级数学上册第四章第四节的内容——《同分母分数加减运算》。虽然学生在之前已经学习了分数的基本知识，但更高难度的分数运算并未学习。本节课将引导学生进行自主探究、自己动手操作，加深学生对该知识点的理解与记忆。在进行微课设计之前，参与微课设计的教师对学生情况进行了调查和分析，发现成绩比较好的学生，学习动机越强，在取得好成绩时有更多的自豪感，而学习成绩较差的学生，不能很好地参与进来，挫败感就较强。

（2）设计阶段

① A（注意力）设计：在微课设计中适当增加练习题的数量，并将侧重点落在提高成绩较差学生的满足感上，让学生参与到课堂中来；在新课讲授环节采用“折一折”与“涂一涂”的方式引导学生动手操作，吸引学生的注意力；导入环节采用复习旧知识导入新知识的方式，循序渐进。② R（关联度）设计：用“过生日、切蛋糕”的生活实例向学生讲解分数的含义及同分母分数的加减运算，将数学与生活关联起来。③ C（自信心）设计：用以前学过的知识进行引入，建立新旧知识联系，使学生学习也更有自信。④ S（满足感）设计：针对成绩较差的同学不能很好地参与进来以致满足感较差的问题，在本轮 S（满足感）设计中，通过“折一折”与“涂一涂”的探究方法，让全班同学都参与进来，并且通过简单的折纸游戏让成绩比较差的学生也能明白分数的意义，产生满足感（见图 3-4-2）。

知识点	《同分母分数加减运算》	
使用目的	□补差　☑基础　□提高　□提优	
教学活动与微课画面	教学内容设计	策略实施
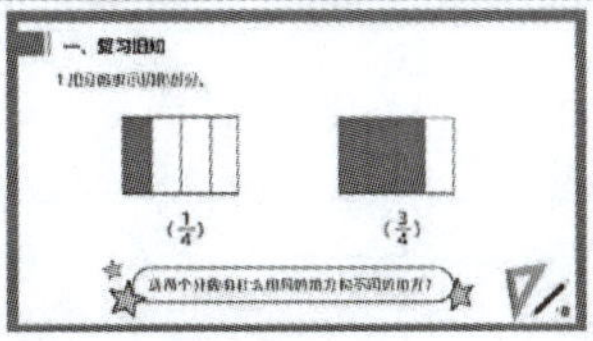复习旧知（画面 1） 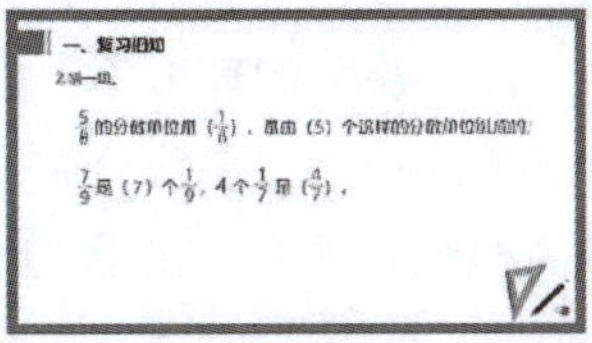复习旧知（画面 2）	师：同学们，大家好，我们今天要学习的内容是，同分母分数加减运算，首先我们来复习一下上节课学过的知识，用分数表示阴影部分，大家看这两个分数有什么相同的地方和不同的地方呢？没错，他们的分母相同，分子不同。再看下一题请你先暂停一下，把答案写到纸上，（过程省略）请对照答案看看自己掌握的怎么样？复习完了，相信你都已经掌握了，非常棒！	运用到的策略有：A1

图 3-4-2　教案设计

设计意图：A1（知觉唤醒）环节运用以复习旧知的方法，引出分数加减的学习（见图 3-4-3）。

设计意图：A1（知觉唤醒）环节教师用生动形象的语言将问题引出，如“妈妈把蛋糕平均分成了八块”，拉近分数知识与学生自身的距离；A2（探究唤醒）环节又由问题“那么现在问题来了，爸爸和妈妈一共吃了这个蛋糕的几分之几呢？”逐步引入本节微课的核心知识“分数”，引发学生思考；R3（熟悉度）环节通过把日常生活中的事例转换成知识（见图 3-4-4）。

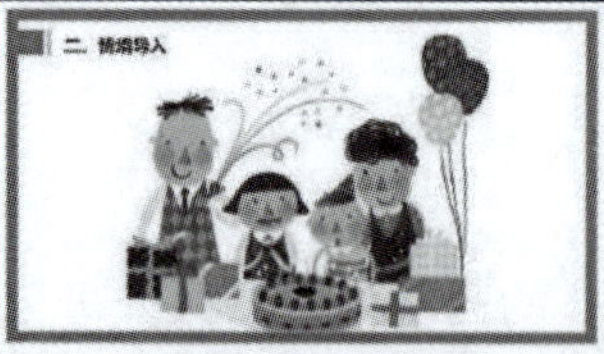 情境导入（画面 1） 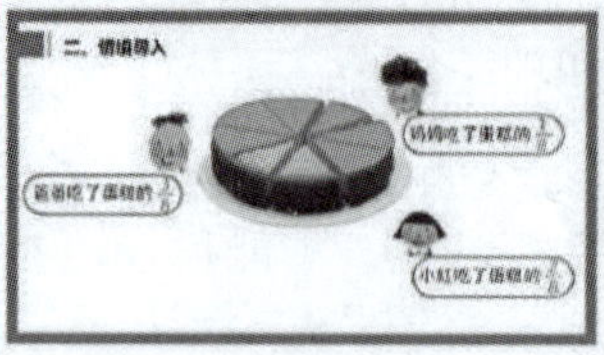 情境导入（画面 2）	师：下面我们来开始新的内容的学习，同学们，说到生日，你们会想到什么呢？今天是成成的生日，爸爸妈妈给她准备了一个生日蛋糕。 师：妈妈把蛋糕切成大小相同的八份。爸爸吃了蛋糕的八分之三，妈妈吃了蛋糕的八分之一，小红吃了蛋糕的八分之二，下面我要提出一个问题，爸爸和妈妈一共吃了这个蛋糕的几分之几呢？你能想到什么方法来计算呢？	运用到的策略有：A1、A2、R3

图 3-4-3　教案设计

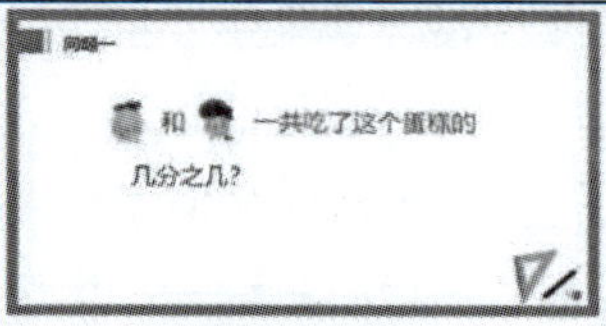 新课讲授（画面 1） 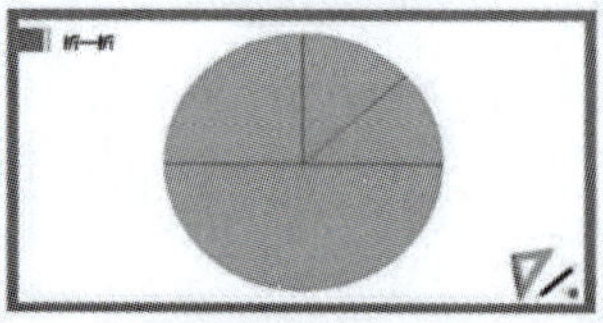 新课讲授（画面 2） 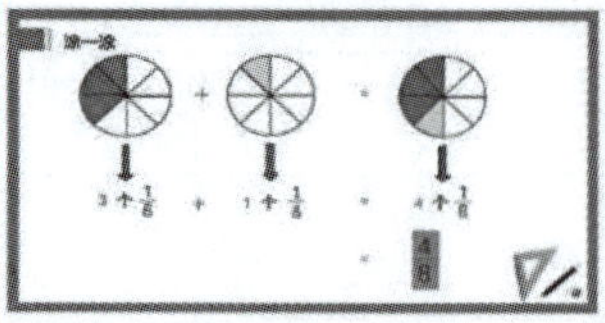 新课讲授（画面 3）	师：在这里老师想到了一个办法，同学们请拿出一张圆形的纸，跟着老师一起折，我们首先按照这条红线把圆对折，得到一个半圆形，再把半圆沿着红线对折，得到四分之一个圆，再对折，得到八分之一个圆。然后将折好的圆展开，通过折叠我们把圆平均分成了八份，这里的黑色线条就代表了圆上的折痕。 师：下面我们拿出彩笔来涂一涂，我们要分别把爸爸和妈妈吃的数量用彩笔涂上颜色。	运用到的策略有：R2、S2

图 3-4-4　教案设计

设计意图：R2（动机匹配）设计“折一折”“涂一涂”的探究方法，通过让学生自己动手操作，更进一步理解“平均分”的核心知识点。在“涂一涂”的环节中，教师提供指导，学生自己动手进行涂色的操作，使学生更加直观地理解“把这一个圆平均分成了八份，给一份涂上颜色，涂色部分占整个圆的八分之一”的概念，S2（积极后果）是在学生探究完成后，用图片及动画的形式详细地呈现出推导过程，及时强化新知识（见图 3-4-5）。

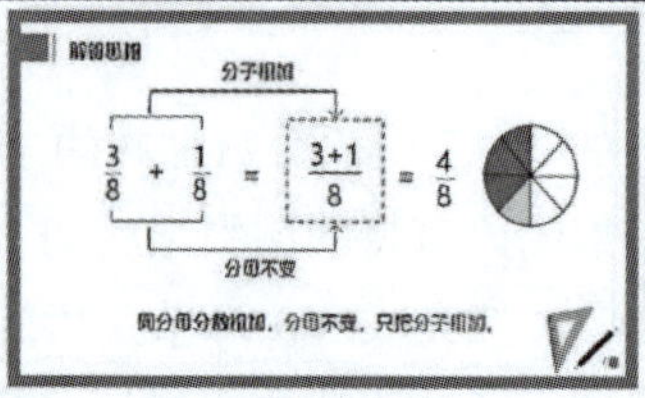 新课讲授（画面 4）	师：然后来看一下如何用算式计算，分母不变，只把分子相加，结果等于八分之四，在这里我们可以得出，同分母分数相加，分母不变，只把分子相加。下面是规范的答题步骤。	运用到的策略有：C1

图 3-4-5　教案设计

设计意图：C1（学习要求）采用"图文声"混合的方式呈现出同分母分数加法运算的详细过程，让学生对这部分的难点知识充分理解（见图 3-4-6）。

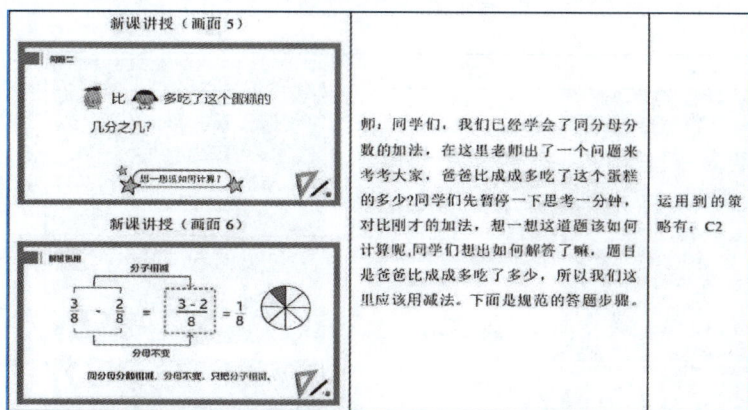

图 3-4-6　教案设计

设计意图：C2（成功机会）经过问题一的示范后，给出问题二，让学生按照问题一的思路自行思考解答方式，并且及时告诉学生正确答案，对学生的解答进行强化。

设计意图：C1（学习要求）将本节课讲到的问题一、问题二的两个算式放到一起，总结出计算规律，并对知识进行回顾与总结，进一步加深学生的认识；将分数与整数计算公式放到一起寻找规律，使学生理解分数与整数的加减运算在本质上都是相同的，在脑海里形成清晰的知识脉络。

2.《原子结构模型发展的历史进程》微课设计

（1）分析阶段

人教版高中化学选修三《原子结构模型发展的历史进程》模块从原子结构与性质、分子结构与性质和晶体结构与性质三方面学习物质结构与性质，该模块内容对深入学习化学原理具有重要意义，但其理论性强、内容抽象和涉及面广的特点也造成了"教师难教、学生难学"的尴尬局面。将知识点设计、制作成微课可在一定程度上缓和这个问题。教师在选择微课主题时应注意三方面：第一，选择适合设计、制作成微课的教材内容；第二，关注所选主题在教材中的作用，以及和其他知识点的关联；第三，选择适当的模型来呈现知识。学习《原子结构模型发展的历史进程》模块的学生一般为高二学生，并且选择了化学为高考科目。说明他们对化学学习具有一定兴趣，有一定学习化学的方法和化学学习思维。并且在必修教材学习的基础上，对物质结构与性质具有一定的了解，具备了模型构建的能力。

（2）确定目标

此微课是基于模型认知进行设计与制作的，参考《普通高中化学课程标准（2017）》中的"内容标准"和"教学提示"及"学业要求"，本节课中需要突破的重难点可以简单概括为以下两点：①模型认知素养：五大原子结构模型发展过程及其特点。②证据推理和科学探究素养：从科学史着手培养学生的证据推理意识和科学探究精神。

（3）设计阶段

片头的引入部分目的在于引起学生注意，激发学生学习兴趣。新课讲授是微课的核心部分，要注重内容的呈现顺序和层次逻辑，再现教学内容时，应引导学生构建模型，培养学生模型认知和解决新问题的能力。片尾主要是总结微课，帮助学生梳理知识，此外，片尾也可以就本节微课所学内容提出问题，引发学生思考和课后探索（见图 3-4-7）。

环节	视频截图	旁白
引入		宇宙大爆炸后产生了大量原子，原子通过不断组合形成了如今的大千世界。本节课学习原子结构模型发展的历史进程。
新授	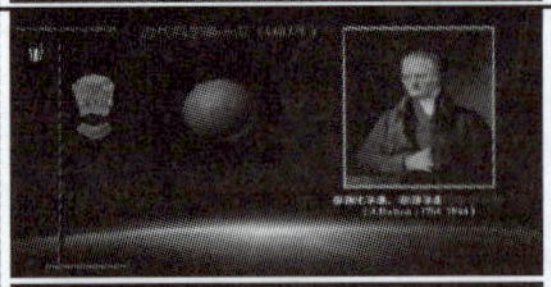 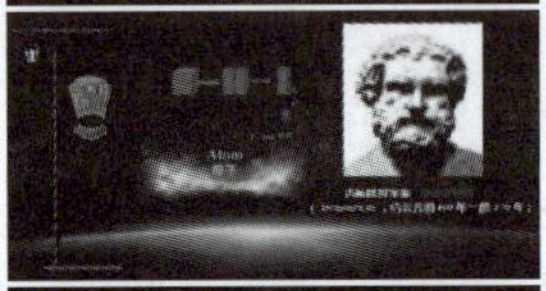 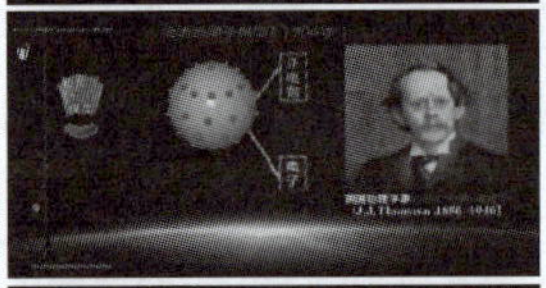 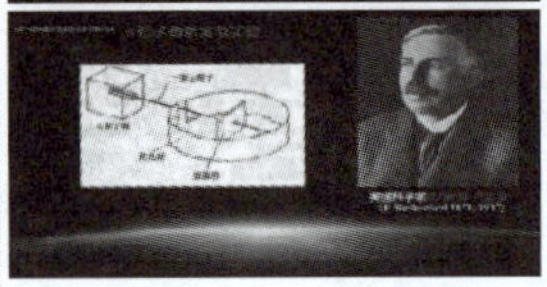	背景音乐：《永远同在》 德谟克利特，古希腊哲学家，认为物质不断分割，到不能分割时，将最小物质命名 ATOM 原子。 约翰·道尔顿，英国化学家、物理学家，于 1803 年提出近代科学原子论，认为原子是一个不可分割的实心球，是化学变化中的最小微粒。 1897 年，英国物理学家汤姆逊在研究稀薄气体放电的实验中，发现了电子。汤姆逊提出葡萄干布丁模型，原子就像是带正电的球形布丁镶嵌着带负电的葡萄干。 1911 年，汤姆逊的学生卢瑟福做了著名的α粒子轰击金箔实验，让一束α粒子穿过极薄的金箔。
	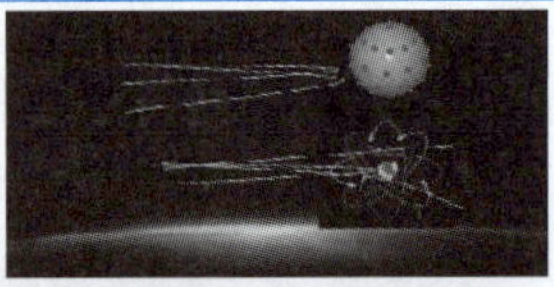 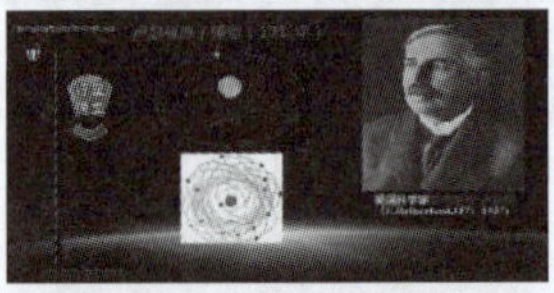 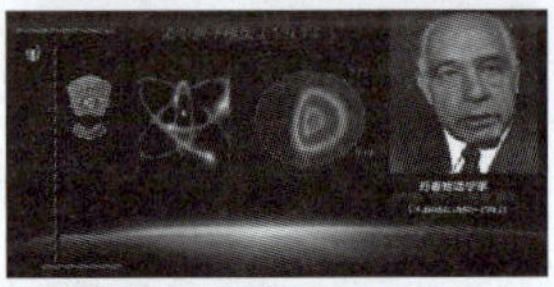 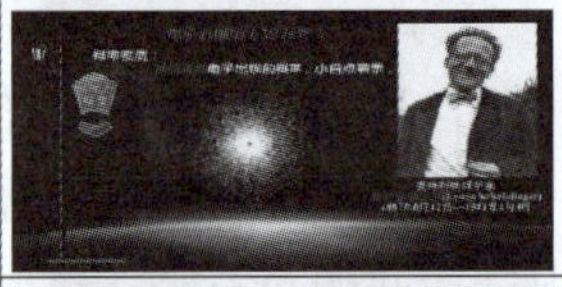	如果按照他老师汤姆逊葡萄干布丁模型情况应该是这样，而实际却是这样的。大量的粒子穿过金箔，并发生偏转，只有极少数的粒子被反弹回来。 卢瑟福认为：原子内部存在着一个质量大、体积小、带正电荷的部分——原子核。提出原子核式结构模型也称行星模型。 卢瑟福的学生，丹麦物理学家玻尔提出了原子核外电子分层排布模型，认为，电子在特定轨道上绕核做圆周运动，离核越远能量越高。 1926 年，奥地利物理学家薛定谔以量子力学为基础提出电子云模型。单位体积内电子出现概率，称为概率密度，用小白点的疏密来表示。
片尾	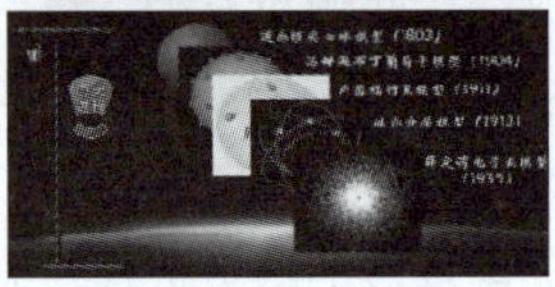	正是因为一个个孜孜不倦的科学家们经过近一个世纪的研究，结合形象贴切的模型使人类对原子的认识慢慢深入、也逐渐明朗起来。

图 3-4-7 《原子结构模型发展的历史进程》微课环节

二、教师精品微课的制作及示例

微课在中小学学科教学领域应用越来越广泛。越来越多的中小学教师参与微课设计与制作，但是也有一些教师在工具选择方面束手无策。当前流行的微课按照制作方式来划分，有录屏类、动画类、拍摄类等类型。这里介绍比较常用的工具软件，包括计算机终端软件、App 及微信小程序，根据微课的类型对其分类并简要介绍操作方法。

（一）教师精品微课的制作技巧

1. 录屏类微课制作技巧

（1）录屏类微课特点

录屏式微课简单易于操作，单人即可完成。如 Camtasia Studio，该软件可以录制 PPT、屏幕录制、制作视频、添加交互测试题等，轻松记录屏幕动作，包括影像、音效、鼠标移动轨迹、解说声音等。

（2）利用 PowerPoint 制作录屏类微课

利用 PowerPoint（PPT）录制是最低成本、最低技术门槛、最小工作量的微课制作方式。PowerPoint 软件自 2010 版自带录制功能，教师可以在“幻灯片放映”中选择“录制幻灯片演示”，“从头开始录制”或者“从当前幻灯片开始录制”。具体操作步骤如下：

【第一步】教师可以在"幻灯片放映"中选择"录制"。

【第二步】选择"从头开始录制"或者"从当前幻灯片开始录制"。

【第三步】单击左上角红色圆圈即可开始录制。

（3）利用 Camtasia 制作录屏类微课

Camtasia 是集"录屏＋剪辑"于一体的强大软件，操作简单好上手。它可以进行视音频分离，对视频和音频分别剪辑；可以对局部画面进行缩放处理，也可以对画面增加各种形状的标注（如画红色圆圈的操作），还可以对视频进行降噪处理（需要不断调试，有时效果不佳）；还可以增强转场效果，添加字幕（见图 3-4-8）。

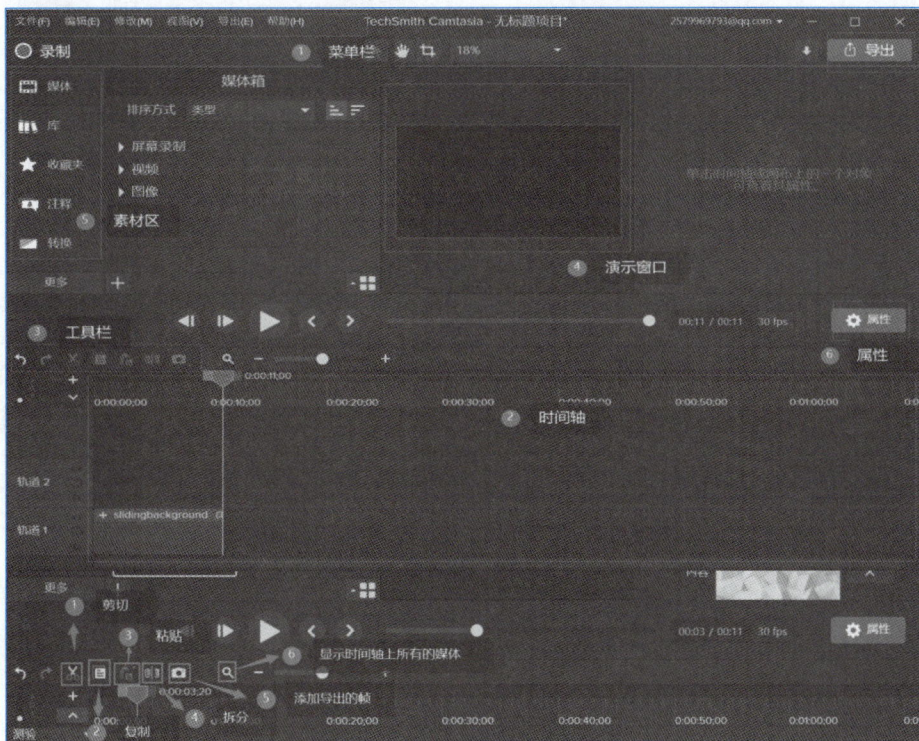

图 3-4-8　Camtasia 基本功能区

下面介绍利用它录制微课具体的操作步骤：

【第一步】打开 Camtasia，在软件的左上角找到红色按钮，单击录制。

【第二步】接下来进入录制工作台，可以控制录制区域，选择是否打开相机、麦克风和系统音频。

【第三步】当设置好录制工作台后，就可以打开教学 PPT 进行微课录制了。录制完成后，可以直接按【F10】键结束录制，录制好的视频就会自动保存在"媒体箱"中。

【第四步】软件会自动生成一个 MP4 视频文件，将录制的微课导出到本地文件，再输入项目名称（文件名）。

（4）利用 Course Maker 制作录屏类微课

Course Maker 是一款简单且专业的交互式微课制作软件，具备微课的上传、发布、分享、浏览、点播、答题及批改功能，可以与微课智能笔组合使用，帮助教师轻松地制作出精美的课件。

该软件具有四大功能：一是支持图文、音频、视频、PPT、Word、手写原笔迹等多种格式的媒体对象混合编辑；二是在微课放映过程中可以插入习题，并能够对学生提交的主客观习题进行批改；三是无须借助 Web 平台，也可实现微课的发布、点播、答题、批改等功能，答题和批改均支持勾选、录入、拍照、手写等多种方式；四是高效的多媒体技术支持微课源视频分享，源视频文件容量小，下载后可再编辑（见图 3-4-9）。

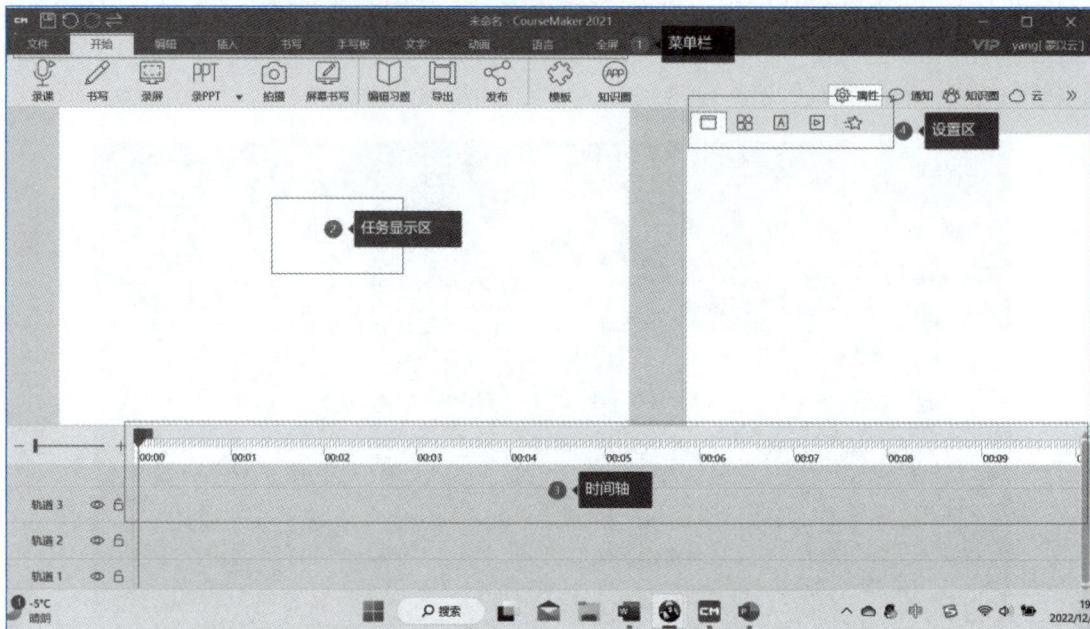

图 3-4-9　Course　Maker 基本功能区

下面介绍利用它录制微课具体的操作步骤：

【第一步】单击菜单栏中的"开始"，再选择"录屏"选项。

【第二步】在屏幕中拖拽出录屏区域。

【第三步】进入"录屏设置"，选择录制语音还是录制系统声音，也可以二者一起录制。

【第四步】设置好后单击"开始"按钮即可。

【第五步】录制完成后，在设置区能够看到视频属性，同时可以通过操纵时间轴进行修剪。

（5）录制注意事项

①停顿：如果讲错了内容就停顿，从当前话开始即可，不必重头录制。

②先录制再制作：可以先打开录制的按钮，然后再开始播放 PPT 或者书写内容。

③预录制：在录制之前，可以先看一下是否录上声音，预录制一下。

2．拍摄类微课制作技巧

（1）拍摄类微课特点

教学录像是指在真实的教学环境中，利用摄像机、收音器等专业的录像设备，将教学活动录制下来，然后利用专业的编辑软件进行后期处理，再渲染输出视频。这种制作方式对老师和录制人员、后期处理人员有一定要求，录制成本也相对较高，需要教师和制作人员都做好充分的准备。

（2）制作基本流程

微课制作的基本流程（见图 3-4-10）。

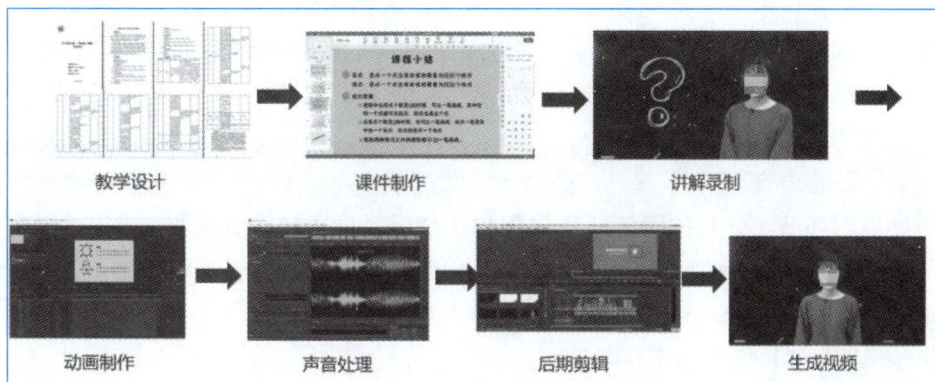

图 3-4-10　微课制作基本流程

（3）制作注意事项

① 教学设计环节。在教学设计步骤，需要准备好微课脚本。微课脚本通常包括教学内容、教学流程、教学步骤和画面准备这四部分（见图 3-4-11）。必要的时候还需要附上讲稿，以便拍摄出镜的教师流畅地授课。

编号	时间	画面内容	画面变化	文字内容	讲师台词	音乐（旁白）	设计思路
1		片头动画	1. 先出现"跟着电影学英文" 2. 再出现"打电话篇"字幕	1. 跟着电影学英文 2. 打电话篇	无	动画音乐	通过片头动画引起注意（学习者接受视觉神经冲击）
2		讲解老师靠左右边出现字幕"打电话篇"	无	打电话篇	Hello，欢迎来到跟着电影学英文，今天我们要学习的是如何用英文打电话。	无	告知学生学习目标
3		1.讲师靠左 2. 屏幕出现几个小人拿着喇叭说"WHO ARE YOU！WHO ARE YOU！"	先出现教师随后一起出现小人拿喇叭	WHO ARE YOU！	首先我想问一下大家，在接到陌生电话，需要询问对方是谁时，应该怎么说呢？	配音"who are you"	教师引入
4		讲师	讲师划错误手势	Who are you 打叉	无	错误提示音"BIBI"	刺激

《跟着电影学英文之电话里的英语表达》微课脚本

图 3-4-11　教学设计环节

② 课件制作环节。若教师出镜，且采用教师融入式的教学视频，在制作 PPT 时需留下足够的空白，给教师站位腾出空间。同时 PPT 上的文字不宜过多，要控制好字体大小，注重排版的美观性。

③ 讲解录制环节。拍摄设备可以使用手机、专业摄像机或数码相机，为防止镜头抖动可以使用三脚架固定拍摄设备。同时还需准备话筒进行收声。拍摄地点需要选择专业的录播教室，配有显示屏、提词器和专业摄像机。教师出镜录制着装需要注意以下几点：不戴戒指、手镯、耳环、项链；不涂指甲油；不穿细条纹或小格子衣服；妆容得体，淡妆为宜。在录制过程中还需要注意以下几点：录课时，教师眼睛不要左顾右盼，尽量在镜头和屏幕之间停留，尤其要跟镜头互动；录课期间，所有人员手机静音或关机，避免来电或短信，影响声音。

④ 后期剪辑环节。分开拍摄教师并结合 PPT 录屏，再通过后期抠像将拍摄的教师视频与 PPT 录屏进行融合，同时也要保证屏幕上的文字和图片清晰。

下面介绍一下使用 Adobe Premiere 抠像操作的步骤：

【第一步】导入素材（见图 3-4-12）。

图 3-4-12　导入素材

【第二步】选择视频效果中的"键控"（见图 3-4-13）。

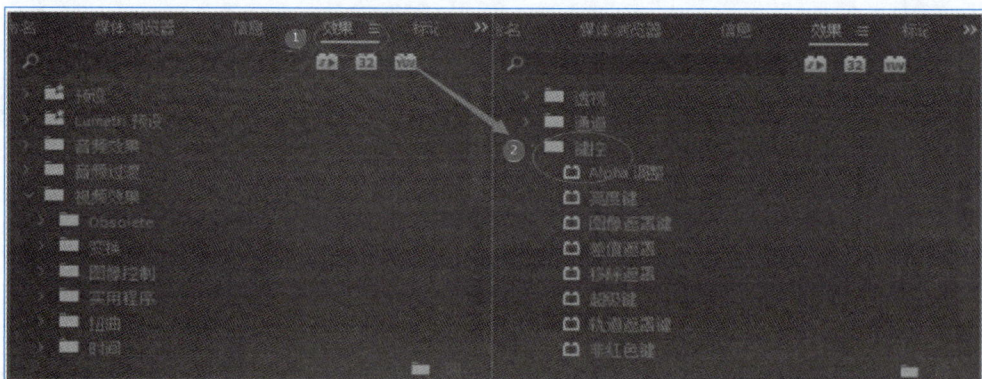

图 3-4-13　选择"键控"

【第三步】选择"键控"中的"超级键"（见图 3-4-14）。

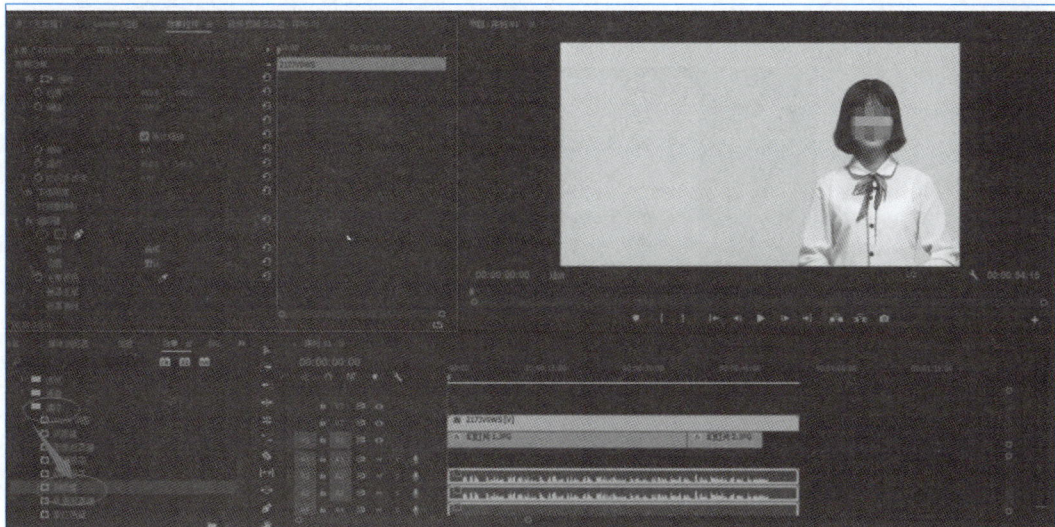

图 3-4-14　选择"超级键"

【第四步】在左上角选择"颜色吸管",吸取绿色(见图 3-4-15)。

图 3-4-15　吸取颜色

3．动画类微课制作技巧

（1）动画类微课特点

制作动画微课,老师无需露面,设计卡通人物助讲,风格将更加生动、活泼。动画制作要求老师精确理解知识点,只有透彻了解,才能精准制作动画,实现教学目的和效果。

（2）利用万彩动画大师制作动画类微课

万彩动画大师是一款综合性的动画制作软件。该软件制作 MG 动画是"分页制作"(一页为一个场景),也支持用户添加图片和文字素材,类似 PPT。万彩动画大师的镜头功能类似 Focusky,时间轴和多轨道设置类似 Camtasia。它是计算机终端软件,需下载安装。操作难度较高,但动画效果炫酷,更具动态感(见图 3-4-16)。

图 3-4-16　万彩动画大师页面

万彩动画大师功能丰富，界面简洁清晰，有菜单栏、工具栏、编辑工具栏、元素工具栏、远景编辑栏、时间轴、场景编辑栏等功能分区，使用起来较为方便，十分适合初学者使用。具体功能分区如图 3-4-17 所示。

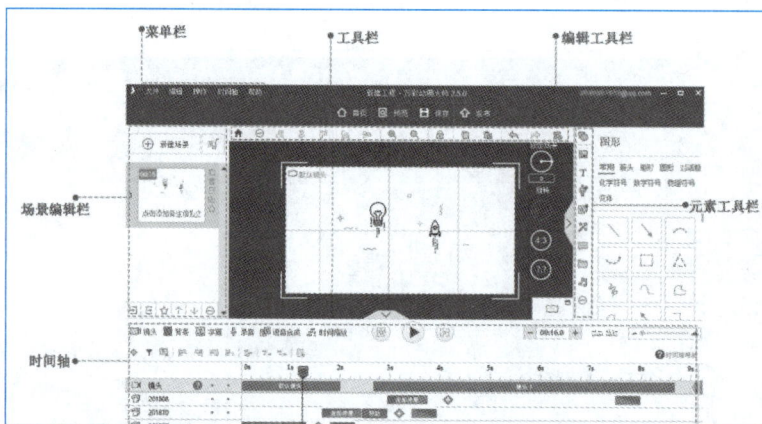

图 3-4-17　万彩动画大师基本功能区

下面介绍利用它制作动画类微课具体的操作步骤：

【第一步】双击打开软件，然后新建一个空白项目（见图 3-4-18）。

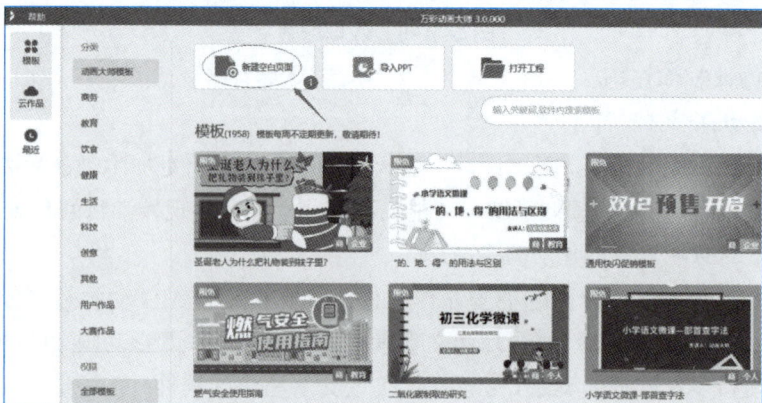

图 3-4-18　新建空白页面

【第二步】根据自己的微课内容以及自己的需求添加或删除场景（见图 3-4-19）。

图 3-4-19　添加或删除场景

【第三步】可以在场景中添加配音，配音途径有两种：一是电脑麦克风录音，单击"录音"即可；二是配音为语音合成，即由电脑合成声音，选择语音合成，输入需要合成的文字，再选中合成即可（见图 3-4-20）。

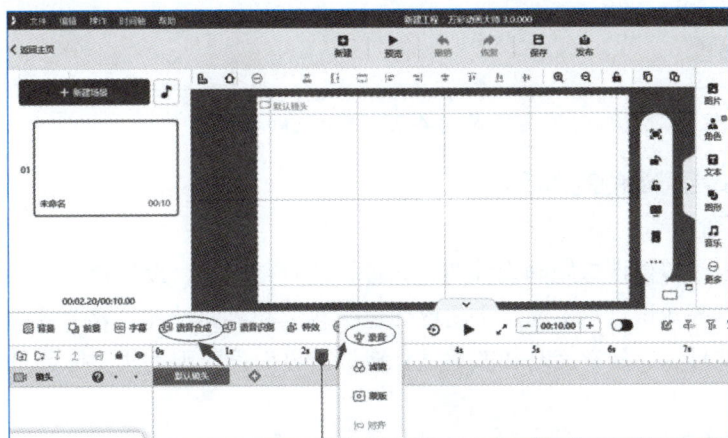

图 3-4-20　添加配音

【第四步】如果需要在场景中插入文字、图片、声音等，分别选中图标即可（见图 3-4-21）。

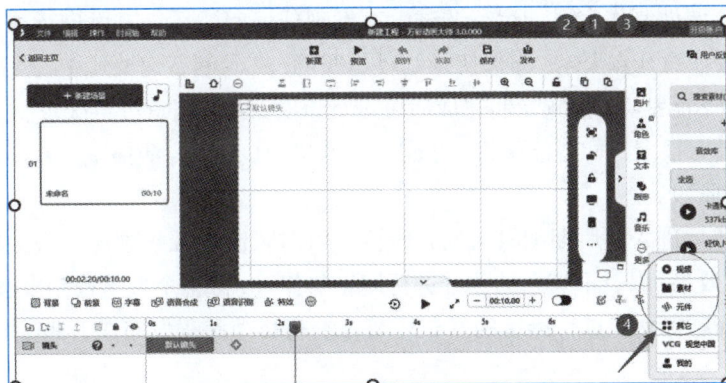

图 3-4-21　插入文字、图片、声音等

【第五步】制作完成后，选择画面中间上方的"发布"，导出为"输出成视频"，按照提示等候生成即可。

（3）利用 Focusky 制作动画类微课

Focusky 是一款类似 PPT 的软件，它能够像 PPT 一样添加一个又一个画面。Focusky 的内容都集中在一个整体画布上，且具有缩放、旋转和按照路径移动的功能（见图 3-4-22）。

图 3-4-22　Focusky

（二）教师精品微课的制作阶段

1. 前期分析阶段

前期分析阶段涵盖微课选题和设计两大任务，选题是基础，设计则是关键。微课常选教学中的重难点、疑点等知识点为主题。主题设计包括教学和界面设计。教学设计涉及内容分析、学习者特征、教学目标、教学策略和教学过程设计；界面设计则关注整体风格、颜色配置和页面布局等。

2. 中期制作阶段

中期制作阶段包含素材采集与创作、课件制作与视频录制。素材采集是根据前期设计阶段的结果搜集和创作课件中所需的各种媒体素材，为多媒体课件的制作提供原材料；课件制作要逐页精心制作，待课件制作完成，运行调试没有发现任何问题后，方可进行视频录制环节。在录制微课程时需要注意几点要求：①保持录制环境安静；②录制音速要适中，声音要响亮、亲切；③在录屏时，鼠标不能乱动。视频录制完成后可进行试听，若不满意可再次录制，直至满意为止。录制微课程的工具有很多，如智能手机、iPad、摄像机、DV 机、演播室及录屏软件。

3. 后期编辑阶段

视频录制完成后进入到后期编辑与发布阶段，可对录制的视频添加片头、片尾、字幕、背景音乐、视频过渡效果，以及不满意的部分进行编辑与修改，待整个教学视频没有发现内容问题、技术问题及审美问题，才能进行最后的发布环节，一般将微课程发布成 MP4 或 f4v 格式，便于网络传输。

（三）教师精品微课的制作软件

1. 爱剪辑

爱剪辑是一款操作简单、功能强大的视频编辑软件，它除了可以完成正常的视音频剪辑之外，还支持添加字幕特效、添加贴图与相框、增加转场与滤镜特效等操作。

2. Adobe Premiere

Adobe Premiere 是目前市场运用较多的一款专业视频剪辑软件，几乎能满足所有的视频剪辑需求。但该软件操作难度较大，使用者大多是专业的工作人员。用户利用该软件可以选择一些适合于微课主题、时间仅仅几秒的 PR 视频模板进行文字编辑，保存成视频格式输出，然后将此用作微课的开头动画，拼接在微课视频中。

3. 剪映

剪映是一款功能强大、操作简单的视频剪辑 App。它除了满足基本的视频剪辑需求，还可以自动识别生成字幕，这可缩短微课制作的整体时间，提高微课制作效率。

4. 思维导图软件

教师用思维导图软件可以做出精美的框架结构图，对微课视频的全部要点进行梳理和展示。以 X-Mind 软件为例，教师新建空白图，编辑中心主题，然后分级设置子主题，即得思维导图。

5. Adobe Photoshop

Adobe Photoshop 是目前市场运用较多的一款专业图像处理软件，它能满足绝大部分图片剪辑需求。但是该软件操作难度较大，想要精通并不容易，使用者也更多是专业的工作人员。教师利用该软件对微课制作所需要的素材图片做些基本的大小调整、色彩处理与抠图处理，难度并不大。

6. 格式工厂

格式工厂软件支持视音频格式与大小的快速转换，并且可以贯穿微课制作的整个过程。教师应用该软件可以对一种剪辑软件导出的一些视音频进行格式转换，以便被另一种软件正常打开。

7. 轻音乐

在微课中加入平和轻快的背景音乐，能减少杂音干扰，调整学习状态。轻音乐 App 是一款音乐搜索软件，支持免费下载多个来源的音乐。用户只需输入歌曲信息，即可下载所需音乐文件。

8. 配音家

如果在动画类微课中采用一般的人声进行人物角色对话，可能达不到理想的效果。这时教师可以借助微信小程序"配音家"选择专业配音家的声音进行配音（还可以选择声音的情绪）。输入配音文字后，调整声音的音量、语速和语调，点击"生成语音"，可以对生成的语音进行播放或者按照所需要的格式进行下载。此外，这个小程序还支持插入停顿及多音字纠正功能。

（四）教师精品微课的制作示例

1. 小学教师精品微课制作示例

（1）小学英语《in、on、under 的用法》

该课程的微课教案见表 3-4-1。

表 3-4-1 小学英语微课《in、on、under 的用法》教案

课题名称	in、on、under 的用法
知识类型	理论讲授型
教学对象	小学四年级
教学目标	1. 理解并掌握方位介词 in、on、under 的用法。 2. 能在实际生活中运用方位介词描述物品的位置。
制作方式	拍摄、录屏
课程时长	7 分钟

该微课的教学过程具体如下：

① 导入。设置动画欣赏魔术师的精彩表演，感知 in、on、under 的用法及含义。在文中圈出方位介词，那么这些方位介词所对应的含义是什么呢？利用配对活动一一对应理解 in、on、under 的含义。

② 新知学习。首先播放动画效果，用拖动的方式展示介词 in，播放录音学生跟读，利用动画触发源展示，The ball is in the box. 利用图层蒙版擦出介词 in 加以强调。介词 on 和 under 也是同样的学习方法。

③ 拓展运用。这一环节的第一部分是学习介词在情景中的使用。老师提出问题：画面树上有一个苹果和一只小鸟该如何表达，请同学们思考。在问题提出后展示例句，并利用授课克隆模式给予学生生动的讲解；情景一是树上有一个苹果，表达为 "There is an apple on the tree." 因为苹果是生长在树上的，所以用介词 on。边讲课边将介词 on 拖动到空的位置和树上苹果的位置上，让学生清楚其用法；情景二是树上有一只小鸟，表达为 "There is a bird in the tree." 因为小鸟是后停留在树上的，所以用介词 in，边讲边将介词 in 拖动到空的位置和树上小鸟的位置上，让学生清楚其用法的不同。

第二部分是区分 on 与 above。老师提出问题：出示图片并请同学们思考这组图片用介词又该如何表达？观看视频请同学们找到答案。最后是总结 on 与 above 之间的区别：on 在上面和表面有接触；above 在上方和表面没有接触。

④ 习题巩固。根据图片信息把句子拖动到相应位置。提示：快来看魔术师又带来了一个有趣的小游戏，我们一起做一做吧！

⑤ 演唱歌曲。老师在这个环节提问：同学们，在这堂课我们都学习了哪些介词呢？让我们在一首歌曲中回顾一下吧。

⑥ 小结。老师在这个环节进行小结：同学们，在本节课中，我们学习了介词 in、on、under 的用法，你学会了吗？其实介词有很多，就让我们在今后的学习中细细地品味吧。

（2）小学数学《认识角》

该课程的微课教案见表 3-4-2。

表 3-4-2 小学数学微课《认识角》教案

课题名称	《认识角》
知识类型	理论讲授型、实验操作型、答疑解惑型
教学对象	小学二年级

教学目标	1. 结合生活情境，认识到生活中处处有角，体会数学与生活的联系。 2. 直观认识角，知道角的各部分名称，认识角的符号，比较角的大小。 3. 在学习活动中发展空间观念和形象思维，积累对数学的兴趣，增强与同学的交往、合作的意识。
制作方式	拍摄、录屏、动画
课程时长	6 分钟

该教学过程大致分为五个部分：

① 探秘角部落——角的特征。在角部落里，每一个族人出生时，都会得到一块制作的令牌，令牌上面有部落的印记，不同族人的印记并不完全相同，但是都有共同特点，有一个顶点，两条边。而一场意外让部分族人失散了，最近角王子正在寻找失散的族人，可有一些不怀好意的族人也想溜进部落里，请你来辨别一下谁才是真正的角族人吧。

然后通过游戏练习巩固"角的特征"。教师：这六块令牌到底哪些是真的？可以按下暂停键观察一下（见图 3-4-23）。

最后进行小结得出：角都有一个共同特点——有一个顶点，和两条直边。

② 角兄弟之争——比较角的大小。在这一部分首先引出问题：角族的两位小伙伴在争论谁的角大，谁的角小，请你想一想到底谁的角大呢（见图 3-4-24）。

图 3-4-23　角的特征

然后通过课件用重叠法演示验证两个角的大小，学生再次动手操作比较这两个角的大小，最后达成共识：角的大小与两边长短无关，角的大小与角的开口大小有关（见图 3-4-25）。

图 3-4-24　比较角的大小

图 3-4-25　角的大小与角的开口大小有关

接着，设疑并引导学生总结自己的发现：角的大小和边的长短没有关系。问题的提出让学生完全进入思考状态，在思考中发现、总结，进一步培养学生分析问题和归纳总结的能力。

③ 制作角令牌——画角。用课件出示动画。老师再带领学生画角：怎么有小朋友哭了，原来是一个粗心的小朋友，把自己的令牌给弄丢了，你能不能帮小朋友制作一块令牌。请你把印记也就是角画出来好吗？小朋友你是这样画的吗？让我们用一个顺口溜来记住我们画角的过程吧（见图 3-4-26）。

④ 回顾探秘角部落之旅。今天一起探秘角王国之旅，首先我们跟角王子一起寻找失散的族人，我们记得角的特征是有一个顶点，两条边。当角兄弟之争时，角的大小跟角张开大小有关，最后我们在制作角盾牌时我们学会了先画顶点，再画两条边（见图 3-4-27）。

图 3-4-26　小学数学《认识角》

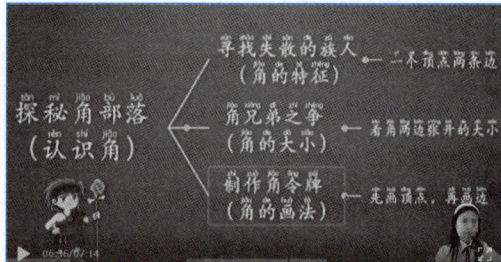

图 3-4-27　小学数学《认识角》

⑤ 实践作业——寻找身边的角。老师在这个环节布置任务：请你找一找你的家里藏着哪些角。观察一下你的两个三角板思考他们有什么相同点和不同点。

2. 中学教师精品微课制作示例

（1）初中语文课文《陋室铭》

① 前期分析。首先确定选题为《陋室铭》，分析其重点、难点、疑点、易错点等。其次，对主体进行设计，确定以下教学目标：学习托物言志的写作技巧，体会作者安贫乐道、淡泊名利的高尚品质。

设计教学过程：首先生动讲述《陋室铭》刘禹锡三次搬家气知县的轶事，随后齐读感悟。然后进行分析原文，由尾句"何陋之有"引出不陋的原因——惟吾德馨。明确主旨句，分析主旨句的引出方式，以及陋室不陋三表现。结尾句的类比手法和引用典故的作用，顺势明确本文思想感情。归结托物言志的手法，进行总结。

图 3-4-28　风格部署

最后，对微课程界面的颜色配置、页面布局等进行整体调整，选择与《陋室铭》相配套的风格部署。（见图 3-4-28）

② 中期制作阶段。该微课类型为动画制作微课。首先搜集素材，根据前期对《陋室铭》的分析来进行素材的搜集，为多媒体课件的制作提供原材料；随后进行课件的制作，按照顺序逐步引导学生学习《陋室铭》。最后进行视频录制环节，要保持录制环境的安静，语速适中，可以使用手机、摄像机等工具进行录制。在动画制作的微课中，老师无须出现在画面中，可以设计卡通人物作为助讲使得微课更加生动活泼。

③ 后期编辑与发布阶段。可以对录制的视频添加片头、片尾等，片头即老师先进行一个简单的引入，引导同学们进行《陋室铭》的课文学习。还可以在录制的视频里添加一些字幕，让整个微课表达更加易懂。最后没有发现问题的话便可以将微课程以 MP4 或 f4v 格式进行发布，微课便制作完成。

（2）初中数学配方法微课

① 前期分析。首先选定教学主题为配方法，其次确定教学目标：a. 了解配方法的定义；b. 理解并掌握配方法的应用；c. 选择视频教学、例题讲解等教学方法进行教学。设计教学过程：a. 温故知新：什么是配方法？ b. 学习新知：展示配方法的四个方面应用，包括配方法解一元二次方程、配方法求二次函数的最值、配方法求代数式的最值、配方法解特殊方程；c. 配方法的应

用；d. 作业设计：见进阶练习；e. 教学总结。随后进行界面设计，选取与配方法相符合的微课界面的整体风格、颜色配置、页面布局等进行整体规划与部署。

② 中期制作阶段。首先是有关配方法素材的采集与创作，根据前期分析所制定的配方法教学过程等搜集相应的素材，丰富微课的内容呈现。随后是课件的制作，根据教学目标、教学过程等逐步按顺序来制作配方法教学的课件，制作完成后便可开始教学视频的录制，该微课类型为录屏式微课，录屏式微课简单易于操作，可以使用软件（如 Camtasia Studio）录制 PPT、屏幕录制、制作视频、添加交互测试题等。

③ 后期编辑与发布阶段。对刚刚所录制的教学视频进行后期的编辑，添加片头、片尾、字幕等丰富微课的内容，对配方法的教学视频进行一个更加完整全面的补充，播放检查无误后，以 MP4 或 f4v 格式发布微课，制作完成。

第五节　教师信息化教学设计案例赏析

信息化教学设计能力是实现信息化教学实践的基础与重要保障。教学设计在很大程度上影响着教师的教学行为和学生的学习活动，教师的信息化教学设计能力对于提高教学质量、促进教师专业发展至关重要。

本文以小学和中学两个阶段的语文、数学学科为例，整合了教师信息化教学设计在具体学科中的应用案例，从理论、模型、基本流程、课件、微课五个方面设计信息化教学实践全过程，呈现教师信息化教学设计基本应用，体现教师信息化教学的研究与思考，为其在教学实践中的广泛应用提供借鉴。

一、小学语文教师信息化教学设计案例赏析

以小学语文学科的一首古诗《清平乐·村居》为例，对教师信息化教学设计在具体学科中的应用进行案例整合，图 3-5-1 是小学语文教师信息化教学设计案例精析的思维导图。

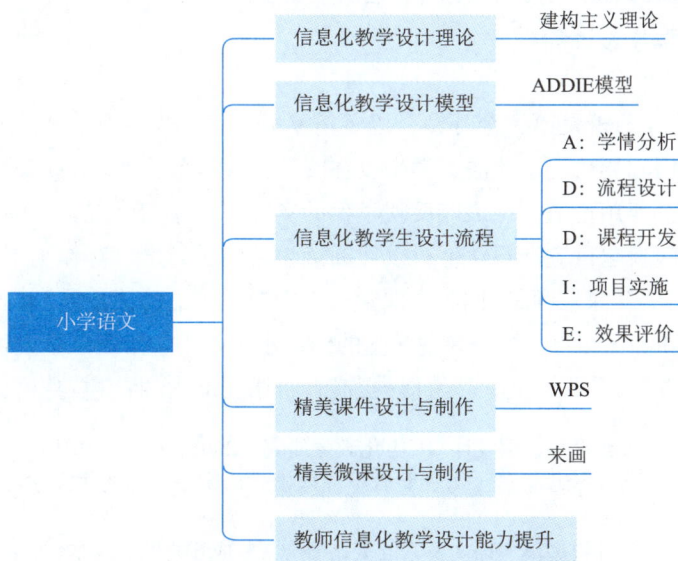

图 3-5-1　小学语文教师信息化教学设计案例精析思维导图

（一）信息化教学设计原理的建构主义理论

建构主义理论是瑞士心理学家皮亚杰（Piaget J.）在"认知结构说"的基础上发展起来的，建构主义学习理论和认识论，即关于人是如何学习的和知识的本质观点，日益成为教育领域的热议话题[1]。我们没有必要趋附于某种流行，但我们有必要认真思考建构主义学习理论和认识论与教学实践的关系。建构主义理论的核心是：教育活动以学生为中心，强调学生对知识的主动探索、主动发现和主动建构，在此基础上提出，知识的建构主要表现在对世界的理解和思考的方式上，其知识建构过程经历同化（assimilation）→顺应（accommodation）→平衡（equilibration）三个阶段。学习者通过自我调节，其知识在平衡→不平衡→新的平衡的动态循环中得到丰富和发展。信息技术的发展为建构主义学习环境提供了强有力的支撑，使建构主义学习理论与高校教学实践普遍结合，进而成为国内外学校深化教学改革的一种指导思想[2]。

（二）信息化教学设计模型的 ADDIE 模型

ADDIE 模型包括五个阶段：analysis（分析）、design（设计）、development（开发）、implementation（实施）、evaluation（评价）。这五个阶段中，分析与设计是前提，开发与实施是核心，评价是保证，三者相互联系，密不可分。ADDIE 模型的目标是提高培训效率，确保学员获得工作所需的知识和技能，满足组织发展需求。ADDIE 模型的最大特点是为培训者提供系统性的、有针对性的结构化框架，帮助培训者创设有效的学习产品，有效避免培训的片面性和盲目性[3]。ADDIE 模型从需求分析、内容设计到开发、实施及随时展开的评价，始终贯彻以学生为中心的核心理念。ADDIE 模型具有三大优点：

1．系统性

ADDIE 模型的五大模块，为教学设计提供了一个完整的系统化流程。

2．针对性

ADDIE 模型的前期分析涉及可能影响学习的环境、对象、心理等诸多因素，使得设计更加有的放矢。

3．保障性

对各环节进行及时有效的评估，保障课程开发的质量。

（三）信息化教学设计流程

1．学情分析

ADDIE 模型中，分析是第一个环节，以《清平乐·村居》为例，教师应在课前有效开展学情分析，可以采用问卷法、访谈法、学生以往阅读成绩调阅参考法、测试法等。其中，"问卷法＋测试法"最具实用价值，也最能反映学生的实际阅读学习情况。教师可编订《语文阅读体验调查问卷》，问卷题目应涉及学生对以往阅读学习的满意度、存在困难、希望老师改善之处等，利用课余时间展开深入调研，同时在课堂教学中对学生的阅读技能、基础等进行实际测试，最终结合问卷数据和测试结果，综合评估学生的阅读水平。小学阶段是学生积累语文基础知识、学习语文基本学习方法、养成语文学习习惯、提高自身语文能力、提升自身语文素养的关键阶段。

1　钟志贤．建构主义学习理论与教学设计 [J]. 电化教育研究，2006，（5）:10-16.

2　姚恩全，李作奎．高等学校理论教学与实验教学嵌入模式研究——建构主义学习理论的应用 [J]. 教育科学，2009，25（6）:47-50.

3　袁桂凤．ADDIE 教学设计模型落实语文要素的策略研究 [J]. 成才之路，2022（1）:103-105.

在这个阶段，学生成长迅速，各年级学生在能力、素质等方面会表现出明显差异，因此，教师必须在充分了解学生的年龄、心理、认知水平及学习需求等情况的基础上进行分析和教学设计。

2. 流程设计

在学情分析的基础上，设计差异化的教学流程，开展分层式阅读教学实践。对于阅读水平偏低、中等、较高的学生，教师应分别以"阶段提升，小幅进步""夯实基础，争取进步""拔高提升，拓展强化"为原则设计教学流程。针对不同阅读层次的学生，教师在授课前应制定好差异化的教学方案，以便在实际教学实践中快速定位，组织教学[1]。在明确受教育者的特点及教学任务后，教师要设定教学目标。统编版语文教材为教师明确最终的教学任务，即语文要素。教师要依据重点训练要素进行课程设计，并尝试将训练要素进一步细分为多个模块，明确完成每个模块的阶段性任务，再针对阶段性任务进行课程设计。

3. 课程开发

基于 ADDIE 模型构建的阅读教学流程，需要教师针对不同阅读水平的学生，开发差异化的课程教学内容，编订 ADDIE 模型校本化阅读教材，以便为后期教学实践提供依据，在此阶段，教师要根据设定的教学目标，撰写课程教学内容，确定教学形式，并为学生准备必要的课堂测验、课后作业、考试题目等。教师还要确定教学方法，随着信息技术的发展，教师可以在课堂教学中合理运用多媒体技术，引入慕课、翻转课堂等新型教学模式与教学手段，以提高课堂教学质量。

4. 项目实施

项目实施是 ADDIE 模型中的第四个环节。在小学语文阅读教学中，教师可以设置项目化情境，项目内容的构建以差异化教学为原则，充分考虑学生的阅读学习情况。例如，《清平乐·村居》一课的教学，教师应根据前期的学情分析将学生分为初级、中级和高级三个教学组，并为三个教学组设计差异化的教学设计。针对初级组，教师可以设计游戏化的阅读项目，激发学生的阅读兴趣，通过游戏阅读，熟读课文，扫清生字词障碍。针对中级组，教师可以设计引导性的阅读项目，帮助学生循序渐进地体会作者的思想感情，有感情地阅读。针对高级组，教师可以设计发散性的阅读项目，让学生选择阅读方式，鼓励他们查找有关辛弃疾的阅读资源。

5. 效果评价

评价应注重过程性评价与总结性评价相统一。一方面，建立过程性评价机制。不定期对学生的阅读技巧、水平等学习指标随堂测试，及时总结各层次学生阅读学习的得失，展开针对性的过程性帮扶。另一方面，开展总结性评价。在期末考试中，增设阅读技能考核环节，通过单词阅读、词组阅读、短文阅读等多元化形式，综合考评学生的精读技巧、情感渗透等阅读水平。评价应贯穿整个教学过程，教师应细心为各层次学生的阅读学习提出建议，并监督他们完善整改，以不断提升学生的阅读水平。

（四）精美课件设计与制作——以 WPS 为例

WPS Office 是一款包括文字文档、表格文档、演示文档等多种功能的办公软件套装。它具有内存占用低、运行速度快、强大插件平台支持、免费提供海量在线存储空间及文档模板、支持阅读和输出 PDF 文件、全面兼容微软 Microsoft Office 格式（doc/docx/xls/xlsx/ppt/pptx 等）等

1　罗铭 . 基于 ADDIE 模型的小学语文阅读教学设计研究 [J]. 中国校外教育，2018（11）:83.

诸多优势。

以 WPS 为例，设计并制作古诗词《清平乐·村居》一文的课件。

【第一步】打开 WPS，单击"新建"，选择"演示"文档（见图 3-5-2）。

图 3-5-2　新建演示

【第二步】在页面左侧分类中选择合适的类型；在搜索一栏中输入所需的课件模板并单击"搜索"，或在"精选推荐"或"全部风格"中，选择并下载所需模板类型（见图 3-5-3）。

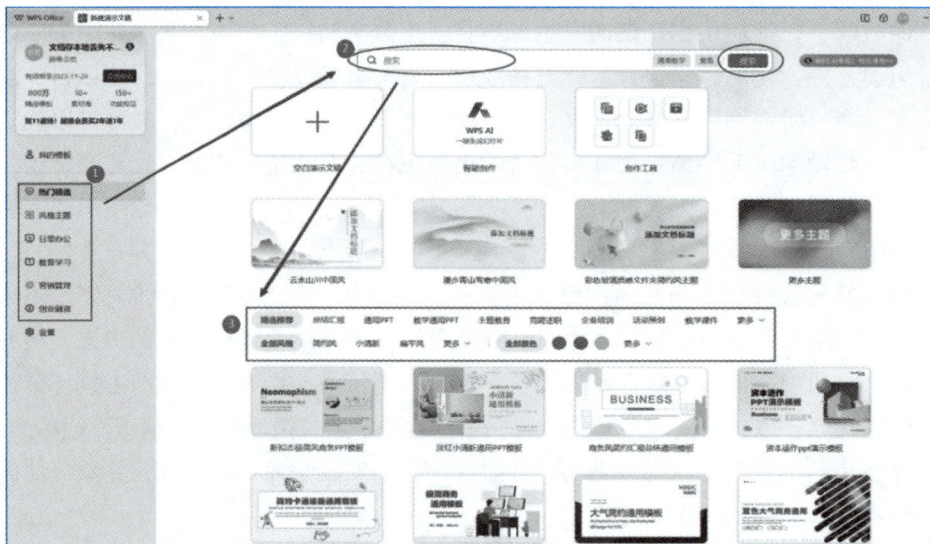

图 3-5-3　下载课件模板

【第三步】将模板中原有主题改为"清平乐·村居"，插入文本框，输入"辛弃疾"，调整文本框大小和位置，在工具栏中更改标题和作者字体的样式和大小等，在"填充"栏中更改字体颜色（见图 3-5-4）。

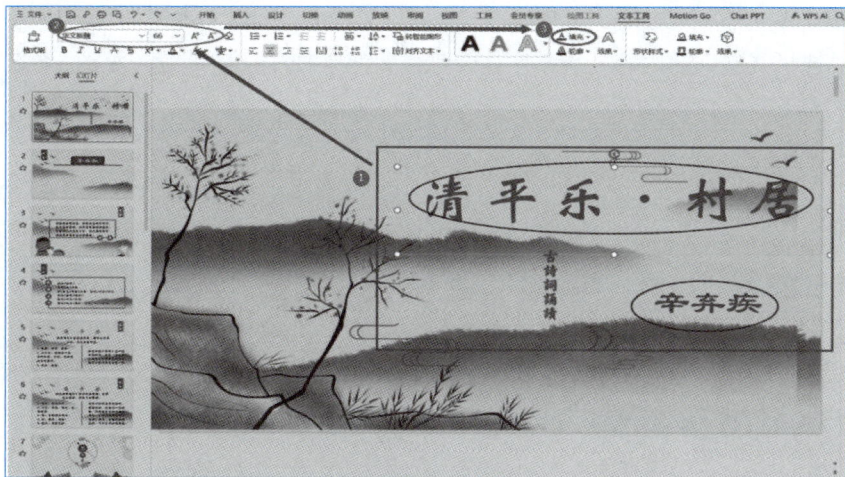

图 3-5-4　题目编辑

【第四步】单击下一张幻灯片，在标题位置插入艺术字，输入"作者简介"，并调整字体、字号及颜色等，在下方文本框中输入提前准备好的文案，调整文字、图片的格式和位置（见图 3-5-5）。按照上述操作编辑"创作背景"（见图 3-5-6）。

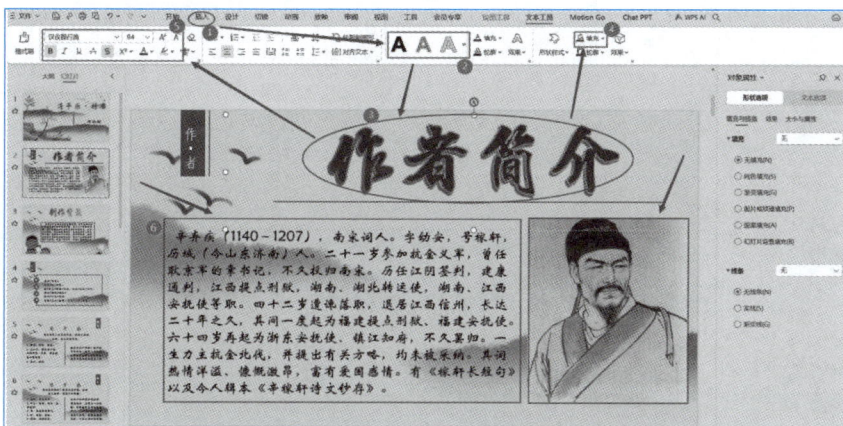

图 3-5-5　作者简介

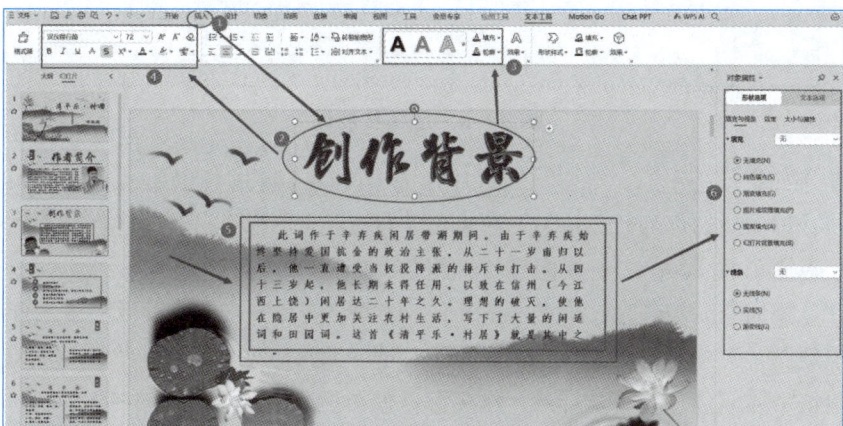

图 3-5-6　创作背景

【第五步】单击下一张幻灯片，插入并调整艺术字标题；将文本框内容更改为作品原文；更改完成后，选择文本框的内容，调整字体及字体大小，便于学生朗读（见图 3-5-7）。

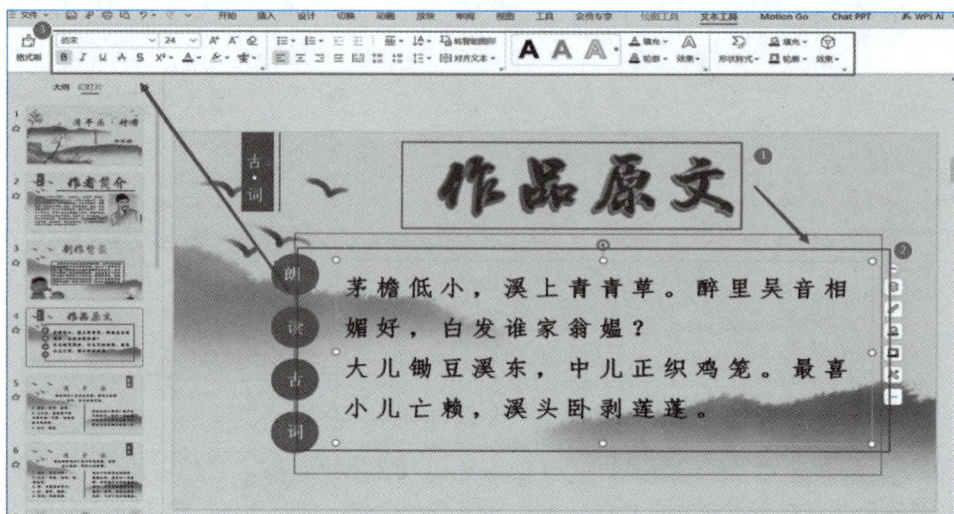

图 3-5-7　作者原文

【第六步】根据教学设计中的重难点，对古诗词进行注释和翻译，并更改字体大小、样式及颜色（见图 3-5-8）。

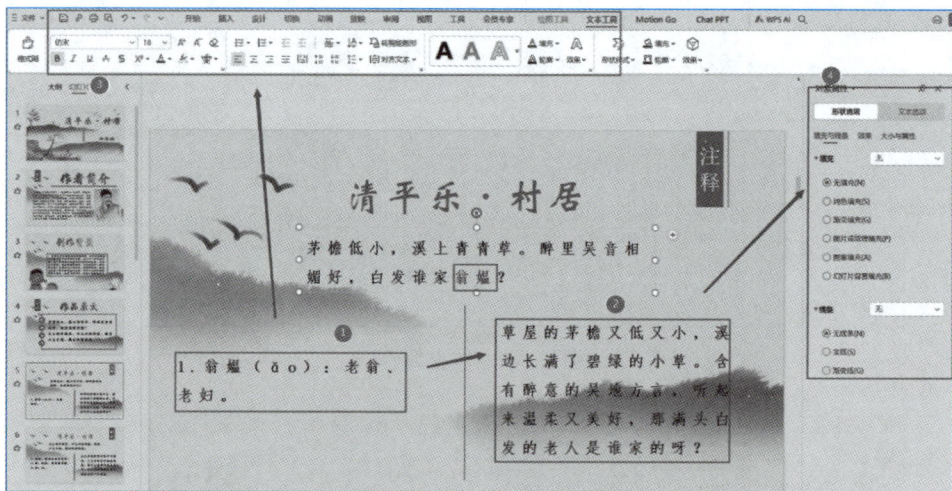

图 3-5-8　注释和翻译

【第七步】如果模板不够，单击该幻灯片并按【Enter】键进行添加（见图 3-5-9）。

【第八步】添加新幻灯片后，单击"开始"栏中的"文本框"，选择适合的文本框样式（见图 3-5-10），调整文本框大小，替换内容（见图 3-5-11）。

【第九步】添加新的幻灯片，单击"插入"，选择"图片"，在搜索栏中输入自己所需的图片，或在"本地图片"中选择提前下载好的图片，插入幻灯片中，调整大小，插入艺术字，填写结束语，调整字体颜色、大小及样式，精美课件便可制作完成（见图 3-5-12）。

图 3-5-9　添加幻灯片

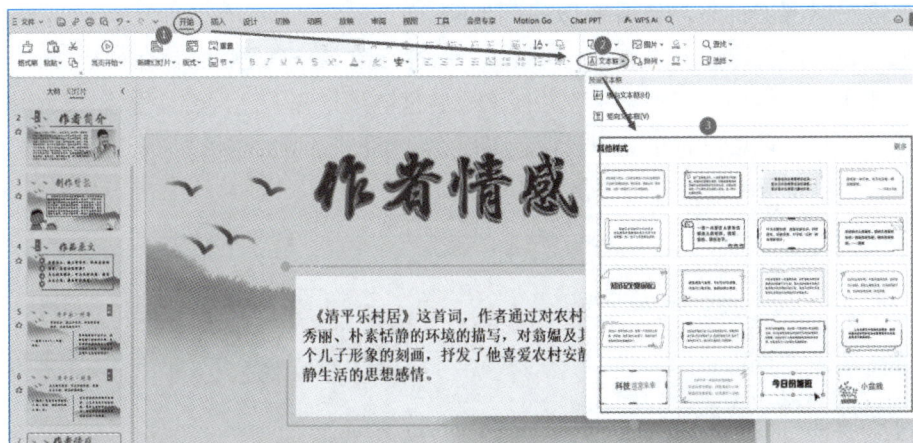

图 3-5-10　添加文本框

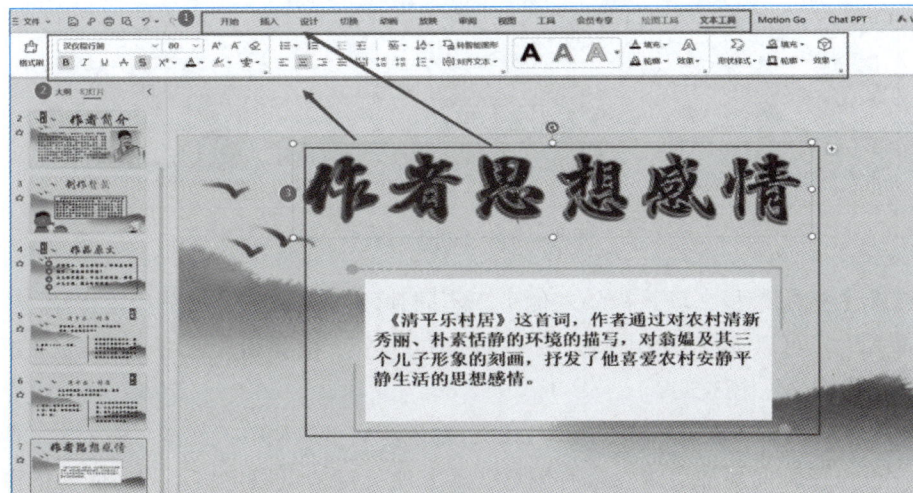

图 3-5-11　编辑作者思想感情

图 3-5-12　插入结束图片

（五）精美微课设计与制作——以来画为例

以来画为例，对古诗词《清平乐·村居》一课进行数字音频类资源整合。

【第一步】搜索栏中输入"来画"并搜索或通过链接打开。进入后，选择"动画模版"，可以自己设计项目，也可以直接套用模板；可以在"类型""版式""场景""主题"中选择合适的模板，也可以根据需要进行搜索（见图 3-5-13）。

图 3-5-13　"动画模板"

【第二步】选定模板，场景模块左侧呈现不同片段的展示图，每个片段持续 3 ~ 10 s；单击"场景库"，可以选择高级画面；单击片段下方按钮，会弹出"转场动画"窗格，可以选择合适的转场形式（见图 3-5-14）。

【第三步】可以直接在原模版上编辑修改，右侧窗格可以调节"文本"格式和"阴影"，左侧工具栏可以使画面更加美观、富有创意，下方的关键帧可以定格不同时间点的画面（见图 3-5-15）。

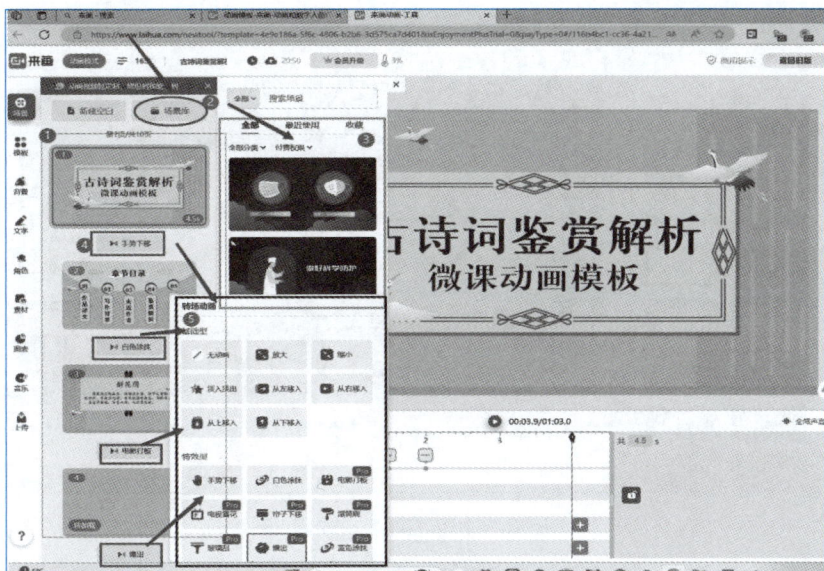

图 3-5-14　"场景库"及"转场动画"

图 3-5-15　"文本"编辑

【第四步】单击左侧"背景"模块，可以替换背景，也可以在搜索框中输入条件，找到合适背景直接替换，页面上方"图层""网络格""吸附对齐"等工具可以对各片段画面进行修改和设计（见图 3-5-16）。

【第五步】"角色"模块可以添加卡通人物（见图 3-5-17），根据不同类型进行分类，"素材"模块可以添加配件，通过设置"路径动画""置顶""置底""水平翻转"，调整人物及配件在动画中的移动。

【第六步】单击右下角"全局声音与字幕"（见图 3-5-18），画面切换后，轨道可以添加"全局字幕""全局配音""全局配乐"，右侧可以调整"字幕设置"，"应用到所有字幕"可将整个视频字幕的格式"一键转换"。

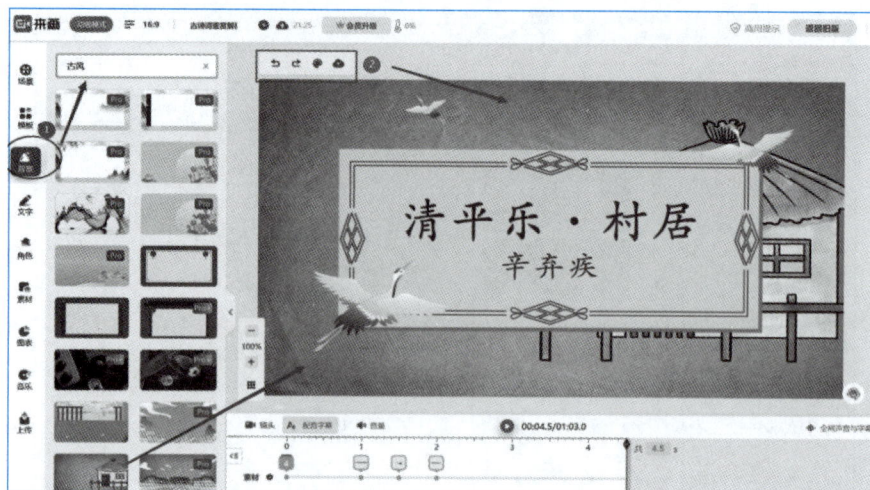

图 3-5-16　"文本"编辑

图 3-5-17　添加"角色"

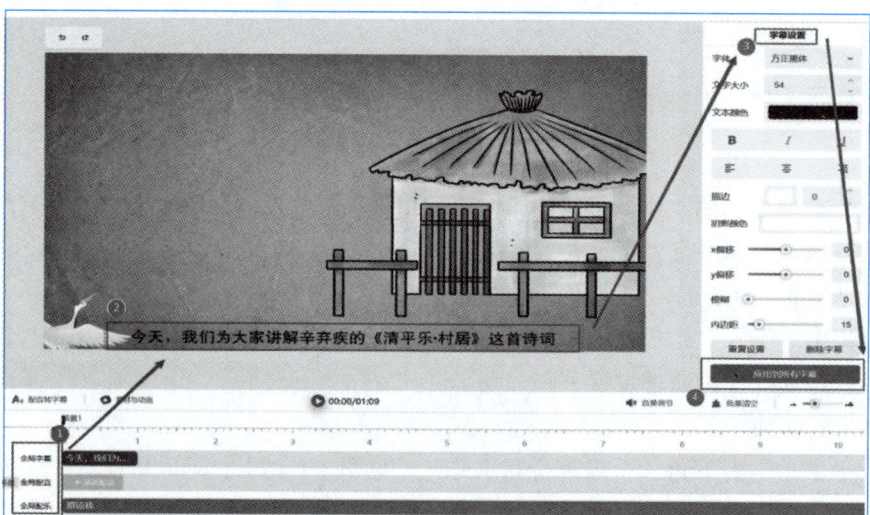

图 3-5-18　"声音与字幕"

二、小学数学教师信息化教学设计案例赏析

以小学数学《圆的认识》这节课为例，对教师信息化教学设计在具体学科中的应用进行案例整合，图 3-5-19 所示是小学数学教师信息化教学设计案例精析的思维导图。

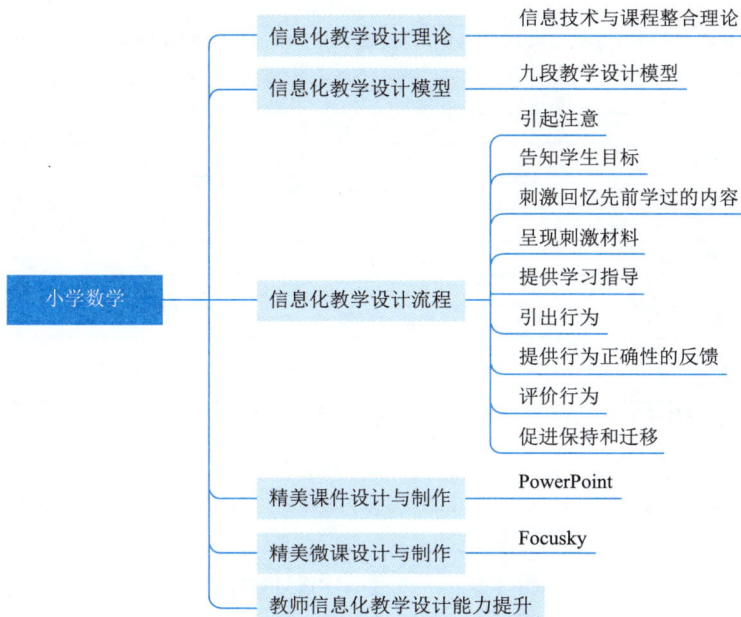

小学数学
- 信息化教学设计理论 —— 信息技术与课程整合理论
- 信息化教学设计模型 —— 九段教学设计模型
- 信息化教学设计流程
  - 引起注意
  - 告知学生目标
  - 刺激回忆先前学过的内容
  - 呈现刺激材料
  - 提供学习指导
  - 引出行为
  - 提供行为正确性的反馈
  - 评价行为
  - 促进保持和迁移
- 精美课件设计与制作 —— PowerPoint
- 精美微课设计与制作 —— Focusky
- 教师信息化教学设计能力提升

图 3-5-19　小学数学教师信息化教学设计案例精析思维导图

（一）信息化教学设计理论之信息技术与课程整合理论

我国著名教育技术学专家何克抗教授在《信息技术与课程深层次整合的理论与方法》中提出，"所谓信息技术与学科课程的整合，就是通过将信息技术有效地融合于各学科的教学过程来营造一种新型教学环境，实现一种既能发挥教师主导作用又能充分体现学生主体地位的以'自主、探究、合作'为特征的教与学方式，从而把学生的主动性、积极性、创造性较充分地发挥出来，使传统的以教师为中心的课堂教学结构发生根本性变革，从而使学生的创新精神与实践能力的培养真正落到实处"[1]。这一定义包含三个基本属性：营造（或建构）新型的教学环境、实现新的教与学方式和变革传统的教学结构。这三个属性逐步递进——新型教学环境的建构是为了支持新的教与学方式，新的教与学方式是为了变革传统教学结构，变革传统教学结构是为了实现创新精神与实践能力培养的目标（即创新人才培养的目标）。可见，"整合"的实质与落脚点是变革传统的教学结构，即改变"以教师为中心"的教学结构，创建新型的、既能发挥教师主导作用又能充分体现学生主体地位的"主导——主体相结合"的教学结构。

（二）信息化教学设计模型的九段教学设计模型

九段教学设计模型是美国心理学家加涅提出的一种教学策略。加涅认为，教学活动是一种旨在影响学习者内部心理过程的外部刺激，因此教学程序应当与学习活动中学习者的内部心理过程相吻合。他把学习活动中学习者内部的心理活动分解为九个阶段：引起注意→告知学习目标→刺激回忆→呈现刺激材料→根据学习者特征提供学习指导→诱导反应→提供反馈→评定学

1　何克抗 . 信息技术与课程深层次整合的理论与方法 [J]. 电化教育研究，2005（1）:7-15.

生成绩→促进知识保持与迁移，相应地，教学程序也应包含九个步骤。图 3-5-20 所示是加涅的九段教学设计模型。该模型研究了信息如何从短时记忆感知转换成长时记忆加工，提供了一个理想的教学次序，帮助学习者将言语信息的陈述性知识转化为智慧技能和认知策略的程序性知识。

> 加涅根据这个模型提出九种教学事件的出发点是：按照学习发生的过程来组织教学，外部教学活动必须支持学生内部的学习活动。它们的对应关系见下表：
>
> | 教学事件 | 与学习过程的关系 |
> | --- | --- |
> | 1. 引起注意 | 接受各种神经冲动 |
> | 2. 告知学生目标 | 激活执行控制过程 |
> | 3. 刺激回忆先前学过的内容 | 把先前学过的内容提取到短时记忆中 |
> | 4. 呈现刺激材料 | 有助于选择性知觉 |
> | 5. 提供学习指导 | 语义编码，提取线索，也助于激活执行控制过程 |
> | 6. 引出行为 | 激活反应器 |
> | 7. 提供行为正确性的反馈 | 建立强化 |
> | 8. 评价行为 | 激活提取，使强化成为可能 |
> | 9. 促进保持和迁移 | 为提取提供线索和策略 |
>
> 加涅的这九种教学事件又被称为九段教学程序。因为我们可以完全按照这种顺序组织教学活动，并且由于目前被大量应用于讲授式教学，虽然使讲授式教学更科学化，但却使加涅的九段教学程序被误认为是以教师为中心教学程序的典型。

图 3-5-20　九段教学设计模型

1. 引起注意

引起注意是有效教学的首要事件，除使用刺激变化、引起兴趣等方法，更重要的是利用新旧知识的同化和顺应机制，激发思维，唤起选择性知觉。

2. 告知目标

在教学过程的开始告知目标的策略，旨在激起学习者对新知识、新技能的期望，产生学习的内部动机。

3. 刺激回忆

加涅指出，许多新的学习归根结底是观念的联合。学习时，习得性能必须具有高度可进入性才能成为学习活动的一部分，这要求学生在新学习发生之前回忆出来先前的习得性能，可以通过一些再认性或再现性问题来引发。

4. 呈现刺激材料

学生做好准备后，教师可以向学生呈现教材。呈现方式取决于材料内容，最有效的是具有突出特征的刺激。

5. 提供学习指导

这个教学阶段的目的是促进语义编码，使所学知识进入长时记忆。学习结果不同，学习指导也各不相同。低级的学习活动可采用复述策略，高级的学习活动需要采用精加工策略和组织策略。

6. 引发行为表现

这项教学阶段旨在促使学习者作出反应活动，以此来验证期望的学习过程是否发生，学习的结果是否达成。通常，这种行为是继学习之后首次进行的作业，多数情况下，教师接下来会呈现新的案例，以确保该规则能被应用到新的情境中。因为程序性知识的学习策略具有很高的概括性和应用灵活性，很难通过直接演示的方法教给学习者，须长期、反复训练才奏效，每个策略要反复使用。可采取如下步骤帮助学生掌握程序性知识：①说明策略是什么，提供策略示范。②让学习者自己说出体验，在说的时候产生积极的倾向，有助于学习者应用。

7. 提供反馈

在学习者作出反应、表现出行为后，应及时让学习者知道学习结果，这就是提供反馈。及时反馈是教师工作的一个重要细节，它给学习者施加的是一种影响，使学习者能够及时检查自己。

8. 评价作业

评价在学习活动中至关重要。要激发学习者的积极性，教师的持续评价是关键，以助其获得成功。

9. 促进记忆与迁移

增进记忆的策略有很多，如采用有意义的方式习得知识，建立知识的关系网络；注意间时复习，间隔几天或几周后复习，对于回忆所学内容大有好处。有效促进迁移，最好的方法就是为学习者提供新任务，要求他们把所学知识运用到新情境中，从而促进更高层次的学习。利用迁移促进高层次学习（纵向迁移）需使先前信息处于准备状态。教师提问时应把握学习者先决能力，并融入工作记忆。促进横向迁移时，教师应提供多种应用技能实例和情境。

（三）信息化教学设计流程

以小学数学《圆的认识》为例，展示信息化教学设计流程。

1. 引起学生注意

老师：给大家展示一些漂亮的图片，这些图片有一个共同的特征，看大家能否发现？（上面都有圆）

老师：你能找出生活中有圆形的物体吗？（学生举例）老师展示例子，引导学生体会生活中的圆及图形的美。贴近学生生活经验，调动学生积极性，激发学习兴趣。课件展示精美图片，学生列举圆形物体，探寻圆的奥秘。

设出疑问揭示课题。展示幻灯片上汽车和自行车的图片问：车轮为什么设计成圆形而不是正方形呢？（学生答）设置疑问，引发学生思考，激发学生探索知识的兴趣与热情。

2. 提出学习目标

本节内容选自人教版义务教育课程标准实验教科书小学六年级数学上册《圆的认识》。教材简析：本节内容编排在学生学过直线图形和圆的基础上。首先介绍圆的认识，通过直径和半径的关系让学生理解圆的特征；接着讲解圆的画法，以加深对圆的认识，培养学生的抽象概括能力和空间观念。

（1）教学目标

① 通过观察思考、实践操作等活动，学生能认识圆，掌握圆的特征，理解在同圆中直径与半径的关系，并且学会用圆规画圆。

② 通过直观教学和动手实践，学生在充分感知的基础上，理解并形成圆的概念，培养学生的实践能力、观察能力、空间想象能力及抽象概括能力。

③ 通过本节课，学生再一次感受到数学与生活息息相关，并能用圆的知识来解释生活中的简单现象。

（2）教学重难点

① 重点：感知并了解圆的基本特征，认识圆的各部分名称。

② 难点：理解直径与半径的关系，熟练掌握画圆的方法。

3. 复习相关知识

圆的认识是研究曲线图形的开始，是进一步学习圆的周长和面积的重要基础，复习了平面直线图形的知识后，学习圆的相关知识，这些对发展学生的空间观念很重要。

4. 呈现刺激材料

曲线图形。课件展示一个圆，圆是平面图形还是立体图形？还学过哪些平面图形？你能把这些平面图形分类吗？（圆是曲线图形）由圆形物体抽象出圆的几何图形，与长方形、正方形、三角形比较，初步认识圆是曲线图形。

5. 新课讲授

辨析图形，使学生认识圆的半径、直径，圆中哪些线段不是半径、直径，进一步理解圆的半径、直径两个概念。

你能在这个圆上（指黑板上画的圆）画出一条直径、一条半径吗？（学生上台画）其余学生在自己画的圆上画出直径和半径，并用字母标出来。本环节设计了让学生在自己画出的圆中画出圆的直径和半径，无须教师过多地解释，学生在实践过程中已清晰圆心、半径、直径这三个概念。下面，以"通过实践来探究圆的特征"为例：

圆的半径决定圆的大小，圆心决定圆的位置。现在老师有个问题想请教同学们，怎样画一个比黑板上的圆还要大的圆？（把圆规两脚间的距离拉大）比黑板上还要小的圆呢？（把圆规两脚间的距离变小），两脚的距离是什么？圆的大小与什么有关？（半径）板书：半径决定圆的大小。把圆心定在黑板上，圆就画在了黑板上，圆心定在屏幕上，圆就画在了屏幕上，圆心定在练习本上，圆就画在了练习本上。你认为圆的位置是由什么决定的？（圆心）板书：圆心决定了圆的位置。学生在教师的引导下，通过思考和实践发现：圆规两脚间的距离决定了圆的大小，圆规针尖所在的位置决定了圆的位置。为下一步学习有关半径、直径的特点打下了坚实的基础。

再次画圆。要求全班同学都画同样大小的圆要怎么做？（半径一样就能画一样大）画一个半径为 2 cm 的圆怎么画？小组讨论后汇报。幻灯片展示画指定圆的步骤。如何画一个直径为 6 cm 的圆呢？

让学生先讨论交流画指定圆的方法，然后再次用圆规画指定的圆，尊重学生，也更富有启发，是十分必要的。

6. 课堂练习

① 找出直径和半径（幻灯片展示习题）。

哪些线段是直径？哪些线段是半径？为什么？

② 同一个圆内直径和半径的关系是什么（幻灯片展示习题）？

学生观察后说出直径和半径的关系，并写出来。令半径为 r，直径为 d，板书：$d=r+r$ $d=2r$ $r=d/2$

学生探究直径和半径的特征，通过玩折纸游戏，发现折痕同样长且相交于一点，直观感知圆心、直径、半径的特征；利用课件再次验证学生发现的这些知识。学生在愉快的游戏中获得知识，体验成功的快乐。学生对直径半径特征的探究经历了从具体到抽象的过程。

③拓展延伸，利用圆的知识解释生活中的现象。

车轮是圆形，车轴安装在圆心处，这是为什么？观看表演时，人群通常会围成一个圆，这又是为什么？

7. 反馈评价

练习设计目的明确、层次清晰、针对性强，巩固、深化了学生对圆的特征的认识，而且把练习内容落实到学生个人，同时向学生渗透应用知识的意识。

（四）精美课件设计与制作——以 PPT 为例

PowerPoint 是制作和演示幻灯片的软件，能够制作出集文字、图形、图像、声音，以及视频剪辑等多媒体元素于一体的演示文稿，把自己所要表达的信息组织在一组图文并茂的画面中，可有效帮助演讲、教学、产品演示等。PowerPoint 格式后缀名为：ppt、pptx，也可以保存为：pdf、图片格式等。2010 及以上版本中可保存为视频格式。

以《圆的认识》这节课为例介绍如何运用 PowerPoint 设计和制作精美课件。

【第一步】进入 PowerPoint，打开一张空白幻灯片。

【第二步】工具栏中单击"版式"，可以选择"推荐排版"与"母版板式"（见图 3-5-21）。

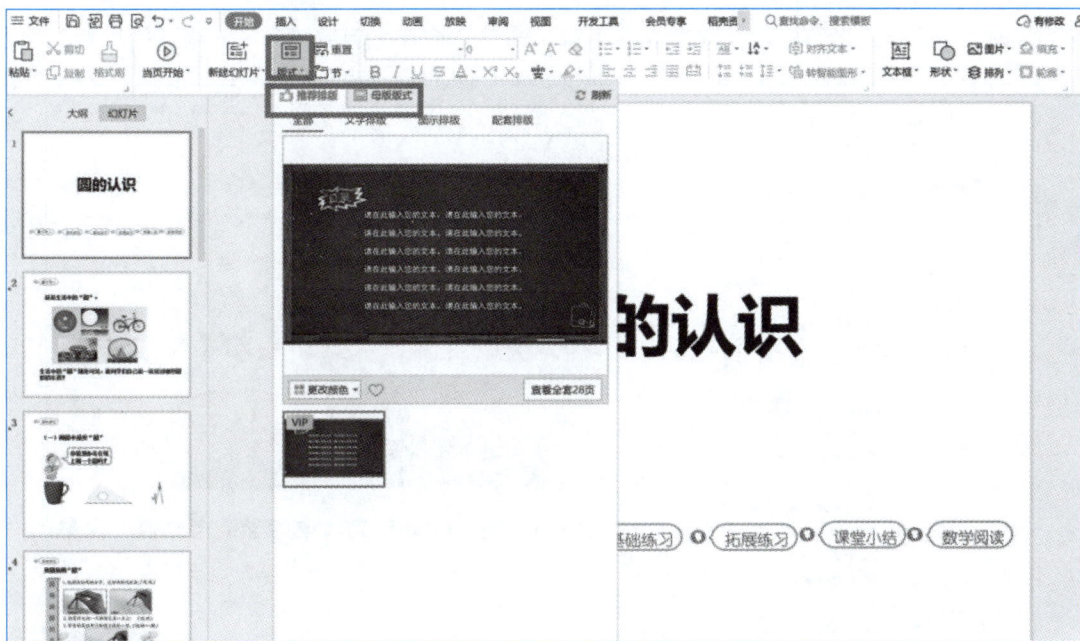

图 3-5-21 选择板式

【第三步】插入对象，一张幻灯片上可以插入多个对象，包括文字、图片、剪贴画、自选图形、艺术字、组织结构图、影片、声音、图表、表格等（见图 3-5-22）。

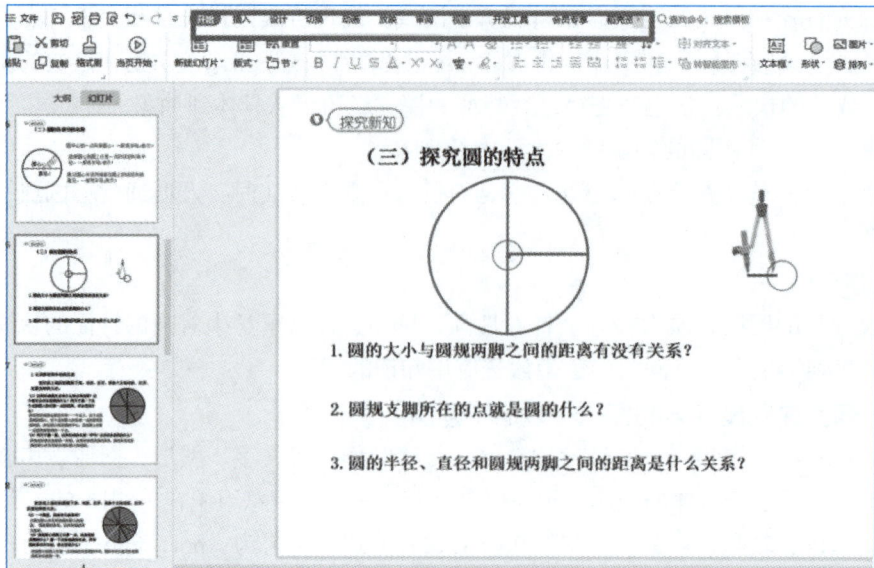

图 3-5-22　插入对象

【第四步】插入新幻灯片有两种方法：

方法一：选择某张幻灯片，单击"菜单"→"新建幻灯片"，当前幻灯片之后就插入了一张新幻灯片（见图 3-5-23）。

方法二：选择某张幻灯片，按【Enter】键，当前幻灯片之后就插入了一张新幻灯片。

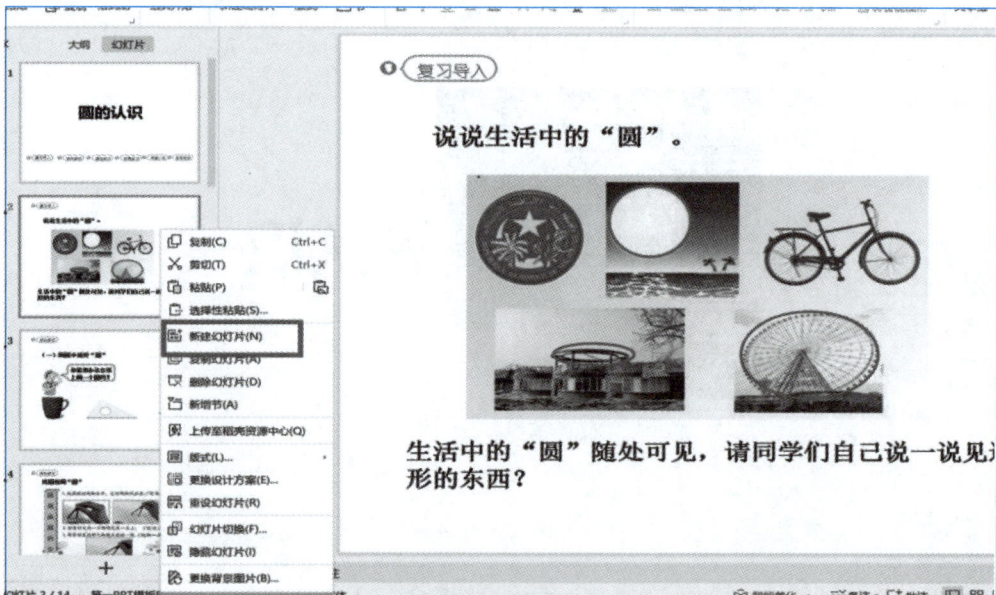

图 3-5-23　插入新幻灯片

【第五步】单击"设计"，选择并应用合适的设计主题（见图 3-5-24）。

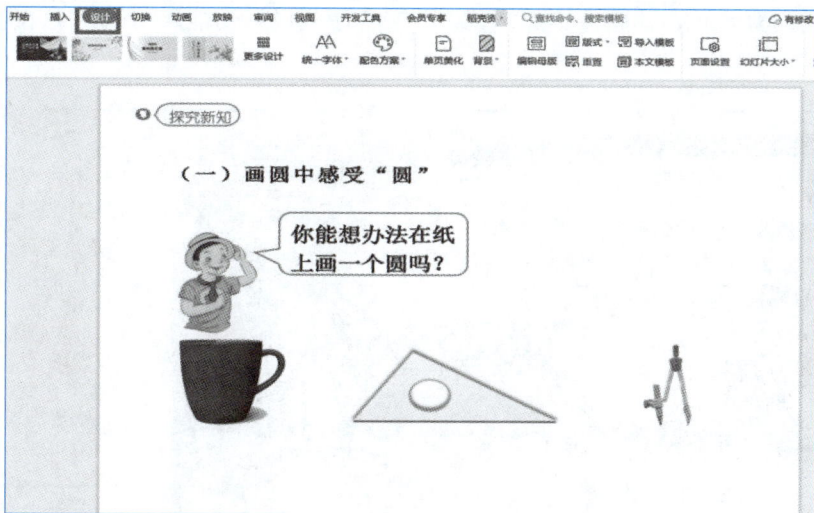

图 3-5-24 设计相关主题

（五）精美微课设计与制作——以 Focusky 为例

Focusky 是一款新型多媒体幻灯片制作软件，操作便捷性及演示效果超越 PPT，采用整体到局部的演示方式，以路线的呈现方式，模仿视频的转场特效，加入生动的 3D 镜头缩放、旋转和平移特效，给听众视觉带来强烈冲击。

以《圆的认识》这节课为例，介绍如何运用 Focusky 软件设计和制作精美课件。

【第一步】打开 Focusky 软件，单击"在线模板"，可以直接套用模板制作，也可以"新建项目"自己设计。以"模板"为例讲解微课的制作过程，在搜索框中输入"数学"后，对"分类"及"权限"进行选择，选定合适的模板进行编辑制作（见图 3-5-25）。

图 3-5-25 打开软件首页

【第二步】选定模板后，用"文本"编辑功能将标题改为"圆的认识"，调整文字大小及内容，也可以设置"艺术字""纹理"增加美化效果，也可用"取色器"吸取画面中的颜色作为标题的背景色，让整体更加协调，"文本序列设置功能"可以使文本排版井然有序（见图 3-5-26）。

图 3-5-26 文本编辑

【第三步】从"图标"中选择"圆形"，右侧窗口中有"图层""阴影效果""高级"设置，可以改变图标的图层位置、添加或更改阴影颜色、设定图标内部颜色及透明度、旋转图标（见图 3-5-27）。

图 3-5-27 添加图标

【第四步】"显示所有物体"按钮可以以广角形式呈现整个画面，同时摆正画面，"逆顺时针旋转"可以调整画面对象的角度，"网格化"设置可以起到量尺的作用，用以协调素材摆放是否对称合理（见图 3-5-28）。

【第五步】右方文本框中包含"图片""气泡""swf""图标""艺术图形""组件""学科图形"等内容，教师可以根据教学内容，选择相应的素材（见图 3-5-29 和图 3-5-30）。

图 3-5-28 画面设定

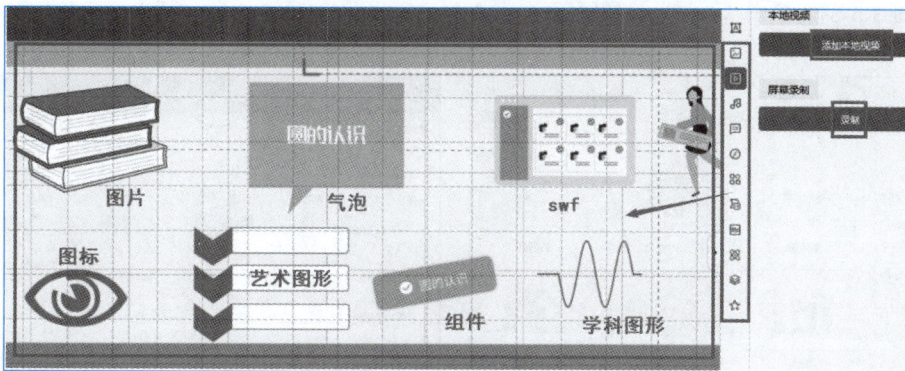

图 3-5-29 插件部分 1

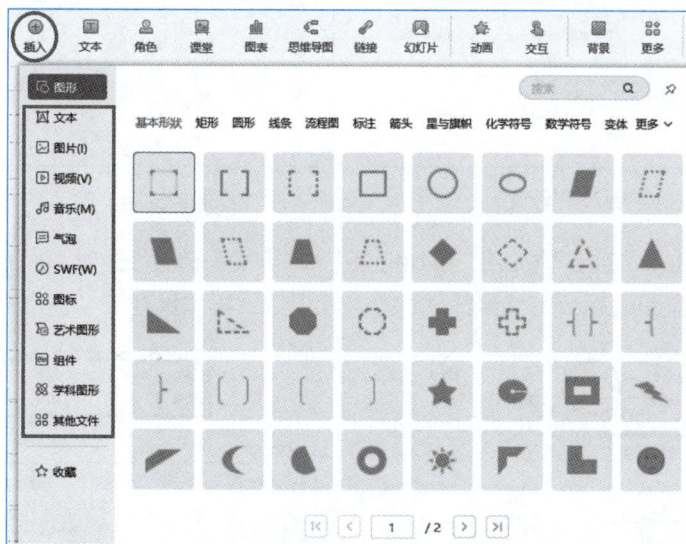

图 3-5-30 插件部分 2

【第六步】单击"课堂"可以插入测试题（见图 3-5-31）。

【第七步】插入"人物角色"（见图 3-5-32）、"图表"（见图 3-5-33）和"思维导图"（见图 3-5-34）。

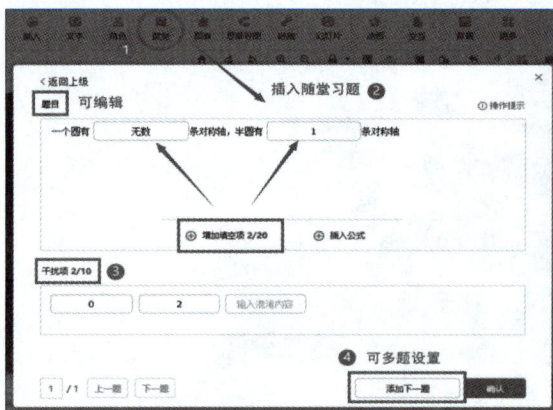

图 3-5-31　单击"课堂"设置题目

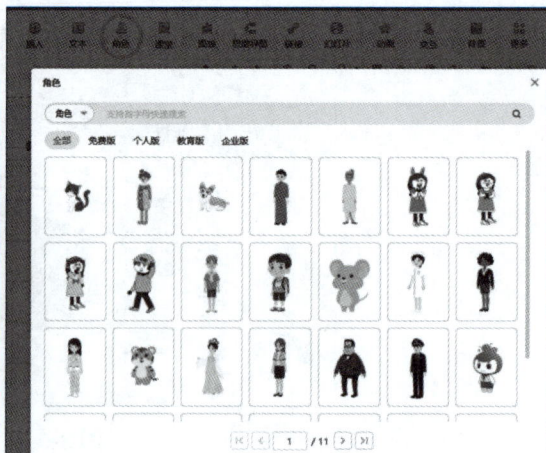

图 3-5-32　插入"角色"

图 3-5-33　插入"图表"

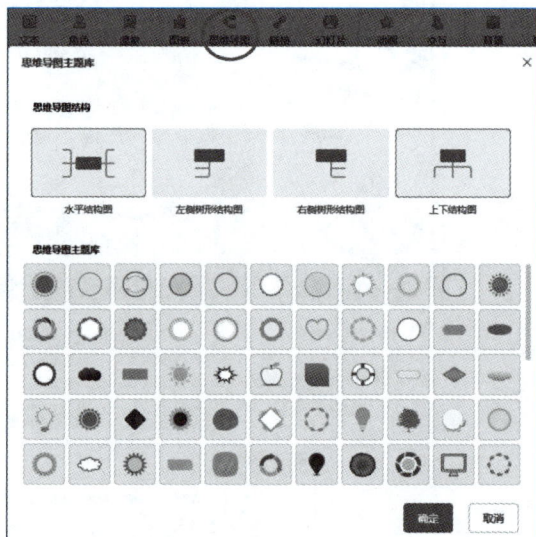

图 3-5-34　插入"思维导图"

【第八步】在插入"链接"中，有"添加链接"和"子镜头链接"选项。画面的连贯性通过"动画"调整。视频制作完成后，先"预览"，检查无误后，再"保存""输出"（见图 3-5-35）。

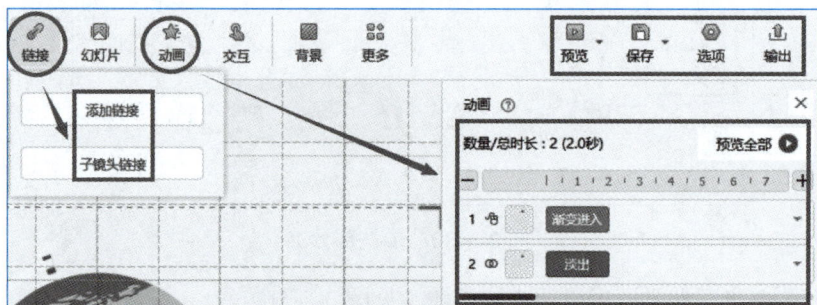

图 3-5-35　插入"链接"及"保存"

【第九步】首页点击"官方教程"，可观看视频教程学习制作。

三、中学语文教师信息化教学设计案例赏析

以高中古诗词《蜀相》为例，对教师信息化教学设计在具体学科中的应用进行案例整合，图 3-5-36 所示是中学语文教师信息化教学设计案例精析的思维导图。

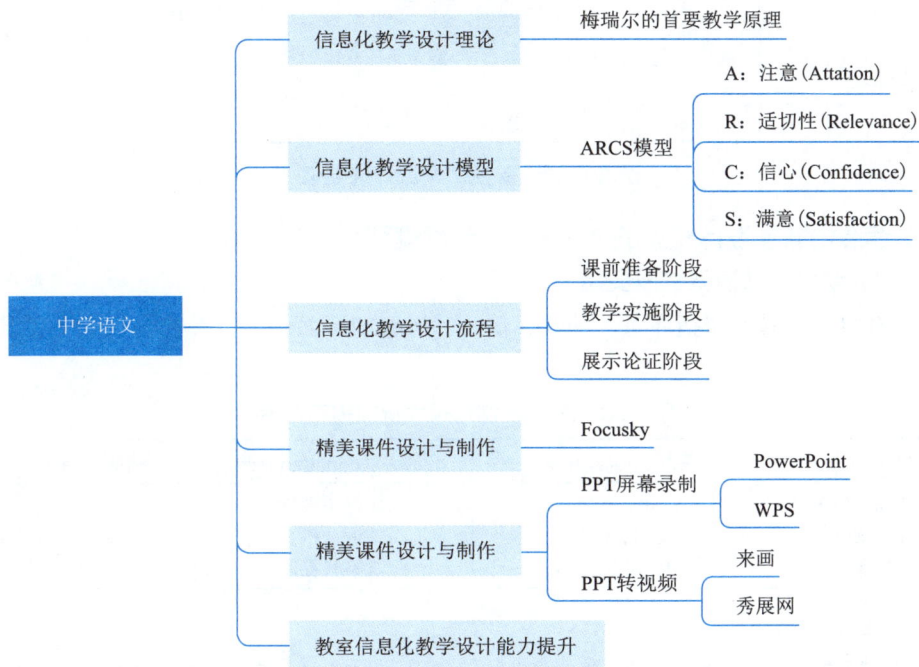

图 3-5-36　中学语文教师信息化教学设计案例精析思维导图

（一）信息化教学设计理论之梅瑞尔首要教学原理

梅瑞尔在美国教育技术专业杂志《教育技术》上首先提出了以促进学习者学习为目的的五项首要教学原理[1]，包括：当学习者介入解决实际问题时，才能够促进学习（问题原理）；当激活已有知识并将它作为新知识的基础时，才能够促进学习（激活原理）；当新知识展示给学习者时，才能够促进学习（展示原理）；当学习者应用新知识时，才能够促进学习（应用原理）；当新知识与学习者的生活世界融于一体时，才能够促进学习（整合原理）[2]。梅瑞尔还提出了一组相互关联的首要教学原理。在"聚焦解决问题"的教学宗旨下，梅瑞尔认为教学应该由不断重复的四阶段循环圈，即"激活原有知识""展示论证新知""尝试应用练习""融会贯通掌握"构成。具体的教学任务应被置于循序渐进的实际问题情境中完成，即先向学习者呈现问题，然后针对各项具体任务展开教学，再展示如何将学到的具体知识运用到解决问题中。梅瑞尔得出的结论是：可以认为，教学产品的效能与是否运用了首要教学原理直接相关[3]（见图 3-5-37）。

1　陆一琳 . 基于五项首要教学原理的微课教学设计浅探 [J]. 教育理论与实践，2017，37（36）:43-45.

2　MERRILL M D. First Principles of Instruction[J]. Educational Technology Research and Development，2002（3）:43-59.

3　盛群力，马兰 ."首要教学原理"新认识 [J]. 远程教育杂志，2005（4）:16-20.

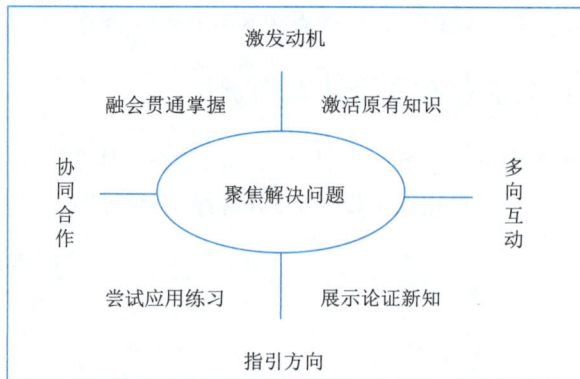

图 3-5-37　首要教学原理的要素

（二）信息化教学设计模型的 ARCS 动机激励模型

1. ARCS 动机激励模型构成要素

凯勒的动机设计模型包括注意、关联、信心和满意四层面，各自都包含三个子要素，其结构见表 3-5-1。

表 3-5-1　ARCS 动机设计模型构成要素

注意（attention）	关联（relevance）	信心（confidence）	满意（satisfaction）
A1 感知激发	R1 熟知	C1 学习条件	S1 内部强化
A2 探究激发	R2 目标导向	C2 成功机会	S2 外部激励
A3 多变性	R3 动机监测	C3 自我控制	S3 公平公正

（1）注意

唤醒和维持学习者的注意，激发学习动机，包含以下策略：①感知激发（perceptual arousal）。在教学中利用新奇的、出人意料的、不确定的事件激发。②探究激发（inquiry arousal）。提出或者让学习者生成疑问或待解决的问题，鼓励信息寻求行为。③多变性（variability）。通过教学要素的变化保持学习者的兴趣[1]。

（2）关联

学习者注意被唤醒后，探究材料与兴趣和目标相关性的意愿增强。包含：①熟知（familiarity）。运用与学习者经验和价值相关的语言、案例和概念设计教学，帮助学习者整合新知识。②目的导向（goal orientation）。教师通过陈述和案例讲解明确教学目标，提出任务目标或者指导学生生成学习目标。③动机监测（motive watching）。运用符合学习者动机特征的教学策略进行匹配。

（3）信心

学习者的自信至关重要，适当挑战能激发学习动机。包含：①学习条件（learning requirements）。明确学习要求及评价标准，帮助学习者建立成功预期。②成功机会（success opportunities）。提供各种学习经验，增加学习者成功的机会。③自我控制（personal control）。提供反馈和机遇，帮助学习者形成正确的成功归因。

（4）满意

如果学习者达到预期的学习结果，并对结果感到满意，将激发其学习动机。包含：①内部

1　周效章. 基于 ARCS 的分布式虚拟教学中的学习动机设计探究 [J]. 中国电化教育，2013（4）:56-59.

强化（intrinsic reinforcement）。提供机会让学习者在真实或者模拟的环境中运用所学，促进其心理满足。②外部激励（extrinsic rewards）。通过反馈和强化进行外部激励。③公平（equity）。任务完成后，评价标准应统一，确保公平公正。

2. ARCS 动机激励模型设计过程

ARCS 动机设计过程是一个基于人类动机理论的系统过程，包含从学习者分析到方案设计的各个环节，凯勒将这个过程细分为十个步骤，见表 3-5-2。

表 3-5-2　ARCS 动机设计过程

步　　骤	主　要　内　容
1. 收集课程信息	课程描述、课程基本理论、设置和传输系统、教师信息
2. 收集学习者信息	原有技能水平、对待学校的态度、对待课程的态度
3. 学习者分析	动机分析、产生动机的原因、动机改变的影响因素
4. 现有资料分析	现有资料激发动机的积极因素、不足和问题及相关材料
5. 列出目标和评价标准	动机设计目标、学习者行为、行为评价方法
6. 列出可用的动机激发策略	利用头脑风暴列出动机激发策略，包括教学所有环节的动机激发策略
7. 选择和设计动机激发策略	选择较为合适的动机激发策略，包括综合的方法、整合的方法、维持的方法等
8. 与教学过程整合	与教学的结合设计、与教学要点的结合、修改完善
9. 选择和开发资源	选择可用资源、适当修改、开发新的资源
10. 评价和修改	获取学习者表现、设定满意度、必要时进行修改

（三）信息化教学设计流程

首要教学原理又称五星教学模式，只有五个环节系统地聚在一起，教学才会有效。盛群力称"五星教学模式有其独特的魅力和优势，因为它将一组知识技能的掌握置于完整的任务中，既见整体，又见局部，将系统化设计的理念发挥得淋漓尽致"[1]。根据对该原理的研究，对课标、教材及学情进行分析，现对高中古诗词《蜀相》一课进行信息化教学设计。

1. 课前准备阶段：从学生实际出发提出目标

教学目标是教学的出发点。在《蜀相》一课教学开始前，教师应考虑两个问题：学这首古诗，学生最需要具备什么基础？这首诗能教给学生什么新本领？因此，笔者从学情和教材两个角度分析《蜀相》的教学目标。

（1）学习者特征分析

高二学生再次学习咏史伤怀的古诗词会有什么心理？本诗选自选修教材中"以意逆志、知人论世"部分，这一部分以探究诗词旨意为主，很多作品具有多义性、模糊性。那么如何探究古诗词旨意应该成为教学的关注点，通过多角度探究了解作者杜甫的情感。初步感受诗歌之美，与他人交流阅读感受，因此如何通过因声求气，感受古诗音韵美是本课学习的目标之一，而本课学习的重点目标是要让学生用不同的方式体悟诗情，从不同的视角探究诗意。

（2）教学内容分析

人教版高中语文选修课教材选入《蜀相》《拟行路难》《书愤》等古诗，每篇都有追溯往昔的部分，但古诗词教学不仅仅要了解这些历史古事，还应该着眼于学生未来的生活情景。教

1　盛群力 . 五星教学过程初探 [J]. 课程·教材·教法，2009，29（1）：35-40+55.

会学生读这一类诗歌的方法，体会诗人表达的情感，在潜移默化中对学生产生影响。单元导读中还有如何把握"时代与精神"的要求。《蜀相》一诗表达的是诗人杜甫无论身处何境，仍有忧国忧民之心，仍希望有诸葛亮之类的贤相匡扶大唐江山。这首诗传达出的爱国精神尤其需要学生学习。因此，要求学生读明白诗歌，借助史实感知诸葛亮在诗中的形象，从而体会诗人杜甫隐秘的深情。故将本节课的教学目标设置为：①多方式诵读，感受古诗音韵美；②探究古诗旨意；③体会诗人忧国忧民的情感。

2．教学实施阶段：帮助学生实现学习目标

确定任务后需要思考，怎样通过最有效的途径让学生达成学习目标，让目标形成任务序列，从易到难地开展教学活动，最终完成学习要求。下面，笔者结合课堂教学实录中的片段，来阐释"教学促进"的一些尝试（见表 3-5-3）。

表 3-5-3　教学实施案例

实施步骤	学生活动	教师活动	设计意图
链接旧知获取新知	看对联，猜人猜成就（河南南阳市卧龙岗的对联）；思考咏史怀古类诗歌的基本特点	临古地；思古人；忆古事；抒己情（重点：抒己情）	帮助学生建立新旧知识之间的联系。《蜀相》是咏史怀古类的古诗，以对联中的诸葛亮入手，唤起学生对诸葛亮的记忆，再以咏史怀古的诗句引入，描述此类诗的特点，做到"以旧带新，新旧结合"。教师拓展咏史怀古诗的特点，让学生通过阅读提取信息，建立新旧知识的联系，激发学生阅读兴趣，为探究诗意做铺垫
示证新知	学生一个人来读并互评；全班读；跟音频读	引导学生阅读并互评；播放视频领读；示范诵读；总结诵读诗歌的方法和要点	通过阅读体会诗人传递出的情感及精神；在评价中学习，通过学生互评，发现问题和不足，教师可以及时提供帮助和指导，让学生之间互相学习、共同进步
展示论证	引导学生梳理诗歌内容：临古地（武侯祠）；思古人（诸葛亮）；忆古事（三顾频烦，两朝开济）；抒己情（对英雄叹惋、仰慕之情）	从古诗出发，让学生探讨颈联"映阶碧草自春色，隔叶黄鹂空好音"的诗意，并且说出观点和理由	教师展示获取新知的方法。教师引导学生阅读诗歌：学生阅读→学生互评→教师指导；教师给予适当提示以指导学生通过"以意逆志"的方法探究诗意并鼓励学生表达。善于利用教学媒体也是首要教学原理的要素之一。教学过程中运用多媒体课件、音频、视频等多媒体素材，加强学生的体验，提高学生的注意力
应用新知学以致用	用"以意逆志，知人论世"的方法鉴赏古诗；学生互相交流，用"以意逆志"方法对比原诗和改诗	教师更改诗中几个字词，让学生对比体会；教师详细讲解诗歌中诗句的诗意，一步步引导学生体会诗人情感	教师适时提供指导促进学生学习；利用练习保证完整目标的达成。让学生巩固新知的同时也在应用新知。借助情感促进完整目标的达成。引导学生联系所学新知自己朗读，借助多媒体音频加强学生的情感体验，在无形之中达成情感的教学目标
融会贯通学以致用	总结本节课所学知识并展示（教师任意挑选三名学生回答展示）	教师总结本节课所学内容，再次展示诗人杜甫的伟大爱国爱民精神；布置作业：①李商隐的《贾生》中表达了诗人什么感情？②诵读《蜀相》，有感悟的同学可以创作	引导学生运用所学方法理解古诗词。鼓励学生反思与辨析所学知识，鼓励学生创造与探索。笔者在结束部分引用鲁迅对杜甫的赞美，诗歌精神得以升华。融会贯通的一个要素就是"实际表现业绩"，它指的是公开展示自己所掌握的知识技能。只有给学生提供机会实践，他们才能把所学知识迁移到日常生活中，教学才可能真正促进学生的学习[1]

四、中学数学教师信息化教学设计案例赏析

以中学数学《等腰三角形》为例，对教师信息化教学设计在具体学科中的应用进行案例整合，图 3-5-38 所示是中学数学教师信息化教学设计案例精析的思维导图。

1　朱娇.首要教学原理视域下高中古诗词教学研究[D].贵州师范大学，2021.

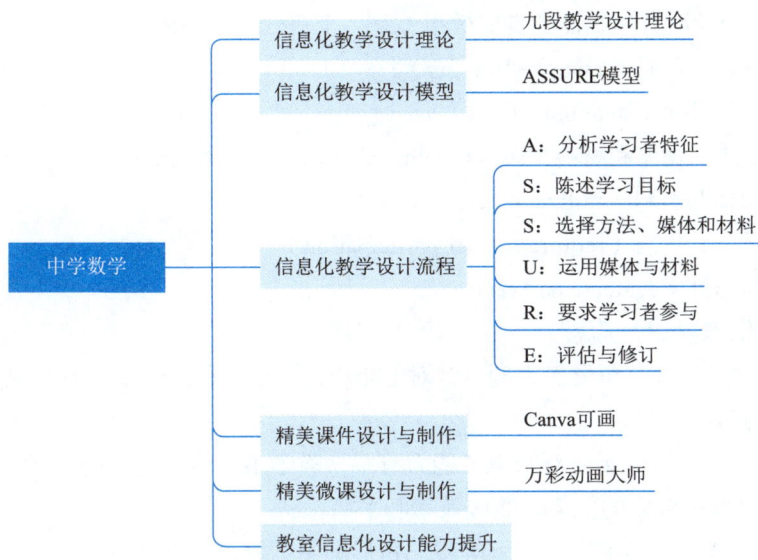

图 3-5-38　中学数学教师信息化教学设计案例精析思维导图

（一）信息化教学设计理论之九段教学设计理论

20 世纪 60 年代，计算机科学与信息科学的兴起与发展为心理学家推断和分析心理过程提供了重要手段，发生了"认知心理学革命"。随后，认知心理学发展为两个派别：建构主义和信息加工。加涅在吸收两者思想的基础上，形成了新的学习论体系，并提出了新的教学论——九大教学事件。21 世纪初，史密斯与拉甘（Patricia.L.Smith&Tillman.J.Ragan）对加涅的九大教学事件进行了扩展和深化[1]。加涅认为，学习是人的心理倾向和能力的变化，即学习是一种内部过程，但同时也受外部刺激或事件的影响。加涅依据学习者进行学习活动时的内部心理阶段提出了九大教学事件：引起学习注意；交代学习目标；回忆相关旧知；呈现教学内容；提供学习指导；引发行为表现；给予信息反馈；评估行为表现；保持与迁移。九大教学事件以线性方式阐述，构成一个完整的教学过程。在教学实践中"教学有法而无定法"，九大教学事件只是提供参考和反思的依据，在具体教学中教师需要灵活应用。加涅认为，教学活动是一种旨在影响学习者内部心理过程的外部刺激，故教学程序应该与学习者的内部心理过程相吻合。因此，在实践中，九大教学事件偏重于"教"，即注重学习的外部条件的设计。加涅教学设计思想有三大特色：科学性、针对性和启发性[2]。"九段教学法"是加涅的学习理论向教学实践对应推演的结果，他采用信息加工模式，按照学习发生的过程来组织教学，认为外部教学活动必须支持学生内部学习活动。[3]

（二）信息化教学设计模型的 ASSURE 设计模型

ASSURE 模型以认知学习理论为基础，有机整合了加涅的九段教学事件理论，以其可操作性、简洁性、逻辑性和以学习者为中心的思想而著名。ASSURE 模型是对整个教学设计过程计划和执行过程的系统化和步骤化，ASSURE 六个字母代表模式中的六个环节，同时它也能"确保"

1　彭丽，王熠，莫永华 . 加涅的九大教学事件及其新发展 [J]. 教学与管理，2008（30）:18-20.

2　何宏耀 . 加涅教学设计的原理、模式与方法 [J]. 西南民族学院学报（哲学社会科学版），2002（4）:242-244.

3　林宜照 . 加涅"九段教学法"在思想政治课教学的运用与思考 [J]. 思想政治课教学，2013（11）:19-22.

（assure）在教学中运用教学媒体的良好效果，是一个巧妙的双关语 [1]。六个环节如下：

A——分析学习者特征（analyze learners）；

S——陈述学习目标（state objectives）；

S——选择方法、媒体和材料（select methods，media and materials）；

U——运用媒体与材料（utilize materials）；

R——要求学习者参与（require learner participation）；

E——评估和修订（evaluate and revise）。

（三）信息化教学设计流程

以七年级数学《等腰三角形》为例，针对七年级的一个平行班学生进行信息化教学设计。

1. 分析学习者特征

学习者一般特征：学生接受新知识的能力有限，教学中应给予充分的思考时间，谨防填塞式教学，可以充分发挥合作的优势，兼顾效率和平衡。

学习者的起点能力：学生已经了解等腰三角形的基本概念，也具有一定的计算机操作基础和信息化学习能力。教师对学生有了一定了解，在解决具体问题的时候可以兼顾不同能力的学生，充分调动学生积极性。

学习风格：对于学习风格的确定，采用了尼尔·弗莱明（Neil Fleming）的 VARK 学习风格问卷（the VARK questionnaire）来测定。在对学生的学习风格进行分类和研究中，尼尔·弗莱明于 1987 年提出了著名的 VARK 模型。该模型要求学生回答一份问卷以衡量学生接受信息和加工信息的倾向，包括视觉型、听觉型、读写型和体验型，从而了解其学习风格。

2．陈述学习目标

知识目标：掌握等腰三角形的相关概念，两个定理的理解及应用。

技能目标：理解对称思想在数学中、在生活中的应用，学会运用对称思想观察思考，运用等腰三角形的思想整体观察对象。

情感目标：体会数学及生活中的对称美，体验团队精神，培养合作精神。

教学重点：等腰三角形对称的概念；"等边对等角"的理解和使用；"三线合一"的理解和应用。

教学难点：等腰三角形三线合一的具体应用；等腰三角形图形组合的观察、总结和分析。

3．选择方法、媒体和材料

教学过程主要使用的媒体类型为教材、演示文稿和多媒体教学设备。选用的教学材料除教科书和辅导材料之外，还有网络教学资源。教学过程设计主要采用以下两种教学方法：

① 导学式教学模式。导学式教学模式是以现代教学理念为指导的新的教学模式，把教师的主导作用和学生的主体作用结合起来，教师"导"，学生"学"，"导"为主体，"学"为主线，把讲授、自学、讨论、谈话、练习等各种形式与方法有机结合，贯彻落实理论联系实际原则，提高学生学习能力、研究能力和思维能力，培养创造精神。导学式教学模式对新授课教学比复习课教学更有效，对理科教学比文科教学更有效，要在借鉴的基础上完善、补充，发挥最大效益。

② 讨论法。讨论法是学生在教师指导下为解决某个问题而进行探讨、辨明是非真伪，以获

1　严丹，王峰，李先玲 . 基于 ASSURE 模式的英语文学名著导读网设计 [J]. 中国远程教育，2011（2）：50-57+95.

取知识的方法。其优点在于能更好发挥学生的主动性、积极性，有利于培养学生独立思维能力、口头表达能力，促进学生灵活运用知识。讨论法的基本要求是：讨论的问题要有吸引力、要善于启发引导学生、讨论结束时要进行小结。

4. 运用媒体与材料

ASSURE 模型重视媒体和材料的选择和运用。这里主要运用"5P法"来进行中学数学《等腰三角形》这一节内容，该方法也适用基于教师演示媒体的课堂教学和基于网络的以学生自主学习为主体的教学模式。第一，预览教学材料；第二，准备学习资源；第三，准备学习环境；第四，学习者课前准备；第五，提供学习经历。

5. 要求学习者参与

教师指导学生实践。要求：在事先准备的纸上，运用直尺或圆规画一个腰长为 a 的等腰三角形，并将它剪下来，与组内其他成员的作品放在一起，观察并回答三个问题，使学生深入体会等腰三角形的构成和画三角形的方法。

问题1："观察所剪得的三角形形状是否相同，在满足条件的情况下，可以画几个不同类的等腰三角形"。

问题2："将这些三角形放在一起，并且使顶点重合，观察另外的一些顶点，看看有什么特点和发现"。

问题3："等腰三角形是否为轴对称图形，如何通过具体操作体现它是轴对称，并指出对称轴"或"等边三角形是否为轴对称图形，对称轴有几条"。

教师在总结观察结论的基础上，引出两条重要的定理。通过小组竞争的方式要求每个同学清晰记忆和理解定理2中的具体条件。并完成例题1：已知：在△ABC中，AB=AC，∠B=80°，求∠C和∠A的度数。在此过程中完成对定理1的应用，体会定理在几何计算中的运用，同时体会合作精神。完成例题2：如果等腰三角形的一个外角等于140°，那么等腰三角形三个内角等于多少度？。完成例题3：在△ABC中，AB=AC，D是BC边上的中点，∠B＝30°，求∠BAD和∠ADC的度数。完成例题4：建筑工人在盖房子的时候，要看房梁是否水平，可以用一块等腰三角形放在梁上，从顶点系一个重物，如果系重物的绳子正好经过三角板的底边中点，那么房梁就是水平的，为什么？

小组讨论后发言：通过今天的学习，你体会到什么？学生独自思考：经过今天的学习，你有哪些方法判断剪得的三角形是等腰三角形？

6. 评估和修正

ASSURE 模型的最后一步是评估与修正。这一步骤不仅标志着当前教学活动的结束，也是新一轮循环的起点。这一步骤主要包含以下三个方面：评估学生成绩；评估媒体材料；修订教学方案。本课对学生的实践能力和观察能力都有一定的要求，对培养学生灵活思维、提高学生解决实际问题的能力有重要意义。本课的内容安排上难度和强度不高，适合学生讨论，可以充分开展合作学习，培养学生的合作精神和团队竞争意识。

（四）精美课件设计与制作——以 Canva 为例

Canva 是全球领先的在线设计平台，打造了一流的中文在线设计平台，整合了数以千万计的高清图片、中英文字体、原创模板、插画等视觉元素。用户可以运用 Canva 的中文模板，轻松完成包括社交媒体插图、海报、电商用图、演示文稿、信息图、小视频等在内的各种设计。

以 Canva 为例，介绍如何设计和制作精美的课件。

【第一步】进入可画官网，通过页面提示进行登录或注册，单击导航栏中的"演示文稿"。

【第二步】在下方出现的演示文稿模板中单击"查看全部"，选择合适的模板，选择"应用全部 xx 页模板"，即可进行编辑和设计（见图 3-5-39）。

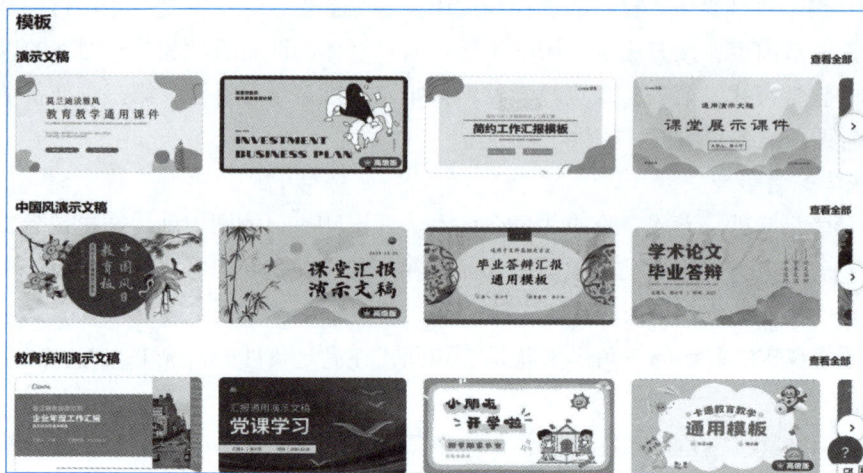

图 3-5-39　选择合适模板

【第三步】进入编辑页面后，双击文本即可编辑文字内容，在上方工具栏中可以设置字体大小、样式和颜色，以及加粗、斜体、对齐方式，排版方向和文字特效等，也可以单击"动效"为文字设置动画效果。可画提供的模板带有水印，只需单击水印选择删除就可以删去（见图 3-5-40）。

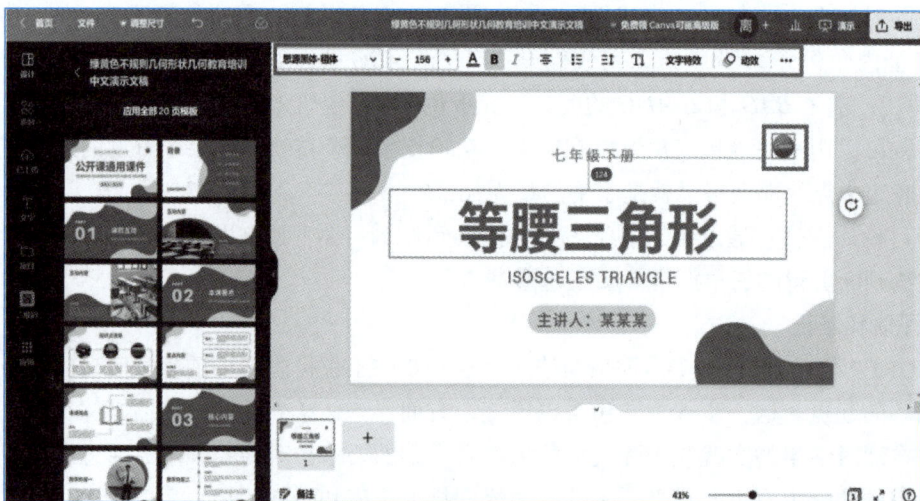

图 3-5-40　编辑文字样式和效果

【第四步】在左侧工具栏中单击"素材"，搜索"等腰三角形"等关键词，选择合适的素材，单击该素材即可添加到页面上，再对素材进行编辑（见图 3-5-41）。

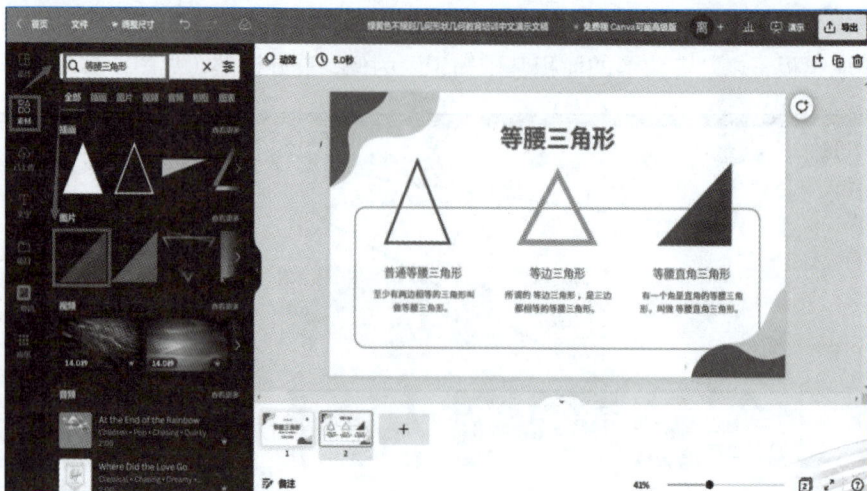

图 3-5-41　添加素材

【第五步】在下方演示文稿页面显示栏中单击某一页面，单击页面右上角的设置列表图标，单击"添加转场"可以为页面切换设置转场效果（见图 3-5-42）。

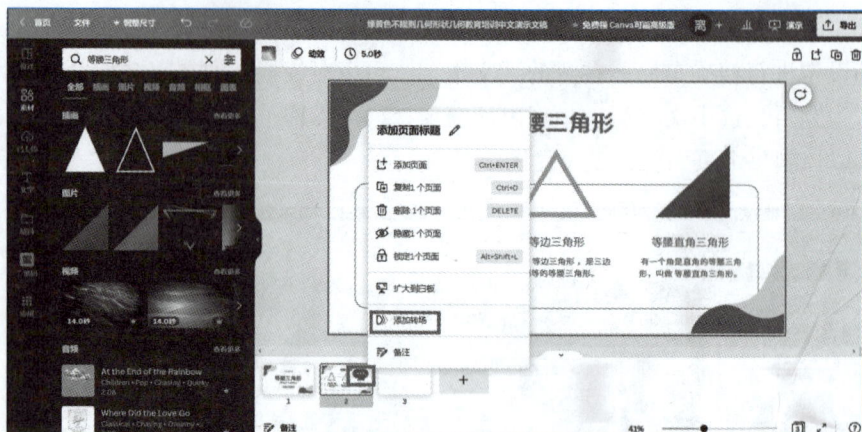

图 3-5-42　添加转场效果

【第六步】编辑完成后，在页面右上方单击"导出"→"下载"，文件类型选择 pptx 类型。也可以在可画内演示文稿中单击"演示"→"标准"→"演示"，就可以演示制作的文稿。

（五）精美微课设计与制作——以万彩动画大师为例

万彩动画大师是一款电脑端的动画制作软件，适用于制作企业宣传动画、动画广告、营销动画、多媒体课件、微课等。万彩动画大师软件拥有丰富的文本、图片动画效果，多种动态和静态的卡通人物角色，SWF 动态图片，为用户提供了海量的资源，能通过软件自带的教程，快速学会制作动画视频。

以万彩动画大师软件为例，对有关中学数学知识点"等腰三角形"的教学进行数字视频类资源整合。

【第一步】打开万彩动画大师，进入软件首页，可以看到大量精美动画模板，支持一键使用模板进行创作，还可以自定义编辑动画，单击"新建工程"/"导入 PPT"按钮，进行设置即可。

讲解套用模板来制作视频，单击左侧"模板"按钮，选择免费模板，在搜索框中输入"教育"，下方呈现相应模板，以"三角形的面积基础知识"为例，展开讲解（见图 3-5-43）。

图 3-5-43　进入首页，选择模板

【第二步】每个页面左下角可以命名；画面框上方第一个按钮是"量尺"，可以对画面中素材位置的设定进行精确布局；右方的"文本"，可以对模板上的文字进行设计，编辑"等腰三角形"作为题目，选中文字后，呈现出便捷窗口，可以调整文字大小及粗细；下面的指针是关键帧，可以控制每个页面的进度（见图 3-5-44）。

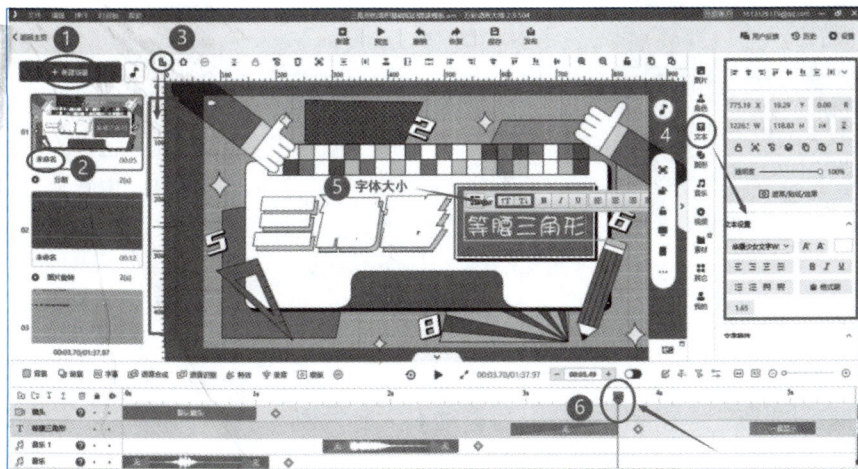

图 3-5-44　编辑设计文本

【第三步】单击右侧的"图形"，该模块有多种形状或符号，双击三角形，调整形状和大小，图形右侧出现三个快捷按钮供调整（见图 3-5-45）。

【第四步】单击"图片"，可以直接在搜索框中输入想要的内容，或从电脑中直接添加已经下载好的图片；"角色"是在选择、添加的基础上，如果没有想要的现成素材，可以单击"定制人物"（见图 3-5-46）；视频制作完成后，根据视频风格添加合适的背景音乐；如果想要加入艺术字，单击"文本"即可选择。

图 3-5-45　添加图形

【第五步】视频中，文字动态呈现，单击"文本"轨道，可选择文字的进场效果，右侧窗口是关于渐变方向的设定（见图 3-5-47）。

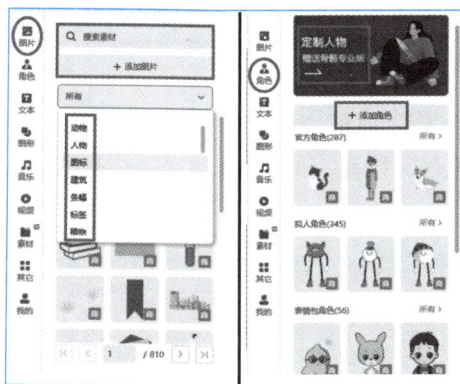

图 3-5-46　"图片"及"角色"

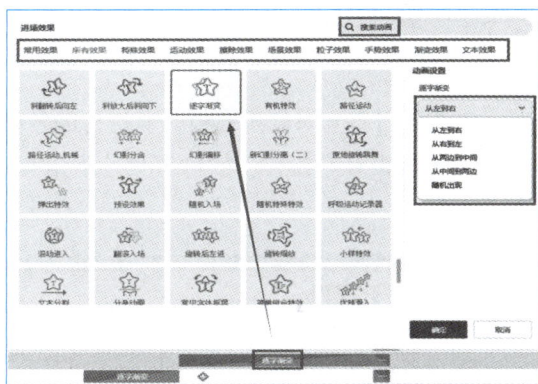

图 3-5-47　"文本"进场效果

【第六步】单击左下角的"语音合成"，在文本框中输入台词，选择人工智能配音的角色（见图 3-5-48）。

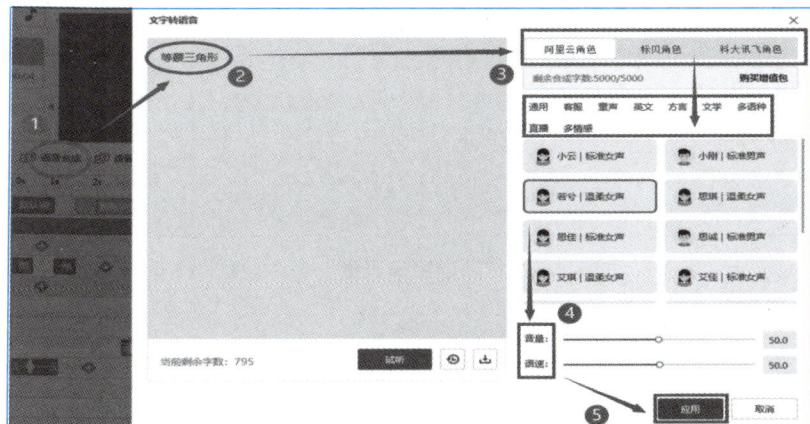

图 3-5-48　"语音合成"——配音

【第七步】轨道上方的"背景""前景""字幕"等按钮，可以添加在轨道中，把关键帧放在合适的位置，单击相应按钮即可，添加的片段可以调节时间；如果想要原声配音，选择"录音"，单击录音按钮即可配音；右侧"过滤筛选"可以根据素材属性（比如"图片""svg""gif""音乐"等）按类别编辑调整，"设置"是关于"播放速度""时间缩放""时长"等方面的设定（见图 3-5-49）。

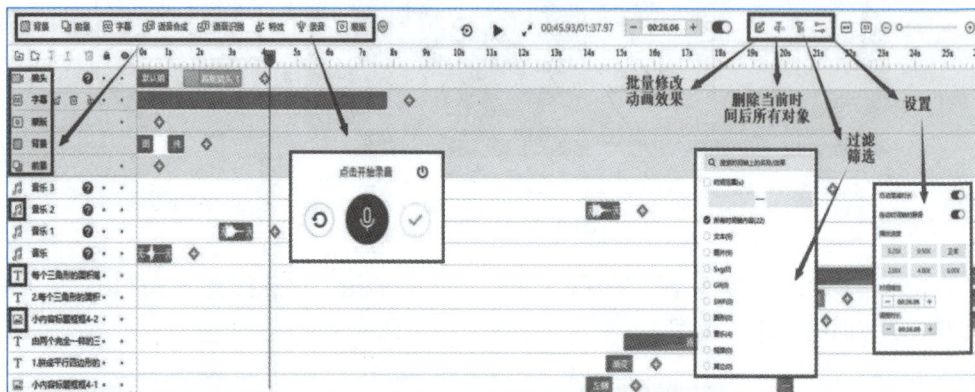

图 3-5-49　视频整合

【第八步】基于对套用模板时所进行的各种操作，熟练掌握后，可以直接单击"新建工程"，进行个人创新设计与制作，软件首页左下角有一个"教程"按钮，可以为进一步学习新技能提供指导（见图 3-5-50）。

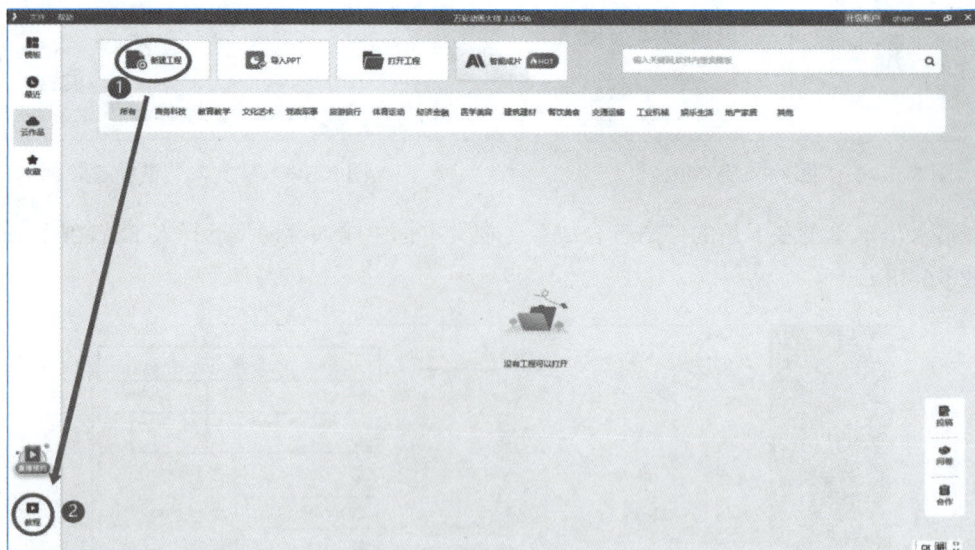

图 3-5-50　"新建空白页面"及"教程"